〈概説〉倒産法

三上威彦

はしがき

　昨年，著者は，『倒産法』（信山社・2017年）という体系書を上梓した（以下，前著書という）。これは，法科大学院の学生や研究者，実務家を主たるターゲットとして執筆したものであったため，かなり大部なものであり，法学部の学生からは，倒産法全体を概観するコンパクトな教科書に対する要望が出された。そこで，前著書の学術的レベルを落とすことなく，法科大学院の学生の倒産法入門書として，また，法学部学生のスタンダードな教科書として利用してもらえるような，コンパクトな教科書として執筆したのが本書である。

　本書は，倒産法制のうち，清算型倒産処理手続の基本法である破産法と，再建型倒産処理手続の基本法たる民事再生法を主たる内容としつつも，私的整理手続をはじめ，国際倒産や破産犯罪，再生犯罪等についても説明を加えている。これらの点では，前著書と異なるところはない。ただ，本書がターゲットとするのは，主として法科大学院や大学法学部で，倒産法を学ぼうとする学生であるから，本書では，細かい議論は思いきって省略し，学生諸君が，倒産法を学ぶ上で，最低限理解しておいてもらいたい点を重点的に分かりやすく説明することを心がけると共に，若干の発展的思考もできるように工夫してみた。

　具体的には，執筆に際しては以下の点に心がけた。①倒産法における判例の重要性に鑑み，倒産判例百選に掲載されたものを中心として，学習する上で特に必要と思われる判例を，下級審裁判例も含めてできるだけ取り上げる。②類似した制度については，破産手続と民事再生手続の性格の違いからくる，その内容や制度趣旨の違い等を明らかにする。③破産手続と民事再生手続とで重複する議論がある場合には，重複を避けるために，主として破産手続における記述に譲り，民事再生手続については，その議論をリファーするという形をとる。④破産法には見られない再生計画という制度や各種倒産処理手続間の移行に際して生じる問題については，紙幅をさいて丁寧に説明する。さらに，⑤件数としては圧倒的に多いにもかかわらず，従来あまり詳しくは触れられることのなかった消費者破産や個人を対象とした再生手続といった消費者倒産手続についても詳しく説明する。⑥索引を充実させ，一つの概念が色々な場所で関係して

iii

くる旨を理解してもらうようにするといった諸点である。本書によって，倒産法が立体的に理解でき，倒産法とはおもしろいな，との印象を持って頂ければ望外の幸せである。

　ただ，これらの思いがどれだけ成功しているかは，読者の皆さんのご批判をまつしかないが，それをしっかりと受け止めて，本書を少しでも良い教科書にしていきたいと考えている。本書の内容に関して詳しい議論を知りたいと思われる場合には，ぜひとも前著書を参照してもらいたい。なお，民法の条文を引用する際には，改正法（平成29年法律第44号）によった。

　本書を執筆するに当たっては，さまざまな方々の研究業績を参考にさせて頂いたことはいうまでもない。ただ，本書の性質上，主な参考文献のみを巻末に掲げるに留め，詳しい注は一切省略した。この点，何卒ご寛恕をお願いする次第である。

　なお，本書の出版にあたっては，社長の袖山貴氏はじめ，様々な方のお世話になった。とくに，信山社の稲葉文子氏と今井守氏には，本書の企画段階から校正にいたるまで，あらゆる面において，貴重なご助言と温かい励ましを頂いた。お二人の熱心なおすすめがなければ本書は日の目を見ることはなかったであろう。ここに記して感謝申し上げる次第である。

　　2018年1月11日

　　　　　　　　　　　　　　　　　　　　　　　　　三 上 威 彦

目　次

———————————— 目　　次 ————————————

◆**第1編　倒産法への招待** ……………………………………… 1

　　1　倒産とは何か（3）／ 2　倒産処理制度の必要性（4）／
　　3　倒産処理制度の指導理念（5）／ 4　わが国の倒産法制度
　　（7）

◆**第2編　破　産　手　続** ……………………………………… 13

　　第1章　破産手続の機関と利害関係人……15
　　　1　総　説（15）／ 2　破産裁判所（15）／ 3　破産管財人
　　　（17）／ 4　保全管理人（22）／ 5　債権者集会（23）／ 6
　　　債権者委員会（23）／ 7　代理委員（24）／ 8　破産債権
　　　者（24）／ 9　破産者（25）

　　第2章　破産手続の性質と手続の進行……26
　　　1　破産手続の性質（26）／ 2　わが国の破産手続の流れ
　　　（27）

　　第3章　破産手続開始申立てから破産手続開始決定まで……28
　　　1　申立権者（28）／ 2　申立ての手続（29）／ 3　破産
　　　手続開始の要件（32）／ 4　破産障害（39）／ 5　破産手
　　　続開始決定前の保全処分（39）／ 6　破産手続開始決定手続
　　　（44）／ 7　破産手続開始の効果（46）

　　第4章　破産債権確定手続……51
　　　1　破産債権の意義・要件（51）／ 2　破産債権の額 —— 等
　　　質化（53）／ 3　破産債権の順位（55）／ 4　多数債務者関
　　　係と破産債権（57）／ 5　破産債権の届出・調査・確定
　　　（62）

　　第5章　破産財団の意義 —— 管理の対象……66
　　　1　破産財団とは（66）／ 2　法定財団の範囲（66）／ 3
　　　自由財産（68）

　　第6章　破産財団の管理……69
　　　1　破産財団の管理とは（69）／ 2　破産者をめぐる実体法
　　　関係の整理（70）／ 3　破産者をめぐる手続法関係の整理
　　　（85）／ 4　否認権（88）／ 5　法人の役員の責任追及等
　　　（106）／ 6　取戻権（107）／ 7　別除権（113）／ 8

v

目　次

相殺権（124）／9　財団債権（136）

第7章　破産財団の換価……141

　1　換価に関する制限（141）／2　換価の方法，別除権の目
的物の換価（142）

第8章　破産手続の終了 ── 配当・破産廃止……145

　1　配当による終了（145）／2　破産終結以外の事由による
破産手続の終了（150）

第9章　消費者破産と免責……154

　1　消費者破産手続とその特徴（154）／2　免責制度
（157）／3　復権（162）

第10章　破産犯罪……163

　1　破産犯罪規定の必要性（163）／2　破産犯罪の種類
（163）

◆第3編　民事再生手続 ……………………………………… 165

第1章　民事再生手続の意義，再生手続の利害関係人・機関……167

　1　民事再生手続の意義（167）／2　再生手続の利害関係
人・機関（169）

第2章　民事再生手続の流れ……175

第3章　民事再生手続の開始……177

　1　民事再生能力（177）／2　再生手続開始の要件（178）
／3　再生手続開始申立権者（179）／4　申立ての手続
（180）／5　再生手続開始前の保全処分（183）／6　再生手
続開始決定と不服申立て（187）／7　再生手続開始の効果
（188）

第4章　再生債権確定手続……191

　1　再生債権の意義（191）／2　再生債権の手続上の取扱い
（192）／3　再生債権の届出・調査・確定（195）

第5章　一般優先債権・共益債権・開始後債権……197

　1　一般優先債権（197）／2　共益債権（198）／3　開始
後債権（202）

第6章　再生債務者財産の調査・確保手続……204

　1　再生債務者財産の意義と範囲（204）／2　財産評定と調
査報告（205）／3　再生債権者への情報開示（206）／4

営業（事業）等の譲渡（207）／5 再生債務者をめぐる法律関係の処理（209）／6 契約関係の処理（212）／7 手続関係の処理（219）／8 取戻権・別除権・相殺権・否認権等（222）

第7章 再生計画案の作成から再生計画の成立まで……249

1 再生計画の意義および内容（249）／2 再生計画の条項（249）／3 清算価値保障（維持）原則（257）／4 再生計画案の作成・提出（257）／5 再生計画の成立と発効（259）／6 再生計画の効力（266）

第8章 再生計画の遂行および再生手続の終了……268

1 再生計画の遂行（268）／2 再生計画の変更（269）／3 再生手続の終結（271）／4 再生計画の取消し（272）／5 再生手続の廃止（275）

第9章 個人を対象とした再生手続……279

1 制度創設の沿革（279）／2 個人を対象とした再生手続の概要（280）／3 住宅資金貸付債権に関する特則（280）／4 小規模個人再生手続（284）／5 給与所得者等再生手続（288）

第10章 民事再生手続と他の法的倒産処理手続との関係……290

1 倒産処理手続相互間の優先劣後関係（290）／2 民事再生手続・会社更生手続から破産手続へ（291）／3 破産手続・会社更生手続から民事再生手続へ（295）／4 民事再生手続・破産手続から会社更生手続へ（296）

第11章 再生犯罪……297

◆第4編 国際倒産手続……299

1 国際倒産手続の概念（301）／2 新しいわが国の国際倒産法制の概要（302）

参 考 文 献（307）

事 項 索 引（309）

判 例 索 引（317）

条 文 索 引（320）

vii

略 語 一 覧

〈法　令〉

外国倒産　外国倒産処理手続の承認援
　　　　　助に関する法律

会更　会社更生法

会　　会社法

仮登　仮登記担保契約に関する法律

憲　憲法

借地借家　借家借家法

商　商法

手　手形法

特許　特許法

破規　破産規則

破　破産法

不登　不動産登記法

保険　保険法

民再規　民事再生規則

民再　民事再生法

民執　民事執行法

民訴　民事訴訟法

民　民法

労基　労働基準法

〈判　決〉

大判(決)　大審院判決(決定)

最判(決)　最高裁判所判決(決定)

高判(決)　高等裁判所判決(決定)

地判(決)　地方裁判所判決(決定)

〈判例集〉

民録　大審院民事判決録

民集　大審院，最高裁判所民事判例集

裁判集民　最高裁判所裁判集(民事)

高民　高等裁判所民事判例集

下民　下級裁判所民事裁判例集

家月　家庭裁判月報

判時　判例時報

判タ　判例タイムズ

金商(金判)　金融・商事判例

金法　金融法務事情

〈概説〉倒産法

第 **1** 編

倒産法への招待

◇1◇　倒産とは何か

● ● ● 1　倒産とは何か ● ● ●

　倒産現象を処理する法制度を，倒産法ないし倒産処理法というが，そもそも，その規制対象たる倒産ないし倒産現象とはどういうことをいうのかについては，必ずしも見解の一致があるわけではない。倒産というのは日常用語であり，厳密な定義があるわけではないが，大まかにいえば，債務者（個人または企業）が経済的に破綻して，債務の支払いが困難な状態を意味するものと理解されている。たとえば，企業であれば，資金繰りがつかず，事業の経営ができなくなり，買掛金債務や融資債務の弁済が困難になった状態や，個人であれば，住宅ローンや利用したクレジットカードの債務の支払いができなくなった状態をいう。このような状態が生じた場合，その解決は，必ずしも法的手続によってする必要はないが，少なくともそれは，適正な手続により公平・公正に処理されるべきである。そこで，倒産現象とは，このような手続による処理の対象となる経済的破綻状態である，と広く捉えておきたい。したがって，本書では，倒産とは，後述のいわゆる倒産4法に基づく法的倒産処理手続開始申立ての要件を満たす場合だけでなく，私的整理ガイドラインによる処理，中小企業再生支援協議会や地域経済活性化支援機構による手続，さらには，事業再生ADRによる処理の要件が満たされる場合をも含め，何らかの手続的処理を必要とする経済的な破綻状態をいうものとして広く考えておきたい。

　➡　中小企業倒産防止共済法2条2項は，倒産を定義して，「一　破産手続開始，再生手続開始，更生手続開始又は特別清算開始の申立てがされること。二　手形交換所において，その手形交換所で手形交換を行っている金融機関が金融取引を停止する原因となる事実についての公表がこれらの金融機関に対してされること」としている。しかし，これは，共済金の支給をなすための基準を定めたものにすぎず，一般的に倒産現象を定義するものではない。

　以上に対して破産という言葉がある。これは，通常二つの意味で用いられている。一つは法律的な意味での破産，ないし法的手続としての破産という意味である。これは，破産法典（平成16年6月2日法律第75号）に規定されている裁判上の手続を意味する。他の一つは，日常用語としての破産である。これは，日常的な意味での経済的に破綻した債務者の財産状態を意味するものであり，必ずしも破産手続開始原因（破15条〜17条）の存在を必要としないし，何ら

3

◆ 第1編 倒産法への招待

かの手続によってその状態を処理する必要があるということでもない。本書で破産というときには，とくに断らない限り，前者の意味で用いる。

● ● ● 2 倒産処理制度の必要性 ● ● ●

(1) 倒産件数の現状 ● ● ●

倒産手続のうち破産手続の新受件数を見ると，昭和57年までは多くて年間5000件台であり，1万件を超えることはなかった。ところが，昭和58年に突如前年の3倍以上の1万8000件弱という新受件数を記録し，その後も破産件数は増え続け，平成15年には最多の25万1800件を記録した。しかし，その後，破産件数は漸減しており，平成28年には7万2000件弱にまで減少している。ただ，破産手続の申立てに至らなかった事案に加えて，民事再生，会社更生，特別清算等の申立事件，および私的制度ガイドラインや地域経済活性化支援機構による処理等のいわゆる私的整理等まで含めるならば，現在でも倒産件数は，はかなりの数に上るものと思われる。

(2) 倒産事件に関連して生じる問題点と倒産処理制度の必要性 ● ● ●

倒産現象が発生すると，そこには種々の問題が生じる。倒産事件においては，債務者の財産は全債権者の債権の満足を図るには不足しているのが通常であり，債権者への完全な満足は当初から期待することができない。そこで，一部の債権者が，抜け駆け的に自己の債権の強制的な回収を図る可能性がある。また，経済的に破綻した債務者が，後の再建に協力してくれそうな債権者にのみ偏頗弁済を行ったり，債務者が，債権者への弁済の原資となる財産を隠匿して後の再建や家族の生活のための資金を確保したりすることもないとはいえない。また，ある企業が倒産することによって，その取引相手たる企業が連鎖倒産に追い込まれることもまれではない。さらに，倒産事件の頻発により，経済取引の逼塞・停滞や社会的動揺も生じるかもしれない。このような事態を可能な限り回避し，倒産処理を秩序あらしめるためには，これらの事態を適切に処理することができる倒産処理制度が是非とも必要になる。そして，そのような倒産処理制度に対しては，①利害関係人間の公平性が確保できる機構が備わっていること，②手続の公正性が担保されていること，③連鎖倒産防止のために，債務

◇3◇ 倒産処理制度の指導理念

者の経済的再起のための支援制度が存在すること，④経済社会的な損失が可及的に防止できる機構が備わっていることなど，数々の手当てが要請される。

● ● ● 3 倒産処理制度の指導理念 ● ● ●

　以上のような要請を包含した倒産処理法制度を構築する場合，そこには，いくつかの指導理念が考えられる。

(1) 法人格維持の原則 ● ● ●

　法人格を有するものはすべて，社会的に活動しているものである。そうである以上，法人たる債務者は，たとえ債務が過多となっている状況にあっても，できる限り再生・再建したいと望むのは当然であり，また，そうすることは，社会的に悪影響が及ぶことを未然に防止することにもなる。ただ，倒産法制は，法人格そのものを維持するというよりは，その社会的に有意義な部分は再生させ，従来の活動を維持する方向で構築されるべきであろう。

(2) 再建更生型手続優先の原則 ● ● ●

　一般的にいえば，法人格者維持の原則は再建更生型手続優先の原則を導く。すなわち，倒産処理手続としては，まず再建更生型手続を目指すべきであり，破産手続開始という，いわば経済的な死刑宣告といった意味合いを有する手続は最後の手段であると考えるべきである。すなわち，破産手続は，債務者にとっては，（差押え可能な）全財産を失うという過酷な手続であり，また債権者にとっても，配当を得なかった債権はすべて失う手続であるから，最後の砦的な，また最後の受け皿的な手続と考えられるべきである。この原則は，法人債務者のみならず，自然人債務者にも妥当するであろう。

(3) 倒産債務者財産の有効利用の原則 ● ● ●

　以上述べたような原則があるからといって，再建の見込みがないのにいつまでも再建型手続を続行させることがあってはならない。すなわち，倒産者は債務が資産を上回る債務超過に陥っているのが通常であるが，その資産を使った事業が収益力を保ち，経済的に存在価値のあるものとして存続しうるものであ

5

◆ 第1編 倒産法への招待

れば，再建更生型手続によって処理されるべきであるが，そうでないときは，まだ資産価値があるうちに，迅速かつ円滑に債務者の財産を換価して，債権者に対し，少しでも多くの満足を与えることが債務者財産の最も有効な利用方法だということになる。したがって，再建更生型手続をとる際には，清算手続において債権者が得られる満足より多くのものが期待できる場合でなければならないという，いわゆる清算価値保障（維持）原則が考慮されるべきである。

(4) 財産の維持充実・散逸防止・取戻しの原則 ● ● ●

倒産状態が生じると，債権者がわれ先に倒産者に対する債権回収に専念したり，債務者が，倒産前後に特定の債権者のみにその財産を取得させたり，弁済したりするなどの行為が行われることがある。よって倒産法制は，倒産者の財産を維持するために，たとえ手続の開始前であっても，財産の散逸を防止したり，散逸した財産があるときは，これを取戻すことによって倒産者の財産を充実させることを可能にするものである必要がある。

(5) 債権者間の公平・平等と債権者保護の原則 ● ● ●

倒産者に対する債権者の種類としては，①租税，従業員の給料，退職金等の優先的債権者群，②抵当権や質権等を有する担保権者群，③その他の一般債権者群などが考えられる。倒産手続は，倒産者の乏しい財産をもって債権への弁済に充てるものであるから，それぞれの債権者群の間では公平に，同一の債権者群の中では平等な扱いがなされなければならない。また，倒産という事態においては，債権者も何らかの損害を被るわけであるから，倒産原因を作った関係者や不正な行為等を行った債務者等に対して，その責任を追及することによって財産を少しでも回復する等，債権者を保護する手段が認められるべきである。

(6) 適正手続の保障の原則 ● ● ●

倒産手続は，倒産者を中心とする利害関係者間の権利義務関係を制限し，利害関係者間の利害対立や紛争を解決・調整する手続であり，広義の民事訴訟法に属する。よって，手続は，安定・確実なものでなければならず，誠実，慎重に法の規定に従って運用されなければならない。また，法的手続にあっては，裁判所が関与するほか，手続の担当者の行為につき不服がある関係者に対して

は，不服申立ての機会を保障する必要がある。これらの要請を実現するためには，手続が適正に進行させられるメカニズムが組み込まれていなければならない。ここでの「適正」とは，公正・公平・妥当・慎重・迅速といった種々の要請の総合概念として把握されるべきである。

4 わが国の倒産法制度

(1) わが国の倒産処理制度とその分類

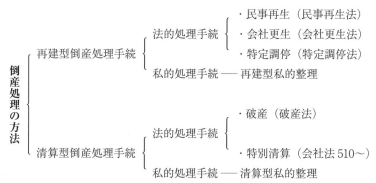

ドイツとは異なり，わが国では倒産法といった倒産状態を処理するための統一的な法典は存在せず，別々の存立根拠をもつ複数の倒産処理手続が併存するという，いわば縦割型の倒産処理制度がとられている。それらの手続は，いろいろな基準から分類することができる。

まず，手続の目的により，債務者の経済的再生を目ざす再建型手続と清算を目ざす清算型手続に分けることができる。次に，手続の存立の根拠が法律の規定によるものか否かによって，法的処理手続と私的処理手続とに分けることができる。わが国では，法的処理手続として，民事再生法による民事再生手続，会社更生法による会社更生手続，破産法による破産手続，会社法510条以下による特別清算手続があり，通常これらの法律を倒産4法という。

また，手続の遂行の主体の違いにより，管理型，DIP型，後見型に分けることもできる。管理型とは，債務者から財産に対する管理処分権や経営権を剥奪し，それを裁判所が選任する管財人に与え，倒産処理手続を管財人の主導の下に行うものである。それに対し，DIP型とは，倒産した後も債務者は依然

◆ 第1編 倒産法への招待

として自己の財産に対する管理処分権や経営権を失うことなく，債務者主導の下に倒産処理を行うものである。また後見型とは，DIP型のうち，裁判所が選任する監督的な職務を行う機関の監督・助言を受けながら，債務者が倒産処理手続を遂行するものである。以上の基準は排他的なものではなく，たとえば，民事再生手続は，再建型手続・法的処理手続であり，かつ，DIP型・後見型・管理型のいずれかの形態の手続である。それに対し，会社更生手続は，再建型手続・法的処理手続であり，かつ管理型手続である。また，破産手続は，清算型手続・法的処理手続であり管理型手続である。さらに，特別清算は，清算型手続・法的処理手続であり，かつDIP型手続である。これら以外にも，金融機関の破綻処理のためのスキームがあるほか，私的整理手続の多くは再建型手続であり，その手続については一定のルール化がなされている。

(2) 破 産 手 続 ● ● ●

破産手続は，清算型の代表的な倒産処理手続であるだけでなく，他の倒産手続の基礎をなすものである。旧破産法は，大正11年（1922年）に，当時のドイツ破産法を模範として制定されたものであるが，それは，文語体仮名書きであり，国民にとって取っつきにくいという欠点があったほか，構成も特殊であり手続の流れがわかりにくかった。さらに立法から80年以上もほとんど改正もなく，社会の変化に追いついていない面もあった。そこで，旧破産法の欠点を克服し，長年にわたって行われてきた議論の成果の重要な部分を立法化し，さらには，先行する民事再生法や会社更生法において取り入れられた数々の制度をも取り込んで，平成16年（2004年）に新しい破産法（平成16年6月2日法律第75号）が制定され，同17年（2005年）1月1日から施行された。この現行破産法は，旧破産法の単なる改正ではなく，まったく新しい立法であり，現行法の施行に伴い旧破産法は廃止された。

(3) 民事再生手続 ● ● ●

従来，一般的な再建型の法的倒産処理手続としては，和議法（大正11年4月25日法律第72号）による和議手続があった。和議手続は，すべての法人および個人が利用できる手続であること，手続開始により債務者は財産に対する管理・処分権は失わず，自ら事業経営を継続しつつ再建を図ることができる点で，中小企業や個人の倒産事件において，小型かつ簡易迅速な再建型倒産処理手続

8

として利用されてきた。しかし，和議手続の弱点として，①破産原因が和議の
手続開始原因とされており，申立時には既に再建が困難になっている場合が少
なくないこと，②申立てと同時に再建計画（和議条件）を提示する必要があっ
たが，このような早期の段階で，適切な再建計画を立てることは困難であるこ
と，③履行確保のための手段が用意されていなかったため，和議条件の履行率
が低かったこと，④破産管財人のような管理機関を選任する制度がなかったた
め，債務者自身が業務執行等を継続することが不適当な事案には対処できない
こと，といった種々の欠点が指摘されていた。そこで，和議手続の利点を生か
しつつ，それが有していた問題点を克服するものとして，平成 11 年 12 月に民
事再生法（平成 11 年 12 月 22 日法律第 225 号）が公布され，同 12 年 4 月 1 日か
ら施行された。

(4) 特別清算手続 ●　●　●

　すでに清算手続に入っている株式会社を対象とする，会社法 510 条以下に基
づく清算型の倒産処理手続である。この手続の特徴は以下の点にある。すなわ
ち，①清算を目的とする点では破産手続と同じであるが，手続開始原因は破産
より緩和されており，手続も簡易なものとなっている。②特別清算人は，取締
役などの清算人（会社 478 条）が特別の義務を課された上で清算人としての職
務を遂行するものであり（会社 523 条），破産管財人のように，裁判所が選任し
財産の管理処分権を取得して清算事務を行うものではない。③一般債権者は手
続に参加することを強制され，協定を通して平等な配当を受ける（会社 512
条・515 条 1 項 2 項・563 条以下参照）。④担保権の取扱いは，破産手続とは異な
り，担保権に基づく競売手続を中止させることができる点で（会社 516 条），再
建型手続に近似する。⑤債権者に対する弁済は，破産配当とは異なり，清算人
が作成する協定案についての債権者集会の特別多数決および裁判所の認可に基
づいてなされる（会社 567 条・568 条。なお，破 193 条以下参照）。協定案の内容
は，一応平等主義が妥当するが，衡平の見地から差等を設けることは差し支え
ない（会社 537 条 2 項・565 条）。

(5) 会社更生手続 ●　●　●

　会社更生手続は，会社更生法（平成 14 年 12 月 13 日法律第 154 号）に基づく，
株式会社を対象とする再建型の倒産処理手続であり，民事再生手続の特別手続

◆ 第 1 編 倒産法への招待

に当たる。民事再生手続とは異なり，適用対象が株式会社に限られているほか，管理型倒産処理手続である。また，民事再生手続では，租税債権や労働債権等の優先権ある債権は一般優先債権として，また担保権は別除権として手続外での権利行使が認められているのに対し（民再53条・122条），更生手続においては，担保権は更生担保権として更生手続に取り込まれる（会更168条1項1号）。また，会社の再建を容易にするために，会社の組織変更も，再生手続に比べて容易になっている（会更46条・167条2項・203条1項・210条以下）。さらに，原則として，再生計画認可またはその3年後までの手続の継続に限定される再生手続に比べ，更生手続では，管財人による更生計画の遂行が確実と認められるまで手続は続き，その意味で，計画の履行がより確実になっている。

⑹ 金融機関等の破綻処理　● ● ●

　従来，金融機関が経済的危機に陥った場合でも，健全な金融機関による救済合併や営業譲渡等によって対処がなされ，また，特に大規模な金融機関が危機状態に陥ったときには，日銀特融などの特別の措置が執られることによって破綻が回避されてきた。そのため，金融機関の不倒神話が語られ，金融機関の破綻処理について特別の制度は必要ではなかったし，実際にもそのような制度はなかった。しかし，バブル経済の崩壊により，金融機関の経営状態が一挙に悪化し，わが国の金融機関の多くが，他の機関を救済するだけの体力がなくなってしまった。その結果，従来のような，預金者に負担をかけずに破綻処理を行うことは事実上不可能となってしまった。そのような状況の下，1996年・2000年の預金保険法の改正，金融機関の更生手続の特例に関する法律（更生特例法）の制定等がなされた。しかし，1997年から1998年にかけて，大規模金融機関が相次ぎ経営破綻するという，いわゆる金融危機が発生した結果，1998年に金融機能の再生のための緊急措置に関する法律（金融再生法）が制定されると共に，更生特例法および保険業法も改正された。

　預金保険法では，金融整理管財人が選任され，この者に金融機関の代表権，業務執行権，財産の管理処分権が専属的に帰属し（預保77条），いわゆる管理型の処理手続がなされる。受け皿となる金融機関が見つかれば，合併や事業譲渡がなされ，見つからない場合には，内閣総理大臣の決定により，預金保険機構の子会社として承継銀行（ブリッジバンク）が設立され，承継銀行が破綻金融機関から事業の譲渡を受け，暫定的に事業を維持継続しつつ（預保91条）受

け皿となる金融機関を探し，必要があればその金融機関に資金援助を行って最終的な処理がなされる（預保101条）。また，更生特例法は，銀行のみならず，信用金庫や信用協同組合，さらには証券会社・保険会社に対しても，更生特例法による更生手続の利用を認めるものである。保険業法の改正では，内閣総理大臣は，その業務の全部・一部の停止等の命令または保険管理人による業務・財産の管理を命じる処分（管理命令）をすることができる（保険業241条1項）。管理命令が発令されたときは，その命令と同時に選任される保険管理人による管理型倒産処理手続が行われる。この手続における破綻処理の原則型は，破綻保険会社の事業を救済保険会社に譲渡し，それと同時に，保険契約も包括的に移転するものである。さらに，この法律により，新たなセーフティ・ネットの仕組みとして保険契約者保護機構が設立され，保険契約の最終的な引受機能を有することとされ，また，一定の公的資金が契約者保護のために投入される枠組みも創設された。さらに，農水産業協同組合の再生手続の特例に関する法律が制定され，農協・漁協等の破綻処理について再生手続の活用を想定し，その特則が定められた。

(7) 私 的 整 理 ● ● ●

　債務者と全債権者との間で合意をすることによって，裁判所の関与なしに倒産事件を処理する手続を，一般的に私的整理という。この中には，債権者の中から選ばれる債権者委員・債権者委員長が主導し，あるいは債務者の代理人である弁護士が主導する一般的な私的整理のほかに，最近では，公正中立な機関を設け，その関与の下に，事業再生を目的として組織的に私的整理に取り組むさまざまなスキームが作られている。そのようなものとして，①金融債権のみを権利変更の対象とし，一般の取引債権者の債権には影響を及ぼさない破綻処理手続である，私的整理に関するガイドラインによる処理手続，②いわゆるメインバンク以外の金融機関から債権を買い取り，当該企業およびメインバンクとともに事業再生計画を作成することを通じて，事業再生を図ることを目的とする，株式会社地域経済活性化支援機構の下での破綻処理，③事業再生は可能であるが，抜本的な財務体質や経営改善が必要な中小企業について，中立公正な第三者として，各都道府県の商工会議所に設置され，再生計画案の策定支援，再生計画案の調査報告および債権者との合意形成に向けた調整を行う中小企業再生支援協議会の下での破綻処理手続，④特定認定紛争解決事業者に認定され

◆第1編　倒産法への招待

ている事業再生実務家協会（JATP）による事業再生 ADR 等，さまざまな手続が形成されている。

第2編

破産手続

◇2◇ 破産裁判所

◆ 第1章 ◆

破産手続の機関と利害関係人

1 総 説

　破産手続は，債務者の乏しい財産をめぐって利害が鋭く対立する多数の債権者の存在を前提として，これらの債権者に対し，できるだけ公平な満足を図るための裁判上の手続である。そして，このような破産手続の目的は，この手続を運営していく一定の機関と，さまざまな利害関係人との協力によって初めて実現される。そのような機関として，破産法上，破産裁判所，保全管理人，破産管財人，債権者集会，債権者委員会，代理委員が規定されており，手続に密接な利害関係を有する者としては，債務者（破産者），債権者（破産債権者），別除権者（担保権者），相殺権者，取戻権者，財団債権者などがある。

2 破産裁判所

(1) 破産裁判所の意義と権限

　破産裁判所とは，個々の破産事件について破産手続を担当する裁判所をいう。破産裁判所といっても，破産事件だけを扱う特別な裁判所が設置されているわけではなく，通常裁判所たる地方裁判所が担当する（破5条1項。職分管轄）。

　破産裁判所は，破産手続を遂行していく上で必要な広範な権限を有するが，破産手続は基本的には，裁判所が選任する管財人を中心に遂行されるから，破産裁判所の権限は，争いについての判断や，後見・監督的なものを中心に認められている。すなわち，第1は，破産手続の開始や終了に関わる裁判を行うこ

15

◆第2編 破産手続／◆第1章◆ 破産手続の機関と利害関係人

とである（破15条・216条1項・220条1項等）。第2には，破産管財人の選任（破74条1項），債権者集会の召集・指揮（破135条1項・137条），債権届出の受理（破111条）など，破産手続の実施を内容とする職務である。第3は，破産管財人などの機関に対する監督をなすこと（管財人の監督・解任〔破75条1項・75条2項〕，管財人の一定の行為に対する許可〔破78条2項〕）である。すなわち，破産裁判所は，管財人の行為を監督するだけであり，管財人の職務遂行につき一般的指揮権を有するわけではない。第4は，破産債権者など利害関係人間の権利義務に関する争いを解決することである（破125条3項・126条2項）。そして第5に，破産手続に附随する手続としての免責申立てについて裁判することである（破252条1項）。

(2) 破産裁判所における手続 ● ● ● ●

破産手続は，迅速に多数の債権者の債権の確定を図り，かつそれに基づいて公平な配当をする必要から，通常の訴訟手続とは異なった種々の特色を有する。すなわち，①破産裁判所の裁判においては，口頭弁論を開くか否かは裁判所の裁量に任されている（破8条1項。任意的口頭弁論）。したがって，任意的口頭弁論である以上，口頭弁論を開くか否かにかかわらず，裁判の方式は決定である（破13条，民訴87条1項但書）。また，②民事訴訟とは異なり，審理に当たっては弁論主義は採用されず，職権探知主義が採られている（破8条2項）ほか，裁判の方式が決定であることから，③破産手続開始の決定は送達ではなく，通知することで足りるし（破32条3項），送達をすべき場合でも公告をもってこれに代えることもできる（破10条3項）。さらに，④裁判に対する不服申立ては即時抗告による（公告があった場合は公告が効力を生じた日から2週間以内〔破9条〕，公告がなされない場合は告知の日から1週間以内である〔破13条，民訴332条〕。大判昭3・4・27民集7巻235頁参照）。⑤破産手続開始の申立ては書面でしなければならない（破20条1項，破規13条・14条）。

➡ 最判昭45・6・24民集24巻6号610頁〔百選5版1①事件〕，最判平3・2・21金法1285号21頁〔百選5版1②事件〕は共に，破産手続が口頭弁論を保障していないことをもって憲法違反とはいえないとする。

◇3◇ 破産管財人

● ● ● 3 破産管財人 ● ● ●

(1) 破産管財人の意義 ● ● ●

　破産管財人とは，裁判所によって選任され，その監督の下に，与えられた破産財団に対する管理処分権を背景として，①破産財団の占有・管理・維持・増殖を図り，②破産債権の確定に関与し，③破産財団の換価・配当を実施する機関であり，破産手続の遂行にあたり中心的な役割を果たす機関である。

(2) 破産管財人の被選任資格と選任手続 ● ● ●

　破産管財人の被選任資格については，その職務に適した者ということ以外に特別の要求はなされていない（破規23条1項）。自然人のみならず法人もなることができる（破74条2項）。ただし，自然人であっても，制限行為能力者は除かれるし，公務員も職務専念義務との関係で管財人にはなれないと解すべきである。ただ，実務上は，倒産事件に精通した弁護士の中から選任されている。

　破産管財人は，破産手続開始決定と同時に破産裁判所によって選任される（破31条1項・74条1項）。人数は法文上は，1人または数人とされているが（破31条1項），一部の大規模な事件を除き，通常は1人が選任される。破産管財人が選任されると，裁判所書記官は，その選任を証する書面を発行する（破規23条3項）。選任された管財人の氏名は公告されるほか，知れたる債権者等に通知される（破32条3項）。

(3) 破産管財人の任務の終了 ● ● ●

　破産管財人の任務は，破産手続の終了・死亡・解任によって終了する。①破産手続の終了とは，破産終結（破220条），破産廃止（破217条・218条），破産取消（破33条3項），手続の失効（民再184条，会更208条）などである。また，②破産管財人の死亡によっても任務は終了する。破産管財人が死亡した場合，旧法では，計算の報告は承継人がするものとされていた（旧破168条）。しかし，近年における破産管財業務の専門性の増加という現象からすれば，倒産に関する専門的な知識または経験を有しない相続人に管財業務につき計算の報告義務を負わせることは，管財業務の継続性の確保という観点からも適切ではなく，相続人にとってもこのような義務を履行する負担は大きい。よって，現行法で

17

◆ 第 2 編 破産手続／◆ 第 1 章 ◆　破産手続の機関と利害関係人

は，計算報告は後任の管財人がするものとされている（破 88 条）。③解任によっても管財人の任務は終了するが，解任は，破産財団に属する財産の管理処分を適切に行っていない場合に，利害関係人の申立てまたは職権によってなされる。ただし，解任する場合には，裁判所は，管財人を審尋しなければならない（破 75 条 2 項）。

　任務が終了した場合，管財人（または後任の破産管財人）は，裁判所に計算報告書を提出し，債権者集会への計算報告をする（破 88 条）。なお，任務終了後急迫の事情ある場合には，後任の管財人または破産者が財産を管理することができるようになるまで必要な処分をしなければならない（破 90 条 1 項）。

(4) 破産管財人の職務　● ● ●

　破産管財人は，破産手続において中心的な役割を果たす者であり，その職務は広範にわたるが，その主たるものとしては以下のものがあげられる。①破産管財人は，就職の後直ちに破産財団に属する財産の管理に着手しなければならない（破 79 条）。そのためには，まず債権者の満足の引当てとなる破産財団所属の財産の状況を把握する必要があり，破産管財人は，裁判所書記官等に破産財団所属財産に封印をさせたり，帳簿の閉鎖を申し出ることができる（破 155 条）。また，財産目録・貸借対照表の作成（破 153 条 2 項）や，財産の評定（破 153 条 1 項）などをする。②破産財団所属財産に関して係属中の訴訟の処理（破 44 条・45 条 2 項・80 条・126 条）や，破産手続開始前から継続している契約関係の処理（破 53 条以下），その他，広い意味での破産財団に属するものの管理（破 173 条 1 項）をする。③破産管財人は，配当の前提として，破産債権の調査や確定に関与する（破 121 条・124 条・129 条等）。④破産債権者の満足は配当という形によってなされるため，破産管財人は配当にも関与する（破 193 条 2 項 3 項・195 条・196 条・209 条等）。⑤破産手続を円滑に進めるためには，債権者に対して情報公開をし，破産手続に対する債権者の理解を得なければならない。そのため，管財人は情報公開の場としての債権者集会において，種々の報告をしなければならない（破 158 条・159 条・88 条 1 項 3 項）。⑥破産管財人は，免責についても関与する（破 250 条・251 条）。

　破産管財人が上記の職務を遂行する際には，善良なる管理者の注意をもって行わなければならず（善管注意義務），それに違反すると損害賠償の責任を負わなければならない（破 85 条）。ここでいう，善良なる管理者の注意とは，当該

個人の能力に応じた主観的な注意ではなく，その職業・地位・資格において，一般的に要求される注意義務を意味するものであり一般的には高度な注意義務である。管財人が複数選任されている場合は，上記の職務は原則として共同で行使するが，裁判所の許可を得ることによって，それぞれ単独に行使したり，職務を分掌したりすることができる（破76条）。また，管財人は，必要があるときは，裁判所の許可を得て，自己の責任において1人または数人の代理人を選任することができる（破77条）。職務執行に当たり，破産管財人は，費用の前払いおよび裁判所が定める報酬を受けることができる（破87条1項）。

➡ 管財人の善管注意義務の内容については，最判平18・12・21民集60巻10号3964頁〔百選5版19事件〕を参照のこと。

(5) 破産管財人の法的地位と第三者性 ● ● ●

1 破産管財人の法的地位

この議論は，破産管財人をめぐる破産手続の内部的な法律関係を，いかに矛盾なく，統一的・体系的に説明するかというものであり，従来，代理説（誰の代理人かという点につき，破産債権者代理説，破産者代理説がある），職務説（公法上の職務説や私法上の職務説がある），破産財団代表説，管理機構人格説等さまざまな見解が唱えられていた。しかし現在では，破産管財人の地位を，財団財産につき管理処分権を行使する管理機構としての破産管財人と，それを担当する自然人としての破産管財人とに分け，まず，破産手続開始決定により破産者の財産は破産財団を構成し，その管理処分権は管理機構としての破産管財人に帰属するとし，破産裁判所はこの管理機構の具体的な担当者としての管財人を選任することになると説く管理機構人格説が有力である。

2 破産管財人の第三者性

実体法は，さまざまな第三者保護の規定を置いているが（民177条・94条2項・96条3項・467条2項・545条1項但書等），管財人がその第三者に当たるかということが問題となる。従来は，この問題も，破産管財人の法的地位から直接に結論を導く傾向があった。しかし，近時では，同じく破産管財人の法的地位に関する問題ではあっても，破産手続の内部的法律関係に関する議論とはまったく次元を異にし，管財人の第三者性の問題は，破産手続の主たる受益者である破産債権者と外部の第三者との公平という観点から決定される，とする見解が有力である。これによれば，破産管財人の第三者性は，次の3つの基準

◆ 第2編 破産手続／◆ 第1章 ◆ 破産手続の機関と利害関係人

で判断される。すなわち，①破産管財人は原則として，破産者の一般承継人と同視できる。②破産手続開始決定が破産債権者全体のための差押えとしての性質をもち，破産債権者の利益の代表者たる破産管財人には，差押債権者としての地位が認められる。③破産法が管財人に対し，差押債権者を超える特別の地位を与えているときは，こちらが優先する（否認権〔破160条以下〕等）というものである。これらの基準を具体的な事例に適用すると，以下のようになる。

① 不動産の物権変動と第三者性（民177条）

①−1　Aが土地をBに売却し，Bが代金を完済したにもかかわらず，移転登記を得る前にAが破産し，Kが破産管財人に選任された場合，当該土地がAの破産財団を構成するか否かは，破産債権者に重大な利害関係を及ぼすことから，上記②の基準が適用され，破産管財人は民法177条の第三者と解される。ただ，破産の登記（破257条）は，第三者に対する対抗要件ではないから（破30条2項参照），BとKの優劣は，BがAから所有権移転登記を得るのと，破産手続開始決定がなされるのと，いずれが早いかということによって決まる。

> ➡ 判例（最判昭48・2・16金法678号21頁〔百選5版17事件〕）も，Aから土地を賃借したBが賃借権の対抗要件を備える前にAが破産し，Kが破産管財人に選任された事例につき，Kの第三者性を認め，KのBに対する目的物の返還請求を認めた。

①−2　それに対して，Aが土地をBに売却し，Bが代金を完済したにもかかわらず，移転登記を得る前にBが破産し，Kが破産管財人に選任された場合，当該土地がBの破産財団を構成するか否かは，破産債権者に重大な利害関係を及ぼす一方，Aは既に代金を得ている以上，当該土地の所有権を主張する利益はない。よって，AとBの破産債権者の間には利害の対立はないから，上記①の基準が適用され，KはBの一般承継人と同じ立場で，Aに対して移転登記と土地の引渡しを請求することができる。

② 債権譲渡と第三者性（民467条2項）

AがBに対する債権をCに譲渡し，譲渡した旨をBに対し，簡易書留郵便で通知した。その後，Aが破産し，Kが破産管財人に選任された場合，Kが債権譲渡の第三者に当たるかという問題である。これにつき，通説・判例（最判昭58・3・22判時1134号75頁〔百選5版18事件〕）は，上記②の基準を適用し，Kが差押債権者と同様の地位にあることを理由として第三者に当たり，B

は，破産手続開始決定前に民法467条2項の対抗要件を満たさない限り，K
には対抗できないとしている。

③ 虚偽表示と第三者性（民94条2項）

AとBが通謀して土地の仮装譲渡をし，AからBへの所有権移転登記がな
された後にBが破産し，Kが破産管財人に選任された場合，AがKに対し，
虚偽表示による無効を主張して，登記の抹消と土地の返還を請求した場合，K
が民法94条2項の善意の第三者に当たるか，という問題である。これにつき，
通説・判例（最判昭37・12・13判タ140号124頁〔百選26事件〕）は，②の基準
を適用し，Kは第三者に当たるとしている。ただ，この場合，善意・悪意は
誰を基準にして判断するのかということが問題となるが，通説は，管財人が破
産債権者の利益を代表する地位にあることに鑑み，破産債権者の中に一人でも
善意の者がいることを管財人が立証すれば，善意者保護規定が適用されると解
している。

④ 詐欺と第三者性（民96条3項）

AがBの詐欺行為により土地を譲渡した後にBが破産し，Kが破産管財人
に選任された場合に，Kが民法96条3項の善意の第三者に当たるかという問
題である。この問題につき，虚偽表示の場合とは異なり，Aを保護する必要
性が高いので破産管財人は第三者には当たらないとする見解もあるが，通説は，
破産管財人は，差押債権者と同様の地位にあること，また，民法94条2項も，
同96条3項も共に，取引の安全を保護する規定であり，両者を異なって扱う
べきではないこと等を理由に，第三者に当たると解している。またこの場合の
善意についての判断基準は，虚偽表示の場合と同様である。

⑤ 契約解除と第三者性（民545条1項但書）

この関係を考えるとき，2つの場合を考える必要がある。1つは，売主が契
約を解除した後に買主が破産した場合であり，他の1つは，買主が破産した後，
売主が開始前の解除原因の存在に基づいて解除の意思表示をした場合である。
前者の場合，土地の売買契約について，通説は，売主と破産管財人の関係は二
重譲渡と同様の関係となり民法177条が適用されるとする。したがって，買主
に破産手続開始決定がなされる前に移転登記の抹消登記がなされていない限り，
破産管財人は第三者として保護されるとする。それに対して，後者の場合は，
破産管財人は，破産手続開始により差押債権者と同様の地位を取得し，この時
点で，民法545条1項但書の第三者に当たるとする。

◆第2編 破産手続／◆第1章◆ 破産手続の機関と利害関係人

⑥ 融通手形の抗弁と第三者性（手17条・77条1項1号）

AがBの依頼を受けて，Bへの資金融通の手段として約束手形を振り出した（融通手形）。その後，Bが破産し，Kが破産管財人に選任され，KがAに手形金の支払いを請求してきた場合，Aは，融通手形の抗弁（原因関係不存在の抗弁）を対抗することができるかという問題である。この場合，管財人が破産債権者の利益を代表する点で第三者的地位を有するとしても，手形法17条・77条1項1号の人的抗弁の切断の制度は，裏書という手形本来の姿で流通する場合の手形取引の安全円滑を保護するための法技術であり，手形本来の流通方法によらないで移転した場合は，抗弁切断の効果は与えられないとするのが，判例（最判昭46・2・12判時622号102頁〔百選4版18事件〕）・多数説である。

● ● ● 4 保全管理人 ● ● ●

保全管理人の制度は，法人である債務者につき，その財産の管理処分が失当であったり，債務者の財産が広い地域に散在しているなど，破産手続開始前であっても，財産を包括的に管理・維持しておく必要性が高い場合に用いられる。このような場合に，裁判所が，保全管理命令を発令して1人または数人の保全管理人を選任し，これに包括的な財産管理処分権を与えて，債務者の財産の管理を命じるのが保全管理人の制度である（破91条）。保全管理人の選任は，一般の保全処分（破28条）のように，必要があるというだけではなく，債務者の財産の管理および処分が失当であるとき，その他（破産裁判所において）債務者の財産の確保のために「特に」必要がある場合に限られる。

保全管理人になるべき者の資格については特別の要求はされていないが，通常は，債務者と利害関係のない弁護士が選任される。また，保全管理人には，自然人のみならず法人もなることができる（破96条1項・74条2項）。保全管理人が選任されると，債務者の財産に関する管理処分権は保全管理人に専属する（破93条1項）。保全管理人は，善良なる管理者としての注意義務をもって職務を遂行するほか，その地位は破産管財人に準ずる（破93条3項）。

◇6◇ 債権者委員会

● ● ● 5 債権者集会 ● ● ●

　破産手続が円滑に進むためには，破産手続に関する直接の利害関係人である破産債権者に対し，一方で手続の進行についての情報を開示し，他方でそれを基礎として，破産債権者に，管財業務に関わる重要事項についての意思決定の機会を保障しなければならない。それに応えるのが債権者集会の制度である。

　債権者集会とは，①破産手続の直接の利害関係人である破産債権者に対し，手続の進行につき情報を開示すると共に，他方で，②破産管財人の業務に関する重要事項につき共同の意思決定を行い，さらに，③破産管財人の業務執行を監督する機会を与えること等を目的として破産裁判所の召集，指揮の下で開催される会議である。なお，現行破産法においては，会社更生法や民事再生法にならい，迅速な手続の進行という観点を重視し，債権者集会の開催およびその決議を必要とする事項を大幅に削減すると共に，原則として債権者集会の開催を規定している場合でも，事件の状況により，必ずしも債権者集会の開催を要求せず，開催の目的や破産事件の規模に応じて柔軟な処理がとれるように配慮している（破31条4項5項・89条4項・136条1項但書・217条2項等）。

● ● ● 6 債権者委員会 ● ● ●

　現行法は，破産債権者の意思を破産手続に反映させるための手続を充実させる観点から，民事再生法117条・154条2項や会社更生法117条～121条にならって，債権者委員会の制度を設けた。これは，破産手続内で新たに委員を選任して組織するのではなく，破産手続外で組織されている債権者委員会のうち一定の要件を備えているものにつき，裁判所が破産手続に関与することを承認することができるというものである（破144条1項）。しかし，要件が厳格なことと，これによっても整理屋等が紛れ込むのを防止できない危惧があること等によって，この制度はあまり利用されていないといわれている。

◆第2編 破産手続／◆第1章◆ 破産手続の機関と利害関係人

● ● ● 7 代理委員 ● ● ●

　破産債権者は，裁判所の許可を得て，共同して，または格別に，1人または数人の代理委員を選任することができ，選任された代理委員は，これを選任した破産債権者のために，破産手続に属する一切の行為をすることができる（破110条）。代理委員は，大規模な破産事件において，共同の利益を有する多数の破産債権者が存在する場合に，それらの者の権利行使を容易にするとともに，破産手続の円滑な進行を期するための制度であり，民事再生法90条1項，会社更生法122条1項と同様の制度である。

● ● ● 8 破産債権者 ● ● ●

　破産債権者とは，破産手続によって満足を受けることのできる債権，すなわち破産債権を有する者をいう（破2条6項）。これを，実質上〔実体法上〕の破産債権者という。それに対し，破産法111条以下によって債権の届出をして，破産手続上債権調査の対象となる債権者を形式上〔手続法上〕の破産債権者という。両者は通常一致するが，実質上の破産債権者であっても，自らの破産債権を届け出なければ，破産手続上は破産債権者としては扱われず，配当に与ることもできない。逆に，実質上の破産債権者でなくても，届出をした者は，手続上は一応破産債権者として扱われ，その債権の調査がなされ，そこで一定の者から異議が出なければ，配当に与ることもできる（破124条1項）。

　破産債権者は，破産手続上次のような地位に立つ。すなわち，①破産債権者は，破産手続開始決定がなされると，破産手続への参加が強制され，個別的な権利行使はできない（破100条）。②破産債権者に免責が与えられると，破産法253条により，破産者が破産債権につきその責任を免れる結果，債権者はその債権を失う。③債権については，等質化（破103条2項～4項）が行われる。④破産債権者は，債権調査期日において異議を述べ（破118条），債権者集会で議決権を行使し（破138条），管財人の解任の申立てをしたり（破75条），配当表に対する異議を述べ（破200条1項），破産手続に関する裁判に対する即時抗告による不服申立て（破9条）等をすることができる。

◇9◇ 破産者

● ● ● 9 破産者 ● ● ●

　破産者とは，債務者であって，破産法31条1項の規定により破産手続開始決定がなされている者をいう（破2条4項）。したがって，債務者につき，いかに破産原因に相当するような経済的な破綻事由があろうとも，破産開始決定がなされない限り破産者ではない。

　破産者は，以下のように，種々の拘束を受ける反面，一定の利益も有する。すなわち，①自己の財産に対する管理処分権を喪失する（破78条）。②管財人や債権者集会に対する説明義務を負う（破40条1号）。③債権調査期日に出席して意見を述べる義務を負う（破121条3項5項）。④居住制限（破37条）や通信の秘密の制限（破81条）のほか，他の法律によって種々の資格の制限がなされている（公証14条2号，弁護7条5号，公認会計士4条4号，弁理士法8条10号，税理士法4条3号等）。また，破産は特定の職務の欠格事由にもなっている（民847条3号・852条・876条の2第2項・876条の7第2項・1009条，会社330条による民法653条2号準用）。⑤免責により，破産債権につきその責任を免れる（破248条・253条）。

25

◆ 第2編 破産手続／◆ 第2章　破産手続の性質と手続の進行

◆ 第2章 ◆

破産手続の性質と手続の進行

● ● ● 1　破産手続の性質　● ● ●

　破産手続とは，まず第1に，手続開始時の債務者（破産者）の差押え可能な総財産を換価して現金化し，これを債権者に公正・公平に分配する手続であり，清算型倒産処理手続に属する。これに対し，消費者を対象とする破産手続（いわゆる消費者破産）では，分配にあてる財産がないか，あったとしてもきわめて少なく，手続に要する費用も捻出できない場合が圧倒的に多い。よって，この場合には，債権者への配当という要請は大きく後退し，むしろ，債務の免除（免責という）によって，個人債務者の経済生活の再建を目的とするものとなっている。そこで破産法1条は，この両者を破産手続の目的として規定している。

　➡ **清算型と再建型という概念の相対性**：一般的にいえば，清算型手続とは，債務者の全財産を換価して，換価金を総債権者に，その債権額に応じて分配するものであり，当然のことながら，債務者が会社であればその事業は解体され，会社の解散・消滅を導くことになる。それに対し，再建型手続とは，一方で債務者会社の事業の収益力を向上させ，他方で，向上させた収益力で支払える範囲に債務を圧縮することによって，その支払能力を回復させ，債務者会社を経済市場に戻すものである。しかし近時では，清算型民事再生のような，直ちに破産手続を開始して事業を閉鎖すると，取引先，顧客，従業員などが，莫大な損害ないし不利益を被るおそれがあるため，それらの者への衝撃を緩和する目的で，清算を目的とした再生計画が裁判所で認可されることもあるし，逆に，清算型倒産手続の典型である破産手続においても，事業譲渡によって得られた収入により債権者に配当を与えるという処理がしばしば見られる。この場合，破産企業自体は消滅するが，譲渡された事業は，

譲渡先で立派に生きているのであり，これもれっきとした再建型倒産処理手続である。そういった意味で，現在では，清算型，再建型という概念は現在では相対化したものとなっている。

　第2に，破産手続にあっては，利害関係人の合意によって倒産事件を処理する私的整理とは異なり，破産法という法律によって厳格に規定されており，公正・公平な手続が確保されている。この意味で，破産手続は，法的倒産処理手続である。

　第3に，破産手続開始決定がなされると，破産管財人が選任され，債務者財産の管理処分権は，破産管財人に専属する（破78条1項）。よって，破産手続は，手続が破産管財人の主導の下に行われる管理型倒産処理手続である。

2　わが国の破産手続の流れ

　破産手続の流れは，大まかに，①破産開始手続，②破産債権確定手続，③破産財団の管理・換価手続，④破産終結手続の4つの段階に分けることができる。

　①破産開始手続とは，主として，破産申立，手続開始決定前の保全処分，破産手続開始決定という各種手続からなる。破産手続開始決定がなされると，手続は大きく2つに分かれ，それらが同時並行的に進行する。すなわち，一方では②破産手続によって満足を受けるべき破産債権を確定するための破産債権確定手続が進行し，他方では③管財人が破産財団所属財産を占有・管理しながら，積極財産を換価していく財団財産の管理・換価手続が進行する。そして，④最後の段階として破産終結手続がなされる。すなわち，②の手続で確定された破産債権に対し，③の手続で得られた金銭により配当がなされ，配当がすべて終了すると破産終結決定がなされる（ただし，手続が配当に至ることなく終了する，破産手続廃止もある）。これを図示すると以下のようになる。

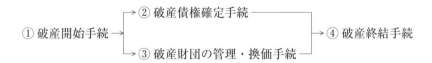

◆ 第2編 破産手続／◆ 第3章◆　破産手続開始申立てから破産手続開始決定まで

◆ 第3章 ◆

破産手続開始申立てから破産手続開始決定まで

● ● ● 1 申立権者 ● ● ●

　破産手続は職権で開始されることはなく，原則として一定の者からの申立て
に基づいて開始する（破15条1項・30条1項）。破産手続開始申立権者として
は，通常の破産の場合，債権者または債務者（破18条1項）もしくは債務者に
準ずる者である（19条）。後者に該当するのは，一般社団法人・一般財団法人
の理事，株式会社や相互会社の取締役，持分会社（合名会社・合資会社・合同会
社）の業務を執行する社員（会社590条），清算人（会社484条1項・656条1項，
一般法人215条1項）等である。なお，清算人については，申立ての義務が課
せられている（会社484条1項・656条1項，一般法人215条1項）。債務者自身
の申立てによる破産を自己破産といい，債務者に準ずる者の申立てによる破産
を準自己破産という。債権者が申し立てる場合，申立人の債権は破産手続開始
決定当時に存在することを要するが，手続後に消滅しても，いったん開始した
破産手続は他の債権者の満足のための手続ともなるものであるから，破産手続
開始決定の取消理由とはならない。

　相続財産破産における申立権者は，相続債権者・受遺者・相続人・相続財産
管理人・遺言執行者である（破224条1項）。信託財産破産の申立権者は，信託
債権者，受益者，受託者または信託財産管理者，信託財産法人管理人，信託法
170条1項の管理人である（破244条の4第1項）。

28

◇2◇ 申立ての手続

● ● ● 2 申立ての手続 ● ● ●

(1) 申立て ● ● ●

申立ては，破産裁判所に対して，最高裁判所規則で定める事項（破規13条）を記載した書面でなす（破20条1項）。債権者が申立てをする場合，債権の存在および破産手続開始の原因となる事実の疎明が必要である（破18条2項）。これに対し，債務者が申し立てる場合には，破産手続開始によって自己の財産に対する管理処分権を失うほか，種々の制約を受けることを覚悟して申し立てるものであり，濫用のおそれが少ないと考えられるから疎明は不要である。また，債務者に準ずる者の一部が申し立てる場合は，内部で異論があることもあるから，理事等の全員が申立人となる場合は別として，破産原因事実の疎明が要求されている（破19条3項4項）。民事再生法では，債務者申し立てる場合でも手続開始原因の疎明が要求されているが（民再23条1項），これは，債務者が依然として管理処分権を失わないDIP型の手続であり（民再38条1項），制度濫用の可能性があるからである。

(2) 管轄・移送 ● ● ●

1 管 轄

破産手続開始の申立ては，管轄権を有する裁判所に対してしなければならない。一般的に，破産手続を主催する裁判所を破産裁判所というが，そのような名前を冠した特別の裁判所が存在するわけではなく，各地の地方裁判所がその任務を遂行する（5条1項。職分管轄）。なお，法は，現に破産事件を担当する裁判体を単に裁判所と呼び，その裁判体が所属する官署たる地方裁判所を破産裁判所と呼んで区別している（破2条3項・15条1項）。

土地管轄は，原則として，破産者が営業者であるときは，その主たる営業所の所在地を管轄する地方裁判所，破産者が営業者でないか営業者であっても営業所を有しない場合には，普通裁判籍所在地を管轄する地方裁判所が管轄権を有する（破5条1項）。これらによって管轄裁判所がない場合は，債務者の財産の所在地を管轄する地方裁判所が管轄権を有する（同条2項）。また，関係ある者の破産手続を統一的に処理できるように，親会社の破産手続が係属している裁判所は，子会社の破産手続についても管轄権を有するものとされており

29

◆第2編 破産手続／◆第3章◆ 破産手続開始申立てから破産手続開始決定まで

（同条3項），同様の関係は孫会社や連結関係に立つものにも拡大されている（同条4項5項）。また，法人の破産手続が係属している裁判所は，代表者の破産事件についても管轄権を有するし（同条6項），連帯債務関係や保証関係にある者どうしについても管轄権を認め（同条7項），統一的な処理を可能にしている。

　将来破産債権者となる者の数が500人以上の破産事件では，通常の管轄裁判所の所在地を管轄する高等裁判所所在地の地方裁判所も管轄権を有する（破5条8項）。さらに，その数が1000人以上の大規模な破産事件では，東京地方裁判所または大阪地方裁判所にも申し立てることができる（同条9項）。これらの規定は，倒産事件を多く扱い，ノウハウの蓄積等，倒産処理の体制が整った裁判所で事件が扱われるように配慮されたものである。

　以上のように現行法上，原則的管轄と競合する管轄が複数認められており，しかもそれらが専属管轄を有するため（破6条），管轄権を有する裁判所間の調整が必要となる。そこで，1つの破産事件につき2つ以上の地方裁判所が管轄権を有することになる場合には，破産事件は，先に破産手続開始の申立てがあった地方裁判所が管轄権を有するものとされている（破5条10項）。

2 移 送

　破産手続の管轄は専属管轄とされているが（破6条），他の債務者に対する破産手続の係属状況などを考慮すると，他の裁判所に移送した方が，著しい損害や遅滞を避けるのに有益であることもある。よって，現行法は，民事再生法7条と同様に，かかる必要性があるときには，破産事件を他の適切な裁判所に移送できることとした（破7条。なお，民訴20条1項・17条参照）。

(3) 申立ての費用　● ● ●

1 手数料・予納金

　申立てには，所定の手数料が必要である。その他，破産手続の遂行には，証人・鑑定人の費用や保全処分の費用，破産破産手続開始決定の公告・送達の費用，財団財産の管理・換価の費用，管財人の報酬等さまざまな費用がかかる。よって，申立人は，裁判所が，破産財団となるべき財産，負債額，債務者数，その他の事情を考慮して，定めた一定額の予納金を納めなければならず（破22条1項，破規18条1項），予納がなければ，裁判所は，破産手続開始申立を却下することができる（破30条1項1号）。

◇2◇ 申立ての手続

破産手続費用関連費（東京地方裁判所民事20部）

1．申立手数料（貼用印紙額）
　個人自己破産および免責申立て　1,500円
　法人自己破産申立て　　　　　　1,000円
　債権者破産申立　　　　　　　 20,000円
2．予納金基準額
　①同時廃止事件
　　即日面接事件　　　　　　　　10,290円
　　上記以外　　　　　　　　　　15,000円
　②管財事件（自己破産申立事件）
　　法人管財事件
　　　20万円及び法人1件につき12,830円
　　個人管財事件
　　　20万円及び個人1件につき16,090円

③管財事件（債権者破産申立事件及び本人申立事件）

負債総額（単位：円）	法人	個人
5000万円未満	70万円	50万円
5000万円〜1億円未満	100万円	80万円
1億円〜5億円未満	200万円	150万円
5億円〜10億円未満	300万円	250万円
10億円〜50億円未満	400万円〜	
50億円〜100億円未満	500万円〜	
100億円〜	700万円〜	

➡ 本来，破産手続の費用は財団債権（破148条1項1号）として破産財団の負担に帰すべきものである。そして，現行法は破産手続費用を含む破産債権者の共同の利益のためにする裁判上の費用の請求権を財団債権中最優先の位置づけがされているから（破152条2項），財団が充実していれば，これらの費用の取りはぐれはなく，予納金を徴収する必要はない。しかし，破産財団の規模によってはこれらの費用の捻出が困難な場合もあり，破産手続を円滑に進めるためには，予納金の徴収もやむをえないものといえよう。

2　国庫からの費用の仮支弁

　旧法下では，申立人が債権者でない場合は，破産手続の費用は国庫から仮に支弁すると規定されていた（旧破140条前段）。しかし，免責制度が認められている現行法の下では，破産者には，免責を得るという利益もあり，このような規定の合理性には疑問もあった。下級審裁判例（大阪高判昭59・6・15判時1132号126頁〔新百選14事件〕，広島高決平14・9・11金商1162号23頁〔百選5版A2〕等）は，自己破産の場合でも，申立人に対して予納金の納付を求めていた。現行法は，このような実務の慣行を取り入れ，原則としてすべての申立人に手続費用の予納義務を課した上で（破22条1項），申立人の資力，破産財団となるべき財産の状況，その他の事情を考慮して，申立人および利害関係人の利益保護のために特に必要があると認めるときは，費用を仮に国庫から支弁できるものとした（破23条1項前段）。

◆ 第2編 破産手続／◆ 第3章◆　破産手続開始申立てから破産手続開始決定まで

⑷ 申立ての取下げ ● ● ●

　原則として，債権者は，債務者の同意なく自由に申立てを取り下げることができる。しかし，例外として，以下の場合には手続開始申立ての取下げが制限されている。すなわち，①破産申立義務ある者（清算人〔会社484条1項・656条1項，一般法人215条1項〕）は，取下げをなしえない。取下げを認めると申立義務を課した意味がなくなるからである。また，②いったん破産手続開始決定があった後は取り下げられない（破29条）。これは，開始した破産手続は，既に他の債権者の満足の手続にもなっているから，申立人の恣意によって，手続を消滅させることは許されないからである。③裁判所が，破産手続開始前の保全処分（他の手続の中止命令，包括的禁止命令，債務者の財産に関する保全命令，保全管理命令，否認権のための保全処分のいずれか）を発令した場合には，債権者の権利行使または債務者の財産管理に重大な制約を課していることから，申立人は勝手に申立てを取り下げることはできず，裁判所の許可を要する（破29条）。

　➡ 最判昭45・9・10民集24巻10号1389頁〔百選5版A1事件〕は，破産申立てにより時効中断効は生じ，その後申立が取り下げられた場合でも，催告としての効力は消滅しないとした。

● ● ● 3　破産手続開始の要件 ● ● ●

⑴ 破 産 能 力 ● ● ●

　破産能力とは，破産手続開始決定を受けて破産者となることができる地位または資格をいう。この概念は，機能的には民事訴訟法上の当事者能力，民事執行法上の執行当事者（債務者）能力に相当するものであり，原則として民事訴訟法や民法の規定が準用される（破13条，民訴28条・29条）。ただ，その判断に当たっては考慮すべき要素は著しく異なる。

1 自 然 人

　自然人はすべて破産能力を有する（破13条，民訴28条，民3条）。わが国の破産法は一般破産主義をとっているから，自然人であれば商人・非商人を問わず破産能力を有する。なお，自然人の破産能力は死亡によって消滅する。

◇3◇ 破産手続開始の要件

2 相 続 財 産

相続財産は，権利義務の帰属主体である個人または法人のいずれにも当たらないが，破産法が相続財産に破産能力を認めていることは明らかである（破222条以下）。これにより，被相続人の資産と負債を相続財産の限度で清算することによって，相続財産を相続債権者への優先的満足充てることができる。ただ，相続財産破産の場合，誰が破産者になるのか，という点につき争いがあり，判例（大決昭6・12・12民集10巻1225頁）は相続人が破産者であるとしており，学説上もこの説が有力であったが，近時の通説は，以下の3点を主たる根拠として，相続財産自体に破産能力を認める。すなわち，①相続人の破産と相続財産の破産とが区別されていること，②破産法224条1項がとくに相続人の破産手続開始申立権を規定していること，③破産法232条2項によって相続人に破産債権者としての地位が認められていること，である。

➡ **相続財産破産と限定承認・財産分離**：相続財産破産と類似の制度として，民法上，限定承認と財産分離とがある。すなわち，限定承認は，相続人の意思に基づいて，相続債権者のための責任財産を相続財産に限定する役割を有する（民922条）。それに対して財産分離は，相続債権者または相続人の債権者（相続人債権者）の意思に基づいて，相続財産と相続人の固有財産を分離し（民941条1項・950条），相続財産については相続債権者の優先弁済権を，固有財産については相続人債権者の優先弁済権を認めるものである（民942条・948条・950条2項）。

➡ **相続財産破産の法律構成**：通常，個人または法人が破産者とされる場合，破産財団を構成するのは，それらの法主体に帰属する財産であり，破産債権は，それらの法主体を債務者とする債権である。しかし，相続財産破産の場合は，実体法上権利能力のない相続財産は，相続財産の帰属主体となったり，相続債権の債務者とはなり得ない。その結果，相続財産の帰属主体および相続債権の債務者は，相続人以外にはあり得ない。よって，破産手続による清算の対象となるのは，第三者たる相続人に帰属する相続財産と，相続人を債務者とする相続債権であると説明することになる。

3 信 託 財 産

平成18年12月の信託法の改正に伴い，信託財産に対する破産の規定が設けられた（破244条の2〜244条の13）。信託財産は，信託目的（信託2条1項）を実現するために，受託者に属する財産であって，受託者が管理または処分をすべき一切の財産であり（同3項），財産の集合体であるという点で，相続財産

と類似するところが多い。相続財産破産と同じく，破産者は誰か（受託者か，それとも信託財産か）という問題は起こりうる。これについても，①受託者の破産と信託財産の破産とが区別されていること，②破産法244条の4第1項が特に受託者の破産手続開始申立権を規定していること，③破産法244条の8によって受託者に破産債権者としての地位が認められていること，等を根拠として，信託財産自体に破産能力を認めると解する説が有力である。

4 法 人

法人は，公法人と私法人に分けることができる。公法人には，国家・地方公共団体といった本源的統治団体と，狭義の公法人（独立行政法人都市再生機構，独立行政法人日本高速道路保有・債務返済機構等の独立行政法人，沖縄振興開発公庫，農林中央金庫や商工組合中央金庫〔商工中金〕等の金庫や健康保険組合や公務員共済組合等の公共組合等）がある。公法人のうち，国家や地方公共団体といった，本源的統治団体は，法人格を消滅させることは法秩序の上でおよそ是認し得ないものであり，破産能力はない。その他の公法人については，従来，公共性が強く清算をして消滅させるのが不適当なものについては破産能力を否定し，そうでないものについては破産能力を肯定するという見解が通説であった。ちなみに，判例（大判昭12・10・23民集16巻1244頁〔百選5版3事件〕）は，財産区につき，特別地方公共団体であることを理由に破産能力を否定する。しかし，近時では，むしろ，本源的統治団体については破産能力は否定するが，その他の公法人については，一応すべて破産能力そのものは認めるべきであり，ただ，破産手続開始決定をすべきかどうかの破産原因の判断基準として，その経済的基礎のみならず，行う事業の公共性や事業の継続に支障をきたしているかどうかなどの考慮を盛り込むとか，本源的統治団体以外で破産能力を肯定できないものは，その法人限りで資産・負債の清算をする必要のないものだけであるというように，破産能力を広く認める見解が有力である。

私法人とは，公法人以外の法人をいうとされるが，営利法人・公益法人・特別法上の法人〔学校法人，宗教法人等〕を問わず，一般に破産能力を有する（一般法人148条6号・202条1項5号，会社471条5号・641条6号）。また，清算中の法人も破産能力を有する（破19条5項）。

5 法人格なき社団・財団および民法上の組合

① 法人格なき社団・財団

民事訴訟法上，法人格なき社団・財団で代表者または管理人の定めがあれば

当事者能力は認められており，これらの団体の財産は，執行手続上も独立の責任財産として扱われることから，破産能力も認められてよい（破13条，民執20条，民訴29条）。しかし，法人格なき社団・財団に対して破産能力が認められても，法人でない社団・財団には，実体法上の権利能力が認められるわけではないから（この点争いはある），破産財団に属する財産は，破産者たる社団等の財産ではなく，その構成員など第三者に帰属するものとなる。また，破産債権についても，債務者は社団等ではなく，構成員などの第三者を債務者とする債権がその内容となる。したがって破産的清算の対象となるのは，第三者たる構成員等に帰属する財産および，構成員等を債務者とする債権であると解すべきである。

② 民法上の組合

民法上の組合については，その性質上，法人格のない社団として認められるものについては破産能力を認めるが，それ以外の組合については破産能力を否定するのが通説である。これに対し，近時，民法685条以下・688条1項等を根拠として，民法上の組合一般に破産能力を認めるべきであるとする見解も有力に唱えられている。

6 外国人・外国法人

破産法3条は，狭義の破産能力だけでなく，免責能力等についても，内外人完全平等主義を採用しているから，外国人・外国法人の破産能力は当然に肯定される。

(2) 破 産 原 因 ●　●　●

1 意　義

破産原因とは，法律が破産手続を開始するために要求している債務者の財産状態の破綻を推測させる一定の事態のことである。何をもって破産原因とするかについては，ドイツ法を中心とする概括主義と，英米法を中心とする列挙主義とがある。前者は抽象的な破産原因をいくつか掲げ，具体的な判断は裁判所に委ねるものであり，後者は，具体的に破産原因を列挙するものである。両者ともに一長一短はあるが，ドイツ破産法を継受したわが破産法は，概括主義を採用し，「支払不能」と「債務超過」の2つを破産原因とした。

2 支 払 不 能

支払不能とは，債務者に弁済能力が欠けるために，履行期が到来した債務を

◆第2編 破産手続／◆第3章◆ 破産手続開始申立てから破産手続開始決定まで

一般的，かつ，継続的に弁済できないと判断される客観的状態をいう（破2条11項）。支払不能は，自然人・法人に共通する破産原因である（破15条1項）。弁済能力が欠けるか否かは，単に財産状態だけではなく，債務者の信用や技術・労力による収入といったものも総合的に評価して，資金の調達が不可能であるかどうかによって判断する。また，支払不能という場合は，即時に弁済すべき債務，すなわち，弁済期が到来している債務を弁済することができない場合をいい，将来履行期が到来する債務を弁済できないことが確実に予測できる場合であっても，未だ支払不能とはいえない。また，支払不能というためには，支払えない状態が，一般的かつ継続的でなければならない。一般的であるとは，総債務の弁済について債務者の資力が不足していることであり，特定の債務の弁済ができなくても，それが全体的資力不足によるものと判断されなければ，支払不能とは評価されない。逆に，特定の債務についてのみ弁済を行っていても，総債務についての弁済能力が欠けていれば，支払不能である。支払えない状態が継続的であるとは，一時的な手許不如意を排除する趣旨である。逆に，一時的な借入れなどによって弁済能力があるように見えても，客観的に資力が不足しているとみられれば，支払不能であると判断される。なお，支払不能は客観的な経済状態であるから，たとえ債務者が主観的には支払不能だと思っていても，弁済資金があれば支払不能ではない。また，弁済の見込みが立たないような借入れなどを行うことによって，表面的には弁済能力を維持しているようにみえる場合であっても，客観的にみて弁済能力が欠けていれば，支払不能とみられる（支払不能の判断につき，東京地決平3・10・29判時1402号32頁〔百選5版5事件〕を参照）。

3 支払停止

支払停止とは，支払不能であることを外部に表明する債務者の行為ないし態度であり（大判昭15・9・28民集19巻1897頁），明示・黙示を問わない。その例として，弁済できない旨の張り紙，夜逃げ等があげられるが，もっとも典型的なものは，手形の不渡りである。手形不渡りとは，手形振出人の当座預金口座に，振り出した手形の金額に見合う預金がなく，手形決済ができない状態をいうが，1回目の不渡りを出した後6ヶ月以内に2回目の不渡りを出すことによって，銀行取引停止処分を招く。しかし，実務では，1回でも手形の不渡りを出すと支払停止ありとする立場（最判平6・2・10裁判集民171号445頁，東京高判平元・10・19金法1246号32頁，東京地判平6・9・26金法1426号94頁）

◇3◇ 破産手続開始の要件

と，2回目の不渡りを出し銀行取引停止処分がなされた場合に支払停止ありとみる立場とがある（福岡高決昭52・10・12下民28巻9〜12号1072頁〔百選5版6事件〕）。学説ではこちらが有力である。

➡ 個人債務者の代理人弁護士が，債務整理開始通知（介入通知）を債権者宛に一斉に送付する行為を支払停止とするが（否認事例につき，最判平24・10・19判時2169号9頁），債務者が債務整理の方法等につき債務者から相談を受けた弁護士との間で破産申立ての方針を決めただけでは支払停止ではないとする（最判昭60・2・14民集巻号頁〔百選5版26事件〕）。

支払停止は，独立の破産原因ではないが，支払停止があれば，支払不能の存在が法律上推定される（法律上の推定。破15条2項）。その結果，支払停止が証明されると，債務者側で自己に弁済能力がある（支払不能ではない）ことを立証してその推定を覆さない限り，支払不能ありとして破産手続開始決定がなされる。とくに，債権者が破産手続開始申立人であるときには，債務者の財産状況を知悉しているわけではないので，債務者の支払不能を立証するのは必ずしも容易ではない。そこで，このような法律上の推定規定を設けることにより，破産手続開始申立人の破産手続開始原因についての証明を軽減したのである。なお，支払不能と認定できれば，支払停止の有無を判断するまでもなく破産手続開始決定をすべきである（東京高決昭33・7・5金融法務事情182号3頁〔百選5版4事件〕）。

支払停止は，破産手続開始決定前の一定時点における債務者の行為であるから，本来，持続性ないし継続性をもつ必要はないはずであるが，通説は，支払停止行為から，破産手続開始決定まで支払停止状態が持続することを要求する。したがって，いったん支払停止の事実が発生しても，その後に債務者が債務の免除や弁済の猶予を受けて一般的に支払いを再開したときには，支払不能を推定することは許されないとする。しかし，通説がいうような事情は，支払不能の不存在を事実上推定させる間接事実とみれば足り，支払停止に基づきいったん支払不能が推定されても，その後に支払いを一般的に再開したという事情の存在が証明されたときには，支払不能の不存在が証明されたものとして，破産手続開始決定は許されないと解すべきである。

➡ **支払停止の二義性説**：支払停止の概念は，破産原因の推定事由（破15条2項）としてのほか，否認権行使（破160条1項2号・3項）や相殺禁止（破71条1項3号・2項2号）の基準としても機能している。これにつき，近時，破産原因推定

◆ 第2編 破産手続／◆ 第3章◆ 破産手続開始申立てから破産手続開始決定まで

事実としての支払停止は，一定時点における債務者の行為であるが，否認や相殺制限の要件としての支払停止は，破産手続開始決定まで継続する客観的支払不能を意味するという，いわゆる支払停止概念の二義性説が有力に唱えられた。この見解によれば，否認や相殺禁止の成立を主張する管財人は，支払停止という要件事実の内容として，一定時点の債務者の支払停止行為に加えて，破産手続開始まで継続する客観的支払不能状態の存在を立証しなければならないことになる。しかし，否認などの要件として，客観的支払不能状態の証明を要求することはかえって破産管財人の証明負担を過大にする。また，現行法は，相殺禁止要件として，従前からの支払停止と並んで支払不能の概念を設けており（破71条1項2号・72条1項2号），有力説の論拠がないことを示している。よって，否認などの要件としての支払停止も，破産手続開始原因推定事実の場合と同様に，一定時点における債務者の行為と考えておけばよいであろう。

4 債務超過

債務超過とは，債務額の総計が資産額の総計を上回っている状態をいう。債務超過の判断に当たっては，弁済期が到来した債務だけでなく，期限未到来の債務も債務額の中に計上されるし，損害賠償債務の存否のように当事者間に争いがあるものについては，裁判所が，その存否や額を判断しなければならない（東京高決昭56・9・7判時1021号110頁〔百選5版7事件〕）。

有限責任社員のみからなるいわゆる物的会社にあっては，法人財産が信用の基礎の中心となることから，債務超過が独立の破産原因とされている。ただ，支払能力の有無の判断に当たっては，法人自体の信用や稼働力も考慮することができるから，支払不能も破産原因とされている（破16条）。なお，無限責任社員を構成員とする人的会社（持分会社という。会社575条以下）においては，これらの社員が無限の責任を負うから，債務超過は破産原因とはされていない（破16条2項）。

相続財産は単なる財産の集合体であり，信用や稼働力といったものは考えられないから，債務超過のみが破産原因となる（破223条）。信託財産も財産の集合体ではあるが，受託者の信用や稼働力により，財産の増加も期待できないわけではないことから，破産原因としては，債務超過だけでなく支払不能も加えられている（破244条の3）。

➡ 債務超過の判断の基礎となる資産の評価に関しては，清算価値を基準とすべきであるとの見解（福岡地小倉支決平9・1・17判タ956号293頁）と，継続事業

◇5◇　破産手続開始決定前の保全処分

価値（going concerned value）によるべきだとする見解（福岡高決平9・4・22判タ956号291頁）とが対立している。もっとも，破産手続開始が問題となるような場合には，単に債務超過であるだけでなく，支払不能もあるのが通常であり，このような評価基準が直接問題となることはほとんどない。

● ● ● 　4　破 産 障 害　● ● ●

　破産障害とは，たとえ，破産能力や破産原因が存在していても，破産手続の開始が妨げられることをいう。破産障害事由としては，①所定の手数料および予納金が納付されていないこと（破30条1項1号），②申立てが誠実になされたものでないこと（同2号），③民事再生手続の開始の申立てや開始決定があること（民再26条・39条・184条本文），④特別清算開始の申立て・開始命令の確定（会社512条1項1号・515条2項），⑤会社更生手続の申立てや開始決定があることである（会更24条・50条・208条本文）。③や⑤は，再建型倒産処理手続を優先させるべきであるとの倒産処理制度の指導理念（第1編3参照）の現れであり，④は同じ清算型手続であるが，より簡易な手続を優先させるべきであるという手続経済的な理念に基づくものである。

● ● ● 　5　破産手続開始決定前の保全処分　● ● ●

(1) 破産手続開始決定前の保全処分の意義と必要性　● ● ●

　破産手続開始決定がなされると，破産者は財団を構成する財産の管理処分権を失い（破78条1項）自由な権利行使ができなくなる。しかし，破産手続開始申立てから破産手続開始決定までは，債務者の管理処分権は何ら制限を受けないから（破30条2項），その間に債務者が，財産の隠匿や不当廉売，不公平な弁済をしたり，放漫経営を継続する等のおそれがある。よって，破産手続開始決定前といえどもこのような行為を防止して債務者の財産を保全し，破産手続を実効性あらしめるための制度が，破産手続開始決定前の保全処分である。これには，物的保全処分（破24条以下）と，人的保全処分（破38条2項）とがあるが，後者は人権侵害のおそれが大きいことから，実際には，物的保全処分が

39

◆第2編 破産手続／◆第3章◆ 破産手続開始申立てから破産手続開始決定まで

中心となる。

(2) 物的保全処分 ● ● ●

1 強制執行等の中止命令 (破24条)

このような保全処分が認められるか否かについては，旧法下では争いがあったが，現行法はこれを明文化し，その効力も強化され，規定内容も整備された。

第1に，財団債権となるべき債権に基づく強制執行も等も中止の対象になっている。これは，現行法が破産手続開始後は財団債権に基づくものであっても強制執行を禁止し（破42条1項），すでに開始されているものも失効するとしている（破42条2項・66条3項）ことと平仄を合わせ，手続開始前の段階においても，このような権利に基づく強制執行も中止命令の対象とし，債務者財産を確保するとともに，財団債権者間の平等（破152条1項参照）も確保しようとしたものである。第2に，裁判所は，中止命令を変更し，または取り消すことができる（破24条2項）。第3に，強制執行の取消しも認められている（破24条3項）。これは，差し押さえられた目的物を，破産手続が開始する前に換価する必要があるような場合，強制執行の中止だけでは，差押えの効力は依然として生じており換価することができないので，手続自体の効力をなくす必要があるからである。ただし，取消しを申し立てるためには，保全管理人がいて，換価した後の対価を将来破産財団に属することになる財産として確保してくれるような場合でなければ意味がないので，保全管理命令（破91条）が発せられていることが要件となっている。

➡ 従来から議論のあった，担保権の実行手続の中止命令の規定は，民事再生法（民再31条）とは異なり，設けられていない。これは，破産手続では担保権者は別除権者とされ（破65条），この点では民事再生手続でも同じであるが（民再53条），再生手続は再建型の手続であることから，別除権の行使を中止して，目的物を再建のために用いる必要がある場合もあるが，破産は清算型の手続であるから，いずれにせよ財産を換価しなければならないからである。

2 包括的禁止命令 (破25条)

包括的禁止命令とは，破産手続開始の申立てにつき決定があるまでの間，全ての債権者に対し，債務者の財産に対する強制執行，仮差押え，仮処分または一般の先取特権の実行もしくは留置権による競売および国税滞納処分の禁止を命ずるものである（破25条）。これは，実質的に破産の効果を前倒しする意味

◇5◇ 破産手続開始決定前の保全処分

を有する。この制度の効力が強力なことに鑑み，その命令は，中止命令によっては破産手続の目的を十分に達成することができないおそれがあると認める特別の事情があるときに限って発せられる。特別の事項とは，たとえば，全国展開をしていた大手ゴルフクラブの破産事件のように，債務者の財産が各地に散在しており，全国に散らばっている多数のクラブ会員が，預託金返還債権等に基づき全国各地で個別の強制執行を行うような場合に，1つ1つ中止命令をとっていたのでは，事務手続が煩雑になり，破産手続遂行につき合理的な計画を立てることができないといったような場合をいう。また，裁判所は，包括的禁止命令が執行債権者等に不当な損害を及ぼすおそれがあると認めるときは，当該債権者に限って包括的禁止命令を解除することができる（破27条1項）。さらに，包括的禁止命令に対しては即時抗告が認められるほか，いったん発令された包括的禁止命令を変更しまたは取り消すことも認められている（破25条4項6項・27条4項）。ただし，包括的禁止命令が発令されるのは，債務者の主要な財産に対する財産保全処分（破28条1項）または保全管理命令（破91条2項）が事前または事後に発令される場合に限られる。なぜならば，債権者による強制執行等を一般的に禁止するのは，破産手続開始の効果の全面的な前倒しであり，それとの均衡上，債務者の財産管理処分権が制限されることを前提にせざるを得ないからである。

3 債務者の財産に対する保全命令（破28条）

この関係で議論されているのが，弁済禁止の保全処分である。本来は，債権者が，債務者が特定の債権者に対してする偏頗弁済をすることを抑止する目的をもって申し立て，債務者を名宛人として発せられる保全処分であった。ところが，実際には，むしろ債務者自らがこの保全処分を申し立て，発令された保全処分を，債権者の取立てに対抗する楯として用いるのが普通である。しかし今日ではかような保全処分が有する機能に鑑み，このような保全処分の適法性は異論なく承認されている。また，この保全処分に違反して弁済がなされた場合，現行法は，当該弁済は破産手続との関係では無効であるが，取引の安全の観点から，債権者がその行為の当時当該保全処分がされていたことを知っていた場合に限るとしている（破28条6項）。

　➡ 弁済禁止の保全処分は，債務者による任意弁済を禁止する趣旨の不作為命令である以上，債権者の取立権を奪うものではない（通説・判例）。よって，弁済禁止の保全処分が発令された後でも，対象となる債権について，債権者が給付訴訟を提

41

起したり，強制執行をすることは妨げられない（最判昭37・3・23民集16巻3号607頁〔百選5版A4事件〕，東京高決昭59・3・27判時1117号142頁〔新百選20事件〕）。ただ，債務者は裁判によって弁済が禁じられているのであり，弁済がなされないことが債務者の責めに帰すべき事由によるものとはいえないから，債権者は，履行遅滞を主張し，遅延賠償を請求したり，契約の解除をすることは許されないと解されている（通説。最判昭57・3・30民集36巻3号484頁〔百選5版75事件〕）。

なお，借財禁止の保全処分に違反した借財行為の効力に関しては，現行法では規定されていないが，借財禁止の保全処分が，借財によって債務の増加をもたらすことにより債権者の利益を害することを防止する点にあると解すれば，弁済禁止の保全処分に違反した行為の効力と平仄を合わせる必要があろう。よって，かかる保全処分に違反した借財行為の効力は，相手方が保全処分が命じられていることを知っているときは，破産手続との関係ではその効力を主張することはできないと解すべきである。

4 訴訟手続等に対する中止命令（破24条）

強制執行等の中止命令や包括的禁止命令の対象となる強制執行等は，これに制限を加えないと破産手続の目的実現が妨げられるという理由から，中止や禁止が命じられる。それに対し，権利確定のための訴訟手続等は，破産財団たるべき財産の管理に直接に影響するものではないが，開始決定後は財産の管理処分権が破産管財人に専属し（破78条1項），財産の帰属や債権の存否などに関する訴訟手続等も中断することから（破44〜46条），開始決定前でも裁判所が必要と認めるときには，これらの手続を中止させることができるものとされた（破24条1項3号〜5号）。

5 保全管理命令（破91条以下）

破産手続の開始までは，債務者は，個別的な保全処分による制限を受けることはあるが，基本的には自己の財産につき自由な管理処分権を有する（破30条2項・78条1項）。しかし，債務者の財産の管理処分が失当であるとき，その他財産確保のために特に必要があるときに，破産手続開始前の段階で，債務者の財産に対する管理処分権を剥奪し，それを裁判所が選任する保全管理人に付与する保全処分が，保全管理命令である。これは法人についてのみ認められるから（破91条1項），法人の代表者が放漫経営をしているような場合，この保全処分はあくまで当該法人に対して申し立てなければならない。

◇5◇ 破産手続開始決定前の保全処分

➡ 保全管理命令が法人に対してのみ認められるのは，①法人の財産は，その事業活動を維持するためにのみ存在するのに対して，個人の場合には，たとえその者が事業者の場合であっても，財産には生活維持の基礎としての側面もあり，両者を截然と区別するのが困難であること，②自然人の破産の場合，破産手続開始後であっても新得財産は自由財産となるが，保全管理の段階で，将来自由財産となるべき財産と，将来財団所属財産になる財産とを切り分けることは困難であるから，自由財産の問題がない法人に限定したものと考えられる。

保全管理人は1名ないし数名が選任されるが（破91条2項），その権限は概ね破産管財人と同様である（破93条）。なお，保全管理人が営業譲渡までできるかという問題があるが，法は，破産管財人の裁判所の許可に関する条文を準用しているので（破93条3項・78条2項3号），常務に属さない行為をするには，裁判所の許可を得なければならない（破93条1項但書）。ただ，いまだ破産手続が開始していない以上，いわば平時であるから，平時のルールが働く。したがって，株式会社であれば，営業譲渡をするには，会社法上株主総会の特別決議が要求されているから（会社309条2項11号・467条），この要件を満たす必要があろう。

6 否認権のための保全処分（破171条・172条）

たとえば，Aが破産手続開始前に，Bに対してその財産を詐害的に譲渡した場合，もし破産管財人がその行為を否認しようとするとき，目的物がCに転売されていると，転得者に対する否認をする必要があるが，その要件は厳格である（破170条）。よって，目的物がCに譲渡されないようにする必要があるが，そのために，破産手続開始決定前の保全処分が使えるか，という問題があった。すなわち，保全処分が債務者の財産の散逸を防ぎ，破産財団の維持を図ることを目的とするものであるとするならば，目的物は既にBに移転しており，当該目的物は破産財団を構成する財産とはいえない。また，否認権自体は破産手続開始後に具体的に生じるものであるから，申立て段階で否認権を被保全権利とする保全処分というのは理論上は説明しづらい。しかし，保全処分の目的が，破産手続の目的達成のために，破産財団の維持・増殖をはかることにあるとするならば，対象たる財産は，否認権の行使によって，破産財団に復帰すべき財産をも含むと解することもできる。よって，現行法は，このような保全処分を特殊保全処分として明文で規定した。

43

◆第2編 破産手続／◆第3章◆ 破産手続開始申立てから破産手続開始決定まで

(3) 人的保全処分 ● ● ●

人的保全処分とは，債務者の身体を拘束して，債務者による財産の散逸・隠匿・毀損行為を防止したり，債務者の逃亡を阻止して，破産者等の説明義務（破40条）を実行あらしめるための措置であり，現行法上は「引致」のみが認められている（破38条）。引致には刑事訴訟法上の勾引の規定が準用されており（同5項），債務者の身体を直接拘束する方法により行われる。その点で，債務者に重大な損害を生じさせる可能性もあるので，引致命令については利害関係人の申立権は認められておらず，裁判所が職権によってなす（同1項）。

● ● ● 6 破産手続開始決定手続 ● ● ●

(1) 審理すべき事項 ● ● ●

1 破産手続開始決定申立ての適法性の有無

破産手続開始の申立てがあった場合，申立ての適法性の有無が審理される。具体的には，①申立書の記載が正しいかどうか，および，②債権者申立ての場合には，破産法18条2項・19条3項に対応して，債権の存在および破産手続開始原因が疎明されているか否かという点が審理される。

2 破産手続開始決定の可否

申立てが適法である場合には，次いで破産手続開始決定の要件が備わっているか否かが審理される。すなわち，まず第1に，破産開始の手続的要件として，①申立人の当事者能力の有無，②訴訟能力（または代理権）の有無，③破産申立権の有無（破18・19条参照），④裁判所の管轄権の有無（破4条～7条参照），⑤手続費用の予納等の有無（破30条1項1号2号参照），⑥債務者の破産能力の有無などが審理される。第2に，破産手続開始の実体的な要件として，破産原因の存在が証明されたか否かが審理される。破産手続開始申立ての際には，破産原因の存在は疎明でいいが，手続開始決定をするためには証明が必要である。そして第3に，上記以外の破産障害事由（破30条，民再26条・39条，会社512条1項1号・515条2項，会更24条・50条）の存否が審理される。

> ➡ 債権者申立ての場合に，申立人の債権の存在について証明が必要であるか否かについては争いがある。判例は疎明で足りるとしているが（大決大3・3・31民録20輯256頁），最近の有力説は，債務者の利益保護という観点から，証明を要す

44

◇6◇　破産手続開始決定手続

るとしている。しかし，破産手続開始原因がある以上，他の債権者のためにも手続
を早期に開始すべきであり，疎明説でよいと解する。

(2) 審理・裁判 ●　●　●

　開始決定の審理は，迅速性・密行性の要請から，任意的口頭弁論によってなされ（破8条1項），その裁判は決定である（破15条1項・30条）。また，裁判所は，職権をもって破産手続開始原因の調査を行うことができる（破8条2項）。その際には，裁判所は，裁判所書記官に命じて必要な事実の調査を行わせることもできる（破規17条）。なお，調査が任意的口頭弁論により行われることに対しては，破産手続開始決定の影響の重大性に鑑みると，債権者の破産申立ての場合には，債務者側に十分な反論・反証の機会を与えるなど手続保障に配慮すべきであり，債務者の審尋（破13条，民訴87条2項）は必要的である（必要的審尋）と解する説が有力であり，実務でもこれに対応して，債務者に対する審尋を必ず行うのが一般的である。

　審理の結果，裁判所が，破産手続開始の要件を具備すると認めたときには，裁判書（破産決定書）を作成して破産手続開始決定をする（破15条・30条・31条・13条，破規19条，民訴253条）。破産申立てに対する裁判に対しては，利害関係人は，即時抗告をすることができる（破33条・13条，民訴332条）。即時抗告によって破産手続開始決定が取り消されると（破33条3項），その確定により，破産手続開始決定は遡って効力を失う。したがって，破産手続開始前に破産者がした法律行為等は全く有効であることになり，破産手続開始によって失った各種資格も当然に回復する。

　➡ **取締役や労働組合は即時抗告権者か？**：取締役には破産手続開始の申立権が認められており（破19条1項2号・3項），破産手続開始決定に対する即時抗告権も当然あるように思われる。しかし，会社と取締役の関係には委任に関する規定が適用されるから（会社330条），委任者である会社の破産は委任終了事由であり（民653条），取締役は会社の破産と共にその地位を失い（最判昭43・3・15民集22巻3号625頁〔百選4版87事件〕），即時抗告をすることはできないのではないか，という疑問がある。これに関しては，会社が破産しても，財産関係以外の点については当然には委任関係は消滅しないとの見解が有力であり，これに従い，即時抗告権は認めるべきであろう。また，実質的に考えても，取締役に即時抗告権が認められなければ，破産会社の利益を守る者がいなくなってしまうであろう。

45

◆第2編 破産手続／◆第3章◆ 破産手続開始申立てから破産手続開始決定まで

　　労働組合の基礎は従業員にあり，従業員は，会社の破産により早晩職場を失うだ
けでなく（民631条参照），賃金債権を財団債権者ないし優先的破産債権者として
行使しうる者でもあるから（破98条1項・149条1項，民306条2号・308条），
その影響は極めて深刻であり即時抗告権を認めてもよい。しかし，従業員が破産手
続開始決定を争うのは，解雇目的や組合潰しが見え隠れするようなケースで，個々
の従業員単位ではなく，まさに労働組合レベルで連帯して破産を阻止したいという
ときであろう。このような場合には，直接の利害関係があるということができるか
ら，即時抗告権を認めてもよい。ただ，当該会社の企業別労働組合はそれでよいと
しても，上部団体や横断的組織の労働組合となると問題が生じるであろう。

(3) 同時処分と付随処分，その他の処分　● ● ●

　　破産手続開始決定と同時になされる処分を同時処分という。同時処分として，
1人または数人の破産管財人の選任がなされるほか，破産債権届期間，財産状
況報告集会の期日および破産債権調査期間など，破産手続の遂行に不可欠の基
本的事項が定められる（破31条1項）。ただし，財産状況報告集会については，
特別の事情がある場合には期日を定めないこともできる（同条4項）。また，
破産債権者の数が多数であり，かつ裁判所が相当と認めるときは，破産債権者
に対する通知をせず，かつ，債権届出をした破産債権者を債権者集会の期日に
呼び出さない旨の決定をすることができる（同条5項）。
　　それに対して，付随処分とは，破産手続開始決定と同時にしなくてもよいが，
破産手続開始決定後直ちになすべき処分をいい，各種の公告がその中心をなす
（破32条）。その他，破産裁判所がするものではなく，裁判所書記官がするも
のとして，登記や登録の嘱託を中心とする処分がある（破257条1項・破258
条1項）。

● ● ● 7　破産手続開始の効果　● ● ●

(1) 破産者に対する効果　● ● ●

1　管理処分権の喪失

　　破産手続開始決定があった場合には，破産財団に属する財産の管理処分権は
裁判所が選任した破産管財人に専属する（破78条1項）。その結果，破産者は，

破産財団に属する財産についての管理処分権を失うから、破産者が破産手続開始後に破産財団に属する財産に関してした法律行為は、破産手続の関係においてはその効力を有しないし（破47条），破産者の法律行為によらないで権利を取得しても、その権利取得は、やはり、破産手続の関係においてはその効力を有しない（破48条）。また、手続開始後の登記・登録も効力を主張することができない（破49条）。破産手続開始後に、債務者がその事実を知らないで破産者にした弁済は有効であるが、その事実を知って破産者にした弁済は、破産財団が受けた利益の限度においてのみ、破産手続の関係において、その効力を主張することができる（破50条）。

法人については、破産手続開始決定は解散事由になっているが（一般法人148条1項6号・202条1項5号、会社471条5項・641条6項），破産手続による清算の目的の範囲内においては、破産手続が終了するまで法人格は存続するものとみなされる（破35条）。

2 手続に関する効力

① 他の手続の失効等

破産手続開始決定があった場合には、破産財団に属する財産に対する強制執行や国税滞納処分等はすることができなくなる（破42条1項・43条1項）。また、既になされている強制執行等は失効するが（破42条2項），既になされている国税滞納処分は続行することができる（破43条2項）。

② 当事者適格の喪失

破産手続が開始すると、破産財団所属財産の管理処分権は管財人に帰属する（破78条1項）結果，破産財団に関する訴訟については、破産者は当事者適格を失い、破産管財人が原告または被告となる（破80条）。それに対し、財産に関係しない、会社の組織に関する訴訟（会社不成立確認訴訟・会社設立無効確認訴訟・株主総会決議無効確認訴訟等）については、破産者は当事者適格を失わない。

➡ 判例（大判昭14・4・20民集18巻495頁〔百選4版19事件〕）は、会社不成立確認訴訟において、破産管財人ではなく、取締役に代表された法人を被告とすべしとする。これと同旨を述べるものとして、株主総会決議無効確認訴訟につき大判大4・2・16民録21輯145頁、会社設立無効確認訴訟につき大判大9・5・29民録26輯796頁等がある。学説も、破産財団に無関係な訴訟として、会社の解散の訴え（商旧406条の2、会社833条），会社設立無効の訴え（商旧428条、会社

828条参照），株主総会決議取消訴訟（会社831条），株主たる地位の確認を求める訴え等を挙げる。

③ 訴訟手続の中断

破産手続開始により破産者は当事者適格を失うから，破産者を当事者とする破産財団に関する訴訟手続は中断する（破44条1項）。また破産財団に関する事件で行政庁に係属するものも中断する（破46条）。破産債権者や財団債権者が提起した債権者代位訴訟（民423条以下）および詐害行為取消訴訟（民424条以下）が破産手続開始当時に係属するときは，その訴訟手続は中断し，破産管財人が受継するが，相手方も受継申立権を有する（破45条）。

3 破産者の説明義務と管財人の調査等

① 破産者等の説明義務

破産者および破産者と一定の関係にある者（破産者の代理人，破産者が法人である場合のその理事，取締役，執行役，監事，監査役および清算人およびこれらに準ずる者，破産者の従事者）は，破産管財人もしくは債権者委員会（破144条2項）の請求または債権者集会の決議に基づく請求があったときは，破産に関し必要な説明をしなければならない（破40条1項）。なお，現行法では，破産者の従業員も説明義務の対象とされている（破40条1項5号）。典型的には，経理担当者等がそれに当たる。なお，実効性という観点から考えると，単に現在の従業員だけでは十分ではなく，過去に従業員であった者も説明義務の対象とする必要があるが（破40条2項），その反面，辞めたにもかかわらず説明義務を課せられる者の利益を保護する必要があり，このような者に説明させるについては裁判所の許可を要する（破40条1項但書）。

② 破産者の重要財産開示義務

破産者は，破産手続開始決定後遅滞なく，その所有する不動産等一定の重要な財産（現金，有価証券，預貯金その他の裁判所が指定する財産）についての内容を記載した書面を裁判所に提出しなければならない（破41条）。これが，破産者の重要財産開示義務といわれるものであり，この義務に違反したら，破産犯罪（破269条）となるほか，免責不許可事由にもなる（破252条1項11号）。

③ 管財人の物件検査等

破産管財人は，破産者および破産者と一定の関係を有する者（破40条1項各号）に対して，破産法40条の規定による説明を求め，または破産財団に関する帳簿，書類その他の物件を検査することができる（破83条1項）。この破産

管財人の物件検査権は，破産手続における資産隠匿等に対する破産管財人の調査権を実効あらしめるためであり，それを妨害すると，免責不許可事由になる（破252条1項9号）ほか，刑罰が科される可能性がある（破272条）。

4 破産者への身上の効果

① 住 居 制 限

破産者および破産者と一定の関係を有する者（破39条）は，その申立てにより裁判所の許可を得なければ，その居住地を離れることができない（破37条1項）。この点は旧法（旧破147条・152条）と変わらないが，現行法では，不許可に対して即時抗告できる旨が明定された（破37条2項）。この規定は，破産者の説明義務等を果たさせるために必要であり，かつ，不服申立ての手段も規定されていることから，憲法22条1項に違反するとの見解は唱えられていない。

② 引 致

裁判所が必要と認めれば，破産者は，刑事訴訟法上の勾引の規定（刑訴58条以下）に従い引致される（破38条5項）。破産手続開始申立後開始決定前でも，債務者は引致されることがある（破38条2項）。破産者と一定の関係にある者も同様である（破39条）。なお，現行法では，引致決定に対し即時抗告ができる旨が明定された（破38条4項）。

③ 郵便物等の転送嘱託

裁判所は，破産者宛の郵便物等を破産管財人に転送することを，信書の送達の事業を行う者に対し嘱託することができる（破81条1項）。管財人は，転送された郵便物等を開いて見ることができる（82条1項）。旧法では，必ず転送嘱託をすることになっていたが（旧190条），現行法は，裁判所は，転送嘱託をするか否かを判断し，かつ，転送嘱託を，破産者の申立てまたは職権により取り消しまたは変更することができるとしている（破81条2項）。また，転送嘱託に関する裁判に対しては，破産者または破産管財人は即時抗告をすることができる（同4項）。これらは，転送嘱託が，通信の秘密に関する憲法上の権利（憲21条2項後段）を侵害するおそれが大きいことに鑑み，裁判所にその当否を判断させるほか，破産者に対して不服申立ての手段を与えたものであり，転送嘱託の有する，債務者財産の発見という利益を考えれば，必ずしもこの制度を違憲と解すべきではないであろう。

④ 資 格 喪 失

◆第2編 破産手続／◆第3章◆　破産手続開始申立てから破産手続開始決定まで

　破産者が一定の資格を必要とする職に就いている場合，その資格を喪失するほか（公証14条2号，弁護7条5号，公認会計4条4号，弁理8条10号，税理4条3号等），破産手続開始は特定の職務の欠格事由にもなっている（民847条3号・852条・876条の2第2項・876条の7第2項・1009条，会社330条，民653条，会社607条1項5号等）。その意味では，実質的な懲戒主義となっている。そこで，今後は，これらの資格制限が，破産手続との関係でどの程度合理性をもつかということが再検討されなければならないであろう。

(2) 債権者に対する効果　● ● ●

1　個別的権利行使の禁止

　破産債権者は個別的権利行使が禁止され，原則として破産手続に参加しなければならない（破100条1項）。ただし，破産債権である租税等の請求権や給料債権・退職金債権については，例外的な扱いが認められている（破100条2項・101条）。

2　債権の等質化

　期限未到来の債権は，期限が到来したものとみなされ（破103条3項），金銭的価値が表わされていない債権は金銭債権に評価される（同条2項）。前者を現在化といい，後者を金銭化というが，両者を合わせて等質化という。これらについては，第4章2で再論する。

◇1◇　破産債権の意義・要件

◆ 第4章 ◆

破産債権確定手続

● ● ● 1　破産債権の意義・要件 ● ● ●

(1) 破産債権の意義 ● ● ●

　破産債権の概念は，実質的意義における破産債権と，形式的意義における破産債権とを区別することが可能である。すなわち，前者は，破産者に対して破産手続開始決定前の原因に基づいて生じた財産上の請求権であって，財団債権に該当しないものをいう（破2条5項）。この意味での破産債権は，破産手続によらなければ行使することができない（破100条1項）。ただし，破産債権である租税債権や，給料の請求権等には例外的扱いが認められている（破100条2項・101条）。それに対して，後者は，破産裁判所に届け出られた債権であって，破産手続の規定により調査・確定がなされるものをいう。両者は通常は一致するが，実質的意義における破産債権であっても届出がなければ，手続上は破産債権として扱われない。すなわち，当該債権は，債権調査の対象にもならず，配当に与ることもできない。逆に，実質的意義における破産債権でなくても届出がなされていれば，手続上は破産債権として扱われるから，破産手続において調査・確定がなされる。したがって，届け出られた債権について破産債権者からも破産管財人からも異議が出されなければ，そのまま破産債権として認められ（破124条1項），配当がなされる。

(2) 実質的意義における破産債権の要件 ● ● ●

1　対人的な請求権であること

　破産法2条5項は，破産債権の要件として，「破産者に対し」て生じた請求

51

◆第2編 破産手続／◆第4章◆ 破産債権確定手続

権であると規定しているが，これは，特別の財産についての権利ではなく，破産者の総財産から満足を受ける権利，すなわち対人的請求権を意味する。その意味で，担保物権は，特定の物から満足を得る権利であるから，原則として破産債権とはならない。ただ，一般の先取特権は，民法上は担保物権と位置づけられているが，債務者の総財産から満足を受ける権利である点で（民306条），性質上は対人的請求権であるので，破産債権とされている。ただし，実体法上の性質を考慮して，一般の破産債権に優先するものとされている（破98条1項）。

➡️ 物的有限責任（預証券の所持人の責任〔商607条〕，救助された船舶の船荷所有者の責任〔商812条〕，信託行為による受託者の責任〔信託19条〕等）については争いがあるが，責任の範囲が当該目的物に限定されているだけであって，人的請求権であることには変わりはなく，債権者は，債務者が責任を負担した当該物の上に優先権を有するわけではないから，破産債権と解すべきである。

2 財産上の請求権であること

破産債権は財産上の請求権でなければならない。財産上の請求権とは，財産によって満足を得ることのできる請求権をいう。破産手続は，破産者の総財産を換価し，そこから得られる金銭によって債権者に対し満足を与えることを目的とするものであるから（破209条参照），金銭による配当によっては満足を得られない請求権は破産債権たり得ない。逆に，財産によって満足を受けうるようなものである限り，金銭債権であると非金銭債権であるとを問わないが，金銭に評価できるものでなければならない（破103条2項）。よって，純然たる親族法上の請求権などは，金銭的評価が不可能であるから，破産債権ではない。

代替的作為請求権は，債権者が債務者の費用をもって第三者に債務の内容を実現させることが可能であり（民414条1項，民執171条），債務者の一般財産により満足が得られるものであるから，本来的に破産債権である。それに対して，不代替的作為請求権（有名歌手のコンサートへの出演，著名彫刻家による作品の作成等）や不作為請求権（土地への立入禁止等）などにおいては，履行内容は不代替的であり，間接強制の執行の余地はあるが，権利自体を金銭的に評価できないので，そのままの形では破産債権とはならない。ただし，不代替的請求権が，破産手続開始決定前に債務不履行により既に損害賠償請求権に転化していた場合には，それは通常の金銭債権であるから，破産債権である。扶養料請求権（民877条以下）の破産手続開始決定後に生じた部分については争いはあ

るが，扶養義務は，扶養の必要状態と扶養義務者の扶養可能状態の同時併存により刻々新たに発生するものであるから，破産債権ではないと解される。

3 執行しうる請求権であること

破産は請求権の強制的実現のための手続としての一面をもっており，いわば包括執行として位置づけることができる。したがって，強制執行によって実現し得ない請求権（たとえば自然債務等）は破産債権とはいえない。

4 破産手続開始決定前の原因に基づいて生じた請求権であること

破産手続において破産債権者への平等的満足の引当てとなるのは，破産手続開始決定時において破産者が有していた全財産である（破34条1項。固定主義）。したがって，満足を受けるべき請求権も，破産手続開始決定当時において破産者の財産を担保視しうるものである必要がある。ここでいう，「破産手続開始決定前の原因に基づいて生じた」とは，債権発生に必要な原因の主たる部分が破産手続開始決定時に存在していれば足り，債権自体がこのときに発生している必要はない。よって，期限未到来の期限付債権，条件未成就の停止条件付債権，将来の請求権等はいずれも破産債権である（破103条4項）。

なお，破産手続開始決定後に発生する債権であっても，明文で，特に破産債権とされているものがある（破60条・97条7号・168条2項2号等）。このような扱いは，破産債権ではないとして，無資力の債務者の負担とするよりも，破産財団から弁済する方が公平の見地からみて妥当であると考えられたためである。それに対し，破産手続開始決定前に生じた債権であって，性質上は破産債権であるが，とくに，財団債権として優遇されているものもある（破148条1項3号・149条）。

● ● ● 2 破産債権の額 ── 等質化 ● ● ●

(1) 等質化の必要性 ● ● ●

破産手続は，破産者の総財産を換価し，そこで得られた金銭によって総債権者に平等な満足を与えることを目的とする。しかし，破産債権は，その内容や履行期など様々なものがあり，そのままでは，一律に処理することができない。よって，破産債権を，一方では破産手続開始決定時に履行期が到来したものとし（現在化），他方では，一律に確定した額の金銭債権とする（金銭化）必要が

◆第2編 破産手続／◆第4章◆ 破産債権確定手続

ある。この，現在化と金銭化とを合わせて等質化という。

(2) 金 銭 化 ●●●

　確定金額債権については，そのまま破産債権の額とすればよく，金銭化は不要である。よって，元本・利息・遅延賠償額を合計したものが破産債権の額となる。それに対し，金額不確定の金銭債権・外国通貨債権・非金銭債権・金額または存続期間が確定していない定期金債権は，破産手続の開始の時点では債権の額が確定的に定まっていないから，金銭化が必要である。具体的には，債権者は，破産手続開始決定時の評価額をもって（破103条2項）破産債権の届出をし，その評価額の当否は債権調査期日等において調査・確定されることになる（破111条1項・116条1項・117条以下・124条・126条・129条）。

(3) 現 在 化 ●●●

　弁済期が到来していない債権も，一律に破産手続開始決定の時に弁済期が到来したものとみなされる（破103条3項）。これを現在化という。

　期限未到来の期限付債権は，破産手続開始決定時に弁済期が到来したものとみなされ（破103条3項），しかも債権の額は，期限到来の債権と同様に，元本・利息・遅延賠償の合計額となる。ただし，それをそのまま認めると，期限が到来している債権者に対して不公平である。よって，破産手続開始決定後の利息，遅延賠償の額，およびこれに相当する無利息債権の場合の期限までの中間利息は劣後的破産債権とされている（破97条1号・2号・3号）。

　条件付債権や将来の請求権の場合，停止条件たると解除条件たるとを問わず，また，条件成就の可能性の大小も問うことなく，一律に無条件の債権と同様に扱う（破103条4項）。ただし，そのまま配当すると不都合が生じるので，停止条件付債権については，停止条件の成否未定の間は配当金を支払わず，中間配当の場合は寄託しておき（破214条1項4号），最後の配当の除斥期間内に条件が成就しなければ，配当から除斥され，その分は他の債権に配当される（破198条2項）。また，解除条件付債権については，既に債権自体は発生しているが，後に解除条件が成就する可能性もあるので，債権者が相当の担保を供しないかぎり配当には与れない（破212条1項）。債権者が担保を供しない場合，管財人は，配当額を寄託する（破214条1項5号）。相殺についても上記と同様の扱いがなされている（破69条・70条）。なお，将来の請求権とは，法定の停止

◇3◇ 破産債権の順位

条件の付いた債権をいうのであり，停止条件付債権と同様に扱われる。

● ● ● 3 破産債権の順位 ● ● ●

　破産債権は破産財団から平等な弁済を受ける権利であるから，債権額に比例した弁済が建前である。しかし，破産法は，債権の実体法上の性質等を考慮して，①優先的破産債権，②一般の破産債権，③劣後的破産債権，④約定劣後破産債権という4つのグループに分けて規定している。すなわち，それぞれ優先するグループの債権が全額弁済を受けない限り，劣後するグループの債権には弁済はなされない。各グループ内部では，債権額の割合に応じた比例弁済がなされる（破194条2項）。

(1) 優先的破産債権 ● ● ●
　破産財団を構成する財産の上に一般の先取特権（民306～310条，商810条・842条・847条・849条等），その他一般の優先権（企業担保2条1項・7条等）がある破産債権は，配当の順位において他の破産債権に優先する（破98条1項）。優先権の範囲が一定期間に限定されているときには，その期間は，破産手続開始の時から遡って計算する（破98条3項）。一般の先取特権や企業担保権は，担保物権であるが，満足の対象が特定の目的物ではなく，債務者の総財産である点で，性質上は債権に等しい。よって，これらの権利は，破産債権として扱われるが，担保権としての実体法上の性質を考慮して，他の破産債権に対して，優先的な地位が認められている。実体法上の根拠に基づいて優先的破産債権とされるもののほかに，社会的に保護の必要が説かれるものとして，下請け業者の請負代金債権や不法行為に基づく損害賠償債権などがあるが，破産法は，民事再生法（民再85条2項5項・155条1項）や会社更生法（会更47条2項5項・168条1項）とは異なり，平等主義修正の規定を置いていないから，これらの債権を一般の破産債権に優先させることはできない。

　優先的破産債権相互間の順位は，実体法の基準によって定まる（破98条2項）。したがって，民法上の先取特権に基づく優先的破産債権の順序は，民法306条の順位による（民329条1項）。

　優先的破産債権といっても，それはあくまで破産債権であるから，破産手続

◆第2編 破産手続／◆第4章◆　破産債権確定手続

によってのみ満足を受けうるものである（破100条1項）。よって，優先的破産債権とは，破産配当における優先権を意味するものであり，配当手続外での優先的満足が認められるものではない。しかし，給料の請求権または退職手当の請求権につき，配当手続に先立って弁済を受けなければ，使用人の生活の維持を図るのに困難が生じるおそれがあるような場合，裁判所は，破産管財人の申立てまたは職権によって，配当手続に先立って，給料請求権等の全部または一部の弁済を許可することができる（破101条1項本文）。

➡ **従業員の給料債権・退職金債権の取扱い**：平成15年の民法改正前には，破産手続開始決定前の未払賃金は，民法上，最後の6ヶ月分のみについて一般の先取特権が認められていたのに対し（民旧306条2号・308条），会社（株式会社，有限会社，相互会社）と使用人との間の雇用関係に基づく破産手続開始決定前の未払賃金債権については，無制限に一般の先取特権が認められており（商旧295条，旧有46条2項，保険旧59条1項），破産法上，それらは優先的破産債権とされていた（旧破39条）。したがって，同じ給料債権や退職金債権でありながら，雇主が会社か否かによって，保護の範囲に不均衡が生じており，立法論的に妥当でないという批判が強かった。そこで，平成15年の民法改正により，雇用関係に基づく債権は，雇主の種類を問わず，かつ期間の限定なしに一般の先取特権が認められることになり（民306条・308条），その結果，雇用関係から生じる債権の全額が優先的破産債権として扱われることになった。なお，現行破産法では，労働債権の一部は，さらに財団債権に格上げされている（破149条）。

(2) 一般の破産債権　●　●　●

　一般の破産債権とは，優先的破産債権・劣後的破産債権・約定劣後破産債権を除いた，他のすべての債権をいう。

(3) 劣後的破産債権　●　●　●

　破産法99条1項に規定されている債権であり，配当の順位において優先的破産債権，一般の破産債権に劣後する。破産手続においては，一般の破産債権でさえ完全な満足を得ることはほとんどないので，劣後的破産債権が配当を受けることは通常はあり得ない。よって，劣後的破産債権は，これに配当を受けさせるというよりも，むしろ免責の対象にすることを目的とするものであるといえる。破産法99条が同法97条と連動して，これを列挙している。すなわち，

①破産手続開始決定後の利息請求権，②破産手続開始決定後の不履行による損害賠償および違約金請求権，③破産手続開始後の遅滞税，利子税または延滞金の請求権等，④国税徴収法または国税徴収の例によって徴収することのできる請求権であって，破産財団に関して破産手続開始後の原因に基づいて生じるもの，⑤加算税または加算金の請求権，⑥罰金・科料・刑事訴訟費用・追徴金または過料の請求権，⑦破産手続参加の費用請求権，⑧無利息の確定期限付債権の破産手続開始決定から期限までの中間利息，⑨不確定期限付無利息債権の債権額と評価額との差額，⑩金額および存続期間が確定している定期金債権の中間利息相当額である。劣後的破産債権者は，債権者集会における議決権を有しない（破142条1項）。

➡ 親会社・役員・主要株主などのいわゆる内部者が有する一般の破産債権を，個々の事件において劣後的破産債権として扱うことができるか否かについては争いがある。これについては，否定するもの（東京地判平3・12・16金判903号39頁〔百選5版47事件〕）と，肯定するもの（広島地福山支判平10・3・6判時1660号112頁）とがある。

(4) 約定劣後破産債権 ● ● ●

約定劣後破産債権は，配当の順位において劣後的破産債権にさらに後れるものをいう（破99条2項・194条1項4号）。債務者が融資を受ける際に，債務者につき法的倒産処理手続が開始された場合には，当該融資を行った債権者に対する弁済を他の一般の債権者に対する債務の弁済よりも劣後させる旨の特約を付して行う融資を，劣後ローンという。劣後ローンは一定の要件の下で，BIS規制またはソルベンシー・マージン規制上，自己資本またはソルベンシー・マージンへの算入が認められているため，銀行等の金融機関や生命保険会社がこれらの比率を高めるために利用している。なお，破産手続においては，約定劣後破産債権は債権者集会の議決権を有しない（破142条1項）。

● ● ● 4 多数債務者関係と破産債権 ● ● ●

(1) 多数債務者関係とは何か ● ● ●

同一の給付を目的として複数の債務者が存在する場合の債務関係を多数債務

◆ 第2編 破産手続／◆ 第4章 ◆ 破産債権確定手続

者関係というが，大別して二つの類型がある。1つは分割債務関係であり，他
の1つは共同債務関係である。前者は，各債務者が分割された給付義務を負う
場合（民427条）をいい，後者は，各債務者がそれぞれ全部の給付義務を負う
場合である。後者はさらに，①各債務者が並列的に全部の給付義務を負う場合
（連帯債務・不可分債務・不真正連帯債務・連帯保証債務等）と，②債務者間に主
従の関係がある場合（保証債務）に分けることができる。分割債務関係の場合
には，各人が分割した債務を別々に弁済するだけであり，これら複数債務者の
うち誰が破産しても，当該債務者についてだけ処理すれば足り，それが他人に
影響を及ぼすことはないから，法的には問題になることはあまりない。

(2) 複数の全部義務者の破産 ● ● ● ●

　数人が各自全部の履行をする義務を負っている場合において，その全員また
はそのうちの数人もしくは一人が破産した場合，債権者は，破産手続開始の時
において有する債権の全額についてそれぞれの破産手続につき参加することが
できる（破104条1項）。これを破産手続開始時現存額主義（または開始時現存
額主義）という。ここでいう「各自全部の履行をなす義務」とは，不可分債務
（民430条），連帯債務（民436条以下），不真正連帯債務，連帯保証債務（民458
条），合同債務（手47条・77条1項4号，小43条）等をさす。また，破産手続
開始時現存額主義とは，破産手続開始時に存在した債権の全額につき破産債権
としての権利行使が認められることを意味し，破産手続開始後に一部弁済を受
けたとしても，その債権額に変更をきたすことはないという原則をいう。

　➡ 破産手続開始時現存額主義をめぐっては，同一の債権者が数口の債権を有してい
　　た場合に，破産手続開始後にそのうちの一部の口数の債権が弁済された場合，債
　　権者は依然として破産手続開始時に有していた債権全額でもって権利行使ができる
　　か，という問題が生じたが，判例（最判平22・3・16民集64巻2号523頁〔百選
　　5版45事件〕）は，破産法104条1項2項の「その債権の全額」とは，弁済等に係
　　る当該債権の全額を意味するとし，破産手続開始後に複数債権のうち一部の債権の
　　全額が弁済された場合には，複数債権の全部が消滅していなくても，破産法104条
　　2項の「その債権の全額が消滅した場合」に該当すると判示した。

(3) 保証人の破産の場合の債権者の権利行使 ● ● ● ●

　保証人の破産の場合とは，全部義務者の全部または一部が破産した場合（破

◇4◇ 多数債務者関係と破産債権

104条1項)の一つの態様である。しかし，保証債務関係は，主たる債務者と
保証人の間には主従の関係があるから，債権者は，保証人から催告の抗弁（民
452条）や検索の抗弁（民453条）を対抗されるか，また，いかなる額で破産手
続に参加することができるかといった問題が生じる。これについては破産法
105条が規定しているが，同条にいう「保証人について破産手続開始の決定が
あったとき」には2つの場合が考えられる。第1は，保証人と主債務者とが共
に破産した場合である。この場合には，主債務者の無資力は明らかであり，民
法452条但書や同453条により，保証人が有していた催告・検索の抗弁権は喪
失する。よってこの場合には，本条がなくても破産法104条1項の原則により，
債権者は，その債権の全額につき権利行使が可能である。第2は，主債務者は
破産していないが，保証人のみが破産した場合である。この場合，民法の規定
によれば，破産者たる保証人の破産管財人は，催告の抗弁権や検索の抗弁権を
出すことができるはずである（民452条・453条）。しかし，これを認めると，
主債務者に権利行使した結果，これが無資力であることが判明したため，保証
人に対して権利行使をしようとしても，保証人に対する破産手続がすでに終結
してしまっているような場合があり，債権者の権利が保護されない。よって，
破産法105条は，もっぱら，この第2の場合につき，債務者の催告・検索の抗
弁を否定し，破産手続開始時の債権全額につき権利行使を認めたものであると
考えられる。

(4) 求償義務者の破産の場合の他の全部義務者による将来の求償権の行使 ● ● ● ●

　連帯債務者など数人の全部義務者がいるときに，その全員または一部の者が
破産すると，破産債権者となるのは，本来の債権者だけでなく，全部義務者相
互間でも求償権を破産債権として，または求償権の範囲内で代位によって取得
した原債権（民501条）を破産債権として行使することが考えられるが，現行
法は以下のような規定を置いている。

1 事前求償権の行使

　民法は，事後求償を原則としている（民442条・459条等）が，主債務者破産
の場合には，例外的に，委託を受けた保証人についてのみ，事前求償を認めて
いる（民460条1号）。それに対し，現行破産法は，その他の類型の全部義務者
にもこの事前求償の取扱いを拡張している（破104条3項）。もし，この場合に
事前求償を認めないと，破産手続開始後に債権者の請求によって全部義務者が

59

◆第2編 破産手続／◆第4章◆ 破産債権確定手続

弁済をすると，破産手続の進行状況いかんによっては，求償は実際上困難になってしまうことがあり，弁済者に酷な事態が生じるからである。

しかし，本来の債権者が破産手続開始時に有していた現存債権全額を破産債権として権利行使している場合に，全部義務者の1人が事前求償権を破産債権として行使すると，実質的は1つの債権が二重に行使されることになり，他の破産債権者の利益を害する。そこで法は，債権者が現存債権全額をもって破産手続に参加した場合には，事前求償を否定している（破104条3項但書）。これに対して，債権者が債権額の一部だけを破産債権として行使したときは，将来の求償権者は，その残額の範囲内では，債権行使が重複することはないから，事前の求償権に基づき，破産債権者として権利行使をすることができる。

2 将来の求償権者による弁済

たとえば，債権者甲が債権全額につき破産債権として行使している場合に，求償権者乙が甲に全額弁済したときは，乙に破産債権者としての権利行使を認めてよい。この場合，債権者甲の債権は全額弁済を受けたので，弁済による代位の一種と見て，届出債権につき名義を甲から全額弁済した求償権者乙の名義に変更する手続をとることになる。

問題は求償権者乙が一部だけ弁済した場合である。これにつき，旧破産法26条2項は，「弁済の割合に応じて債権者の権利を取得す」と規定していた。この文言の解釈をめぐっては争いがあり，当時の通説は，この条文を文字通り解釈し，求償権者が一部弁済をした場合，その額について破産債権を取得するという趣旨であると解していた。しかし，破産手続開始時現存額主義の意義のひとつは，債権者の権利行使を尊重するために，破産手続開始決定後の弁済などが破産債権額に影響しないという点にあったが，破産手続開始決定後の一部弁済によって，当該一部に関しては，債権者でなく求償権者に破産債権の行使を認めると，この原則の意義が損なわれる。そこで現行法は，旧破産法26条2項を改正して，破産法104条4項の規定を設けた。すなわち，上記のような場合，債権者は，破産手続係属中に債権の一部弁済を受けても破産手続において届け出た債権の額を減額する必要はない。また，一部弁済したにすぎない求償権者は，債権者に代位して，その債権を行使することはできないし（破104条4項），また，求償権者としても破産手続において権利行使することはできないことになる（破104条3項但書）。それに対して，求償権者が単独ないし共同して債権全額を弁済した場合には，その求償権の範囲内で，破産債権者とし

て権利行使することができる，と規定されている（破104条4項）。

(5) 法人またはその社員の破産　●　●　●

　物的会社の場合は，会社の財産と社員のそれとは完全に分離されているから，一方の破産が他方に影響を及ぼすことはない。これに対して，持分会社（特に合名会社と合資会社〔会社575条〕）の場合には問題が生じる。

1　無限責任社員の破産

　無限責任社員は法人の債権者に対し，直接無限の責任を負うから（会社580条1項・576条2項3項），会社債権者と社員の関係は，債権者と保証人との関係に類似する。そこで，無限責任社員が破産したときは，法人の債権者は，破産手続開始決定時において有する債権の全額につき，破産債権者として権利行使ができるものとされている（破106条）。これは，社員の責任に関する補充性の原則（会社580条1項）が働かないことを意味するものであり，実質的に破産法105条と同趣旨の規定である。

2　有限責任社員の破産

　有限責任社員は，未払出資額の限度でしか会社の債権者に対して責任を負わない（会社104条・580条2項）。よって，有限責任社員が破産した場合，法人の債権者は，有限責任社員の破産手続において権利行使することはできない（破107条1項前段）。ただし，社員に未払出資額があれば，法人が，その額につき破産債権として行使しうる（破107条1項後段）。なお，株式会社にあっては，出資義務を履行しないと株主となる権利を失うから（会社36条3項・208条5項），株主は，ここでいう有限責任社員には含まれない。

3　法人の破産（破107条2項）

　法人に対して破産手続が開始された場合，有限責任社員は，法人の債務について何ら責任を負うものではない。したがって，法人の債権者は，法人の債務について有限の責任を負う者に対してその権利を行使することは認められない（破107条2項）。ただ，仮に，社員につき法人への出資金が未払いであったような場合には，法人がその出資金未払社員に対して出資金支払請求権を有することになるから，法人の破産管財人が，その権利を破産財団所属財産として権利行使することになる。ここでも，株主は，法人の債務につき有限の責任を負う者には当たらない。

◆第2編 破産手続／◆第4章◆ 破産債権確定手続

5 破産債権の届出・調査・確定

(1) 個別的権利行使の禁止

　破産手続は，多数の破産債権者に対し，それぞれの順位に応じて公平な満足を図ることを目的とするから，各破産債権者の抜け駆け的な権利行使を禁止して，統一的に処理する必要がある。そこで，破産債権は，破産手続によらなければ権利行使をすることができないとされている（破100条1項）。ただ，破産債権を行使するためには，その存在および額が確定していなければならないから，そのために，破産債権の届出・調査・確定の手続が設けられている。

(2) 破産債権の届出

　破産債権者は，破産手続上，債権者集会における議決権を行使したり（破138条），債権調査手続において異議を述べたり（破118条1項・121条2項），配当を受領する（破196条1項）など様々な権利が認められている。それらの権利を行使するためには，破産債権として届出をなし，その存在および内容が確定されなければならない。

　破産債権の届出とは，これらの権利を行使するために，裁判所に対して破産債権としての確定を求める訴訟行為である。したがって，届出は，一定の期間内に（破31条1項1号・3項）裁判所に対してしなければならない（破111条1項柱書）。この期間を徒過した場合には，その届出が，一般調査期間終了後または一般調査期日終了後になされたか否かで，効果が異なる。すなわち，①届出が，届出期間を徒過したが，一般調査期間の満了前または一般調査期日の終了前になされた場合には，原則として，特別調査期間また破特別調査期日が定められ，そこで債権の調査がなされる（破119条1項本文・122条1項本文）。この場合，その費用は，当該届出をした債権者が負担する（破119条3項・122条2項）。それに対し，②一般調査期間終了後または一般調査期日終了後に届出がなされた場合は，破産債権者がその責めに帰すことができない事由によって，一般調査期間の経過または一般調査期日の終了までに破産債権の届出ができなかった場合で，かつ，その事由が消滅した後1月以内に限って認められるが，その期間内に届出がなされない場合には，もはや届出は許されないものとされ（破112条1項），迅速な手続の進行が図られている。

◇ 5 ◇ 破産債権の届出・調査・確定

届出事項を事後的に変更することはできるが，他の破産債権者の利益を害するか否かによって，その取扱いが分けられる。①破産債権額の減額など，他の破産債権者に有利になる変更は，破産債権届出の一部取下げとして扱われ，破産債権確定までは特別の制限を受けない。届出後に，債権譲渡などの原因によって破産債権の移転が生じ，それに基づいて届出名義の変更が行われる場合も，破産債権者の不利益にはならないので，新たに破産債権を取得した者が一定の方式によって届出名義の変更をすることが可能である（破 113 条，破規 35 条）。これに対し，②破産債権額を増額するなど他の破産債権者が不利益になるような変更を加える場合には，新しい届出と同様に扱われる（破 112 条 4 項）。

破産債権届出の取下げは，破産手続参加を撤回する旨の裁判所に対する意思表示であるが，その効力については，取下げの時期によって区別される。債権確定（破 124 条 1 項等）前の取下げの場合，当初から届出がなかったものとなり時効中断効も失われるが（民 147 条 1 項 4 号参照），届出可能期間内であれば再度の届出は可能である。それに対し，債権確定後の取下げの場合につき争いはあるが，通説は，そのことによって他の債権者の不利益になることはないので，将来に向かって破産手続から脱退するという効果を有するものとして有効であると解している。

(3) 破産債権者表の作成 ● ● ●

届出があると，届出を受けた裁判所の裁判所書記官は，一定の事項（破 115 条 2 項，破規 37 条）を記載した破産債権者表を作成する（破 115 条 1 項）。これがその後の調査・確定の基礎となる。なお，破産債権者の異議権行使の機会を与えるために，届出書類・債権表は裁判所に備え置いて利害関係人の閲覧に供する（破 11 条）。債権者表の記載に不服のある破産債権者は，裁判所に異議の申し立てができる（破 13 条，民訴 121 条）。

(4) 破産債権の調査・確定 ● ● ●

破産債権の調査とは，届け出られた破産債権につき，債権の存在・額・順位等を確定するための手続である。現行法では，調査は，①原則として，調査期間を定め，その期間内に，破産管財人が作成した認否書ならびに破産債権者および破産者の書面による異議に基づいて行われるが（破 116 条 1 項），②必要があるときには，調査期日を定め，その期日において破産債権者の認否ならびに

63

◆ 第2編 破産手続／◆ 第4章 ◆ 破産債権確定手続

破産債権者および破産者の異議に基づいて行うことも可能である（同2項）。いずれの場合にあっても，破産管財人が認め，かつ，届出をした破産債権者からの異議がなければ，破産債権は，届出破産債権者と総破産債権者との間で届出通りに確定し，裁判所書記官による破産債権者表の記載は，確定判決と同一の効力を認められる（破124条1項3号）。これを破産式確定とよぶ。異議が提出されると，その債権は債権者と異議者との間の査定手続および査定決定に対する異議訴訟を通じて確定される（破125条以下）。

①調査期間または調査期日において破産管財人が認め，かつ，届出をした債権者も異議を述べなかった場合には，届出債権はその存否，額，優先権および劣後的債権の区分は届出のとおり確定し（破124条1項），確定した債権についての債権表の記載は，破産債権者の全員に対して確定判決と同一の効力を有する（同条3項）。なお，明文規定はないが，破産管財人に対しても当然にその効力は及ぶと解される。

②調査期間または調査期日において破産者が異議を述べた場合，異議は債権表に記載されるが（破124条2項），それは，破産手続上の債権の確定には影響しない（破124条1項）。ただ，異議を述べておくと，債権表の記載が破産者に対して確定判決と同一の効力が生じるのを防止することができる（破221条2項）。

③調査期間または調査期日において管財人がある破産債権を認めず，届出をした債権者が異議を述べた場合，当該破産債権を有する破産債権者は，その額等の確定のために，当該破産管財人および当該異議を述べた届出破産債権者（異議者等）の全員を相手方として，破産裁判所に，その額等についての査定の申立てをすることができる（破125条1項本文）。そして，この破産債権査定申立てについての決定に不服がある者は，査定決定の送達を受けた日から1月の不変期間内に，破産債権査定決定に対する異議の訴えを提起することにより（破126条参照），最終的に破産債権の確定を図ることができる。このような二段階の確定方式により，査定という決定による裁判により手続を迅速に進めることができる一方で，それに対して不服があるときには，訴訟手続による慎重な手続によって，破産債権の確定がなされることになる。なお，異議等のある破産債権に関し破産手続の開始当時訴訟が係属する場合には，破産債権査定申立てによることなく，異議者等の全員を相手方として，訴訟手続の受継の申立てをしなければならない（破125条1項但書・127条1項）。これは，破産手

64

◇5◇ 破産債権の届出・調査・確定

開始当時すでに係属し，それが，破産手続開始によって中断しているような場合には，当該訴訟手続を利用させることが合理的であるからである。また，異議等のある破産債権に関し執行力ある債務名義または終局判決のあるものにつき，破産手続の開始当時訴訟が係属する場合には，当該異議者等は，当該破産債権を有する破産債権者を相手方とする訴訟手続を受継しなければならない（破125条1項但書・129条2項）。

◆第2編 破産手続／◆第5章◆ 破産財団の意義

◆第5章◆

破産財団の意義 ── 管理の対象

● ● 1 破産財団とは ● ●

　破産財団とは，破産債権者の共同の満足にあてるために，破産管財人によっ
て管理・換価される，破産者の財産の集合体である。このような破産財団は，
より厳密には，①法定財団，②現有財団，③配当財団に区別される。法定財団
とは，破産法の定める基準によって，当然かつ抽象的に定まっている破産財団
であり，いわばあるべき姿の破産財団である（破34条1項・229条1項）。現有
財団とは，破産手続開始決定後に破産管財人が現実に占有・管理している破産
財団である（破62条・79条）。配当財団とは，管財人が最終的に収集した財産
を換価して得られた配当に当てるべき金銭をいう（破196条1項3号）。した
がって，破産管財人の重要な任務の1つは，現有財産を限りなく法定財団に近
づけ，それを換価して配当のための原資（配当財団）を作り出すことであると
いえよう。

● ● 2 法定財団の範囲 ● ●

(1) 法定財団の客観的範囲と時的範囲 ● ●

　法定財団に属するのは，破産者に属する財産である（破34条1項）。これに
は，金銭的価値のある物・権利・事実関係（暖簾・ノウハウ等）等が含まれる。
この財産の集合体は破産債権者に金銭的満足を与えるための原資となるもので
あるから，積極財産を意味し，消極財産を意味しない。ある財産が破産者に属

◇2◇ 法定財団の範囲

するか否かは私法の一般原則による。また，当該財産が日本国内にあるか否か
は問わない（同条1項かっこ書）。さらに，破産手続は，清算手続としての性格
のほか，執行手続としての性格をも有しているから，破産財団に属するのは，
差押可能な財産でなければならない（破34条3項）。

　わが国では，破産財団は，破産者が，破産手続開始決定の時に有していた財
産をもって構成される（破34条1項）。このような立法主義を固定主義という。
これに対し，破産手続開始決定後に取得された財産も順次破産財団に取り込ん
でいく主義を膨張主義という。

➡️　固定主義には，①破産財団の範囲が破産手続開始決定時に確定するから，手続
　がより迅速に終了する。②破産者は破産手続開始決定後に取得した財産を用いて，
　経済的更生を図ることができる。③破産手続開始決定時の債権者は破産手続開始決
　定時に破産者に属する財産のみを引当にし，破産手続開始決定後の新債権者には，
　新得財産をその債権の引当とすることによって新旧両債権者間の公平が保てる，等
　のメリットがある。

(2) 破産財団帰属性に関する若干の個別問題 ● ● ●
1 破産者の有する将来の退職金債権の扱い

　退職金は，就業規則等で規定されているときは，賃金の後払いとみられるが
（通説），現実に退職しない限り履行期は到来しない。したがって，これは，一
種の不確定期限付債権として破産財団を構成する財産であると考えられる（破
34条2項）。しかし，雇用契約は破産者の一身上の法律関係であり，管財人が
これを勝手に解除することはできないし，破産管財人が破産者に対して事実上
退職を勧めることも，債務者の経済的再生を考えれば問題があろう。したがっ
て，裁判所としては，破産者の生活状況や退職金額などを考慮して，自由財産
たる退職金債権の範囲を拡大する（破34条4項）ことにより対処すべきであろ
う。

2 破産手続開始決定前の不法行為による損害賠償請求権の扱い

　とくに名誉毀損の被害者等（慰謝料請求権者）が破産した場合，その慰謝料
請求権が一身専属権であれば，差押えは許されないから，それは破産財団を構
成しない（破34条3項）。この問題につき，名誉毀損の被害者が破産した場合
につき，判例（最判昭58・10・6民集37巻8号1041頁〔百選5版23事件〕）は，
原則として慰謝料請求権は一身専属権であり，差押え等はできないとした上で，

67

◆第2編 破産手続／◆第5章◆ 破産財団の意義

①具体的な金額の慰謝料請求権が当事者間において客観的に確定したとき，および，②被害者がそれ以前に死亡したときには，被害者の主観的意思から独立した客観的存在として金銭債権となり，破産財団を構成するとしている。

● ● ● 3 自由財産 ● ● ●

　自由財産とは，破産者の財産のうち破産財団（法定財団）に属しない財産であり，破産者が自由に管理・処分することができる財産をいう。自由財産には，①差押禁止財産（破34条3項2号，民執131条・132条・152条・153条，生活保護58条，労基83条，商689条等），②破産手続開始後に取得した財産（新得財産），③民事執行法上の差押禁止金銭の1.5倍相当額の金銭（破34条3項1号），④裁判所が①③の自由財産をさらに拡張したもの（破34条4項）が含まれる。

　法律上は自由財産であっても，破産者がこれを放棄することによって，破産財団に組み込むことができるかという点については争いがあるが，判例（最判平18年1月23日民集60巻1号228頁〔百選5版44事件〕）は，自由財産からの任意の弁済は原則として許容されることを前提としながらも，弁済が任意の弁済にあたるか否かは厳格に解すべきであり，少しでも強制的な要素を伴う場合には任意の弁済に当たるということはできない，とする。

　破産手続開始決定後も自然人の経済生活は続くから，自由財産の存在は不可欠であるが，法人では，破産手続開始決定と共に法人は解散するから，通常は自由財産の存在を考える必要はない。これにつき，旧法下では争いがあったが，普及主義をとる現行法上（破34条1項かっこ書），法人が独自に管理処分できる在外財産なるものは存在しないし，同時破産廃止（破216条1項）後に発見された財産や，破産法人の破産管財人が，換価価値なし等の理由による財団から放棄した財産は，法人の自由財産として清算人等による管理処分に委ねられざるを得ない（最判昭43・3・15民集22巻3号625頁〔百選4版87事件〕）が，これはあくまで例外的な事例であり，一般的に法人に自由財産を認める必要はない。

◇1◇ 破産財団の管理とは

◆ 第6章 ◆

破産財団の管理

● ● ● 1 破産財団の管理とは ● ● ●

　破産管財人は，破産財団を換価して，破産債権者に配当のための財源を作る
という重大な任務を負っている。そこで，管財人は，破産手続開始後，財団の
換価に至るまで，財産価値が減少しないようにするほか，破産財団に属すべき
財産を発見・収集・確保し，破産財団をめぐる法律関係を整理し，否認権を行
使して，財団の積極的増殖を図り，財団所属財産をなるべく有利に換価すると
いう義務を負っている（破85条）。破産管財人の，これら一連の破産財団を維
持・増殖するための行為を管理行為という。
　破産管財人の管理行為としては主として以下のようなものがある。すなわち，
①財産の占有・封印・帳簿の閉鎖（破155条・156条，破規53条），②財産の評
価と財産目録・貸借対照表の作成（破153条），③郵便物の管理（破81条・82
条），④管財人による調査等（破83条），⑤裁判所および債権者集会への財産状
況等の報告（破157条～159条，破規54条），⑥係属中の手続関係の処理（破42
条～44条・46条等），⑦破産手続開始決定前から継続している契約関係の処理
（破53条以下），⑧相殺の効力を争うこと（破71条・72条），⑨否認権の行使
（破160条以下）等である。

69

◆ 第2編 破産手続／◆ 第6章◆ 破産財団の管理

● ● ● 2 破産者をめぐる実体法関係の整理 ● ● ●

(1) 破産手続開始決定後になした破産者の法律行為等の効力 ● ● ●

　破産手続が開始されると，破産財団所属財産の管理処分権は破産管財人に専属するので（破78条1項），破産手続開始決定後に，破産者が破産財団所属財産について何らかの法律行為を行っても，その効力を破産手続との関係において主張することはできない（破47条1項）。このことは，破産債権者ないし破産財団の管理機構たる管財人に対抗することはできないが，当事者（破産者と相手方）の間では有効であることを意味する（相対的無効）。したがって，当該行為が破産財団のために有利なものであれば，管財人は，その行為を追認することは差し支えないし，破産手続が取り消されたり廃止されたときには，相手方は，破産者に対してその行為の効力を主張して義務の履行を求めることができる。

　破産手続との関係でその効力を主張することができないのは，破産者が破産財団に属する財産に関してなした法律的な行為である。主として，売買・担保の設定・債権譲渡・相殺等の狭義の法律行為であるが，それ以外にも，物の引渡し，登記・登録，債権譲渡の通知・承諾，債務の承認，弁済受領など，準法律行為や公法上の法律行為なども含む。なお，破産手続開始までは，債務者は財産の管理処分権を失ってはいないから（破30条2項・78条1項），これらの行為は，破産手続開始決定後になされたものでなければならない。そこで，当該行為が，破産手続開始前になされたか，あるいは開始後になされたかということが重大な意味をもってくる。よって，できる限り破産手続開始の時点を明確にするために，破産手続開始決定の裁判書には，破産手続開始決定の年月日時を記載しなければならない（破規19条2項）。しかし，当該行為が破産手続開始決定の日と同じ日になされたような場合，それがなされたのが，破産手続開始決定の前か後かについて認定が困難になることもあるから，破産手続開始決定の日になした法律行為は，破産手続開始決定後にしたものと推定されている（破47条2項）。よって，行為の有効性を主張する相手方が，当該行為が破産手続開始決定前になされた旨を主張立証しなければならない。

◇2◇ 破産者をめぐる実体法関係の整理

(2) 破産者の法律行為によらない第三者の権利取得　● ● ●

　破産手続開始決定後に破産者の行為によらないで第三者が財団所属財産について権利を取得した場合も，破産債権者を害するおそれがあるから，法律行為の場合と同様，破産管財人に対抗できないものとされている（破48条1項）。すなわち，①破産手続開始決定後に破産者が死亡しても，相続人は財団財産の相続による取得を管財人に対抗することはできないし，②破産手続開始決定後に財団に属すべき商品等が破産者の取引先の商人の手に移っても，相手方には商事留置権（商521条）は成立しない，といったことを意味する。ただ通説は，破産法48条も同47条と同様，破産手続開始決定による破産者の管理処分権の喪失という効果を前提とするものであり，相手方が何人であるかに関わらない権利取得方式（たとえば，時効取得，附合・混和・加工などによる取得，即時取得等）には適用されないとする。

　➡　このような通説に対し，立法の沿革から，権利取得を否定されるものは，開始前から破産者に対して債権をもっていた破産債権者であって，その者が第三者の行為によって破産財団所属財産について担保権や給付の目的物についての所有権などを取得しても，それを破産管財人に主張できないと考えるべきであるとする見解が唱えられている。なお，賃貸人破産の後，賃借権登記を有する賃借人から不動産の転貸を受けた者の転借権取得には48条の適用はないとする判例（最判昭54・1・25民集33巻1号1頁〔百選5版73事件〕）がある。

(3) 例外としての善意取引　● ● ●

1 破産手続開始決定後の登記・登録

①破産手続開始決定前の登記原因に基づく破産手続開始決定後の登記

　破産手続開始決定前に財団に属すべき不動産につき権利移転があり，かつその時に対抗要件としての登記が備わっていれば，これをもって管財人に対抗できる。これに対して問題となるのは，登記原因は破産手続開始決定前に発生したが，その登記または仮登記（不登105条1号）が破産手続開始決定後に備えられた場合である。破産法47条の原則からすると，その登記自体管財人に対抗できないはずである。しかし現行法は，登記原因はすでに破産手続開始決定前に存在しており，また登記自体は公示方法にとどまるということを考慮して，とくに登記権利者が破産手続開始決定を知らずに登記した場合には管財人に対抗できるものとしている（破49条1項但書）。不動産登記法105条1号の仮登

71

◆ 第2編 破産手続／◆ 第6章 ◆　破産財団の管理

記（いわゆる1号仮登記）や登録・仮登録等についても同様である（破49条1項2項）。これに対し，同法105条2号の仮登記（いわゆる2号仮登記）は，請求権保全のための仮登記であり，権利変動の実体的要件が未だ備わっておらず，善意であっても破産法49条1項の保護は受けないとする見解が有力である。

②破産手続開始決定前の仮登記に基づく破産手続開始決定後の本登記

破産手続開始決定前の1号仮登記の場合は，それに基づいて破産手続開始決定後に管財人に対して本登記請求をすることができるとするのが，通説・判例である。それに対し，2号仮登記の場合は，多数説は，1号仮登記と2号仮登記の性質の基本的な差異から，本登記請求は認められないとするが，これに対しては，仮登記後の中間処分排除効力の点では2号仮登記も1号仮登記も同様であることを理由に，本登記請求を認める見解もある。

2　破産手続開始決定後の破産者への弁済

破産手続開始決定後に，破産者の債務者が，破産者に対してその債務を弁済した場合，破産法47条の原則からいえば，このような弁済は管財人に対抗し得ず，管財人から請求を受ければ債務者は二重払いを余儀なくされる。しかし，債務者は，弁済するに際しては債権者の財産状態にまで注意を払わないのが通常であるから，債務者が，債権者が破産した事実を知らない（善意）で弁済したときには，管財人に対抗できるものとした（破50条1項）。ただ，悪意による弁済であっても，破産者が管財人にその弁済された金銭を渡すなど，破産財団が利益を受けたときには，当該弁済を全面的に無効とする必要はなく，その範囲においては弁済の効力が認められている（破50条2項）。なお，破産手続開始後の登記・登録や，弁済に関しては，破産手続開始決定の公告前になされた場合には善意が，公告後になされた場合には悪意が推定されている（破51条）。

3　破産手続開始決定後の手形の引受・支払い

為替手形の振出人または裏書人が破産手続開始決定を受けた後，支払人（または予備支払人）が，その事実を知らないで引受け，または支払いをしたときは，これによって生じた求償権につき，破産債権者として権利を行使しうる（破60条1項）。本来ならこの求償権は，破産手続開始決定後の原因により生じた債権であり，破産債権ではない（破2条5項参照）。そうすると，支払人は引受や支払いをする際には振出人等が破産手続開始決定を受けているか否かを常に調査しなければ安心できず，手形取引の円滑を損なう。この規定はそのような事態を防止しようとするものである。この規定は，小切手・その他の有価証

◇2◇ 破産者をめぐる実体法関係の整理

券についても準用されている（同条2項）。

(4) 破産手続開始決定前から継続する双務契約の処理 ● ● ●

破産手続開始決定により，破産者は自己の全財産に関する管理処分権を失い，管財人がこれを取得するから（破78条1項），破産手続開始決定後は，破産者の財産的法律関係は，原則として，相手方と破産管財人（ないし破産財団）との関係に切り替えられる。よって，破産者を当事者の一方としていた契約関係が破産手続開始決定の当時なお継続している場合には，破産財団の整理と相手方の利益保護のために一定の決着をつける必要がある。そのような決着を必要とする法律関係につき，破産法は，とくに，双務契約，それ以外の契約，手続法律関係について規定を置いている。

1 未履行の双務契約に関する原則

① 一方のみが未履行の双務契約の場合

この場合については，法律上特別の規定はなく，破産法の一般法理にしたがって処理される。この場合，一方の履行は完了しているから，双務契約における履行上の牽連関係は既に消滅しており，残存する関係は片務契約と同様に考えられる。そこで，まず，破産者が未履行の場合，相手方は自己の債権を破産債権として行使できるにとどまる（破2条5項・100条1項）。相手方は，同時履行の抗弁権等を放棄して先履行した以上，自己の債権が破産債権と扱われ，完全な満足を得られないとしても不公平とはいえない，との考えによる。ただ，相手方には種々の特別の先取特権が生じている場合もあると考えられ（民311条〜328条），それを別除権として権利行使することができるから（破2条9項），必ずしも常に不利益を被るということもないであろう。これに対して，破産者の相手方が未履行の場合は，破産者の有する債権は破産財団を構成する財産となり，破産管財人が相手方に対してこれを行使する（破34条・78条1項）。この場合，管財人は権利を全額行使することができるし，相手方も既に自己の債権の満足を得ているから，不当な結果は生じない。

② 双方とも未履行の双務契約の場合

ここでいう双方とも未履行とは，一方または双方が一部履行済みでもよい。この場合，破産管財人は，従来の契約関係に基づいて破産者の債務を履行し，相手方に対して債務の履行を請求するか，または解除権の行使によって契約関係を消滅させるかの選択権を有する（破53条1項）。履行が選択されて契約関

◆ 第 2 編 破産手続／◆ 第 6 章 ◆　破産財団の管理

係が存続する場合には，相手方の権利は，財団債権として扱われる（破 148 条
1 項 7 号）。それに対して，解除が選択されると，契約関係は遡及的に消滅す
るが，原状回復を求める相手方の権利（民 545 条 1 項本文）には，取戻権また
は財団債権の地位が与えられている（破 54 条 2 項）。また，相手方は，解除に
よる損害賠償請求をすることもできるが（民 545 条 3 項），その損害賠償債権は，
破産手続開始後に生じたものではあるが，破産債権とされている（破 54 条 1
項）。

　⇒ 判例（最判平 12・2・29 民集 54 巻 2 号 553 頁〔百選 5 版 80 ①事件〕，最判平
　　12・3・9 判時 1708 号 123 頁〔百選 5 版 80 ②事件〕）は，双方未履行の双務契約
　　であっても，契約の解除が相手方に著しく不公平な状況が生じるような場合には，
　　管財人は解除権を行使することができないとする。

③ 解除をめぐる若干の問題

a．債務不履行による契約解除

　契約の一方当事者が破産手続開始決定を受けた場合，破産者は任意に弁済す
ることはできないから（破 47 条 1 項），相手方には，債務不履行による解除権
は発生しない。しかし，破産手続開始決定前に既に債務不履行によって解除権
が生じていた場合，相手方は，破産手続開始決定後に，管財人に対して解除権
を行使できることになるが，通説は，解除は可能であるが，不動産の売買契約
など，解除しても，破産管財人が民法 545 条 1 項但書の第三者に当たるとして，
原状回復の効果を破産管財人に対して主張し得ないとしている。

b．破産者の相手方からの契約解除

　破産管財人が履行を選択すると相手方の債権は財団債権となるが（破 148 条
1 項 7 号），財団が必ずしも十分ではない場合，常に完全な満足が保証される
わけではない（破 152 条 1 項）。そこで，相手方は，管財人が履行の選択をした
にもかかわらず，または履行の選択がなされる前に，自ら契約を解除し，ある
いは契約条件の変更を求めることができるかという問題が生じる。契約法上の
一般法理としては民法上，「不安の抗弁」なるものが認められているが，破産
財団を相手方とする契約であることを理由に，相手方が当然に不安の抗弁権に
基づいて契約を解除することを認めるのは，破産法 53 条 1 項が管財人のみに
選択権を認めた趣旨に反する。ただ，破産財団の状況などを考慮して，場合に
よっては，相手方が契約条件の変更等を求める可能性は認めるべきであろう。

c．約定解除権

◇2◇　破産者をめぐる実体法関係の整理

約定解除権も，破産手続開始決定前に解除原因が既に発生しているときは，債務不履行による解除と同様になる。ただ，特約で，倒産手続開始申立てや倒産手続開始決定があることを契約解除の原因と定めている場合，そのとおりに解除権を認めてもよいか否かは問題である。判例通説は，そのような解除特約（倒産〔即〕解除特約）の効力を否定している（最判昭57・3・30民集36巻3号484頁〔百選5版75事件〕）。

(5) 双方未履行の双務契約の諸類型の処理　● ● ●

1　継続的供給契約

継続的供給契約とは，電気・ガス・水道・電話など，一方が継続して給付する一定の種類の財またはサービスに対して，他方が，一定期間ごとにその期間内になされた給付の対価を後払いするという態様の契約のことをいう。これらは売買契約の特殊形態とみられる。よって，継続的契約であっても，賃貸借契約や雇用契約などは除く（雇用契約については明文で適用が排除されている〔破55条3項〕）。

旧法下では，破産手続開始決定前に需用者が何期分かの支払いを怠っている場合，それを理由に，破産手続開始後に料金が支払われるまで給付を拒絶することができるか，また，破産手続開始後に契約の履行が選択された場合，破産手続開始前の未払部分の債権には，破産手続上どのような権利が付与されるべきか，といった問題が生じていた。そこで，現行法は，これらの問題を次のように立法的に解決した。

債権が，①破産手続開始申立て以前に生じた場合，②手続開始申立てから破産手続開始決定までの間に生じた場合，③破産手続開始決定以後に生じた場合に分けることができるが，現行法は，①の部分については破産債権とし，かつ，その弁済がないことを理由として相手方は破産手続開始後の供給を拒絶できないこととした（55条1項）。②の部分については，給付された分の代金債権は，財団債権とした（同条2項）。よって，この間に給付されたものの対価が履行されない場合には，手続開始後，たとえ履行が選択された場合でも，後の履行の拒絶は認められるであろう。③の部分は，破産法148条1項7号が適用される

	破産手続開始申立て		破産手続開始決定	
	──────▶ ◀──	──────▶ ◀──	
① §55 I	② §55 II	③ §148 I ⑦

◆ 第2編 破産手続／◆ 第6章◆　破産財団の管理

から，財団債権となる。以上に対し，契約解除が選択された場合は，破産手続
開始決定前の供給の対価は破産債権であり，破産手続開始決定後から解除まで
に供給された分の対価は財団債権である（破148条1項8号類推）。

2　賃貸借契約

賃貸借契約に関しては，賃借人破産の場合と賃貸人破産の場合とが考えられ
る。両者に共通して，賃貸人の義務としては，契約期間中賃借人に目的物を使
用させる義務およびその他の付随的義務が存在し，これに対し，賃借人の義務
としては，賃料支払いや契約終了時の目的物の返還その他の義務が存在する
（民601条・606条・614条〜616条等）。よって，賃貸借契約期間中にいずれかの
当事者に破産手続が開始された場合，双方未履行の双務契約として処理される。

① 賃借人の破産の場合

旧破産法の下では，通説は，民法旧621条の特則があるから，破産法53条
（旧破59条）の適用はないと解していた。すなわち，(a) 民法旧621条により
契約が解約された場合，破産手続開始決定の時から契約終了時までの賃料債権
は財団債権となるが（破148条1項8号），延滞賃料があってもそれは破産債権
にとどまる。(b) いずれからも解約されずに賃貸借契約が継続するときは，
破産手続開始決定後の賃料債権は財団債権となり（破148条1項7号類推，最判
昭48・10・30民集27巻9号1289頁〔百選3版81事件〕），破産手続開始決定前の
延滞賃料は破産債権にとどまると解されていた。

➡ 民法旧621条は，「賃借人カ破産ノ宣告ヲ受ケタルトキハ賃貸借ニ期間ノ定アル
トキト雖モ賃貸人又ハ破産管財人ハ第六百十七条ノ規定ニ依リテ解約ノ申入ヲ為ス
コトヲ得此場合ニ於テハ各当事者ハ相手方ニ対シ解約ニ因リテ生シタル損害ノ賠償
ヲ請求スルコトヲ得ス」と規定していた。

民法旧621条は，このように，賃借人の破産の場合，賃貸人にも解約権を与
えていた。しかし，賃貸人が，賃借人が破産したことに乗じて契約を解約する
ことにより，財産的価値の高い賃借権を容易に取り除くことが可能であり，賃
貸人が不当に有利になるという欠点があった。そのため，旧法下の通説は，で
きるだけ賃貸人の解約権を制限するために，借地借家法5条・6条・28条は
賃借人破産の場合にも適用されるとしていた。判例は，土地賃貸借については
通説と同じ立場に立つが（最判昭48・10・30民集27巻9号1289頁〔百選3版81
事件〕），建物賃貸借については，賃貸人の解除権を制限していなかった（最判
昭45・5・19判時598号60頁，東京高判昭63・2・10高民集41巻1号1頁〔百

選 3 版 82 事件〕)。

　　⮕　最判昭 48・10・12 民集 27 巻 9 号 1192 頁〔百選 5 版 A 13 事件〕は，賃借人破
　　　　産の場合，賃貸人と賃借人による合意解除による賃貸借契約の終了は，信義則上，
　　　　転借人には対抗できないとする。

　このような議論を背景として，現行破産法の制定に際し，民法旧 621 条は削
除された。その結果，賃借人の破産においては破産法 53 条のみが適用される
ことになった。すなわち，賃借人の破産管財人のみが履行か解除かの選択権を
有し，解除が選択されると，賃借人の敷金返還請求権は破産財団所属の財産と
して破産管財人の管理処分権に服し，賃貸人の損害賠償請求権は破産債権とな
る。これに対して履行が選択されると，賃料債権は過去の未納分があればそれ
も含めて，財団債権（破 148 条 1 項 7 号）となる。なお，旧法下の通説は，破
産管財人の解約権も制限されると解していた。しかし，現行法は，むしろ何が
破産債権者の利益になるか，という観点から解除するか否かの判断を破産管財
人に委ねている。

　なお，賃貸借契約期間中途に賃借人がする解約は，残期間の賃料相当額を支
払った場合に限りすることができるといった条項を違約金条項というが，その
有効性については争いがある（肯定説，大阪地判平 21・1・29 判時 2037 号 74 頁
〔百選 5 版 77 ①事件〕，否定説，名古屋高判平 23・6・2 金法 1944 号 127 頁〔百選
5 版 77 ②事件〕）。

　② 賃貸人の破産の場合

　この場合，とくに管財人が契約の解除を選択すると，賃借人は，自分に無関
係な賃貸人の破産という事情により賃借権を失ってしまうという酷な結果が生
じる。そこで，旧法下の通説は，民法が賃借人破産の場合に解約規定をおきな
がら，賃貸人破産の場合につき規定していないのは，双方の解約権を排除した
趣旨であると解し，旧破産法 59 条（現破 53 条）の適用を全面的に排除してい
た（東京高判昭 36・5・31 下民集 12 巻 5 号 1246 頁〔百選 3 版 83 事件〕）。これに
対し，現行破産法は，賃借権その他の使用および収益を目的とする権利につい
て登記，登録その他の第三者対抗要件を備えている場合にかぎり，同法 53 条
の適用を排除し，破産管財人の選択権を否定している（破 56 条 1 項）。賃貸借
契約が存続する場合，賃借人が有する請求権（使用・収益請求権等）は財団債
権とされ（破 56 条 2 項），他方，賃貸人の賃料債権は破産財団所属の財産とな
り，管財人がこれを行使する。

◆第2編 破産手続／◆第6章◆　破産財団の管理

賃貸借契約が存続する場合，賃借人は管財人に賃料を支払うことになる。しかし，破産手続開始前に，賃借人が賃料を破産者に対して前払いしていたり，破産者が破産手続開始後の賃料債権を予め第三者に譲渡して対抗要件を備えていたような場合，それらの処分が破産管財人に対抗できるかという問題がある。旧法では，借賃の前払いおよび賃料債権の処分は，破産手続開始を基準とする当期および次期のものに限って破産債権者に対抗できるとしていたが（旧破63条1項），現行法は，このような制限を撤廃した。

なお，賃借人が敷金を差し入れている場合，敷金返還請求権は停止条件付債権と解されており（最判昭48・2・2民集27巻1号80頁，最判平14・3・28民集56巻3号689頁），停止条件が成就するまでは，そのままでは相殺に供することはできない（破67条参照）。したがって，賃借人は，弁済期の到来した賃料債務は弁済しなければならないが，賃貸借契約が終了したときに，破産者の財産状況によっては，支払った敷金が戻ってくる保障はない。そこで，現行法は，敷金返還請求権を有する賃借人は，賃料の支払いに当たり，敷金の額を限度として，弁済した賃料の寄託を請求することができると規定し（破70条後段），敷金返還請求権を優先的に回収できるように配慮している。

3 ライセンス契約

ライセンス契約とは，ライセンサーの特許権などを目的として，ライセンサーがライセンシーに対して目的物たる権利や法律上の利益を使用する権利を設定し，相手方がその対価としてロイヤルティを支払うことを基本的内容とする継続的契約をいう。したがって，これは実質的には，権利を目的とした賃貸借契約ともいうべき性質を有するものである。したがって，賃貸借契約と同様の処理がなされている（破53条・56条）。なお，平成23年の特許法改正により，特許権の通常実施権は，登録その他何らの要件を備えなくても，当然に第三者に対抗することができることとなった（特許99条）。

4 雇 用 契 約

雇用契約継続中に使用者または被用者（従業員）が破産した場合，被用者には労務を提供する義務が，使用者には賃金を支払う義務があり，双方未履行の双務契約が存在する（民623条）。

①使用者の破産の場合

使用者が破産した場合，雇用契約が双方未履行の双務契約だとすれば，破産法53条以下の規定が適用されるはずであるが，民法631条が特則を定めてい

る。これによれば，雇用につき期間の定めがある場合でも，被用者または管財人のいずれからも解約の申入れができ，申入れ後２週間の経過と共に雇用契約は終了する（民631条・627条１項）。また，被用者からの解約の自由を保障するために，使用者の損害賠償請求は否定されている（民631条後段）。なお，右規定によれば，被用者からの損害賠償請求も否定されているが，労働基準法20条１項に保護規定がある。解約がなされた場合，給料債権全般に対して優先的破産債権が認められる（破98条，民306条２号・308条）ほか，破産手続開始前３月間の給料債権はとくに財団債権とされている（破149条１項）。さらに，破産手続終了前に退職した使用人の退職金を含む退職手当債権についても，退職前３月間の給料の総額に相当する額が財団債権とされている（破149条２項）。

また，本来であれば，優先的破産債権は，破産債権である以上，破産配当によってその権利の満足を受けるべきものであるが（破100条１項），これらの債権が労働者やその家族の生活の維持に不可欠なものであることに鑑み，破産配当に先立って弁済を許可することを可能にしている（破101条１項）。

②被用者（従業員）の破産の場合

被用者が破産しても労務の提供は，破産財団に関係なく履行することができるから，雇用契約につき法律上影響はなく，破産法53条の適用もない。よって，破産手続開始決定後に提供した労務の対価として支払われるべき賃金は，破産者（被用者）の自由財産（新得財産）である。ただ，破産手続開始決定前の労働に対する賃金債権で未払いのもがあれば，その４分の１は差押可能財産（民執152条２項）として破産財団に属する（破34条３項２号）。

5　請負契約

請負契約は，当事者の一方が仕事の完成を約し，相手方が仕事の結果に対し報酬の支払いを約束することを内容とする双務契約である（民632条）。よって，仕事の完成前で，かつ報酬の全額が支払われる前に，注文者や請負人が破産すると，双方未履行の双務契約としての処理が必要になる。

① 注文者の破産の場合

この場合につき，民法642条は破産法53条の特則であり，こちらが優先適用される。したがって，請負人または注文者の管財人のどちらからでも契約を解除（解約）することができる（民642条１項前段）。契約が解除された場合，請負人がそれまでにした仕事の報酬および費用の請求権は破産債権になる（民642条１項後段）。ただし，請負人がこの報酬等請求権につき不動産工事の先取

◆第2編 破産手続／◆第6章◆ 破産財団の管理

特権（民327条）や商事留置権（商521条）を有する場合は，それらの権利に基づき別除権としての権利行使が認められる（破2条9項・65条1項・66条）。既になされた仕事の結果（未完成建物など）は注文者の破産財団に帰属する（最判昭53・6・23金法875号29頁〔百選5版78事件〕）。解除により損害が生じた場合，注文者の管財人が解除を選択した場合における請負人に限り，損害賠償請求権を取得し，それを破産債権として行使することができる（民642条2項）。

② 請負人の破産の場合

　請負人が破産した場合については民法に特則がない。しかし，請負契約には，自然人たる請負人の個人的労務の提供によって仕事を完成する場合から，大手建設会社によるビルやダムの建築請負まで様々なものがある。そこで，旧法下において，旧破産法59条（現破53条）全面不適用説，個人請負とそうでないものを区別し，前者には同59条は不適用であるが，後者には適用があるとする折衷説（二分説。なお，最判昭62・11・26民集41巻8号1585頁〔百選5版79事件〕は，請負人の債務が不代替的か否かで区別し，不代替的債務である場合にかぎり旧破産法59条は適用されないとする），旧破産法59条（現破53条）全面適用説等の見解の対立があった。それに対し，現行法の下では，以下の理由から，破産法53条全面適用説が有力である。すなわち，ⓐ個人的労務提供型の場合，その契約関係は破産管財人の管理処分権に服さないとするが説得力に乏しい。ⓑ請負人が工事の出来高に応じた報酬請求権を有している場合に，それを破産財団に取り込めないのは不当である。ⓒ全面不適用説や折衷説によると，個人請負の場合において仕事が完成されない場合，注文者の不履行による損害賠償請求権は，破産債権にもならず，無資力の請負人から支払われる可能性は現実的にはないし，請負人にとっても，破産債権にならない以上免責の対象にならず，双方にとって不都合である，等である。

　➡ **注文者が有する前払金返還請求の性質**：請負契約においては，契約締結と同時に，注文者から，かなり高額な前払金が支払われるのが実務慣行となっている。この前払金が工事の出来高を上回っている場合に，この超過した部分の前払金返還請求権は破産手続上どのように扱われるか，という問題が生じる。これについては，①破産法54条2項は管財人が履行を選択した場合の同148条1項7号と同趣旨の規定であり，相手方のみが原状回復請求権を有するに過ぎない場合には破産法54条2項の保護はないこと，②注文者が報酬の一部を前払いするのは，工事の完成が

◇2◇ 破産者をめぐる実体法関係の整理

先履行である（民 633 条）との利益を放棄して請負人に信用を与えているのであるから，他の一般債権者に優先する地位を与える必要はないこと等を理由として，破産債権となるとする見解がある。これに対して多数説は，①破産法 148 条 1 項 7 号が同時履行の関係を前提としているとしても，解除の場合の原状回復にまでそれを要求することは妥当ではないこと，②同法 53 条が管財人に履行か解除かの選択権を与えた以上，解除が選択された場合の相手方の地位が極端に不利になるのではバランスを失する。③注文者は報酬の一部を先履行しているとはいえるが，請負人が材料を用意するのが通常であることから，そのような支払形態が建築請負の取引慣行になっている以上，後払いせよと要求するのは無理である等を理由として，財団債権になると解している。判例（最判昭 62・11・26 民集 41 巻 8 号 1585 頁〔百選 5 版 79 事件〕）も財団債権（破 54 条 2 項）になると解している。

なお，請負人が破産した場合，注文者の方から契約の解除をなし得るか，という問題もあるが，破産法 53 条 1 項 2 項の文言からは，相手方からの解除は認められない趣旨のようにもみえる。しかし，民法 641 条の趣旨から，損害賠償を支払ってでも，請負契約から離脱したいという場合には，注文者の意思を尊重すべきであり，しかも損害賠償がなされるかぎり，破産財団には別段の不利益も生じないので，民法の規定を根拠に，注文者からの解除も認めてもよいであろう。

6 保険契約

保険契約とは，当事者の一方が一定の事由が生じることを条件として財産上の給付（生命保険契約および傷害疾病定額保険契約にあっては，金銭の支払いに限る）を行うことを約し，相手方がこれに対して当該一定の事由の発生の可能性に応じたものとして保険料を支払うことを約する契約である（保険 2 条 1 号）。これは，契約当事者双方の義務が互いに対価関係に立つ双務契約であり，保険期間中に一方が破産すると，双方未履行の双務契約として処理される。

① 保険者（保険会社）の破産の場合

この場合には，保険契約者は将来に向かって契約を解除することができ（保険 96 条 1 項・31 条・59 条 1 項・88 条 1 項），また，この者が解除しないときでも，破産手続開始決定後 3 ヶ月を経過すると，保険契約は当然に効力を失う（保険 96 条 2 項）。よって，これが特別規定となるから，破産法 53 条の適用はない。保険契約が終了した場合，保険者は，保険契約者に対して，当該契約の終了の時における保険料積立金を払い戻さなければならない（保険 92 条 4 号）。

◆第2編 破産手続／◆第6章◆ 破産財団の管理

② 保険契約者の破産の場合

この場合には保険法上特則がなく，破産法53条以下の一般規定によって処理される。したがって，破産管財人は，当該保険契約を履行するか解除するかを選択することができる。たしかに，解約返戻金が見込めるような場合，管財人としては，それを破産財団に組み入れるために，契約を解除すべきであるが，解約返戻金がごく少額であるような場合には契約の解除をすべきではない。もちろん解約返戻金請求権が自由財産とされる場合（破34条4項）には，破産管財人の契約解除は許されない。

7 市場の相場がある商品の取引に係る契約

証券取引所で取引される有価証券，商品取引所で取引が行われる商品（小豆，綿花等），その他の市場の相場のある商品の取引に係る契約は，その取引の性質上，特定の日時または一定の期間内に履行がないと契約の目的が達せられない，いわゆる定期行為としての性質をもつ。よって，一方当事者の債務不履行があれば，無催告解除が認められ（民542条1項4号），商事売買であれば，解除が擬制される（商525条）。破産法上は，このような実体法の原則を前提として，市場の相場がある商品の取引に係る契約について，債務不履行の有無を問わず，履行期前に一方の当事者に破産手続が開始した場合，契約は当然に解除されたものとみなされる（破58条1項）。なお，当該取引所または市場に別段の定めがあれば，それに従う（同4項）。これに関連して，法は，いわゆるデリバティブ（金融派生商品）取引に関してみられる一括清算ネッティング条項の有効性を広く認めている（同5項）。

8 交 互 計 算

交互計算とは，商人間または商人・非商人間の一定期間中の取引に基づいて生じる債権と債務の総額を相殺し合い，残額の支払いをなす旨の約定である（商529条）。これは，当事者相互の信用を基礎としているものであるから，一方が破産すると当然に契約は終了し，各当事者は残額の支払いを請求できる（破59条1項）。残額請求権について，破産者側の請求権であれば，管財人が財団所属の財産として相手方に対して行使し，相手方の請求権であれば，破産債権として行使する（同2項）。

9 組 合 契 約

組合契約は，各当事者が出資をなし，共同の事業を営むことを合意する双務契約である（民667条）。よって，組合員の1人または数人が破産したときに

◇2◇ 破産者をめぐる実体法関係の整理

は，双方未履行の双務契約として処理されるはずである。しかし，民法 679 条
2 号は，組合員の破産について特則を置き，破産した組合員は，当然に組合を
脱退するとしているから，破産法 53 条の適用はない。この場合，破産管財人
は脱退した組合員の持分の払戻しを請求することができ（民 681 条），これを
破産財団に組み込むことができる。

(6) 双務契約以外の法律関係 ● ● ●

1 委 任 契 約

① 一般の場合

委任契約は，有償であれば双務契約であるが，無償が原則であるので（民
643 条），片務契約ということになる。しかし，民法 653 条 2 号は特則を定め，
有償であれ無償であれ，委任者または受任者のいずれが破産しても，委任契約
は当然に終了するとしている。ただし，委任の終了は，終了事由を相手方に通
知し，または相手方がこれを知るまでは，相手方に対抗できない（民 655 条）。
そこで，委任者が破産した場合，受任者が破産手続開始決定の通知を受けず，
かつ破産開始決定の事実を知らないで委任事務を処理したときは，これによっ
て生じた報酬等の債権は，破産手続開始決定後に生じたものであるが，破産債
権とされている（破 57 条）。ただし，その事務処理が破産財団の利益のために
なされたときは，受任者の請求権は事務管理として財団債権になる（破 148 条
1 項 5 号）。また，急迫の事情があるためにした委任契約終了後の行為に基づ
く費用償還請求権（民 654 条）なども財団債権となる（破 148 条 1 項 6 号）。

② 株式会社と取締役との関係

a．取締役の破産

会社法 330 条は，民法の委任に関する規定（民 653 条 2 号）を準用している
から，取締役につき破産手続開始決定がなされると，取締役は，その地位を失
う。しかし，会社の責任において，破産手続開始の決定を受け復権していない
者を取締役に選任することは可能である（会社 331 条）。

b．会社の破産

法人は破産により解散するが，その場合でも，法人格は，清算の目的の範囲
内においては存続する（破 35 条）。すなわち，破産手続上も破産者としての権
利・義務の主体として法人が存続するし，管財人が選任されても財団関係以外
の面で法人の代表者が必要である。しかし問題は，従前の取締役がその地位を

83

◆ 第2編 破産手続／◆ 第6章 ◆ 破産財団の管理

保持するかということである。これについては、委任当然終了説（最判昭43・3・15民集22巻3号625頁〔百選4版87事件〕）と、委任非当然終了説（学説上有力である。最判平16・6・10民集58巻5号1178頁〔百選5版15事件〕、大判大14・1・26民集4巻8頁参照）とが対立している。委任者の破産により委任関係が終了するという立法趣旨は、むしろ、委任者たる会社が破産した結果、破産財団に属する財産は、すべて破産管財人の管理処分権に属し（破78条1項）、取締役会の権限は失われるから、委任は目的を達することができないという点にあると考えられる。ところが、会社の破産の場合、破産財団の管理処分と関わりのない組織法上の活動（たとえば、会社設立無効の訴えについての応訴等）など、委任者である会社自身がまだなしうる事項はあり、これを破産管財人の任務とすると、かえって破産管財人の負担を増す。また、破産手続開始決定に対する即時抗告が認められないとすると、会社の利益を守る者がいなくなる。これらの事情を考えれば、破産財団に属する財産の管理処分と関わりのない組織法上の活動については、委任関係は終了しないと解すべきである。

2 共 有 関 係

共有者の一部が破産した場合、不分割の特約（民256条）およびその指定（民908条）があっても、破産手続によることなく分割することができる（破52条1項）。これは、共有持分が破産財団に属しながら、共有財産の分割を求めることができないとすると、容易に換価することができないからである。ただし、法律上または財産の性質上分割が許されない場合（民257条等）は、別途それに応じた方式によるべきである。

3 消費貸借の予約

消費貸借の予約とは、消費貸借につき貸主に消費貸借契約を締結する義務を負わせることを内容とする契約である。消費貸借の予約の当事者の一方が破産手続開始の決定を受けたときは、その効力を失う（民587条の2第3項）。これは、融資を目的とする契約は、相互の財産状態に対する信頼を基礎としているので、一方当事者の破産手続開始を原因として当然にこれを失効させることにしたものである。

4 配偶者・親権者の破産と財産管理権

夫婦財産契約により配偶者の一方が他方の財産につき管理権を有している場合において当該配偶者に破産手続が開始した場合には、他方配偶者は、自ら財産の管理をなすことおよび共有財産の分割を家庭裁判所に請求することができ

◇3◇ 破産者をめぐる手続法関係の整理

る（破 61 条，民 758 条 2 項 3 項）。また，親権者（親権者は子の財産の管理権を有する〔民 824 条〕）に破産手続が開始した場合には，子，その親族，未成年後見人，未成年後見監督人または検察官の請求により，家庭裁判所は，管理権喪失の審判をすることができる（破 61 条，民 835 条）。

3 破産者をめぐる手続法関係の整理

(1) 民事訴訟手続の中断と受継

1 破産財団に属する財産に関する訴訟手続

民事訴訟の係属中に当事者の一方につき破産手続開始決定がなされると，破産財団に属する財産の管理処分権が破産者から破産管財人に移転し（破 78 条 1 項），それにともなって，破産財団に関する訴訟手続の当事者適格は破産管財人が取得する（破 80 条）。よって，当該訴訟は中断し（破 44 条 1 項），破産債権に関するものを除いて，破産管財人が受継するが（同 2 項前段），相手方も，受継申立てをすることができる（同後段）。この場合，管財人は受継を拒絶できない。受継した破産管財人は，中断時までの訴訟状態に拘束され，破産者がもはや提出できなくなった攻撃防御方法（民訴 157 条 1 項等）を提出することはできないし，攻撃防御方法の提出に関する手続上の義務（民訴 167 条・174 条・178 条・301 条 2 項等）も履行しなければならない。受継した訴訟において破産管財人が敗訴した場合には，相手方が破産管財人に対して訴訟費用償還請求権を取得するが（民訴 61 条），その請求権は受継前の費用まで含めて財団債権となる（破 44 条 3 項）。

2 財団債権に関する訴訟

財団債権の多くは，破産手続開始後の原因に基づいて生じるものであり，破産手続開始前に訴訟係属があることは通常考えられない。しかし，たとえば，破産者が買主である売買契約につき売主が破産手続開始前に代金支払請求訴訟を提起しているような場合，破産管財人が契約の履行を選択すれば，代金債権は財団債権となり（破 148 条 1 項 7 号），破産手続開始前に訴訟係属があることになる。しかし，代金請求訴訟は，破産手続開始によって中断しているので（破 44 条 1 項），この訴訟についても，破産管財人が履行の選択をした段階で受継が行われる（同 2 項）。この場合も，相手方の訴訟上の地位を保護するため

85

◆ 第2編 破産手続／◆ 第6章◆　破産財団の管理

に，管財人は受継を拒絶できないと解すべきである。

3　破産債権に関する訴訟

　債権者が破産者に対して給付訴訟を提起していたり，逆に破産者が債権者に対して債務不存在確認訴訟を提起しているときは，破産手続開始決定がなされると，それらの訴訟は中断する（破44条1項）。しかし，破産債権は，破産手続によらない権利行使が禁止され（破100条1項），破産手続内で調査・確定が図られるので，当該訴訟は，管財人によって受継されない（破44条2項前段以下）。

4　詐害行為取消訴訟・債権者代位訴訟

　債務者が詐害行為をしたことを理由として，債権者が破産手続開始前に受益者を被告として詐害行為取消訴訟を提起し（民424条以下），あるいは，債権者代位訴訟（民423条以下）の訴訟係属中に債務者に対して破産手続が開始され，管財人が選任された場合，訴訟の当事者は，債権者と受益者・第三債務者であるから，本来，破産法44条の適用対象にはならないが，これらの訴訟は中断し（破45条1項），破産管財人は，中断した訴訟を受継することができるとされている（破45条2項前段）。この場合，受継申立ては相手方もすることができる（同後段）。詐害行為取消訴訟や債権者代位訴訟は，債務者の責任財産を回復する目的をもつものであるが，破産手続が開始した以上，それは，破産財団の増殖ということに置き換えられ，これは，破産管財人によって実現されるのが妥当だからである。

5　株主代表訴訟

　株主が取締役等を被告として株主代表訴訟（会社847条）を提起している途中で会社に対して破産手続開始決定がなされた場合，株主は，会社が取締役等に対して有している損害賠償債権を代位行使しているとみられる。したがって，会社が破産すると，会社財産の管理処分権は破産管財人に専属するから，債権者代位訴訟の場合と同様に，訴訟が中断し，破産管財人が当該訴訟を受継すると解すべきである（破45条類推）。

(2) 係属中の民事執行等―強制執行・担保権実行・保全処分　● ● ●

1　破産債権に基づく強制執行・保全処分

　破産債権者は，破産手続によらずに個別的権利行使をすることはできない（破100条1項）。よって，破産手続開始決定後に，破産債権者が破産財団に属

◇3◇ 破産者をめぐる手続法関係の整理

する財産に対して強制執行や保全処分（民事保全）を開始することは許されな
いし（破42条1項），既に開始していた強制執行や保全処分も，破産手続開始
決定により，破産財団との関係では失効する（同条2項）。「失効する」とは，
執行処分が取り消され，破産財団との関係で無効になることをいい，具体的に
は，破産管財人は執行異議（民執11条）または執行抗告（民執10条）によって，
執行処分の取消しを求めることができる。ただ，管財人はいずれは財団財産を
換価する必要があるから，強制執行等の手続が係属中であるときは，それを破
産財団のために続行することもできる（破42条2項但書）。破産債権に該当し
ない権利に基づく強制執行・保全処分は，破産手続開始決定によっては影響を
受けないから，たとえば取戻権者が行う強制執行は，破産手続開始決定によっ
て影響を受けない。

2 担保権の実行

破産財団に属する財産上の抵当権，質権および特別の先取特権などは別除権
となるから，これらの実行としての競売手続は，破産手続開始決定によって影
響を受けない（破65条1項）。すなわち，それぞれの担保権の実行方法により
権利行使ができる（民執180条以下）。ただし，執行債務者の地位は管財人が承
継する。一般の先取特権（民306条～310条）の被担保債権は優先的破産債権
（破98条1項）となるから，破産債権である以上，個別的権利行使は許されず
（破100条1項），これに基づく競売手続は失効する（破42条2項本文）。なお，
同様の性質を有する企業担保権の実行手続も同様である（破42条2項本文）。

3 滞納処分・行政争訟手続

① 滞 納 処 分

国税徴収法などにより徴収できる租税などの債権に基づいて破産手続開始前
から破産者の財産に対して滞納処分がなされているときには，開始後もその続
行が妨げられない（破43条2項）。これは，租税債権についての自力執行力を
尊重して，その続行を認めたものである。なお，旧法下では，破産手続開始後
に新たに国税滞納処分を開始することが許されるかについては争いがあり，通
説・判例は，破産手続開始決定後に新たに滞納処分を開始することは許されな
いと解していたが（最判昭45・7・16民集24巻7号879頁〔百選3版122事件〕），
現行法も，同趣旨を明文で規定した（破43条1項）。

② 行政争訟手続

破産財団所属の財産について破産手続開始時に行政庁に係属する事件は，開

87

◆ 第2編 破産手続／◆ 第6章 ◆ 破産財団の管理

始決定と共に中断し，破産管財人が受継する（破46条・44条）。行政庁を相手方とする事件であっても，訴訟手続によるものは，破産法44条によって中断および受継の対象となるから，ここで予定されているのは，行政不服審査法や国税通則法，特許法などの特別法に基づく不服審査手続である。

● ● ● 4 否 認 権 ● ● ●

(1) 否認権の意義と種類 ● ● ●

1 否認権の定義とその必要性

否認権とは，破産手続開始決定前に，破産者またはこれと同視しうる第三者によってなされた破産債権者を害すべき行為の効果を，破産財団との関係において失わせ，逸失財産を破産財団のために回復する権利のことである。破産に瀕した債務者は，事業継続や生活の必要に迫られて，当座の資金繰りのために財産を不当に安い値段で投げ売りしたり，将来の生活に備えて財産の名義を親戚に移すなどして隠匿を図ることがある。また，将来の経済的再起に当って便宜を図ってくれそうな債権者にのみ弁済したり担保を提供したりする場合もある。破産手続が効力を生じるのは，破産手続開始決定の時であるから（破30条2項），それ以前には，債務者は自己の財産を自由に管理処分することができ（民206条参照），これらの行為も法的には有効である。しかし，債務者のこうした行為を放置しておいたのでは，円滑な破産手続の遂行という目標はとうてい達成できない。そこで，債務者が，破産手続開始決定前ではあるが，事実上破産状態になってから，またはこれに接近する時期に行われた債権者を害する行為の効力を破産財団との関係において否定して，破産財団から失われた財産を破産財団に回復するための制度が否認権の制度である。

2 否認権と詐害行為取消権

否認権と類似の制度に，民法424条以下の詐害行為取消権（債権者取消権）がある。これらは共に，ローマ法の「パウルスの訴権（actio pauliana）」という制度に由来するものであるが，現行法制度の下においては，否認権は，種々の点で，詐害行為取消権の効果を破産という場面において強化したものとなっている。

➡ 最判昭58・11・25民集37巻9号1430頁〔百選5版27事件〕は，詐害行為取

消権の消滅時効が完成していても，管財人の否認権行使は妨げられないとする。

3　否認権の基本形

　破産法は，破産者の行為の態様に応じて，詐害行為否認と偏頗行為否認という2つの類型を認めている。詐害行為否認とは，担保の供与または債務消滅に関する行為を除く行為であって，破産者が破産債権者を害することを知ってした行為（破160条1項1号本文），および，破産者が支払停止または破産手続開始の申立てがあった後にした破産債権者を害する行為（同2号本文）の否認である。ここでいう「破産債権者を害する行為」とは，破産者の財産を絶対的に減少させて破産債権者を害する行為（詐害行為）を意味する。それに対して，偏頗行為否認とは，既存の債務についてなされた担保の供与または債務の消滅に関する行為であって，破産者が支払不能になった後または破産手続開始の申立てがあった後にした行為（破162条1項1号），および，既存の債務についてなされた担保の供与または債務の消滅に関する行為であって，破産者の義務に属せず，またはその時期が破産者の義務に属しない行為であって，支払不能になる前30日以内になされた行為（破162条1項2号本文）についての否認である。この場合，債務を弁済すると，破産者の財産は減少するが，それと同時に債務も消滅するから，全体としてみれば破産者の財産の増減はない。よって，この否認類型は，特定の債権者にだけ弁済をすることで，債権者への平等弁済を害する行為（偏頗行為）を否認の対象とするものであるといえる。

(2)　否認の一般的要件　● ● ●

　破産法は，160条以下において，共通の要件として，「破産者」のした「行為」を否認することができるとしている。そこで，これらの意味について考えてみよう。

　ここでいう行為とは，原則として法律行為であるが，否認権の目的が，財団の増殖のために，生じている法的効果を否定することにある点からみれば，厳密な意味での法律行為に限る必然性はなく，広く法的な効果を生じる行為であればよい。したがって，私法行為のみならず，訴訟行為や公法上の行為でもよいし，作為・不作為を問わない。ただし，否認は，破産財団から逸失した財産を取り戻すための制度であるから，否認の対象となる行為は，財産的な効果を生じるものであることを要する。また，否認権行使は，受益者たる相手方に対して行使するものであるから，当該行為は，受益者が存在する行為であること

◆第2編 破産手続／◆第6章◆ 破産財団の管理

を要する。さらに，その行為は，原状回復が可能な場合であることが必要であり，サービスに対する報酬の支払いなどの行為（たとえばエステ契約）は，原状回復は不可能であるから否認することはできない。

次に，否認するためには，破産者の行為が存在することが必要であるかという問題がある。通常の場合は，破産者の行為はある。ただ，相殺や代物弁済の予約完結等については，債権者の行為はあるが，破産者の直接の行為はないし，執行行為の否認（破165条）でも，債権者の行為（あるいは国家機関の行為）はあるが債務者の行為はない。しかし，これらの場合にも，債権者等の行為の結果が破産債権者にとって有害となる場合があり，否認を考える必要がある。これに関しては，旧法下で見解が対立していたが，現行法上は，破産者の害意を要件とする場合には（破160条1項1号・161条1項2号），それを認定するための資料としても，破産者自身の行為もしくは破産者の加工行為またはそれと同視される第三者の行為が必要であるが，詐害行為否認でも，破産者の主観的要件が不要とされる場合（破160条1項2号）および偏頗行為否認などでは（破162条1項），破産者の行為は不要であると解する見解が有力である。

➡ 近時の判例も，同旨の解釈をしている（最判平2・7・19民集44巻5号837頁〔百選5版28①事件〕，最判平2・7・19民集44巻5号853頁〔百選5版28②事件〕）。

➡ 旧法下の事件であるが，消費者金融業者がAに勤務先を退職して退職金で，債務を弁済するよう迫ったのに対し，相談を受けた勤務先のBが立替払いをしたが，後にAが破産し，管財人が立替払行為につき否認の訴えを提起した事件において，大阪地判昭52・9・21判時878号88頁は，「債務者から第三者に弁済の依頼がなされかつ実質的に債務者の計算において支払いがなされた場合には右行為は他の一般債権者の共同担保価値を減少される点で債務者自身の弁済と択ぶところがない。つまり，結果的には破産者の計算で特定債権者が偏頗な弁済を得，他の破産債権者の満足を低下させるわけであるから，破産者の本旨弁済と同視できるのである。」と述べた。

さらに，否認の一般的要件として，行為の有害性が議論されている。有害性ある行為とは，何らかの意味で破産債権者を害する行為である。ただ，否認の対象となる行為には，総財産の減少により総債権者の満足を低下させる詐害行為と，特定債権者のみへの弁済により総債権者間の公平な満足に当てられるべき債務者の一般財産を減少させ，他の債権者に対する平等的満足を低下させる

90

偏頗行為とがある。したがって，有害性といっても，それぞれに応じて内容も異なる。ただ，詐害行為否認では，有害性は行為の詐害性の中に吸収され独自の意味はあまりない。

→ 旧法下の解釈論として，有害性が一般的要件として主張されたのは，①不動産の適正価格による売却や本旨弁済など，それ自体をみれば詐害性をもたないと思われる行為につき，有害性ありとして否認を肯定するための理論的枠組みとして，あるいは，②担保目的物による代物弁済など，行為自体をみれば詐害性を肯定されるものについて，有害性なしとして否認を否定するための理論的枠組みとして利用されてきた（借入金による弁最高位につき，否認を否定するものとして，最判平5・1・25民集47巻1号344頁〔百選5版29事件〕がある）。しかし，現行法では，これらの否認類型は，破産法160条2項，161条等で明文化されており，解釈論として有害性概念を持ち出す必要性は大幅に減少した。ただ，相当額の担保目的物による代物弁済に対する偏頗行為否認の成否などは，なお有害性をめぐる解釈論の対象として残されている。

以上述べた行為の有害性は客観的な要件であるが，近時では，行為の有害性に加え，否認の一般的要件として行為の不当性ないし行為の正当性を要求する説が有力である。行為の不当性とは，有害性があることを前提として，破産債権者の利益と受益者の利益とを比較考量して，問題となる行為が是認できないと評価されることである（実際には，不当性がない，または正当性があるから否認できない，という形で機能する）。評価の際には，行為の内容，目的，動機，破産者や受益者の主観的状態およびその他行為のなされた状況など諸般の事情を考慮し，公平の理念に照らして判断されることになる。

→ 不当性の内容につき，最判昭43・2・2民集22巻2号85頁〔百選94事件〕は，譲渡担保が，給料債権の支払資金の獲得のためになされたとしても，旧72条1号による否認権の行使を否定するためには，「特別の事情のない限り，担保目的物の価格と被担保債権との間に合理的な均衡が存することが必要」である旨を述べる。それに対して，原審は，担保目的物の価格と被担保債権との間に合理的な均衡があることは要求せず，資金調達の必要性，給料債権の優先性等を根拠としている。

(3) 否認の各類型　●　●　●

1　詐害行為否認（破160条1項2項）

詐害行為否認の対象となるのは，①担保の供与または債務消滅に関する行為

◆第2編 破産手続／◆第6章◆ 破産財団の管理

を除く行為であって，破産者が破産債権者を害することを知ってした行為（破
160条1項1号本文），②破産者が支払いの停止または破産手続開始の申立てが
あった後にした破産債権者を害する行為（同2号本文），③債務の消滅に関する
行為であって，債権者の受けた給付の価額が当該行為によって消滅した債務の
額より過大である場合において，破産者が破産債権者を害することを知ってし
た当該行為，または，破産者が右危機時期以後においてなした当該行為である
（破160条2項）。ただし，②の類型にあっては，破産手続開始申立ての日から
1年以上前にした行為は，支払いの停止があった後になされたものであること，
または支払いの停止の事実を知っていたことを理由として否認することはでき
ない（破166条・162条3項かっこ書）。③に該当するのは，典型的には債権額
に比して過大な価値を有する物によってなす代物弁済（民482条）であるが，
旧法下では消滅する債務の額と代物弁済の目的物の価額が均衡を保っている場
合であっても事案によっては否認の対象になると解されていた（最判昭48・
11・30民集27巻10号1491頁）。それに対して，現行法では，否認の範囲は，
右の均衡がとれていない部分に限定された（破160条2項）。すなわち，代物弁
済も一種の本旨弁済ではあるが，それが過大な部分に限っては破産財団の減少
をきたしており，その部分については詐害行為となるから，その部分に限って
詐害行為否認の対象とされたものである。

　詐害行為否認の類型には，破産債権者を害することを知ってした詐害行為
（破160条1項1号本文）のほか，危機時期における詐害行為（同2号本文）が
ある。前者は，行為の時期を問わず，破産者が破産債権者を害することを知っ
てした行為が否認の対象となるから，破産者の詐害の意思が存在しなければな
らない。詐害の意思の内容については，債権者に対する加害の認識で足りると
する認識説（通説）と，加害の意図を必要とする意思説とが対立していたが，
最高裁（最判昭35・4・26民集14巻6号1046頁）は，通説に同調し，一般論と
して認識説をとることを明らかにした。

　狭義の詐害行為の否認（破160条1項1号本文）では，その要件として詐害
意思が必要とされている。この点から破産者のなした行為が否認の対象になる。
しかし，現行法では執行行為の否認（破165条）のように，明確に破産者の行
為があるとはいえないものまでも否認の対象とされている。判例（最判昭37・
12・6民集16巻12号2313頁〔百選40事件〕）は，執行行為の故意否認（旧破75
条・72条1号）につき，破産者による害意ある加功の事実が存在するか，破産

92

◇4◇ 否認権

者が自ら弁済したとすれば悪意によったであろう状況が存在することを要求し，これらの場合に詐害行為否認が成立する可能性を有している。

それに対して，危機時期後の詐害行為の否認（破160条1項2号）では，支払停止等の発生後になされたものについては，詐害行為意思は否認の要件とはされていない。なぜならば，支払停止等の発生によって債務者の財産状況の悪化が決定的な段階になった以上，財産を維持すべき債務者の責任も，その主観的認識を離れて，客観的なものとなるからである。よって，この場合には，必ずしも破産者の行為が存在する必要はないであろう。

狭義の詐害行為否認では，取引の安全との均衡から，破産者のなした行為の当時，受益者が善意であったか，あるいは悪意であったかによって，否認の成否が異なる。すなわち，破産者が破産債権者を害することを知ってなした行為については，その行為の当時，受益者が破産債権者を害する事実を知らなかったときは，破産管財人は当該行為を否認することはできない（破160条1項1号但書）。よって，破産管財人による否認訴訟などにおいて，受益者は破産債権者を害する事実を知らなかったことにつき主張立証責任を負う（最判昭37・12・6民集16巻12号2313頁〔百選40事件〕，最判昭47・6・15民集26巻5号1036頁〔百選35事件〕）。知らなかったことについて，受益者の過失の有無は問わない（最判昭47・6・15民集26巻5号1036頁〔百選35事件〕）。

危機時期後における詐害行為の否認（破160条1項2号本文）においては，受益者の利益を不当に害することは許されないので，受益者が，支払停止または破産手続開始の申立てがあったこと，および，破産債権者を害する事実を知らなかったときは，破産管財人はかかる行為を否認することができないものとされている（同但書）。

2　無償行為否認（破160条3項）

無償行為否認は，債務者の財産を絶対的に減少させる行為であり，詐害行為否認の一類型である。それにもかかわらず，無償行為否認が，通常の詐害行為否認より要件が緩和されている理由として，①無償行為とは，無償贈与やこれと同視すべき有償行為によって破産者の責任財産を減少させる行為であるから，極めて有害性が強いこと，②受益者の側でも無償で利益を得ているのであり，緩やかな要件で否認を認めても公平を害することはない，という点があげられる（ただし，無償で保証契約を締結したような場合には，これらの理由は必ずしも当てはまらない）。したがって，破産者や受益者の意思等の主観的要件を一切必

93

◆ 第2編 破産手続／◆ 第6章 ◆　破産財団の管理

要とせず，行為の時期と無償性だけを要件としている。しかも，無償行為等は，支払停止があった後だけでなく，その前6ヶ月以内にした無償行為も否認の対象とされている。

否認の対象となる行為は，無償行為およびこれと同視すべき有償行為である。無償行為とは，破産者による無償贈与が典型であり，債務免除〔民519条〕，時効消滅した債務の承認，使用貸借，請求の放棄・認諾，裁判上の自白等もこれに含まれる。また，これと同視すべき有償行為とは，極端な廉価で物を売却するような場合等である。

無償行為否認の対象となるのは，支払停止または破産手続開始の申立てがあった後，または，その前6月以内になされた行為である。否認対象の実質が行為の無償性にあるから，危機時期後における詐害行為の否認（破160条1項2号）よりも，行為のあった時期が拡張されている。さらに，この類型にあっては，破産手続開始の申立ての日から1年以上たった場合であっても否認することができる（破166条かっこ書）。

無償行為否認では，受益者の善意・悪意を問わず否認の対象となる。一般的にいえば，これらの行為は著しく有害性が高い上に，受益者は何ら出捐をしていないので，取引の安全を図る必要性は低く，広く否認を認めても弊害があまりないと考えられるからである。

無償行為否認は，破産者が何らの対価を得ることなく財産を減少させる点に有害性が認められる否認類型である。よって，当該行為の対価の有無は，破産者を基準として判断されるべきである（最判昭62・7・3民集41巻5号1068頁〔百選5版34事件〕参照）。

3　相当の対価を得てした財産処分行為の否認（破161条）

旧法下では，相当の対価を得てした財産の処分行為の否認可能性については見解が対立しており，通説・判例は，動産については，適正価格で売却すれば当該財産は責任財産から失われる代わり，その対価が得られるから，破産者の行為は詐害性を欠くとして，否認の可能性を否定していた（大判昭7・12・23法学2巻845頁）。それに対して，不動産については，不動産が売却され金銭に変わると破産者による費消や隠匿が容易になるとして，否認を肯定していた（大判昭9・4・26新聞3702号9頁）。以上に対して現行法は，動産と不動産とを区別することなく，一定の要件を満たす場合には，一律に否認が可能であるとしている（破161条1項）。この否認類型は，相当の対価をもってなされた行

為を否認の対象とするものであるが，以下の要件を全て満たす場合には，その
対価が破産財団に入ってこない点で，破産財団の減少をきたすから詐害行為否
認の一種に位置づけられる。

　この否認類型が成立するためには，次の①～③のいずれの要件もすべて満た
さなければならない。すなわち，①破産者が相当の対価を得てなした財産の処
分行為であって，当該行為が，不動産の金銭への換価その他の当該処分による
財産の種類の変更により，破産者において隠匿，無償の供与その他の破産債権
者を害する処分をするおそれを現に生じさせるものであること（破161条1項
1号），②破産者が，当該行為の当時，対価として取得した金銭その他の財産
について，隠匿などの処分をする意思を有していたこと（同2号），③相手方
が，当該行為の当時，破産者が隠匿などの処分をする意思を有していたことを
知っていたこと（同3号）である。すなわち，相当の対価をもってなされた財
産処分行為である以上，破産者の財産を減少させることはないから，本来は否
認の対象とはならない。しかし，これらの要件が全て満たされる場合には，対
価が破産財団に適正に移転しない可能性が高く，破産財団の減少をもたらす点
で，詐害行為否認（破160条1項）の特殊型と考えられる。よって，破産者に
よる財産処分行為などがあった時期は問わない。

　この否認類型は，本来相当な対価をもってなされた財産処分行為である以上，
否認の対象とならないものを，とくに，破産者の主観的要素と，相手方の悪意
を前置として認められたものといえる。よって，否認を主張する破産管財人が，
①隠匿，無償の供与その他の破産債権者を害する処分をするおそれを現に生じ
させること，②破産者が隠匿などの処分をする意思を有していたこと，および
③相手方が，当該行為の当時，破産者が隠匿などの処分を有する意思を有して
いたことを知っていたこと，の全てにつき主張立証責任を負う。このうち③の
点につき，破産法は，破産者による財産処分行為の相手方が，内部者など破産
者と特別の関係にある場合には，行為の当時その相手方が破産者が隠匿などの
処分をする意思を有していたものと推定することとしている（破161条2項）。
これによって，内部者などに対する否認訴訟における証明責任の転換によって，
破産管財人の否認権行使が容易になっている。

4　偏頗行為否認

① 偏頗行為否認の類型

旧法の下では，否認類型は，故意否認と危機否認の2つとされていたが，そ

◆ 第2編 破産手続／◆ 第6章 ◆　破産財団の管理

の区別基準は必ずしも明瞭ではなかった。そこで，現行法は，否認類型を詐害行為否認と偏頗行為否認とに整理し，かつその基準も明確に区別して規定した。そして，特定の債権者に対する偏頗行為は詐害行為否認の対象とはならないことも明確にされた（破162条・160条1項かっこ書）。

　偏頗行為否認の対象になるのは，ⓐ本旨にしたがった偏頗行為と，ⓑ本旨にしたがわない偏頗行為である。すなわち，破産法162条1項1号本文は，破産者が支払不能になった後または破産手続開始の申立てがあった後にした，既存の債務についてなされた担保の供与または債務の消滅に関する行為をその対象としているが，同法162条1項2号との関係で，本来の義務について履行する行為（本旨弁済行為）を否認の対象にしていると考えられる（本旨弁済行為の否認）。ここでいう担保の供与とは，既存の債務について担保権を設定する行為をいい，債務の消滅に関する行為とは，弁済その他の方法により特定の債務を消滅させる行為である。

　それに対し，債務者の義務に属せず，または，その時期が破産者の義務に属しない既存の債務についてされた担保の供与または債務の消滅に関する行為（非本旨弁済行為）については，支払不能になる前30日以内になされたものも否認の対象となる（破162条1項2号本文）。ここにいう破産者の義務に属しない担保の供与または債務消滅に関する行為とは，約定されていない担保目的物による代物弁済行為（最判平9・12・18民集51巻10号4210頁〔百選5版32事件〕）や，期限の利益を放棄した弁済行為をいう（非本旨弁済行為の否認）。

➡ 第三者から新たに借り入れた資金による弁済行為が偏頗行為否認の対象となるか，という問題があり，この点については，判例・学説上争いがあった（否認否定説：大判昭8・4・26民集12巻753頁。否認肯定説：大判昭10・9・3民集14巻1412頁，大判昭15・5・15新聞4580号12頁，大阪高判昭61・2・20判時1202号55頁〔新百選35事件〕等）。ただ，近時，最高裁は，否認否定説に与した（最判平5・1・25民集47巻1号344頁〔百選5版29事件〕）。

② 否認の要件

a．破産者の行為の有無

旧法下では危機否認にあっても故意否認と同様に破産者の行為を要するかという点については議論があったが，判例の立場は必ずしも首尾一貫していない（最判昭57・3・30判時1038号286頁〔百選5版38事件〕，大判昭10・3・8民集14巻270頁，最判平2・7・19民集44巻5号853頁〔百選5版28②事件〕，最判

96

◇4◇　否認権

昭 40・3・9 民集 19 巻 2 号 352 頁，最判平 8・10・17 民集 50 巻 9 号 2454 頁〔百選 5 版 39 事件〕等参照)。ただ，現行法下で解釈論として，破産者の害意を要件とする場合には（破 160 条 1 項 1 号・161 条 1 項 2 号)，それを認定するための資料としても，破産者自身の行為もしくは破産者の加工行為またはそれと同視される第三者の行為が必要であるが，詐害行為否認でも，破産者の主観的要件が不要とされる場合（破 160 条 1 項 2 号）および偏頗行為否認などでは（破 162 条 1 項)，破産者の行為は不要であると解する見解が有力である。

　ｂ．偏頗行為の基準となる時期
　旧法は弁済行為の否認につき，「支払停止若ハ破産ノ申立テ」があった後の行為を対象にしていた。しかし，支払停止には，それ以前に経済的に破綻した状況（実質的な支払不能状態）が伏在しているはずであり，偏頗行為の否認を考える上では支払停止を唯一の基準時とする必然性はない。また，旧法下では，支払停止の直前になされた債権者を害する弁済行為を否認の対象とすることができなかったため，多数説は，このような時期になされた弁済行為には期間制限のない故意否認の適用があると解していた。このような事情を考慮し，現行法は，偏頗行為の否認の基準時として支払不能を採用すると共に（破 162 条 1 項 1 号本文・2 号本文)，否認権の積極的な行使を保障するために，否認との関係においても，支払停止があった後は支払不能であったものと推定している（破 162 条 3 項)。なお，この否認類型では，破産手続開始の申立ての日から 1 年以上前にした行為は，支払いの停止があった後になされたものであることまたは支払いの停止の事実を知っていたことを理由として否認することはできない（破 166 条・162 条 3 項かっこ書)。これは，支払不能と異なって，支払停止は，破産者の継続的経済状態ではなく一回的な行為であり，破産手続開始からみて合理的期間を超えて否認の可能性を遡らせることを認めるのは，取引の安全を害することが考慮されたためである。

　ｃ．相手方の善意・悪意
　本旨にしたがった偏頗行為のうち，当該行為が支払不能になった後になされたものである場合には，その行為の当時，債権者が，支払不能または支払停止があったという事実を知っていた場合に否認が認められる（破 162 条 1 項 1 号但書イ)。また，当該行為が破産手続開始の申立てがあった後にされたものである場合には，その行為の当時，破産手続開始の申立てがあったという事実を債権者が知っていた場合に否認が認められる（破 162 条 1 項 1 号但書ロ)。債権

◆ 第2編 破産手続／◆ 第6章◆　破産財団の管理

者の悪意についての主張立証責任は，破産管財人が負う。

　これに対して，本旨にしたがわない偏頗行為の否認では，債権者が，その行
為の当時，他の破産債権者を害する事実を知らなかった時は，債権者は否認を
免れる（破162条1項2号但書）。よってこの場合には，破産債権者を害する事
実を知らなかったことの主張立証責任は，債権者が負う。なお，債権者が，破
産者と特別の関係にある場合には，一般的に，行為の当時，それらの者が上に
述べたような事実を知っていた蓋然性が高いと考えられるため，悪意が推定さ
れている（破162条2項）。

5　同時交換的行為と否認

① 同時交換的行為の意義

　同時交換的行為とは，たとえば，破産者が第三者から新たに資金を借り入れ
ると同時に，その担保のために担保権を設定する行為等がこれに当たる。この
ような同時交換的行為について否認を認めるべきか否かについては，旧法下で
は争いがあったが，現行法では，否認の対象にはならない旨が明文で規定され
ている（破162条1項柱書かっこ書）。

　同時交換的行為と評価されるためには，担保権の設定が融資にかかる契約と
同時か，それに先行する場合であることを要する（破162条1項柱書のかっこ
書）。すなわち，論理的には借入れが先行していれば，借入金は総債権者の引
き当てになるものであり，その後の担保設定は既存債務に対するものとして偏
頗行為否認の対象になるからである。ただ，それは，社会常識に照らして判断
すればよく，あまりに厳格に解すべきではない。

　　➡　売買契約が締結された後，一定期間経過後に，目的物の引渡と代金全額の支払
　　　いが同時に行われた場合，代金の支払いは，既に締結されていた売買契約に基づく
　　　売買代金債権について行われたものであり，厳密に言えば，「既存の債務について
　　　なされた」債務の消滅行為に該当すると解されるが，この売主は，一般債権者とし
　　　ての地位に立ったとはいえず，同時交換的行為とみるべきであろう。

② 同時交換的行為の否認可能性

　同時交換的行為は，偏頗行為否認（破162条等）の対象にはならないが，破
産法上，まったく否認の対象にならないものではない。たとえば，新規融資の
実行時に，債務者が融資された金銭を隠匿したり，関係者に贈与したりする意
思を有しながら，それと引き換えに自己の不動産等に抵当権を設定した場合に，
融資者が融資の時点でそのような資金使途を知っていたような場合である。こ

のような場合，たしかに同時交換的行為であるといえるが，破産法161条を類推して，当該行為を否認することは可能であろう。

(4) 否認の要件に関する特則 ● ● ●

1 手形支払行為の否認

たとえば，破産者Ａ（約束手形の振出人または為替手形の支払人）がＢに手形を振り出し，ＢがＣに裏書譲渡した手形をＣが所持していたところ，満期後にＡが破産手続開始の申立てをしたような場合に問題が生じる。Ｃが，後に否認されることをおそれて，Ａに対する手形の支払呈示をして支払拒絶証書の作成を受けなければ，Ｂに対する遡求権を失うことになるし（手53条1項2号・77条1項4号），逆に，提示をして支払いを受けたとしても，後にそれが否認されてしまえば，もはや支払拒絶証書の作成は不可能であり（手44条3項・77条1項4号），やはり遡求権行使の機会は失われる。このように，Ｃとしては，一方で遡求権保全のためには支払いを求めざるを得ず，他方で，支払いを受けても否認されると遡求権を失うという二重の悩みがある。これを解消するために，破産法163条1項は，このような場合には否認権を行使できないものとしたのである。

　➡ これに関連して，ＢがＡに融通手形を振り出し，ＡがＣ銀行から手形割引の方法で融資を受けた後，Ａの支払停止を知ったＣ銀行がＡに手形の買戻しを請求し，Ａは買戻金を支払って手形を受け戻した後，その手形をＢに返還した。その後，Ａが破産し，その破産管財人が，買戻行為を否認することができるか，ということが問題となった。これにつき通説・判例（最判昭37・11・20民集16巻11号2293頁〔百選5版35事件〕）は，たしかにこの場合，否認権が行使されるとＣ銀行の権利行使が不可能になるという事情はあるが，買戻しを要求しないと後の権利行使が不可能になるという事情はなく，破産法163条の前提を欠くとして，否認は肯定されるとしている。

手形の支払いを否認することができない場合に，最終の償還義務者または手形の振出しを委託した者が，振出しの当時支払いの停止または破産申立ての事実を知り，または過失によってこれを知らなかった場合には，破産管財人は，それらの者に，破産者が支払った金額を破産財団に償還させることができる（破163条2項）。

◆ 第2編 破産手続／◆ 第6章 ◆ 破産財団の管理

2 対抗要件具備行為の否認

① 否認対象としての対抗要件具備行為

　破産法は，対抗要件具備行為も否認の対象になるとしているが（破164条1項本文・2項），この規定の趣旨については，創設説と制限説（通説・判例の立場）との対立がある。すなわち，創設説によれば，原因行為が否認できず，これが有効になされた以上は，これに伴う登記は債務者の当然の義務に属し，この義務の履行によって債務者の財産を減少させるものではないから，この登記義務の履行は本来破産法160条1項によっては否認することができないものであるが，とくに原因行為から遅れてした登記について同法164条の否認の規定を設けた（創設した）ものである，とする。それに対して，制限説によると，登記などの対抗要件具備行為は，第三者に対する関係では実質的に財産処分行為であるから，本来，一般の否認規定である破産法160条1項の規定の適用があるはずであるが，新たに権利変動を生じさせる行為ではなく，既に生じた権利変動を完成させる行為にすぎないので，原因行為に否認の理由がない限り，できるだけ対抗要件を具備させようとする趣旨から，その否認の要件を厳しくし，破産法160条1項による否認を制限したものであると解する。

> ➡ 支払停止前または破産手続開始申立前の対抗要件具備行為も，破産法160条1項の詐害行為否認の対象たりうるかという問題があるが，これに関しては，最判昭45・8・20民集24巻9号1339頁〔百選5版36事件〕を参照のこと。

② 否認の要件

　対抗要件具備行為が否認の対象となるには，原因行為から対抗要件具備行為との間に15日以上の期間がなければならない。それに加えて，対抗要件具備行為は，支払停止または破産手続開始の申立ての後になされたものでなければならない。特別に否認が認められるのは，それが危機時期以降における行為だからである。また，否認するためには，破産者の相手方が，支払停止または破産申立ての事実を知っていたことを要する。ただし，仮登記（または仮登録）に基づいて本登記（または本登録）がなされた場合には，否認することはできない（破164条1項但書）。なお，仮登記または仮登録自体に否認原因があれば，仮登記または仮登録を否認することができることはいうまでもない。

3 執行行為の否認

　詐害行為や偏頗行為は，債務名義をもつ債権者を受益者として行われる場合や執行機関による執行行為を通じてなされる場合であっても，破産債権者の利

◇4◇ 否 認 権

益を害し，または破産債権者間の平等を害することには変わりはない。そこで，破産法は，執行力ある債務名義があるときや執行行為に基づくときであっても否認権の行使は妨げられないことを明らかにしている（破165条）。

この場合に否認の対象となるのは，①否認しようとする行為について執行力ある債務名義があるとき（破165条前段）と，②否認しようとする行為が執行行為に基づくものであるとき（破165条後段）である。

4 転得者に対する否認

否認の対象となる行為は，本来は破産者と受益者との間のものである。しかし，受益者へ移転された財産がさらに第三者へと移転された場合には，否認の効力は相対的無効とされているから，その第三者には否認の効力を主張できないことになる。しかしそれでは否認制度の実効性が制限されることになる。そこで法は，否認権の効力を転得者に対しても主張できるものとした（破170条）。

転得者に対する否認が認められるのは，①転得者が転得の当時それぞれの前者に対する否認原因のあることを知っている場合（破170条1項1号），②転得者が破産者の親族など破産法161条2項各号に掲げるいずれかである場合（破170条1項2号本文）。ただし，転得の当時，それぞれの前者に対する否認の原因のあることを知らなかった場合はこの限りではない（同但書）。③転得者が無償行為またはこれと同視すべき有償行為によって転得した場合であって，それぞれの前者に対して否認の原因がある場合（破170条1項3号）である。

転得者に対する否認とは，受益者と転得者の間の行為を否認するものではなく，破産者と受益者の間の行為について，受益者に対して主張できる否認の効果を，転得者に対しても主張することができるとする制度である。よって，転得者に対して否認権を行使するには，受益者に対する否認がその前提になる必要はなく，破産管財人は受益者に対する否認と転得者に対する否認とを選択的に行使することができる。

(5) 否認権の行使 ● ● ●

否認権は，破産管財人が，受益者または転得者を相手取って，訴え，否認の請求または抗弁によって行使する（破173条・170条）。判例・学説は，裁判外の否認権行使は認めない。

否認権行使の効果についての法的性質については，請求権説と形成権説とが

101

◆第2編 破産手続／◆第6章◆ 破産財団の管理

対立しているが，破産法167条1項が「否認権の行使は，破産財団を原状に復
させる。」として，否認の効果を否認権行使にかからしめていることから，形
成権説が通説である。また，形成権説のうち，否認の意思表示により当然に財
産権が破産財団に復帰すると解する物権説が通説である。さらに，否認権の行
使により目的財産が当然に財団に復帰するとしても，その効果が相手方との関
係でのみ生じるのか（相対無効説），それとも第三者との関係でも生じるのか
（絶対無効説）という対立がある。通説は，①受益者に対する否認とは別に転得
者に対する否認（170条）が規定されており，これは否認の効果が否認の相手
方との関係でのみ生じることを示していること，②民法上の債権者取消権も，
その効果は，相対的無効と解するのが通説・判例であること，③相対的無効だ
けで否認制度の目的は達せられること等を理由として，否認の効果は相対的無
効であると解している。

　否認権は，破産管財人が，訴え，否認の請求または抗弁の方法によって行使
する（破173条1項）。否認権を訴えによって行使する場合（これを否認訴訟と
いう），管財人が原告となり，受益者や転得者を被告として訴えを提起する。
この訴えの性質については，近時の通説・判例は，金銭の支払いまたは物の返
還など，否認の結果として生じる権利関係についての給付または確認を求める
訴訟であると解している（給付・確認訴訟説）。したがって，請求の趣旨（民訴
133条2項2号）では，破産者が譲渡した財産の返還を求めたり，権利を確認
する旨などを明らかにし，請求の原因において，それらが否認権の行使を理由
としていることを明示する。否認の訴えを提起するには，管財人は，裁判所の
許可を得なければならない（破78条2項10号）。否認訴訟は破産裁判所が管轄
するとされているが（破173条2項），ここでいう破産裁判所とは，破産手続開
始決定をなし，破産手続に関わっている裁判体そのものではなく，破産事件が
係属している官署としての地方裁判所を指す（破2条3項）。

　訴訟による否認権の行使は長期間を要することが多く，そのことが破産管財
人の否認権行使をためらわせたり，また受益者など相手方に不当な負担を生じ
させるおそれがある。そこで，現行法では，簡易な方法として否認の請求とい
う制度が新設された（破174条以下）。否認の請求とは，破産管財人の申立てに
より，破産裁判所が決定手続で，否認の要件について疎明に基づいて，否認権
の行使ないしその効果を確定する手続をいう。ただ，否認の相手方たる受益者
および転得者を保護するために，決定手続における審理の特則として，必要的

審尋が要求されている（破174条3項）。また，否認の請求に対する裁判は，実体的権利義務に関わる判断であるから，理由を付した決定で行われ（破174条2項），その裁判書は当事者に送達しなければならない（破174条4項前段）。これらは判決手続に準じるものである（民訴87条1項・253条・255条1項参照）。

否認の請求を認容する決定に不服がある者は，その送達を受けた日から1月の不変期間内に，異議の訴えを提起することができる（破175条1項）。これに対し，否認の請求を棄却または却下する決定は実体的権利関係に変動を生じるものではないから，この決定に対して破産管財人の側から異議の訴えを提起することは認められていないし，抗告も許されない。この場合の管轄は，否認の訴えの場合と同様に，破産裁判所の専属管轄に属する（破175条2項）。

否認権の行使は，それ以外にも，たとえば，不動産の買主が，破産者たる売主の破産管財人を被告として目的不動産の引渡しを求める訴えを提起した場合，管財人が，抗弁として売買契約の否認を主張することによってもすることができる。あるいは，売主が，代金債権を破産手続において破産債権として届け出たのに対し，管財人が，認否においてそれを認めなかったため，売主が破産債権査定申立て（破125条1項）をしたときには，管財人は，破産債権の発生原因である売買契約について抗弁として否認権を行使することもできる。さらに，破産債権者が，破産債権査定申立てについての決定に対する異議の訴え（破126条1項）を提起した場合にも，管財人は抗弁によって否認権を行使することも可能である。なお，通説・判例は，破産法173条の文言，および否認要件の存在が判決によって確定されないことを理由として，訴訟外での否認権行使は認められないとする。

否認権は，破産手続開始の日から2年を経過したとき（破176条前段），または，否認しようとする行為の日から20年を経過したときは，否認権を行使することができない（同後段）。これらの期間はいずれも除斥期間である。

(6) 否認権行使の効果 ●　●　●

1　効果の諸態様

否認権が行使されると，破産財団は原状に復する（破167条1項）。たとえば，偏頗行為である弁済行為の否認などの場合には，相手方は，財団に対して破産者から受領したのと同額の金銭の返還義務を負う。それに加え，相手方は受領した日から起算した遅延利息を支払わなければならない（最判昭41・4・14民

◆ 第 2 編 破産手続／◆ 第 6 章 ◆ 破産財団の管理

集 20 巻 4 号 611 頁〔百選 5 版 31 事件〕）。所有権，債権その他の権利の移転が否認されると，その物または権利が相手方のもとに現存するときは，その権利は当然に破産財団に復帰する。ただし，管財人が物または権利を管理処分するためには，それらの引渡を受けること，あるいは破産財団への復帰について対抗要件を備えることが必要になる（破 260 条 1 項・262 条参照）。

受益者などに対する否認の要件が整っていても，目的物が滅失していたり既に第三者に譲渡されていたりした場合には，目的物自体を破産財団に回復することが困難であるから，管財人は，目的物に代えて，その価額の償還を請求することができる（破 169 条参照）。この権利を価額償還請求権という。特に目的物の価額に変動があるような場合，償還の対象となる価額の算定基準時をいつにするかについては，さまざまな見解が対立しているが，否認権行使時説が有力である（最判昭 61・4・3 判時 1198 号 110 頁〔百選 5 版 42 事件〕参照）。

以上の原則に対して，例外としての破産法 167 条 2 項がある。すなわち，無償行為の否認は受益者の善意・悪意を問わず認められるが（破 160 条 3 項），受益者が行為の当時善意であったときは，原状回復義務を負わせると酷な結果になるので，行為の当時，詐害の事実および支払停止等について善意であった者は，現に受けた利益のみを償還すれば足りるものとされている。無償行為による転得者に対して否認権が行使された場合も同様である（破 170 条 2 項）。

2 相手方の地位

双務契約など反対給付の存する行為が否認された場合，相手方のした反対給付が特定的な形で財団中に現存するときは，相手方はその返還を請求することができる（破 168 条 1 項 1 号）。反対給付が特定的な形で現存しないときでも，反対給付によって生じた利益が財団中に現存するときは，相手方はこの利益の限度で財団債権として権利行使をすることができる（同 2 号）。

否認権の行使は，破産財団を原状に回復することを目的とするものであり，破産財団が不当に利得することまで認めるものではない。よって，弁済その他債務消滅に関する行為が否認された場合に，相手方がその受けた給付を返還し，またはその価額を償還しなければならないが，これらの返還・償還がなされたときには相手方の債権は復活する（破 169 条）。また，相手方が一部の給付を返還したときには，その割合に応じて債権も復活する。このように法は，相手方が否認の結果生じた義務を履行してはじめてその権利が復活するものとして，当該義務の履行を確実にしようとしている。

◇4◇ 否 認 権

　弁済行為が否認された結果として債権が復活する場合，それに伴い，その債権担保のために付されていた担保権や保証も復活するか，という問題がある。これについては，復活すると解するのが通説・判例である（大判昭11・7・31民集15巻1547頁，最判昭48・11・22民集27巻10号1435頁〔百選5版41事件〕）。それに対して，弁済によって抵当権の登記が抹消された後にその弁済行為が否認された場合，否認される前に抵当権の目的物が第三者に譲渡され，またこの目的物の上に担保権が設定され登記も経ていたような場合にも，抵当権者は抹消された抵当権をもって第三者に対抗することができるかという問題が生じる。これについては見解が対立しているが，第三者が否認原因について悪意の場合には，債権者は担保権の復活を対抗することができるが，善意（かつ無過失）の場合には対抗できないとする折衷説が妥当であろう。

(7) 相続財産に対する否認　● ● ●

　相続財産破産（破222条以下）における破産者は，権利能力なき財団たる相続財産であり，その破産管財人は，訴え，否認の請求または抗弁によって否認権を行使する（破173条1項）。しかし，否認の対象行為に関しては，相続財産の場合には，自然人または法人と異なって，破産者自身が破産財団所属財産について詐害行為や偏頗行為を行うことは考えられず，被相続人など相続財産について相続開始前後の管理処分権を行使する者の行為を否認の対象とする以外にない。よって，法は，被相続人，相続人，相続財産管理人，および遺言執行者が相続財産に関してなした行為について否認の成立を認め，また，否認の相手方の地位についても，これらの者の行為を破産者の行為と同視している（破234条）。なお，相続財産に対する受遺者の権利は，一般的に相続債権者に後れる（民931条・947条3項・950条，破231条2項）。よって，相続財産の破産においては，受遺者に対する弁済その他債務の消滅に関する行為は，それが破産債権者を害するときは，否認の対象となる（破235条1項）。これらの場合の否認は，否認の一般原則とは異なり，支払不能などの事実に関する受益者の悪意などの主観的要件を問題とせず，破産債権者に対する責任財産の減少という，客観的要件のみに軽減して否認を認めている。よって，相続財産破産の場合の管財人が，破産法235条1項による否認ではなく，一般原則による否認の方法（破162条）を選択することを排斥するものではない。

◆ 第2編 破産手続／◆第6章◆ 破産財団の管理

● ● ● 5 法人の役員の責任追及等 ● ● ●

(1) 法人の役員の責任追及の制度としての査定手続 ● ● ●

　法人が破産手続開始決定を受けた場合，何とか破産を先延ばしするために粉飾決算を行ったり，横領・背任行為をしたなどといった，法人の役員の違法行為が明るみに出ることが少なくない。このような場合，実体法上，法人には，違法な行為をした役員に対して損害賠償請求権が発生し（会社423条・120条4項，民法647条等），これは，破産財団所属の財産となる。そこで，破産管財人としては，破産財団に所属する役員に対する法人の損害賠償請求権を行使することにより，破産財団を増殖させることが求められる。しかし，これを一般の民事訴訟で行うとすると，時間と費用を要するだけでなく，その訴訟が管財人の負担となる可能性がある。そこで，法は，法人の役員に対し，決定手続によって簡易・迅速にその損害賠償責任を追及するための手続として，役員の責任の査定の手続を設けた（破178条以下）。ただ，事柄の性質上，この紛争は，実体権である損害賠償請求権の存否・内容に関わるものであるから，最終的には判決手続による判断を求める機会を保障するために，査定決定に対する異議の訴え（破180条）が認められている。このような2段構えの手続構造からみれば，損害賠償を基礎づける事実については，査定手続においては迅速性の観点から疎明で足りるが，それに対して査定異議の訴えが提起された場合には証明を必要とすると解すべきであろう。

　なお，役員の責任が認められたときに，すでにその財産が存在しないというようなことがないように，法は，当該役員の財産に対する保全処分を認めている（破177条）。

　査定手続は決定手続ではあるが，損害賠償請求を受ける役員に対する手続保障のために，判決に準じた取扱いがなされている。すなわち，査定に関する裁判をする際には，裁判所は役員を審尋しなければならないし（破179条2項。民訴87条1項参照），役員の責任査定決定またはその申立てを棄却する決定には，理由を付さなければならない（破179条1項。民訴253条1項3号，民訴規67条1項7号参照）。さらに，裁判所は，その決定書を当該役員や破産管財人に送達しなければならず（破179条3項前段。民訴255条参照），送達代用公告をもって代えることはできない（破179条3項後段）。

106

◇6◇ 取 戻 権

役員の責任査定決定がなされた場合，当事者がその決定書の送達を受けた日から1月の不変期間内に異議の訴えを提起しなかったとき，または，訴えを提起したが出訴期間の徒過等により却下されたときは，役員の責任査定決定は確定し，給付を命ずる確定判決と同一の効力を有する（破181条）。

(2) 役員の責任査定決定に対する異議の訴え ●●●●

役員の責任査定の制度は，決定手続により，法人の当該役員に対する実体法上の損害賠償請求権を確定するものであるから（破181条），その当否については，必要的口頭弁論に基づく判決手続による判断を受ける機会を保障しなければならない。そこで，役員責任査定決定に不服がある者は，その送達を受けた日から1月の不変期間内に異議の訴えを提起することができるとされている（破180条1項）。役員責任査定決定よって損害賠償が命じられた場合，役員は，破産管財人を被告として役員の責任査定決定に対する異議の訴えを提起することができる。また，役員の責任査定の申立てが一部しか認容されなかった場合には，責任査定の申立人たる破産管財人も役員を被告としてこの異議の訴えを提起することができる。査定申立てを全面的に棄却する決定に対しては異議の訴えを提起することはできない。

この異議の訴えは通常の民事訴訟であるから，必要的口頭弁論に基づいて，損害賠償請求権の有無について審判がなされる。役員の責任査定決定に対する異議の訴えは査定決定の効力にかかる形成的宣言を求める形成の訴えとしての性質を有するものであるから，判決は，出訴期間の徒過などを理由とする訴え却下の場合を除いて，役員の責任査定決定を，①認可する，②変更する，③取り消す，のいずれかの宣言をする（破180条4項）。

●●● 6 取 戻 権 ●●●

(1) 取戻権の意義 ●●●

破産財団は，破産手続開始決定の時点において破産者に帰属すべき財産のみをもって構成されるべきものである（法定財団。破34条）。しかし，破産手続開始決定と同時に選任される破産管財人は，財産の散逸を防ぐために，就職後直ちに財団の占有・管理を開始する必要があるので（破79条），管財人が現に

◆ 第2編 破産手続／◆ 第6章 ◆ 破産財団の管理

占有管理している現有財団の中には，破産者に属しない（すなわち法定財団に属しない）財産が混入していることがある。このような場合，当該財産につき実体法上の権利を主張する者が，現有財団からこれを取り戻す権利を取戻権といい，これを一般の取戻権という（破62条）。その他，関係者間の公平を図る見地から，実体法上の権利関係とは別に取戻しが認められる，特別の取戻権と呼ばれるものがある。

なお，取戻権には，現有財団から目的物の返還を請求できるという積極的機能（取戻権の積極的機能）と，第三者の支配下にある財産について破産管財人がその引渡しなどを求めたときに，第三者がその目的物についての支配権を主張してその請求を排斥する消極的機能（取戻権の消極的機能）とがある。

(2) 一般の取戻権 ● ● ○

1 取戻権の基礎

① 物 権

一般の取戻権は，実体法上の権利の効果からの当然の帰結であるから，どのような権利が取戻権を基礎づけるかということは，民法，商法等の実体法の一般原則によって定まる。

所有権は，取戻権の基礎となる権利の典型例であるが，破産財団ないし管財人において占有する正当根拠となる法律関係（質権，賃借権）があるときは，それらの権利が終了していなければ取戻しはできない。また，取戻権の基礎となる所有権は，破産財団ないし管財人に対して対抗できるものでなければならない。

その他の物権（用益物権や担保物権）が取戻権の基礎となるか否かは，それらの権利の性質による。すなわち，地上権や永小作権などの用益物権は，目的物の占有を権利の内容とするので，取戻権の基礎となる。また，占有権も実体法上占有訴権（民197条以下参照）が認められているから取戻権の基礎となる。留置権や，質権については，管財人が目的物の返還を求めてきたとき，これらの権利者は，取戻権を主張してその要求を拒むことはできる（取戻権の消極的機能）。また，目的物の占有を侵奪された場合，これらの権利者は占有訴権（民200条）に基づき当該目的物の返還を求めることもできる。しかし，取戻権の積極的機能に関していえば，留置権は占有が成立要件でありかつ有効要件となっている（民295条・302条）から，占有を喪失したときは留置権は消滅す

◇6◇ 取　戻　権

る（民302条）。したがって，留置権に基づく取戻権の行使として，目的物の
返還を求めることはできない。動産質権は，占有が成立要件であり（民344
条）かつ占有の継続が対抗要件である（民352条）。さらに，動産質権者が占有
を失った場合には，占有訴権しか主張することができないとされているから
（民353条），動産質権にも取戻権の積極的機能は認められないと解される。不
動産質権は，占有が成立要件であるが（民344条），登記を対抗要件としてお
り（民177条，不登3条6号），占有を奪われても，質権自体が消滅するわけで
はなく（民302条参照），さらに，民法353条の反対解釈からも，取戻権の積極
的機能を認めてもよい。以上に対し，抵当権や特別の先取特権のような占有を
伴わない担保物権については，占有の移転を求めるために取戻権を行使するこ
とはできない。その代わり，これらの権利には別除権（破2条9項・65条以下）
が与えられており，優先弁済権が保障されている。一般の先取特権は，民法上
は物権ではあるが，破産法上は優先的破産債権とされており（破98条1項），
取戻権は認められない。

　② 債　　権
　ある財産が破産財団に属することを前提として，その給付を求める債権的請
求権を主張する者は，破産法2条5項・103条等の規定により破産債権者とし
ての地位を与えられており，取戻権を行使することはできない。これに対し，
債権者が，目的物が破産財団に所属しないことを主張し，しかも債権の内容と
して物の引渡しを求めうる場合には，取戻権の基礎となる。たとえば，破産者
が転借していた物について，転貸人が転借人に対して転貸借の終了を理由とし
て取戻権を行使する場合や，破産手続開始決定前に債務者から第三者に対して
ある財産が詐害的に譲渡され，その後第三者が破産したとき，債権者が，詐害
行為取消権の行使として，破産管財人に対して目的物の返還を主張する場合等
が考えられる。

　③ 仮登記権利
　不動産登記法105条は，二つの仮登記を規定しているが，通説・判例は，1
号仮登記については，取戻権の行使として，本登記請求を認める（最判昭42・
8・25判時503号33頁〔百選5版A7事件〕）が，2号仮登記については否定す
る。

　④ 問屋の委託者の権利
　問屋が委託者のために物品を買い入れた後に破産手続開始決定を受けた場合

109

◆第2編 破産手続／◆第6章◆ 破産財団の管理

に，委託者に，当該目的物につき取戻権が認められるか否かについては問題がある。商法552条2項が問屋と委託者との関係について代理に関する規定を準用していることに着目すれば，目的物の所有権は委託者に帰属するようにみられる。しかし，他方で，．この規定は，あくまで問屋と委託者との内部関係を規律するに留まると解されているので，問屋の破産債権者に対しては，委託者は所有権を基礎とする取戻権を主張できないともいえる。近時の通説は，少なくとも委託者が買い入れ代金を既に問屋に支払っている場合には取戻権を認める（なお，最判昭43・7・11民集22巻7号1462頁〔百選5版49事件〕も参照）。

2 取戻権の行使

取戻権は，ある財産権につき管財人の支配の排除を求める権利であるから，破産管財人を相手方として行使する。行使の方法に関しては，破産手続による必要はなく（破62条），訴訟あるいは訴訟外の適切な方法によればよい。すなわち，①取戻権の対象になる財産が事実上管財人の支配下におかれている場合には，第三者は管財人に対して目的物の引渡しを求めることになる。管財人がそれを争えば，給付訴訟などを提起する。管財人は，これらの訴えに対しては，破産者の有するすべての防御方法を提出でき，抗弁として否認権を行使することもできる（破173条1項）。管財人が争わなければ，任意の履行を受ければよい。ただし，この場合，管財人は，価額が100万円を超える価額の物の取戻しを承認する場合には，裁判所の許可を得なければならない（破78条2項13号・3項1号）。②取戻権の対象になる財産が第三者の支配下にある場合には，管財人が法定財団に属すると主張して引渡・登記等を請求してくるときには，第三者は，抗弁として自己の取戻権を主張し，管財人の要求を排除する（取戻権の消極的機能）。

(3) 特別の取戻権 ● ● ●

1 売主の取戻権

隔地者間の売買において，売主が売買の目的物を発送した後，買主がまだ代金の全額を弁済せず，かつ，その目的物を到達地で現実に受け取っていない間に買主が破産手続開始決定を受けた場合，売主は，目的物を取り戻すことができる（破63条1項本文）。売主が目的物についての所有権などの支配権を持っているかどうかを問わないところに特別の取戻権の意義が認められる。ただ，この制度は，実際の機能は少ないと思われる。なぜならば，輸送のスピード

アップに伴い，条文が予定しているような状態が生じること自体まれであろう。また，このような場合，売主は，通常，動産売買の先取特権（民311条5号・321条）を有しており，目的物が買主に到着した後でも，管財人に対して別除権を行使することができるし（破2条9項），目的物の運送中は，売主が運送人に対する運送中止と目的物の返還を求めることもできる（商582条）からである。なお，この取戻権は，具体的には，運送人に対する運送品の返還等の指図（商582条）や，管財人に対する引渡請求の意思表示によって行使する。

この取戻権の法的性質については見解の対立があるが，売主に物品の占有権原を回復させ，破産法53条が規律する状態を作り出すことを目的とするという，占有権原回復説が有力である。

2 問屋の取戻権

物品買い入れの委託を受けた問屋が，買い入れた物品を隔地の委託者に発送した後，委託者がまだ代金の全額を弁済せず，かつ，到達地においてその物品を受け取らない間に，委託者が破産手続開始決定を受けたときは，問屋は，運送中の物品の売主に準じて，取戻権を有する（破63条3項・1項）。問屋と委託者の間の法律関係は委任と解されており（商552条2項参照），目的物の所有権は委託者にあることになるから，委託者の破産において問屋には一般の取戻権は認められない。しかし，この場合には，経済的には隔地者間売買と類似の関係が認められるので，売主の取戻権の規定を準用しているのである。

3 代償的取戻権

一般の取戻権であれ，特別の取戻権であれ，取戻権行使の目的は，管財人から目的物を取戻権者に返還させるところにある。しかし，目的物が第三者に譲渡され破産財団中に現存していなければ，返還は不可能である。しかしこのような場合であっても，その代位物が特定されている限りにおいては，取戻権者に権利を行使したのと同じ結果を保障するのが公平である。そこで，目的物に代わる反対給付，あるいはその請求権についての取戻権を認めるのが，代償的取戻権の制度である。

代償的取戻権は，それぞれの場合によって，その行使形態は異なる。すなわち，①譲受人がまだ反対給付を履行していない場合，反対給付請求権は，破産財団を構成する財産であり，取戻権の対象財産の代位物であることは明らかなので，取戻権者は管財人に対してその請求権を自己に移転せよと請求することができる（破64条1項前段）。管財人は，通常，指名債権譲渡の方法により，

◆第2編 破産手続／◆第6章◆ 破産財団の管理

移転の意思表示および対抗要件としての通知（民467条2項）をする必要があり，取戻権者はそのように要求することができる。それに対して，②管財人が反対給付を既に受領しており，しかも反対給付として得た財産の特定性が失われている場合（反対給付が金銭である場合等）は，その価額分は財団の不当利得になるから，取戻権者は財団債権としてその支払いを請求することができる（破148条1項5号）。反対給付として得た財産が特定性を保ったまま財団中に現存するときは，取戻権者は，その財産の給付を請求することができる（破64条2項）。また，③破産者が取戻対象財産を破産手続開始決定前に譲渡し，かつ，破産手続開始決定前に反対給付を受領してしまっていた場合には，受領した財産は一般財産の中に組み込まれ，破産手続開始決定時点で破産財団を構成することになるから，取戻権者は，不当利得返還請求権（または損害賠償請求権）を破産債権として行使するしかない。それに対し，④破産者が当該財産を破産手続開始決定前に譲渡し，破産手続開始決定後に（管財人ではなく）破産者が反対給付を受領した場合，弁済者が破産手続開始決定の事実について善意であったならば，弁済の効力は破産財団に対抗でき（破50条1項），また，この場合には，破産財団の不当利得もないから，取戻権者は，破産者に対する不法行為債権を破産債権として行使することになるであろう。弁済者が悪意であった場合には，弁済者は破産財団が利益を受けた限度でしか弁済の効力を主張することができない（破50条2項）。よって，取戻権者は，弁済者が弁済の効力を主張することができない部分については，代償的取戻権の行使として，管財人が有する弁済者に対する請求権の移転を主張することができ，弁済が有効な部分については，財団の不当利得として，不当利得返還請求権を財団債権として行使することになる。

　代償的取戻権を行使してもなお取戻権者に損害があり，かつ，譲渡が破産者または管財人の不法行為または債務不履行であるときは，破産者による譲渡の時は破産債権として，管財人による譲渡の時は財団債権として（破148条1項4号），損害賠償請求権を行使することができる。取戻対象物の譲渡が実体法上取戻権者に対する関係でも有効である場合（第三者が即時取得した場合等）は，代償的取戻権の行使で満足するしかない。取戻権者に対する関係で無効である場合は，取戻権者は譲り受けた第三者に対して実体権（所有権等）に基づく返還請求権を有するが，この場合でも代償的取戻権は成立するから，取戻権者は，両者を選択的に行使することができる。

◇7◇ 別除権

● ● ● 7 別 除 権 ● ● ●

(1) 別除権の意義 ● ● ●

　別除権とは，破産財団に属する特定の財産の上に抵当権，質権，特別の先取特権を有する者が，破産手続によらないで，当該財産から優先的に被担保債権の弁済を受ける権利である（破2条9項10項・65条1項）。つまり，別除権は，上記担保物権が実体法上もっている優先弁済権を，破産法がそのまま承認したものといえる。ただし，担保権のうち，民事留置権は破産財団との関係ではその効力を失う（破66条3項）。商法または会社法上の留置権（商事留置権）は特別の先取特権とみなされており（同条1項），別除権が認められるが（破2条9項），他の特別の先取得権には劣後する（破66条2項）。さらに，一般の先取特権・一般の優先権〔企業担保権・財団抵当権等〕は，別除権とは扱われず，優先的破産債権とされている（破98条1項）。

(2) 別除権者の権利行使 ● ● ●

1 別除権の行使

　別除権は破産手続によらないで行使する（破65条1項）。すなわち，担保権本来の権利実行の方法による。それは，民事執行法による担保権実行競売（民執181条以下）が原則であるが，その他，動産質なら質物をもってする鑑定価額での弁済充当（民354条），債権質なら直接取立て（民366条1項）などがある。また，非典型担保では，それぞれの約定で定められた（仮登記担保なら仮登記担保法で規定された）実行方法による。

　別除権の行使は，破産管財人が管理処分権を有する財産に対してなされるものであるから，相手方は破産管財人である。別除権を行使するためには，その担保権につき対抗要件を備えていなければならない。ただし，対抗要件を備えていても，担保権設定行為そのものや，対抗要件具備行為が否認されれば，別除権者としての地位は否定される。

　別除権者が積極的に別除権の行使をしないときは，管財人は民事執行法等にしたがって，別除権の目的物を換価することができる（破184条2項）。この場合，別除権者は換価金から優先弁済を受け，残額があれば，それは破産財団に帰属する。別除権者の受けるべき額が確定していなければ，管財人は換価金を

◆第2編 破産手続／◆第6章◆ 破産財団の管理

寄託し，別除権はその換価金の上に存続する（同4項）。別除権者が法定の方法によらないで目的物を処分する権利を有するとき（たとえば，流質契約〔商515条〕や非典型担保における任意処分権等）は，管財人は裁判所に，その処分をなすべき期間を定めてもらい，その期間内に別除権者が処分しないときにはじめて，管財人は前述の方法で換価することができる（破185条）。なおこの場合，管財人は任意売却をすることもできると解されている。換価に際しては，破産管財人が，別除権者に対し，目的物の提示を求めてこれを評価することができ（破154条），適当と認めるときは，裁判所の許可を得て，被担保債権を弁済して目的物を受け戻すことができる（破78条2項14号・同条3項）。

2 別除権者による破産債権の行使

破産者の財産上に担保権を有している者が同時に破産債権者である場合，担保権者は，別除権と同時に破産債権の行使もできるはずである。しかし，これを無制限に認めると，一つの債権について二重に満足を受けることになり，他の債権者に対して不公平である。よって破産法は，別除権者はその別除権の行使によって弁済を受けることができなかった債権額についてのみ，破産債権者として権利行使ができるものとしている（破108条1項）。これを不足額（残額）責任主義という。なお，別除権者が別除権を放棄すれば，債権全額について破産債権者として権利行使できる。

➡ 会社が担保権設定者である場合，破産財団から放棄された財産を目的とする別除権者が別除権を放棄して破産債権者として権利行使しようとする場合，その放棄の相手方は誰か，という問題がある。判例（最判平16・10・1判時1877号70頁〔百選5版59事件〕）は，旧取締役に対する意思表示は無効であり，新たに清算人の選任を請求し，この者に対してなすべきであるとする。

別除権者が不足額を破産債権として行使しようとする場合，債権の届出に際して，通常の届出事項（破111条1項）のほか，別除権の目的およびその予定不足額（別除権の行使によっても満足が得られないと見込まれる額）をも届け出る必要がある（同2項）。債権調査は，債権の額および予定不足額についてなされる（破116条・117条1項1号・4号）。ただ，この予定不足額の確定は暫定的なものであり，配当に関しては，中間配当の除斥期間内に，管財人に対して目的物の換価に着手したことを証明し，かつ，その換価によって弁済を受けられない額（不足額）を疎明しないと，配当から除斥される（破210条1項）。この証明と疎明をしても，目的物の換価が終了して不足額が確定するまでは配当額

は寄託され（破214条1項3号），最後の配当の除斥期間内に，目的物の処分の結果確定した不足額を証明するか，または別除権放棄の意思表示をしなければ，完全に配当から除斥される（破198条3項・214条3項）。なお，別除権者が破産債権者として議決権を行使する場合，議決権を行使できる債権額の決定については，別に定めがある（破140条1項）。

3 準 別 除 権

別除権者ではないが，破産債権行使の場面で，別除権者と同様に扱うのが債権者間の公平にかなうと考えられる一定の者にも，不足額責任主義が拡張されている。すなわち，破産者の自由財産の上に特別の先取特権，質権もしくは抵当権を有する破産債権者（破108条2項前段）と第二破産において，前の破産（第一破産）につき破産債権を有する破産債権者（同2項後段）については，実質的にその債権の一部につき優先的に弁済を受けたのと等しいことから，不足額責任主義の規定が準用されている（破108条2項）。

(3) 別除権の基礎 ● ● ●

1 典 型 担 保

別除権の基礎となるのは，①特別の先取特権・質権・抵当権である（破2条9項）。根抵当権は，元本が確定（民398条の20）した場合に極度額の範囲で優先弁済権を保障されるものであり（民398条の3第1項），別除権が認められる。②商事留置権（商31条・521条・557条・562条）は特別の先取特権とみなされているから（破66条1項），別除権の基礎となる。ただし，その順位は特別の先取特権の中で最後順位とされている（破66条2項）。③民事留置権は破産財団に対して効力を失うから（破66条3項），別除権とはならない。よって，管財人は無条件に目的物の引渡しを請求することができる。④一般の先取特権は，優先的破産債権とされているから（破98条1項），別除権は認められない。

➡ 動産売買の先取特権の物上代位に基づく別除権の行使については，最判昭59・2・2民集38巻3号431頁〔百選5版55事件〕を参照のこと。

2 非 典 型 担 保

① 譲 渡 担 保

譲渡担保とは，広義では担保のために財産権を移転する場合をいい，売渡担保と狭義の譲渡担保とを含むが，一般的には後者を指す。売渡担保とは，売買の形式で信用を授受し，売主は目的物の買戻権を有するものであり，被担保債

◆第2編 破産手続／◆第6章◆ 破産財団の管理

権が存在しないものをいう。それに対し，狭義の譲渡担保とは，当事者間の信用の授受を債権の形式で存在させ，これを担保するために財産権を移転する場合をいう。

譲渡担保設定者の破産の場合，通説は，担保目的という実質を重視し，譲渡担保権者は別除権を有するとしている。その理由として，ⓐ譲渡担保は債権担保の手段であり，譲渡担保権者の地位は，別除権を認めることで十分保護されること，ⓑ所有権移転という外形を重視して譲渡担保権者に取戻権を認めると，譲渡担保権者は目的物の余剰担保価値をも破産財団から取り上げることによって，破産債権者への配当財源を減少させることになること，ⓒ取戻権を認めると，被担保債権との関係を切り離すことを意味する。そうすると，譲渡担保権者は取戻権を行使しつつ，他方で，自分の被担保債権を破産債権として全額行使することができるということになりかねず，これでは二重の利得を認めることになり不合理である，等を挙げる。判例（最判昭41・4・28民集20巻4号900頁〔百選5版57事件〕）も同旨を述べる。この場合，別除権の行使は，譲渡担保権本来の実行方法によって権利行使することができる。すなわち，譲渡担保権者が目的物を換価し，評価額が被担保債権の残額を上回るときは清算金の支払いと引き替えに目的物の引渡を受けるか（帰属清算型），あるいは，引渡しを受けてから換価し清算する（処分清算型）ことになるが，譲渡担保権設定者保護のために，前者が原則形態であると解されている。

それに対して，譲渡担保権者の破産の場合については，旧破産法88条は，明文で，破産手続開始決定前に破産者に財産を譲渡した者は「担保の目的をもってしたることを理由として」その財産を取り戻すことができない旨を規定していた。しかし，通説は，旧破産法88条は被担保債権が存続する間は設定者は目的物を取り戻せない旨を規定しただけであり，もし被担保債権を全額弁済すれば，取戻しを認めてもよいと解していた。現行法の制定に際しては，譲渡担保権者の破産において，設定者が目的物を取り戻すことができるかどうかは，譲渡担保権に対する実体法上の規律に委ねれば足り，あえて上記のような規定を設ける理由に乏しいとの考慮から削除されたが，旧法下における通説は今日でも妥当する。

② 所有権留保

所有権留保とは，通常，動産の割賦販売に際して多く用いられる担保手段であり，目的物は売買契約と同時に買主に引き渡すが，その所有権は，代金が完

済されるまで売主に留保する旨の特約をいう。

a．破産法 53 条の適用可能性

所有権留保売買を外形からみれば，売主は未だ所有権を買主に移転しておら　ず，また買主も，代金の全額の支払いをなしていないから，破産法 53 条にいう双方未履行の双務契約があるといえそうである。しかし，現在では，同条の適用を否定するのが通説である。なぜならば，所有権留保売買においては，売主が目的物の引渡しをすれば，以後，売主が積極的になすべき債務はもはや存在しない。たしかに，売主には所有権移転義務が残っているが，所有権の移転はもっぱら買主が代金を完済するという，買主の意思のみにかかっているいわゆる随意条件であり，物の引渡しをもって売主の義務の履行は完了しているとみてよいからである。ただ，不動産や船舶・自動車など，登記・登録を権利移転の対抗要件とする財産についての所有権留保売買では，通常，代金完済時に権利移転の登記・登録を行うという契約になっている。よって，買主が代金を完済する前に契約の一方当事者が破産すれば，売主にもまだ登記移転義務ないし登録移転義務が残っているから，双方未履行の双務契約があることになり，破産法 53 条によって処理される。

➡　民事再生事件につき，最判平 22・6・4 民集 64 巻 4 号 1107 頁は，自動車の留保所有権者は，登録がない限り，別除権の行使はできないとする。

b．留保買主の破産の場合

かつての通説は，売主は留保した所有権に基づき，目的物について取戻権（破 62 条）を行使できると解していた。これに対して，近時の通説は，既に買主が条件付所有権という物的支配権を目的物について取得している以上，留保所有権は本来の意味での所有権ではあり得ず，代金債権を担保する一種の担保権であって，売主には別除権（破 2 条 9 項）のみが認められるべきであるとしている（札幌高決昭 61・3・26 判タ 601 号 74 頁〔百選 3 版 59 事件〕）。なお，有力説は，所有権留保に基づく別除権と競合的に，動産売買先取特権に基づいて別除権を行使することができると解している。

別除権の実行方法としては，売主が目的物を評価し，評価額が残代金債権を上回るときは清算金の支払いと引き替えに目的物の引渡を受ける（帰属清算型）か，あるいは，引渡を受けてから換価し清算する（処分清算型）ことになるが，前者が原則である。目的物の価額が残代金債権より低額であるときは，不足額につき破産債権者として権利行使をすることができる（破 108 条 1 項）。

◆第2編 破産手続／◆第6章◆ 破産財団の管理

ｃ．留保売主の破産の場合

この場合にも破産法53条の適用はないから，留保売買契約は管財人と買主との間で継続する。よって，買主は残代金を完済することにより目的物の所有権を取得する。買主が割賦金の支払いを怠ったときは，管財人は，所有権留保特約を実行して目的物を取り戻し，清算金があれば支払うことになる。

③ ファイナンス・リース

ａ．ファイナンス・リースとは

リース契約は1960年代に以降に急速に発展したが，もっとも典型的なのは，ファイナンス・リースである。ファイナンス・リースとは，ユーザーが希望・選択する機械等をリース会社がサプライヤーから購入し，物件はサプライヤーからユーザーに直送され，ユーザーがそれを使用収益するが，リース会社は，リース期間中に物件の購入代金や金利，損害保険料等の投下資本の全額を回収できるようにリース料が算定されているものをいう。この契約は，経済的にみれば，リース会社がユーザーに対して物件の購入代金を融資して，それをリース料の支払いという形で回収するものといえる。

ｂ．ユーザーの破産の場合

まず，ユーザーの破産の場合に，破産法53条の適用があるか否かについては見解が分かれる。適用説は，リース会社には残リース期間中ユーザーに目的物を使用させる義務があり，ユーザーには残リース料支払義務があるから，双方とも未履行の双務契約であるという。この説によれば，たしかにリース会社の使用収益受認義務とリース料支払義務との間に厳密な対価関係はないが，リース料は使用によるリース物件の減価を償うという性格を有しており，対価性を認めてもよいとする。それに対して現在有力なのは不適用説である（会社更生事件につき，最判平7・4・14民集49巻4号1063頁〔百選5版74事件〕，東京地判昭63・6・28判時1310号143頁〔新百選81事件〕）。これによれば，リース物件がユーザーに引き渡された後はリース会社には何ら義務は残っておらず（修繕義務もないし，リース会社に使用収益受認義務が残っているとしても，それはリース料支払義務と対価関係にはない），ユーザーのリース料支払義務が残っているだけであるとする。

ファイナンス・リースにおいては，リース物件が滅失して使用できなくなってもリース料は支払われなければならないことをみれば，使用収益とリース料債権とは対価関係にはないというべきであり，管財人は，履行か解除かの選択

権を有しない。そして，残リース料債権は破産債権になると解される（破2条5項）。ただ，破産法53条不適用説に立った場合，残リース料債権の確保に関しては，取戻権説と別除権説（多数説）の対立がある。前者は，リース会社はリース物件についての自己の所有権に基づきリース物件を取り戻し，それを換価して自己の残リース料の弁済に充てることができると解する。それに対して後者によれば，リース会社は，別除権者（破2条9項）としての地位を与えられる。よって，リース会社としては，担保権の実行として目的物を取り戻してそれに基づく残リース料との清算を行い（破65条1項・185条1項），なお残リース料債権があれば，それを破産債権として行使することができる（破108条1項）。

➡ **担保としてのリースの目的物**：リースが担保であるとして，その目的物は何かという点につき，①リースの目的物件であるとする説と，②目的物の利用権であるとする説（多数説）が対立している。前者によれば，リース期間中は目的物の実質的所有権がユーザーに帰属し，リース会社が持つ所有権は，所有権本来の支配権を内容とするものではなく，ただ，リース債権の弁済を確保するために，債務不履行に際して目的物を引き揚げ，換価し，それについて優先弁済を受けるという担保目的を有するとみる。後者によれば，リース契約は，リース期間が満了しても目的物の所有権がユーザーには帰属しない点で，所有権留保や譲渡担保と決定的な相違がある。すなわち，リース物件自体の所有権は部分的にもユーザーには帰属しておらず，リース物件を担保目的とする基礎に欠ける。また，ユーザーにはリース期間中であっても（所有権の中核的要素である）処分権は認められず，認められるのは「使用価値の本質的部分を費消する物的権利」にとどまるとすれば，その権利の内実は利用権と理解するほかないとする。これによると，権利の実行方法としては，リース会社が契約の解除をすることにより，利用権がリース会社に移転する結果，利用権が混同によって消滅し，リース会社は何ら制限のない所有権を取得するから，それに基づき，取戻権の行使として，目的物の返還を求めることができることになる（東京地判平15・12・22判タ1141号279頁参照）。

c．リース会社の破産の場合

この場合，ユーザー破産の場合に破産法53条適用否定説をとる者はもちろん，適用肯定説をとる者も，管財人の解除権を否定する。なぜならば，リース会社の倒産というユーザーには何ら帰責性のない事由に基づき，契約を一方的に終了させることを認めることは不当であり，リース会社にとっては，リース

◆第2編 破産手続／◆第6章◆ 破産財団の管理

料がきちんと入ってくれば，それで十分なはずだからである。なお，サプライヤーは，動産売買先取特権に基づく物上代位としてリース会社のユーザーに対するリース料債権を差し押さえることはできるが，物件自体の差押えはもちろん，仮に物件の所有権を留保していてもそれに基づくユーザーに対する引渡請求は認めるべきではない（最判昭50・2・28民集29巻2号193頁参照）。

④ 仮登記担保

a．仮登記担保とは

仮登記担保権とは，債権の担保のために，代物弁済の予約または停止条件付代物弁済契約等を締結すると共に，所有権移転請求権保全の仮登記（または仮登録）をすることによって行われる担保方法である。これに関する規律は，判例法上発展してきたものであり，それらを整理して仮登記担保契約に関する法律（昭53年法律第78号）が制定された。

b．仮登記担保権設定者の破産の場合

仮登記担保法19条1項によると，設定者破産の場合，仮登記担保権は抵当権に準じて扱われる。よって，仮登記担保権利者は，別除権者として権利行使することができる。別除権の行使方法は，管財人を相手方として，仮登記担保法に定める実行方法による（仮登2条1項・3条2項等参照）。仮登記担保権利者が権利行使を怠っている場合には，管財人は破産法185条・184条2項〜4項に規定する手続をとる。設定者に破産手続開始決定がなされる前に，仮登記担保権者がその権利を実行して，所有権の取得につき第三者（管財人）に対抗しうる状態になっていれば，所有権に基づいて取戻権を行使できるが，仮登記担保法15条の趣旨を類推し，仮登記担保権者は，破産手続開始決定のときまでに清算を完了していなければならないと解する。

c．仮登記担保権者の破産の場合

この場合には，仮登記担保権および被担保債権は破産財団を構成し，仮登記担保権者と設定者との関係は，管財人と設定者の間に引き継がれる。よって，債務者（設定者）が債務の弁済を怠ったときは，管財人は，仮登記担保権を実行し（予約完結権の行使），清算（帰属清算型）をした上で，目的物の引渡しを求めることができる。また，債務者は，そのまま債務の弁済をし，履行を完了したら，管財人に仮登記の抹消を求めることができる。

◇7◇ 別 除 権

(4) 担保権消滅許可制度 ● ● ●

1 担保権消滅許可制度の導入

　旧破産法の下では，担保権は別除権とされていたものの，別除権の目的たる
不動産の価額が被担保債権の額を下回っているような場合（いわゆる担保割れ），
競売を実行するコストと労力を考えれば，抵当権者は別除権の行使に消極的に
ならざるを得ない。また，破産管財人としても，目的物の買手を見いだすため
には，担保権を消滅させて負担のないものにする必要があるが，そのためには，
担保割れしているにもかかわらず被担保債権を全額支払って担保をはずしても
らうか（担保不可分の原則），あるいは別除権者との合意によってその金額を減
額してもらうしかない。しかし，後者の場合，破産管財人は，その交渉に多大
なエネルギーを注入することになる。そこで，実務慣行として，後者の方法の
応用として，当該目的物の上のすべての抵当権者の同意を得て，第三者に不動
産の任意売却を行い，その売却代金から別除権者に対して弁済を行い，別除権
を放棄してもらうと共に，売買代金の一部（10％程度）を破産財団に組み入れ
るといった方法がとられていた。しかし，この方法では，破産管財人と抵当権
者との間で売買にかかる価額や破産財団への組み入れ額をめぐって対立が生じ
たり，競売では配当が期待できない後順位の抵当権者が，不当に高額な抵当権
抹消料（いわゆるハンコ代）を要求するなどして，売却交渉が難航する事態が
しばしばみられた。そこで，現行法では，破産管財人が，裁判所の許可を得て，
破産財団に属する財産上の担保権を消滅させた上で，目的物の任意売却を行い，
その売却代金の一部を破産財団に組み入れることを可能にする担保権消滅許可
の制度が導入された。

2 民事再生・会社更生における制度との比較

　担保権消滅許可制度は，民事再生法（民再148条以下）や会社更生法（会更
104条以下）にも規定されているが，これらは再建型の倒産処理手続であり，
同じ担保権消滅許可の制度ではあっても，清算型である破産手続におけるのと
はおのずからその目的・性質は異なる。まず，第1に，破産手続における担保
権消滅請求の目的は，任意売却によって担保目的物がもつ処分価値を最大化し
（処分価値の最大化），その中で破産債権者全体に帰属させるべき部分を破産財
団に組み入れることにあるのに対し，民事再生手続における担保権消滅許可請
求の目的は，目的物を事業用資産として保持するために担保権を消滅させるこ
とにあり，会社更生手続においては，目的物の売却代金全体を事業資金として

121

◆第2編 破産手続／◆第6章◆ 破産財団の管理

利用することにある。第2に，民事再生手続においては，換価権の発動を抑止するために担保権消滅請求がなされるのに対し，破産手続においては，目的物の処分価値の最大化が第一次的目的であるから，担保権者による換価権の発動そのものを抑止すべき理由はない。第3に，目的物を処分して得られた金銭は，民事再生の場合には，それは担保権者に交付され，会社更生の場合には，更生会社の事業資金として用いられる。以上に対し破産の場合には，売得金は，担保権者への優先弁済に充てられる部分と破産債権者のために破産財団に組み入れられる部分とに分けられる。第4には，それぞれの手続の目的および機能の際から，破産では認められている担保権実行の申立て（破187条1項）や買受申出（破186条1項）など財産の任意売却に対する担保権者の側の対抗手段は，民事再生および会社更生では認められていない。

3 担保権消滅許可の手続

破産管財人は，破産手続開始の時において破産財団に属する財産につき，特別の先取特権，質権，抵当権，商法上の留置権が存する場合において，当該財産を任意に売却して当該担保権を消滅させることが破産債権者の一般の利益に適合するときは，一定の事項を記載した書面により，裁判所に対し，当該財産につき存するすべての担保権を消滅させることにつき許可の申立てをすることができる（破186条1項・3項，破規57条）。また，譲渡担保や所有権留保，ファイナンス・リースなどの非典型担保も，担保権消滅許可の対象になると解すべきであろう。なお，破産管財人は，売却によって取得することができる金銭の一部を破産財団に組み入れようとする場合には，売得金から破産財団に組み入れようとする金銭（組入金）の額を控除した額を裁判所に納付するが（同条1項1号2号），この組入金については，事前に被申立担保権者と協議しなければならない（同条2項）。

担保権消滅許可の申立てに対して，担保権者には2つの対抗手段が認められている。1つは，担保権実行申立ての制度であり（破187条1項），2つめは，買受申出の制度である（破188条1項2項）。ただし，後者の場合，買受申出の額は，担保権の消滅許可の申立てに当たって申立書に記載された売得金の額にその20分の1に相当する額を加えた額以上でなければならない（同条3項）。これらの制度により，当該担保権者には任意売却の価額をより高額にする余地を残し，被申立担保権者に対する弁済を有利にすることができる。

破産管財人による担保権消滅許可の申立てに対しては，裁判所は，一定の場

◇7◇ 別 除 権

合を除いて，担保権消滅の許可の決定をしなければならない（破189条1項）。担保権の消滅許可の申立てについての裁判に対しては，即時抗告をすることができる（破189条4項）。

　担保権の消滅許可の決定が確定したときは，売却の相手方は，裁判所の定める期限までに所定の額に相当する金銭を裁判所に納付しなければならない（破190条1項）。金銭の納付があると，被申立担保権者の担保権が消滅し（破190条4項），裁判所書記官は，消滅した担保権にかかる登記または登録の抹消を嘱託しなければならない（破190条5項，破規61条3項）。金銭の納付がなかったときは，裁判所は，担保権消滅の許可の決定を取り消す（破190条6項）。裁判所は，金銭の納付があった場合には，当該金銭の被申立担保権者に対する配当にかかる配当表に基づいて，配当を実施しなければならない（破191条1項）。

(5) 商事留置権の消滅請求　●　●　●

1　商事留置権消滅許可制度の導入

　商法等の規定による留置権（商事留置権）が，破産財団に属する財産の上に存する場合，留置権が，被担保債権の弁済があるまで目的物を留置することを内容とする権利である以上，破産管財人としては，当該目的物を自己の占有の下で管理処分することはできない。しかし，営業の継続によって破産財団を増殖することが見込める場合であるにもかかわらず，その目的物を管財人が管理処分することができないのは合理的ではない。そこで，現行破産法の制定に際して，破産者の事業の継続の可能性が認められたこと（破36条）とも相まって，商事留置権が存する財産が，事業の継続に必要なものであるとき，または，破産財団の維持または増加に資するときには，破産管財人が商事留置権者に対して，裁判所の許可を得て，商事留置権の消滅を請求することができるものとされた（破192条1項）。

2　商事留置権消滅許可制度

　商事留置権消滅許可の対象となるのは，代理商の留置権（商31条），商人間の留置権（商521条），問屋および準問屋の留置権（商557条・558条），運送取扱人の留置権（商562条），陸上運送人の留置権（商589条），海上運送人の留置権（商753条），国際海上物品運送における外航船主の留置権（国際海上物品運送20条1項）等である。また，商事留置権を消滅させるためには，その必要性が認められなければならない。すなわち，商事留置権の目的物が事業の継続

123

◆第2編 破産手続／◆第6章◆ 破産財団の管理

に必要なものであること，その他，商事留置権の目的物の占有を破産財団に回復することで，破産財団の価値の維持または増加に資することが要求される（破192条1項）。破産管財人は，商事留置権の消滅を留置権者に対して請求するには，その目的物の価額に相当する金銭を，商事留置権者に弁済しなければならない（破192条2項）。弁済には裁判所の許可を要する（同3項）。消滅請求および弁済につき裁判所の許可があると，かかる弁済の額が商事留置権の存する財産の価額を満たすときは，弁済のときまたは請求のときのいずれか遅いときに，商事留置権は消滅する（破192条4項）。商事留置権者が破産管財人の求めに応じて，商事留置権の目的物を破産財団に返還した場合には，消滅請求の目的は達成されるが，商事留置権者がこれに応じない場合には，商事留置権の消滅請求を原因として，破産管財人は商事留置権者に対してその目的物の返還を求める訴えを提起する必要がある。この訴訟においては，破産管財人の提示した弁済の額が当該財産の価額を満たさない場合であっても，原告（破産管財人）の申立てにより，受訴裁判所は，相当と認めるときは，破産管財人が相当の期間内に不足額を弁済することを条件として，商事留置権者に対して，当該目的物の返還を命ずることができる（破192条5項）。

● ● ● 8 相 殺 権 ● ● ●

(1) 破産法上の相殺の意義と適用範囲 ● ● ●

1 破産手続における相殺の意味

　相殺は，双方の当事者がお互いに債務を弁済し合う手間を省いて，意思表示のみによって双方の債権を対等額で消滅させる制度であり，債権・債務の簡易な決済の手段としての機能を有する。しかし，それに留まることなく，現実取引では，一種の担保としての機能も果たしている。たとえば，AがBに対し貸金債権を有していたが，これについては担保を取っていなかったとする。その後Bの経営が悪化し，Bの負っている債務の履行が不可能になったとしよう。この場合，本来であれば，AはBからの弁済は期待できない。しかし，AがBから購入した部品の代金債務を負担していたとすると，Aは，貸金債権と代金債務とを対当額で相殺して互いの債務を消滅させることができる。この場合，受働債権たる代金債権はBの財産の一部であるが，これが優先的にAへの弁済

124

にあてられたのと同じことになる。つまり，Aに相殺権があるということは，実質的には受働債権である代金債権と同額の担保を取っていたことになる。これを相殺の担保的機能という。

このように，実体法上認められている相殺の担保的機能は，破産手続においても尊重されるべきである。よって，現行破産法は，破産債権を自働債権とし，破産債権者が破産手続開始当時破産者に対して負担する債務を受働債権とする相殺を原則的に認めている（破67条1項）。なお，破産法に特別の規定がない限り相殺の要件・効果等は民法等の実体法の規定（民505条2項・509条・510条等）によるが，破産法は，独自の立場から，一方で民法上の相殺の要件を緩和して相殺をしやすくしているが，他方では，民法上の相殺の要件を厳しくして，相殺権の行使を制限している。

2 相殺権規定の適用範囲

破産法67条1項は，破産債権を自働債権として，破産財団に属する債権を受動債権とする相殺を認めているが，それ以外の場合については触れていない。よって，それらの場合については個々的に検討する必要がある。①破産財団所属債権を自働債権として管財人がなす破産債権との相殺については，このような相殺を認めると，実勢価格の下落している破産債権に対し破産手続によらないで随時に満額の弁済をするのと同じことになり，債権者平等の原則に反するから，原則として否定すべきである。ただ，稀なケースとして，自働債権の実勢価額が，破産債権のそれを下回るような場合には，相殺は，むしろ財団にとって有利であるから認めてよいし，破産手続において破産債権者の配当金請求権が具体化すればそれを受働債権として管財人がなす相殺も認めてよい。破産法102条は，そのような旨を明文で規定したものと考えられる。②破産債権と自由財産所属債権との相殺につき，破産債権者からする相殺は，破産手続中は自由財産に対する権利行使が許されないのと同様に許されない。これに対し，通説は，破産者が自由財産をもって破産債権者に任意に弁済することが許される以上，破産者からなす相殺は許されるとする。③非破産債権と破産財団所属債権との相殺に関しては，そもそも破産財団は，破産債権ではない債権の満足の引当てにはなっていないから，非破産債権者と破産管財人との間には債権債務の対立関係はなく，どちらからの相殺も許されない。④非破産債権と自由財産所属債権との相殺の場合，自働債権・受働債権ともに破産手続とは無関係であり，破産法上の相殺の対象にはならないが，民法の一般原則（民505条以下）

◆ 第2編 破産手続／◆ 第6章◆ 破産財団の管理

によって相殺することはできる。⑤財団債権と破産財団所属債権との相殺については，財団債権は，破産手続によらずに優先弁済を受けることができる権利であるから（破2条7項8項・151条），債権者・管財人のいずれからの相殺も民法の規定に従って認めてよい。ただ，財団財産が，財団債権の総額を弁済するのに不十分な場合には平等弁済がなされるので（破152条），一部の債権者のみに優先弁済するのと同様の効果を持つ相殺は許されない。⑥財団債権と自由財産所属債権との相殺は，財団債権の債務者を，破産財団あるいはその管理機構たる管財人とみるならば，債権・債務の対立関係がないから，いずれからの相殺も許されない。

(2) 相殺権行使の拡張 ● ● ●

　民法の原則からいえば，「債権と債務が対立していること」「自働債権と受働債権が同種の債権であること」「両債権が共に弁済期にあること」が必要である（民505条）。しかし，これらの要件を破産手続上も厳密に要求すると，集団的かつ画一的な清算を円滑に行うことができない。よって，破産法は，一定の場合に，民法の要件を緩和して相殺権の行使を容易にしている。

1 自働債権についての要件

　①期限付無利息債権は，たとえ期限が未到来でも，破産手続開始決定時に期限が到来したものとみなされるので（破103条3項。現在化），自働債権として相殺に供することができる（破67条2項前段）。ただし，劣後的破産債権たる部分が控除されたものが自働債権の額とされる（破68条2項）。これに対し，②期限付利息債権は，破産手続開始前に発生した利息が自働債権額に算入されるのは当然であるが，破産手続開始後の利息については，自働債権から控除される。なぜならば，理論的には，相殺権が行使されると自働債権消滅の効果が破産手続開始時に遡って生じるので，破産手続開始後に利息の発生する余地がないこと，実質的にも，破産手続開始後の利息が劣後的破産債権とされるので（破97条1項1号・99条1項1号），相殺を認めるのは適当ではないからである。③解除条件付債権は既に発生している債権であるから，その全額をもって自働債権とすることができる（破67条2項）。ただし，破産手続中に解除条件が成就すると，自働債権が消滅し（民127条2項），相殺権を行使した破産債権者は，自働債権が存在しなかったにもかかわらず，受働債権の負担を免れる結果になる。そのような場合に備えるために，破産債権者は相殺額につき担保を供与し

◇8◇ 相 殺 権

または寄託しなければ相殺することはできないとされ（破69条），最後の配当の除斥期間内に解除条件が成就すれば，担保や寄託額が配当財団に組み入れられ，他の破産債権者の満足の原資とされる。それに対し解除条件が成就しなければ，担保または寄託は効力を失い，相殺債権者に返還される（破201条3項）。④停止条件付債権や将来の請求権は破産債権であるが（破103条4項），権利はまだ発生していないから（民127条1項），これを自働債権として直ちに相殺することは許すべきではない（破67条1項参照）。よって，このような破産債権者は，受働債権については履行しなければならない。しかし，破産手続中に条件が成就する可能性もあるし，これらの債権者の相殺への期待も不当なものではない。よって，条件成就や請求権の現実化がまだ未確定の時点で管財人から債務の履行を求められた場合には，後日相殺をするときのために，破産債権額の限度で弁済額を寄託するよう求めることができる（破70条前段）。最後の配当の除斥期間内に停止条件が成就すれば，破産債権者は，相殺を実行して，寄託額を取り戻すことができるが，その期間内に停止が成就せず，あるいは請求権が現実化しなければ，寄託された金額は他の破産債権者に配当される（破201条2項）。⑤非金銭債権，金額不確定の金銭債権，外国通貨債権などは，破産手続開始決定時の評価額をもって破産債権の額とされるので（破103条2項），その評価額を自働債権の額として相殺をすることができる（破68条1項）。

2 受働債権についての要件

受働債権については，破産法上，破産手続開始決定の時点で金銭化されるという規定はないから，相殺が認められるためには，受働債権は金銭債権であるか，自働債権と同種の目的を有するものでなければならない。また，金額の不確定な債権は，それが確定するまでは受働債権たり得ない。それに対して，現在化は受働債権についてもなされるから（破67条2項後段），それが，期限付，条件付，あるいは将来の請求権であっても相殺は許される（最判平17・1・17民集59巻1号1頁〔百選5版63事件〕参照）。ただし，自働債権の場合（破68条1項）とは異なり，期限までの中間利息などの控除は認められないから，破産債権者は，受働債権の名目額で相殺しなければならない。破産債権者が，破産債権と解除条件付の受働債権とを相殺した後に解除条件が成就しても，遡って破産債権が復活するわけではないから，破産債権の行使は認められない。なお，多数説は，解除条件の不成就の確定をまって破産債権者が相殺権を行使することも，破産手続開始時に受働債権が存在する以上，相殺禁止（破71条1項

◆ 第2編 破産手続／◆ 第6章 ◆ 破産財団の管理

1号）の対象とはらないと解する。

　民事再生法や会社更生法（民再92条1項，会更48条1項）とは異なり，破産法上の相殺では，相殺の時期を制限する規定はないので，破産手続中に期限が到来し，停止条件が成就した場合でも，相殺は許される（通説）。ただ，この場合には，破産手続開始後に停止条件が成就することから，破産手続開始後に負担する債務を受働債権とする相殺禁止（破71条1項1号）に抵触するかという問題が生じる。これにつき多数説は，停止条件付債務とはいえ，破産手続開始時に相殺期待が存在する以上，これを破産手続開始後に破産財団に対して負担した債務とみなすべきではないと解している（反対，最判昭47・7・13民集26巻6号1151頁〔百選3版69事件〕）。

3　破産手続開始後の賃料債務等との相殺

　旧法では，破産債権者が，破産財団に対して賃料債務を負担しているときには，破産手続開始の時における当期および次期の賃料債権に限って相殺を認めていた（旧破103条1項前段）。ただし，敷金が差し入れられているときには，その金額は既に財団の利益になっている関係上，相殺額を右の限度に制限するのは不合理であるから，当期および次期以後の借賃についても，敷金に相当する額までは相殺を認めていた（旧破103条1項後段）。しかし，賃料債権を受働債権とする破産債権者の相殺期待についても，これを制限する理由に乏しく，また，敷金の限度で受働債権たる賃料債権の範囲を拡大することにも合理性は認められない。このような理由から，現行法では，破産債権者が賃料債務を受働債権とする相殺についての制限を廃止し，破産法67条の一般的規律に委ねるものとした。なお，敷金返還請求権も破産債権となるが，これを自働債権とする相殺は，停止条件債権による相殺として，破産法70条の規律に従うものとされた（破70条後段）。

(3) 相殺権行使の制限　● ● ○

　民法など実体法で相殺が禁止されている場合（民505条2項・509条・510条等），それらは破産法上の相殺にも適用がある。そのほか，破産法71条・72条は，破産債権者間の公平という見地から，実体法上は相殺が許される場合でも相殺を禁じている。これは，債権者間の公平を図ることを目的とする強行法であり，これに反する相殺は無効である（最判昭52・12・6民集31巻7号961頁〔百選5版68事件〕）。

◇8◇ 相 殺 権

1 破産債権者による債務負担につき相殺が禁止される場合

① 破産債権者が破産手続開始決定後に破産財団に対して債務を負担したとき（破71条1項1号）

　もし，このような場合にまで相殺を認めると，破産手続開始決定当時に相殺への正当な期待を有していたわけではない破産債権者を保護することになるし，また，このような破産債権者は新たに負担した債務を現実に弁済することなく，これによって，破産手続開始決定前から有していた実価の下落している破産債権と相殺することにより，とくに破産債権者間の公平を害することにもなるからである。ここでいう「債務の負担」に当たるものとしては，財団所属財産を買い受けた場合の代金債務，財団に対し負担した不当利得返還債務，管財人の否認権行使の結果として生じる返還義務などのほか，財団に対して債務を負っている第三者から債務引受をすることにより負担する債務，破産手続開始決定後に第三者が破産者の口座へ振り込みをした結果として破産債権者たる銀行が財団に対して預金返還債務を負担した場合等が考えられる。

② 支払不能になった後に契約によって負担する債務をもっぱら破産債権をもってする相殺に供する目的で破産者の財産の処分を内容とする契約を破産者との間で締結し，または破産者に対して債務を負担する者の債務を引き受けることを内容とする契約を締結することにより破産者に対して債務を負担した場合であって，当該契約の締結の当時，支払不能であったことを知っていたとき（同2号）

　これは，破産法71条1項1号と共に，相殺禁止を支払不能の時点まで遡らせたものである。たとえ破産手続開始決定前でも，既に支払不能の状況においては，個々の債権は全額の回収が期待できなくなっているのに，たとえば，支払不能の状況下において，もっぱら破産債権と代金債務とを相殺する目的で売買契約を締結したとする。そのような場合に，当該代金債務と破産債権との相殺を認めるならば，相殺権者だけが代物弁済を受けた結果となり，債権者平等を害するから，このような相殺は認められない。この規定が適用されるためには，債務負担の原因たる契約が支払不能状態になってから締結されたことを要する。そして，契約による債務負担が，もっぱら破産債権をもってする相殺の目的でなされたと認められる必要がある。さらに，支払不能について破産債権者が悪意であることを要する。

　➡ 再生事件に関し，Aが差押え回避の目的でB銀行のA名義の口座に振込みをし，

129

◆第2編 破産手続／◆第6章◆ 破産財団の管理

　Bが貸金債権と預金返還債務を相殺した事件につき，東京地判平21・11・10判タ1320号275頁〔百選5版67事件〕は，もっぱら破産債権をもってする相殺の目的がないとした。

　③ 支払停止があった後に破産債権者に対して債務を負担した場合であって，その負担の当時支払いの停止があったことを知っていたとき（同3号）

　支払停止があれば，債務者の経済的破綻が広く外部に認識され，債権の実質的価値は下落し，その完全な満足は期待できなくなる。このような状況において，債権者が，債務者から物を買い受けるなどの法律行為によって債務を負担し，あるいは債権者が債務者のために第三者から金銭を受領することによって債務を負担し，その債務と債権との相殺が認められるとすれば，債権者は実質的に価値の低下した債権について完全な満足を受ける結果となる。よって，破産債権者が支払停止について悪意の場合には，相殺を認めないこととした（破71条1項3号本文）。ただし，上記の要件が満たされていても，支払停止があったときに破産者が支払不能でなかった場合は，相殺は許される（同但書）。

　④ 破産手続開始の申立てがあった後に破産者に対して債務を負担した場合であって，その負担の当時，破産手続開始の申立てがあったことを知っていたとき（同4号）

　この相殺禁止の趣旨は，破産法71条1項3号と同様であり，危機時期を画する基準として，破産開始申立てが用いられている点に違いがあるに過ぎない。

　⑤ 3つの例外

　支払不能時期の債務負担を理由とする相殺禁止（破71条1項2号），支払停止または破産手続開始申立後の債務負担を理由とする相殺禁止（同3号4号）は，破産債権者に対する詐害性や債権者平等原則との抵触を根拠とするものである。しかし法は，債務負担が一定の原因に基づく場合には，詐害性が否定され，または債権者平等原則にも抵触しないものとして，破産法71条2項において3つの例外を規定している。ただし，破産法71条1項1号に当たる場合には，この例外規定の適用はないことに注意を要する。

　a．債務負担が法定の原因に基づくとき（破71条2項1号）

　法定の原因に基づくときとは，たとえば，債務負担が，相続，合併，事務管理，不当利得等による場合を意味する。なぜならば，これらの場合には債務が当然に発生または帰属し，債務者の意思とは関係がないので，危機時期を知りながらことさらに債権債務の対立状態を作り出したとはいえないからである。

130

◇8◇ 相 殺 権

　ｂ．債務負担が支払不能であったことまたは支払いの停止もしくは破産手続
　　開始の申立てがあったことを破産債権者が知ったときより前に生じた原因
　　に基づくとき（同2号）

　通説は，危機時期を知る以前に正当な相殺期待が生じていた者であれば，危
機時期に当たることを知りながら債務を負担したとしても，その期待は保護す
べきであると説明する。したがって，ここでいう債務負担の原因は，具体的な
相殺期待を生じさせる程度に直接的なものであることが必要である。よって，
たとえば，危機時期に債務者（破産者）の銀行口座に，たまたま第三者が振込
みをした結果，破産債権者たるその銀行が，預金返還債務と銀行の有する貸金
債権との相殺を主張できるような状況になったとしても，具体的な相殺期待を
直接に生じさせるものではないから，ここでいう「前に生じた原因」とはいえ
ない（最判昭52・12・6民集31巻7号961頁〔百選5版68事件〕，最判昭60・2・
26金法1094号38頁）。なお，たとえば，AのBに対する代金債権を，Aの取引
金融機関Cの口座に振り込んで支払うべき旨の合意を振込指定というが，危機
時期にこの合意に基づき振込があった場合に，CがAに対する債権と相殺がで
きるかという問題がある。有力説は，振込指定がABC三者間でなされるもの
を強い振込指定といい，AB間のみの合意でなされるものを弱い振込指定とい
い，前者においては，Cには正当な相殺期待があるとして，相殺を認めるが，
後者については否定している。また，金融機関と顧客（後の破産者）との間に，
顧客が債務の履行をしない場合に金融機関の占有する顧客の手形を取り立てて，
取立金を債務の弁済に充当できる旨の取引約定書があり，危機時期を知る前に
銀行が手形を受け取り，その取立は危機時期を知った後になされた場合，取引
約定および取立委任契約は「前に生じた原因」に該当するというのが判例の立
場である（最判昭63・10・18民集42巻8号575頁〔百選5版64事件〕）。また，
支払停止後に投資信託受益権が解約され，銀行がその保証債権と解約金返還債
務とを相殺した事件につき，解約金返還債務は，投資信託管理委託契約という
支払停止前の原因に基づくものとして相殺を許容した下級審裁判例がある（民
事再生事件につき，名古屋高判平24・1・31金商1388号42頁〔百選5版66事
件〕）。

　ｃ．債務負担が破産手続開始の申立てがあった時よりより1年以前に生じた
　　原因に基づくとき（同3号）

　これは，破産法166条と同趣旨の規定である。すなわち，破産手続開始申立

131

◆第2編 破産手続／◆第6章◆ 破産財団の管理

てから1年もたてば，支払停止・破産手続開始申立てと破産手続開始決定との関連性が薄くなるので，むしろ取引の安全を重視して，相殺を認めることにしたものである。

2 破産者の債務者による破産債権取得につき相殺が禁止される場合

① 破産者の債務者が，破産手続開始後に他人の破産債権を取得したとき（破72条1項1号）。

破産者の有していた債権は破産手続の開始に伴い，破産財団に帰属するから，破産管財人は，これを回収することで破産財団を充実することができる。そこでもし，破産者Aの債務者Bが，CがAに対して有していた実価の下落した破産債権を安価に買い取り，それを自働債権として，自ら負担する債務を受働債権として相殺ができるとすると，Bは，自己の債務を免れるが，その反対に破産財団は減少する。しかも，破産手続開始決定時には，Bには債権債務の対立関係がなかった以上相殺への期待もなく保護する必要はない。よって法は，このような相殺は許されないものとしたのである。

➡ 判例は，無委託保証人が主たる債務者の破産手続開始前に締結した保証契約に基づき同手続開始後に弁済をした場合において，保証人が取得する求償権を自働債権とし，主たる債務者である破産者が保証人に対して有する債権を受働債権とする相殺は，破産法72条1項1号の類推適用により許されないとした（最判平24・5・28民集66巻7号3123頁〔百選5版69事件〕）。

② 破産者の債務者が，支払不能になった後に破産債権を取得した場合であって，その取得の当時，支払不能であったことを知っていたとき（同2号）

破産者に対して債務を負担する者が，破産手続開始決定前の経済的危機状況の中で，悪意で他人の破産債権を買い受ける場合だけでなく，破産者への金銭貸付や物件売却により自ら新たな破産債権を取得する場合もここに含まれる。これは，破産法72条1項1号の相殺禁止の基準を，支払不能まで遡らせたものである。

③ 破産者の債務者が，支払停止があった後に破産債権を取得した場合であって，その取得の当時，支払いの停止があったことを知っていたとき（同3号）

破産手続開始までに取得された破産債権を自働債権とする相殺は，その効力を認められるのが原則である（破67条1項・72条1項1号参照）。しかし，支払

停止など危機時期においては，既に債務者の破綻が外部に明らかになり，債務者に対する債権の実質的価値が下落していることを考えれば，これを自働債権とする相殺を認めることは，財団に入るべき財産を失わせ，他の債権者の利益を害するから，その効力は否定されている。ただし，支払停止があった時において破産者が支払不能でなかった場合は，相殺は許される（同3号但書）。

④ 破産者の債務者が，破産手続開始の申立てがあった後に破産債権を取得した場合であって，その取得の当時，破産手続開始の申立てがあったことを知っていたとき（同4号）

この相殺禁止の趣旨も，破産法72条1項3号と同様のものであり，基準時を破産手続開始の申立ての時にしたものである。

⑤ 4つの例外

破産法71条2項の例外規定に対応して，この場合についても，4つの例外が認められている。ここでも，破産法72条1項1号の場合には，以下の例外規定の適用はない。

ａ．債権の取得が法定の原因に基づくとき（破72条2項1号）

法定の原因としては，相続や合併のような一般承継のほかに，事務管理，不当利得，不法行為などが含まれる。

ｂ．破産債権の取得が，支払不能であったことまたは支払いの停止もしくは破産手続開始の申立てがあったことを破産者に対して債務を負担するものが知ったときより前に生じた原因にもとづくとき（同2号）

これに関連して，たとえば，手形割引依頼人の支払停止後に，それを理由とする当該手形の買戻請求によって銀行が手形買戻代金債権を取得した場合，その直接的な原因は支払停止以前の手形割引契約にあるので，預金払戻債務との相殺を認めてよいとするのが判例である（最判昭40・11・2民集19巻8号1927頁〔百選5版65事件〕）。また，主債務者（破産者）の保証人が，危機時期以前に締結した保証契約を，危機時期以後に履行したことにより取得した求償権も，「前の原因」に基づく場合であるとしてよいであろう。

ｃ．破産債権の取得が，破産手続開始の申立てがあった時より1年以上前に生じた原因に基づくとき（同3号）

この趣旨は破産法71条2項3号と同様である。

ｄ．破産債権の取得が，破産者に対して債務を負担する者と破産者との間の契約によって破産債権を取得したとき（同4号）

◆ 第2編 破産手続／◆ 第6章 ◆　破産財団の管理

　本条に当たるものとして，たとえば，救済融資のように，契約関係に基づいて破産債権が発生する場合には，債務負担を免れるための作為によって破産債権を取得するおそれが認められず，また必要な場合には，契約自体を否認する可能性も残されているために，例外として相殺を許してもよいとの考慮によるものである。

⑷ 相殺権濫用と相殺否認論　● ● ● ●

　破産法71条・72条に規定する場合以外にも相殺が禁じられる場合があるとし，その理論的根拠として，相殺権濫用論と相殺否認論とが唱えられている。

1　相殺権濫用論

①　駆け込み相殺

　駆け込み相殺とは，たとえば，Aが振り出した約束手形の所持人Bが，振出人Aの信用悪化を聞きつけて，Aの預金のあるC銀行にまさに駆け込んで割引依頼をし，C銀行もこうした事情を知りながらこれに応じて手形を割り引いた後，当該手形債権と預金返還債務とを相殺するような場合をいう。このような場合には，基本的には破産法72条1項2号から4号によって対処することができるのであり，あえて，相殺権濫用論を持ち出す必要はない。

②　同 行 相 殺

　同行相殺とは，たとえば，C銀行甲支店に口座を有するAが破産したので，C銀行はAに対する貸金債権と預金返還債務とを相殺したが，なおAの預金に余裕があるとき，Aの預金の払戻しの要求には応じず，A振出の手形の所持人Bが，Aの危機時期の前にC銀行乙支店で手形割引を受けていた場合に，C銀行がその手形上の債権と残余預金返還債務とを相殺することをいう。

　Aの経済状態が健全であれば，このような同行相殺は，求償の循環を防ぐという意味ではむしろ望ましいともいえる。しかし，Aが破産した場合，C銀行がBに手形の買戻しを請求すれば，Bは買い戻した手形をもって破産手続に参加して，他の破産債権者と平等の立場で債権の一部を回収するしか方法がない。ところが，もし同行相殺が許されると，Bは結果的に，債権のほぼ全額につき満足を受けることになり，他の債権者との関係において不公平になる。しかも，C銀行は手形債権を危機時期以前に取得しているから，破産法72条1項2号から4号の適用もない。よって，有力説は，割引依頼人に手形買戻しの資力があるにもかかわらず，振出人の経済状態の悪化を知った割引依頼人の要請によ

◇8◇　相 殺 権

り，銀行がこのような相殺を行うことは，割引依頼人の抜け駆け的な債権回収に銀行が協力するという面が強く，相殺権の濫用として無効となると解している。それに対して判例（最判昭53・5・2判時892号58頁〔百選4版61事件〕）は，振出人に対して手形債権を行使するか，割引依頼人に対して買戻請求権を行使するかは銀行の自由であるとして，相殺を認めている。

③　狙い打ち相殺

狙い打ち相殺とは，たとえば，債務者AがC銀行に数口の預金口座を有しており，そのうちの一口が債権者Bによって差し押さえられた場合に，C銀行が別口の預金によって債務者Aに対する貸金債権の回収が十分可能であるにもかかわらず，あえて差押えを受けた預金返還債務を選び，それと自己の債権をまさに狙い打ち的に相殺をし，差し押さえられていない別口預金をAに払い戻してしまうような場合をいう。このようなことは，通常，銀行と預金者が結託して差押えを免脱する意図で行われるものであり，民法上は，相殺権濫用の典型例であるといわれている。しかし，破産手続開始決定があれば，破産者の預金口座を含むすべての資産が差し押さえられた状態になるため，銀行としては，相殺において受働債権として選択しなかった預金債権を破産者に払い戻すことはできないから，銀行が受動債権を自由に選んで相殺しても，破産債権者間の不公平を生じるおそれはない。したがって，このような相殺であっても，破産法71条1項や72条1項に抵触しない限り，破産手続においては認めてもよく，この場合にも，相殺権濫用論は妥当しない。

2　相殺否認論

通説・判例（最判昭40・4・22判時410号23頁，最判昭41・4・8民集20巻4号529頁）は相殺は否認の対象にはならないとする。その理由としては，①相殺には破産者の行為が含まれないこと，②相殺の基礎となる債権・債務の取得を否認することで通常は足りること，③相殺権の行使そのものを否認しても相殺適状が復活するのみで，否認の意味がないこと，④破産法上相殺を有効としながらそれをさらに否認の対象にすることには，相殺権を認めた趣旨が没却されてしまうことなどが挙げられている。

⑸　**相殺権の行使**　● ● ●

相殺権は破産手続によらずに行使することができる（破67条1項）。かつては，相殺が効力を生じるためには，自働債権たる破産債権の届出・調査・確定

135

◆第2編 破産手続／◆第6章◆　破産財団の管理

が必要であると解する少数説もあったが，それでは別除権との均衡を欠くことになるし，破産法67条1項の趣旨も生かされないので，破産債権の届出・調査・確定は不要とするのが通説である。また，破産債権者は，相殺権を，裁判上または裁判外で，管財人に対する意思表示によって行使することができる。さらに，行使時期には，民事再生法や会社更生法（民再92条1項，会更48条1項）のような特別の制限はないので，破産手続が終了するまで相殺権を行使することができる。破産手続開始決定前であっても，相殺適状にあれば相殺権を行使することはできるが，いったん破産手続開始決定があると，その効力は破産法の定めに照らして再評価される。その結果，破産法71条1項2号・4号の相殺禁止に触れる場合，破産手続開始決定前になされていた相殺は遡及的に無効となる。また，相殺権濫用論にたてば，必ずしもこれらにあたらない場合でも濫用と評価される場合もあろう。

●　●　● 9　財団債権 ●　●　●

(1) 財団債権の意義　●　●　●

　財団債権とは，破産債権に優先し，かつ，破産手続によらずに破産財団から随時に弁済を受けることができる債権をいう（破2条7項・151条）。本来財団債権となるのは，破産手続開始決定手続の費用や破産財団の管理・換価の費用など，破産手続を遂行していく上で必要となる費用であるが（破148条1項1号・2号），そのほかにも，ある者の損失ないし負担において破産財団が利益を得ることが公平に反する場合に認められる財団債権（破148条1項4号〜8号），また，租税債権のように，特別な政策的考慮によって財団債権とされているものもある（破148条1項3号）。

(2) 財団債権の債務者　●　●　●

　財団債権の債務者は誰かという問題があるが，管財人の法的地位に関する近時の有力説である管理機構人格説によれば，管理機構たる破産管財人が財団債権の債務者であるとする。また，手続終結後に破産者が財団債権について責任を負うかという問題も提起されている。これにつき，従来の通説は，財団債権については，一方では財団限りの有限責任としながらも，他方では，本来破産

◇9◇ 財団債権

債権たる性質を有する債権をとくに優遇して財団債権としたものついては，破産手続終結後における破産者の責任を認めてよいとしていた。それに対して近時の有力説は，破産手続係属中誰が財団債権の債務者かという問題とは切り離して，各種の財団債権の性質に基づいて実質的に考えるべきであるとし，結果として，破産手続開始後に破産者は財団債権につき責任を負担することはないとする。

➡ 近時の有力説は次のように説く。すなわち，まず破産法 148 条 1 項 2 号の財団債権は，破産財団の管理・換価に伴って生じるものであり，そもそも破産者の負担とすべきものではない。また，同法 148 条 1 項 6 号 8 号については，相手方のした事務や給付によって利益を受けたのは破産財団であるから，破産者の個人責任を否定すべきである。また，同法 54 条 2 項は破産手続開始決定前にした給付に基づく請求権であるし，同 44 条 3 項・46 条は，破産管財人の訴訟追行の結果として生ずる財団債権であるから，破産者の責任を否定するのが妥当である。このようにみると，破産手続開始前の原因に基づく租税等の請求権（破 148 条 1 項 3 号）と破産手続開始前 3 ヶ月の給料の請求権（破 149 条）が残る。しかし，前者については，本来は破産債権であるにもかかわらず財団債権という優越的地位を与えられたのであるから，そのこととの均衡上で破産手続終了後の破産者の責任を否定することが公平に合致するし，破産手続開始後の原因に基づく租税債権で財団債権とされるものは，破産財団の管理・換価に伴って生じたものであって（破 148 条 1 項 2 号），そもそも破産者の負担とすべきではない。また破産法 149 条の財団債権については，これらが本来破産債権であることに加えて，これらの債権が財団債権とされるのは，破産手続開始直前の労務の提供が，破産財団所属財産の形成や維持に寄与していることを重視したものであると考えるならば，破産財団限りの責任に留めておくことが妥当である。したがって，この債権も，同 148 条 1 項 3 号と同様の扱いをすべきであると考えられ，結局，破産手続終了後に破産者が個人的に責任を負うべき財団債権はないことになる。

(3) 財団債権の種類 ● ● ●

破産法 148 条 1 項各号に規定する財団債権を一般の財団債権という。これには，①破産債権者の共同の利益のためにする裁判上の費用（同 1 号），②破産財団の管理・換価および配当に関する費用の請求権（同 2 号），③破産手続開始前の原因に基づいて生じた租税等の請求権であって，破産手続開始当時，ま

137

◆第2編 破産手続／◆第6章◆　破産財団の管理

だ納期限の到来していないもの，または納期限から1年を経過していないもの（同3号），④破産財団に関し破産管財人がした行為によって生じた請求権（同4号），なお，破産管財人の不作為によって第三者に損害を与えたときの損害賠償債権も財団債権となる（最判昭43・6・13民集22巻6号1149頁〔新百選29A事件〕）。⑤事務管理または不当利得により破産手続開始後に破産財団に対して生じた請求権（同条5号），⑥委任の終了または代理権の消滅後に急迫の事情があるためにした行為によって破産手続開始後に破産財団に対して生じた請求権（同6号），⑦破産法53条1項の規定により管財人が債務の履行を選択した場合に相手方が有する請求権（同7号），⑧破産手続の開始によって双務契約に関し解約の申し入れがあった場合において，破産手続開始後の契約の終了に至るまでの間に生じた請求権（同8号）である。

　破産法148条1項以外の規定に基づく財団債権を特別の財団債権という。一般の財団債権と，特別の財団債権の性質は異なるものではないが，一般の財団債権のうち同条1項1号および2号によるものは，それ以外の一般の財団債権および特別の財団債権に優先するものとされている（破152条2項）。特別の財団債権としては，①管財人が負担付贈与の履行を受けた場合の，負担受益者の請求権（破148条2項），②債務者の財産に関し保全管理人が権限に基づいてした行為によって生じた請求権（同4項），③管財人が双方未履行の双務契約を解除した場合の，相手方の反対給付価額償還請求権（破54条2項後段），④破産手続開始前3月間の破産者の使用人の給料の請求権，および，破産手続の終了前に退職した破産者の使用人の退職手当のうち，退職前3月分の給料の総額に相当する額（破149条）。ただし，退職手当の請求権総額が破産手続開始前3月間の給料総額より少ない場合には，開始前3月間の給料総額が財団債権とされる（同条2項かっこ書）。⑤社債管理会社等の費用および報酬（破150条1項～5項），⑥訴訟等で破産管財人側が敗訴した場合の，相手方の訴訟・行政手続費用償還請求権（破44条3項・46条），⑦開始していた強制執行を破産管財人が破産財団のために続行するときに，執行債権者であった者が支出した費用（破42条4項），⑧否認権行使に伴う原状回復の目的のために，詐害行為の相手方がなした反対給付の価額償還請求権および反対給付に基づく現存利益返還請求権（破168条1項），⑨異議債権者が破産債権査定手続や破産債権確定訴訟において勝訴した場合の，異議債権者にもたらされた利益の限度での訴訟費用償還請求権（破132条），⑩民事再生や会社更生などの再建型の手続におい

◇9◇ 財団債権

て共益債権とされたもの（民再252条6項，会更254条6項）等がある。

(4) 財団債権の弁済 ● ● ● ●

　財団債権は破産債権に優先して弁済を受ける（破151条）。ただし，管財人に知られていない財団債権者は，破産債権者への配当率・配当額の通知がなされた後は，その回の配当金について自己への弁済を主張することは許されない（破203条）。財団債権の優先権は，破産財団の一般財産に関するものであるから，特定財産に対する優先権である別除権や相殺権に対して優先権を主張することはできない。なお，破産取消し・破産手続廃止の決定が確定した場合でも，破産管財人は，財団債権を弁済しなければならない（破90条2項本文）。

　財団債権は破産手続によらずに随時弁済を受ける（破2条7項）。すなわち，弁済期がくれば，管財人から個別的に弁済を受けることができる。ただし，管財人が，100万円以上の価額の財団債権を承認するには裁判所の許可が必要である（破78条2項13号・同3項1号，破規25条）。管財人が任意に弁済しないときは，財団債権者は，管財人を相手取って財団債権の支払いを求めて訴えを提起することができる。

　破産管財人は，財団債権についてその弁済期に従って随時弁済を行うが（破2条7項），財団規模が財団債権全額を弁済するのに不足することが明らかになった場合，破産法は，混乱を避けるために既払い分の財団債権については不問に付し，未払分について，債権額の割合に応じた平等弁済を行うことを原則としている（破152条1項本文）。その際には，財団債権を被担保債権とする留置権，特別の先取特権，質権および抵当権の効力は認められる（破152条1項但書）。ただ，財団債権に関する平等原則の例外をなすものとして，破産法148条1項1号および2号の財団債権は，他の一般の財団債権および特別の財団債権よりも優先する（破152条2項）。よって，管財人の報酬は，租税債権よりも優先する（最判昭45・10・30民集24巻11号1667頁〔百選3版120事件〕参照）。

(5) 弁済による代位と財団債権（共益債権）性 ● ● ● ●

　たとえば，倒産手続の係属中に，第三者が財団債権ないし共益債権たる債権（破149条，民再49条5項）を債務者に代わって弁済した場合，この第三者が代位弁済によって取得した原債権を財団債権や共益債権として行使できるか，と

◆第 2 編 破産手続／◆第 6 章◆ 破産財団の管理

いう問題が生じた。これについては，従来争いがあったが，近時，最高裁は，二つの判例（最判平 23・11・22 民集 65 巻 8 号 3165 頁〔百選 5 版 48 ①事件〕，最判平 23・11・24 民集 65 巻 8 号 3213 頁〔百選 5 版 48 ②事件〕）によって，代位弁済によって取得した原債権を財団債権や共益債権として行使できるとの解釈を示した。

◇1◇ 換価に関する制限

◆ 第7章 ◆

破産財団の換価

　管財人は，破産債権者に配当を行うためには，管理した財団所属財産を換価
しなければならない。そしてこの換価は，配当を早期に実施するためにも，ま
た財産の価値下落を防ぐためにも迅速になされることが要請される。そのため
に，破産管財人は，原則として，その裁量により換価をなしうるが，一定の場
合には制限がある。

● ● ● ● 　1　換価に関する制限　● ● ●

　換価行為は，破産管財人の裁量に属するが，以下の行為については，裁判所
の許可を要求する（破78条2項柱書）。すなわち，不動産に関する物権等の任
意売却（破78条2項1号），鉱業権等の任意売却（同2号），営業または事業の
譲渡（同3号），商品の一括売却（同4号），借財（同5号），相続放棄等の承認
（同6号），動産の任意売却（同7号），債権または有価証券の譲渡（同8号），破
産法53条1項による履行の請求（同9号），訴えの提起（同10号），和解また
は仲裁の合意（同11号），権利の放棄（同12号），財団債権・取戻権・別除権
の承認（同13号），別除権の目的である財産の受戻し（同14号），その他裁判
所の指定する行為（同15号）である。ただし，7号〜14号に関しては，目的
物の価額が100万円以下の場合，または裁判所の許可を要しないものとされた
場合には，許可は不要である（破78条3項，破規25条）。

　　➡ 破産財団から放棄された財産が，崖崩れの危険のある土地や，六価クロム・カ
　　　ドミウム・シアン化合物等の土壌汚染物質を内包しているような土地の財団からの

141

放棄については問題がある。これらの場合，管財人の善管注意義務の観点や，破産法人の社会的責任等の観点から慎重に判断される必要があり，安易な放棄は許されない。また，裁判所も，放棄を許可するに当たっては（破78条2項12号），単に経済的観点のみならず，公益上の観点をも加味して慎重に判断すべきである。

破産管財人は，上記の許可を要する行為をなすに際して，遅滞を生じるおそれがある場合を除いて，破産者の意見を聴かなければならない（破78条6項）。また，裁判所は，営業等の譲渡の許可をする場合には，労働組合等の意見を聴かなければならない（同4項）。破産管財人が，裁判所の許可を要する行為につき，裁判所の許可を得ないで換価をしたときはその行為は無効とされるが，その無効は善意の第三者には対抗することができない（同5項）。

2 換価の方法，別除権の目的物の換価

換価の目的物としては，不動産，動産，権利等さまざまなものが考えられるが，不動産であれば，目的物に担保権が設定されていたり，賃貸借の目的となっているなど様々な状況がある。また，動産にしても，機械，什器，家具，原材料，季節商品など様々なものがあるから，それぞれの目的物にとってもっとも適切な換価方法を選択する必要がある。

(1) 不動産の換価
1 強制執行手続による換価

破産管財人が，別除権の目的たる財産を強制執行手続によって換価する場合，別除権者はそれを拒絶することはできない（破184条2項）。別除権の目的物とはいえども，破産財団を構成する財産である以上，破産管財人の管理処分権に服すべきものであるからである。ここでいう強制執行とは，破産手続開始決定を債務名義として行われる，いわゆる形式的競売（民執195条）に属し，強制執行としての配当手続は行われず，管財人は，売却代金を別除権者に優先弁済した後，残額があればそれを破産財団に組み入れる。ただし，別除権の被担保債権につき争いがあり，別除権者が優先弁済を受けるべき金額が確定しないときには，破産管財人は，代金を寄託しなければならず，別除権者は，寄託金返還請求権について物上代位としての優先弁済権が与えられる（破184条4項）。

◇2◇ 換価の方法，別除権の目的物の換価

不動産などに関する権利（破78条2項1号2号）については，民事執行法などによる強制執行の手続によることなく，任意売却を実行することもできるが，その場合には裁判所の許可を要する（破181条1項・78条2項柱書）。実務では，任意売却による方が高価に換価できることから，競売の方法が選択されることはほとんどないといわれている。

2 別除権者の処分

別除権者が法定の権利実行方法以外の方法によって目的物を処分する権利をもつ場合には，裁判所は，破産管財人の申立てにより，その処分をなすべき期間を定め（破185条1項），その期間内に処分がなされないと，別除権者は，その処分権を失う（同2項）。なお，処分期間を定める申立てに関する決定に対しては，利害関係人が即時抗告をすることができる（同3項）。

3 破産管財人の換価権と別除権者の換価権との関係

破産法78条1項は，「破産手続開始の決定があった場合には，破産財団に属する財産の管理及び処分をする権利は，裁判所が選任した破産管財人に専属する。」と規定している。それを受けて，同法184条2項は，「破産管財人は，民事執行法その他強制執行の手続に関する法令の規定により，別除権の目的である財産の換価をすることができる。」と定める。したがって，この規定によれば，破産財団所属財産の処分権が破産管財人にあることは明らかであるが，他方で，破産法2条9項は，「破産手続開始の時において破産財団に属する財産につき特別の先取特権，質権又は抵当権を有する者がこれらの権利の目的である財産について第65条第1項の規定により行使することができる権利をいう」としている。それを受けて，同65条1項は，「別除権は，破産手続によらないで，行使することができる。」と規定している。したがって，これらの条文から見る限り，別除権を有する者（別除権者）は，破産手続によることなく，自由に別除権の目的物を換価処分することができると解される。

そこで，両者の換価権はいかなる関係にあるのかということが問題となる。典型担保権については，いずれにしても，その実行手続は原則として担保権実行競売（民執180条以下）によるのであり，両者の換価権は別個の法的根拠に基づくものであるから，いずれか先に開始された手続によって換価がなされることになろう。それに対して，非典型担保については，破産法185条1項の文言から，第1次的な換価権は別除権者にあると考えられる。しかし，同2項で別除権者が換価権を失った場合，たとえば，不動産譲渡担保においては，所有

143

◆ 第2編 破産手続／◆ 第7章◆ 破産財団の換価

名義が別除権者の名義になっているから，管財人は，破産法184条2項により競売の申立てをすることはできない。よって，この場合には，処分期間経過後ではあっても，譲渡担保権者は，譲渡担保契約で定められたとおりの処分清算または帰属清算の権利は喪失しないものといわざるを得ないであろう。それに対し，動産譲渡担保のように目的物が動産の場合は，通常は債務者が目的財産を占有しているから，破産法185条2項によって譲渡担保権者が任意換価権を失った後は，破産管財人が破産法184条2項にしたがって，民事執行法の規定により競売することができると解すべきである。

(2) 動産の換価　● ● ●

動産の換価の具体的な方法は，破産管財人の裁量に委ねられており，機械，什器，原材料，商品など換価目的物の性質によって適切なものを選択する。たとえば，大型機械など，個別売却をすれば，スクラップ価格でしか売却することはできないであろうが，工場建物と一体的処分をすればはるかに高い価額で換価できるであろうし，原材料などは，急速にその資産価値を失うものであるから，一括売却により同業他社に売却したり，少々廉価でも個別売約によりできるだけ迅速に換価する必要があろう。

(3) 債権等の換価　● ● ●

破産財団に属する財産には，預金，売掛金，受取手形，貸付金，保険金の解約返戻金，退職金等の債権が含まれることが一般的である。これらの債権の換価は，原則として債務者からの取立てによる。一般に，債権者が倒産すると，債務者は種々の苦情を申し立てて，その義務の履行を拒むことが多いといわれるが，債務者から苦情があることを理由に回収をあきらめると，管財人としての善管注意義務違反（破85条2項）に問われる可能性がある。よって，破産管財人としては，債権譲渡による換価（破78条2項8号）をも含めて，債権者を納得させるに足る程度の回収の努力をしなければならない。

◇1◇ 配当による終了

◆ 第8章 ◆

破産手続の終了 ── 配当・破産廃止

● ● ● 1 配当による終了 ● ● ●

(1) 配当の意義と種類 ● ● ●

　破産手続は，一般的には，配当をした後になされる破産終結決定によって終
了する。そこで，配当とは，管財人の破産財団の管理行為や権利者の各種権利
行使の結果，財団に残った財産を換価して得た金銭を，管財人が破産債権者に
その順位および債権額に応じて公平に分配することをいう。そして，破産法上，
配当の種類として，中間配当（破209条1項），最後配当（破195条1項），追加
配当（破215条1項）の3つが規定されている。

1 中間配当

　中間配当とは，一般調査期間の経過後または一般調査期日の終了後，配当を
するのに適当な破産財団に所属する金銭があるときになされる配当である（破
209条1項）。中間配当を行うには，裁判所の許可を要する（同2項）。中間配当
は，配当に加えられる債権と配当可能金額とを基礎として破産管財人が配当表
を作成し，これに対する異議申立てなどを経て配当率を確定し，債権者に対す
る配当を実施する形で行われる（同3項）。

　　➡ 中間配当を行うには，裁判所の許可を要するが，最後配当・簡易配当・同意配
　　　当の場合は裁判所書記官の許可を得ることで足りる（破209条2項・195条2項・
　　　204条1項・208条1項）。これは，中間配当の場合は，配当可能金額や中間配当の
　　　必要性など実質的判断が要求されるのに対して，それ以外のものにあっては，その
　　　ような実質的判断がなされる必要性が高くないからである。

　債権者の債権は配当に加えられるものでなければならない。配当に加えられ

145

◆第2編 破産手続／◆第8章◆　破産手続の終了

る債権としては，「調査の結果異議なく確定した債権」および「異議等が出た
が債権の確定手続によって確定された債権」である。したがって，異議ある破
産債権を有する破産債権者が中間配当の手続に参加するためには，当該破産債
権に関して債権確定手続が係属していることを証明しなければならない（破
209条3項・198条1項）。別除権者および準別除権者が中間配当の手続に参加
するためには，中間配当に関する除斥期間（破210条・198条1項）内に，破産
管財人に対して当該別除権の目的である財産の処分に着手したことを証明し，
かつ，当該処分によって弁済を受けることができない債権の額（予定不足額）
を疎明しなければならない（破210条1項2項）。

　破産管財人が配当を実施するために，破産債権者の氏名等，債権の額，配当
をすることができる金額，および優先・劣後の区別を記載して配当表を作成す
る（破209条3項・196条1項柱書）。破産管財人が作成した配当表または，更
正された配当表に，さらに配当に加えるべき債権が記載されていなかったり，
加えるべきでない債権が記載されている場合には，破産債権者は，除斥期間経
過後1週間以内にかぎり，配当表の誤りを主張して，裁判所に配当表に対する
異議の申立てをすることができる（破209条3項・200条1項）。配当表に対す
る異議の申立期間（破209条3項・200条1項）経過後，または配当表に対する
異議申立てがなされた場合には，それについて裁判所の決定がなされた後に，
破産管財人は，遅滞なく配当率を定め，中間配当に参加することができる破産
債権者に対してその通知を発しなければならない（破211条）。管財人はまず
優先的破産債権の配当率を決定し，それが100％に達した後に，一般の破産債
権につき配当率を定める。同様に，優先する債権への配当が100％に達した後
に，それに劣後する破産債権に対し配当率を定める。同順位の破産債権の内部
では配当率は平等でなければならない（破194条2項）。配当率の通知により各
債権者の配当金請求権が具体化するので，その後はこれを変更することはでき
ない。また，それまでに破産管財人に知られていなかった財団債権者は配当金
から弁済を受けられない（破209条3項・203条）。

　配当金は，民法の原則（民484条1項）とは異なり，各破産債権者が破産管
財人のところに出向いて受け取るのが原則である（破193条2項）。ただ，実際
には，債権者が届け出た銀行口座に振り込むのが一般的である。配当を実施し
たときは，破産管財人は，破産債権者表に配当した金額を記載しなければなら
ない（破193条3項）。

◇1◇ 配当による終了

2 最 後 配 当

① 最後配当の意義と手続

　最後配当とは，一般調査期間の経過後または一般調査期日の終了後であって，破産財団に属する財産の換価の終了後に行われる配当をいう（破195条1項）。最後配当を実施するには，破産管財人は，裁判所書記官の許可を得なければならない（破195条2項）。

　否認訴訟が係属中であって，財団が将来増加する可能性がある場合でも，その他の財産の換価が終了していれば迅速に最後の配当を行い，後の処理は追加配当に委ねるのが適切である。また，中間配当を行った後，最後配当を予定していたが，予定していた金銭が得られなかった場合（否認訴訟での敗訴，新たな財団債権者の出現，財産の減失等），通説および実務は，中間配当の寄託金がある場合（破214条1項）には，最後配当手続を行うべきであるとする。

　配当に加えられる債権は，原則として中間配当の場合と同様であるが，以下の点で若干異なる。(a) 停止条件付債権および将来の請求権は，中間配当の場合には配当額は寄託されるが，最後配当では，寄託はせず，除斥期間内にその発生が確定しないと，配当から排斥される（破198条2項。打切主義）。(b) 中間配当においては，権利実行着手の証明および不足額の疎明によって配当額の寄託がなされるが，最後配当では，除斥期間内に被担保債権の全部もしくは一部が破産手続開始後に担保されないことになったことを証明し，または当該担保権の行使によって弁済を受けることができない債権の額の証明がなされないと配当から除斥される（破198条3項）。(c) 解除条件付債権は，除斥期間内に条件が成就しないと，担保は効力を失って解除条件付債権者に返還されるし，担保を供しないために寄託された金銭は，解除条件付債権者に支払われる（破214条4項）。

　配当表の作成および確定のための手続も中間配当の場合とほぼ同じである。ただし，配当表の更正事由には，破産法199条1項1号2号に規定するもののほか，別除権者の破産債権の不足額について最後配当に関する除斥期間内に証明があったものが加わる（破199条1項3号）。中間配当では，破産管財人から破産債権者に対して配当率が通知されるが（破211条），最後配当では，配当額の通知がなされる（破201条7項）。中間配当の場合，配当表に対する異議があっても，それに対する決定がなされれば，たとえ不服申立手続が係属中でも配当を実施できるが（通説），最後配当においては，期間中に異議が提出され

147

◆ 第 2 編 破産手続／◆ 第 8 章 ◆ 破産手続の終了

ないか，または，異議手続が終了してからでないと配当を実施できない（破201条1項）。最後配当までに確定されない債権に対する配当および債権者が受け取らない配当は供託される（破202条柱書）。寄託と異なり，供託は債権者の利益のためになされ，破産管財人は，これによって支払いの責任を免れる。

② 最後配当に代わる配当の手続

旧法下では，破産財団を構成する財産が100万円に満たない場合につき，破産手続を簡略化した小破産の手続（旧破358条以下）があった。しかし，小破産とはいえども破産手続の形式を備えなければならなかったため，実務ではほとんど利用されていなかった。そこで，現行法では，それに代わるものとして，簡易配当と同意配当という2つの制度を設けた。

a．簡 易 配 当

簡易配当とは，裁判所書記官の許可に基づいて，配当すべき金額が1000万円に満たない場合に，配当の公告の不要，配当表に対する異議の手続における即時抗告の不許，あるいは，配当表に対する異議申立てを却下する裁判の裁判書の送達不要，配当見込額の通知で足り配当額の通知不要など，最後配当の手続に比べ簡略化された手続である（破204条）。

裁判所書記官の許可があったときは，破産管財人は，配当表を作成して，裁判所にこれを提出しなければならない（破205条前段・196条）。すでに中間配当が実施されている場合には，簡易配当は許されない（破207条）。簡易配当をすることにつき破産債権者が異議を述べたときは，裁判所書記官は，簡易配当の許可を取り消さなければならない（破206条後段）。

裁判所は，簡易配当が終了した後，破産管財人の任務終了による債権者集会が終結したとき，または書面による計算の報告書の提出から一定の期間が経過したときは，破産手続終結の決定をしなければならない（破220条1項）。簡易配当であっても，確定した破産債権については，破産債権者表の記載は，破産者に対し，確定判決と同一の効力を有する（破221条前段）。

b．同 意 配 当

破産管財人が定めた配当額などにつき破産債権者全員が予め同意することで，最後配当の手続を簡略にした配当の手続である（破208条）。裁判所書記官が同意配当を許可したときは，破産管財人は，その作成にかかる配当表，配当額ならびに配当の時期および方法に従って，届出をした破産債権者に対して同意配当を実施することができる（破208条2項）。同意配当の許可があった時にお

◇1◇ 配当による終了

いて破産管財人に知れていない財団債権者は，弁済を受けることはできない（破208条2項前段・203条）。裁判所は，同意配当が終了した後に，破産管財人の任務終了による債権者集会が終結した時，または書面による計算の報告書の提出から一定の期間が経過したときは，破産手続終結の決定をしなければならない（破220条1項）。同意配当の場合も，確定した破産債権については，破産債権者表の記載は，破産者に対し，確定判決と同一の効力を有する（破221条前段）。

3 追加配当

　最後配当額の通知を発した後，配当異議の除斥期間経過後（簡易配当の場合）または裁判所書記官の許可後（同意配当の場合）に新たに配当に充てるべき相当の財産が生じた場合になされる配当を，追加配当という（破215条1項前段）。

　追加配当にあてられる財産としては，①届出破産債権に対して破産管財人などから異議等が提出されて，債権確定手続が係属中の破産債権について供託されていた金銭であって（破202条1号2号），届出破産債権者側の敗訴が確定した場合，②否認訴訟等において破産管財人が勝訴した結果，破産財団に回復される財産，③破産管財人の錯誤などを理由として破産債権者から返還される配当金や税金の還付金等，④最後配当の通知後に新たに発見された財産等がある。なお，破産手続終結後に発見された財産については，通説によれば，破産終結決定によって破産者は管理処分権を回復するから，管財人の任務は手続終結当時に占有管理している財産に限られる。したがって，破産手続終結の時までに発見された財産については管財人が追加配当の責任を負うが，それ以後に発見されたものについては，責任を負わないとする。破産管財人は，裁判所から追加配当の許可を得たときは，遅滞なく配当額を定める（破215条4項）。追加配当は，最後配当，簡易配当または同意配当について作成した配当表によって行う（同3項）。

(2) 配当による破産手続の終結と破産終結決定　●●○

　任務を終了した管財人は，遅滞なく，計算の報告書を裁判所に提出しなければならない（破88条1項）。破産管財人が欠けたときは，後任の破産管財人が，計算の報告書を提出する（同条2項）。計算の報告に対して異議が提出されなければ，計算報告が承認されたものとみなされ（破89条4項），破産管財人の責任が免除されるが，異議が出されたときは，異議申立人と破産管財人との間

◆第2編 破産手続／◆第8章◆ 破産手続の終了

の損害賠償請求訴訟などにより解決する。なお，旧法では，計算報告のための債権者集会の召集が必要的なものとされていたが，現行法では，書面による計算報告の方式によることも可能とされている（破89条1項2項）。

　破産管財人の任務が終了した場合において，急迫の事情があるときは，破産管財人またはその承継人は，後任の破産管財人または破産者が財産を管理することができるに至るまで，必要な処分をしなければならない（破90条1項）。

　通常，破産手続は，配当によりその目的を達成し終了する。そこで，裁判所は，最後配当，簡易配当または同意配当が終了した後，計算報告のための債権者集会が終結したとき，または利害関係人による異議申述の期間が経過したときは，破産手続終結決定をしなければならない（破220条1項）。破産終結決定があると，破産財団に残余財産があれば，破産者はその財産について管理処分権を回復する。また，自由の制限（破37条・81条・82条等）から脱する。ただし，公私の資格制限については，復権（破255条以下）によらなければそれから脱しない。また，破産債権者も破産手続上の拘束から解放されるから，破産者の財産に対して個別的に権利を行使することができる。この場合，破産手続において確定した破産債権については，破産債権者表の記載は，確定判決と同一の効力を有するから（破221条1項前段），これを債務名義として強制執行をすることができる（同後段）。ただし，破産者が異議を述べていた債権についてはこの限りではない（破221条2項）。

2　破産終結以外の事由による破産手続の終了

(1) 破産終結以外の事由による破産手続の終了原因

　破産手続は，破産債権者に対する配当によって終了するのが本来の姿であるが，法律上は，その外にもいくつかの手続終了原因を規定している。まず第1は，破産手続より優先する他の手続（民事再生手続や会社更生手続）が破産手続係属中に開始されることによって，破産手続が中止され，再生計画や更生計画認可決定の確定によって失効する場合である（民再39条1項・184条，会更50条1項・208条）。第2は，破産手続の廃止に全債権者が同意する，いわゆる同意破産手続廃止（破218条）による場合である。第3は，財団不足による破産手続廃止である。これには，同時破産手続廃止（破216条1項）と異時破産手

◇2◇ 破産終結以外の事由による破産手続の終了

続廃止（217条1項）とがある。これらは，いずれも，破産手続は将来に向かってのみその進行を止めるものであり，手続が遡及的に効力を失う破産取消（破33条3項）とは区別される。

(2) 財団不足による廃止　● ● ●

破産手続が開始されても，破産財団が破産手続の費用を償うにも足りないことが判明したような場合，債権者への配当は期待できないことは勿論，手続費用は国庫の持出しとなる。そこで，このような場合には，それ以上破産手続を続行する意味はなく，破産手続は廃止される。これには，同時破産手続廃止と異時破産手続廃止とがある。

1 同時破産手続廃止

破産手続開始決定の要件は具備しているが，破産財団を構成すべき財産が乏しく，破産手続の費用さえ償うに足りないときは，破産手続を実施することは費用倒れになって無意味である。このような場合，裁判所は，破産手続開始決定と同時に破産手続廃止の決定をしなければならない（破216条1項）。これを同時破産手続廃止（同時廃止）という。

同時破産手続廃止の決定は職権でなされるが，破産手続の費用を支弁するに足りる金額の予納があったときは，かかる廃止の決定をすることはできない（同2項）。

同時破産手続廃止の場合には，同時処分（破31条）および付随処分（破32条）はなされず，個人である破産者は，自己の財産に対する管理処分権を回復し，そのまま継続して事業活動を営むことができる。また，破産者は，破産手続開始決定によって生じた，居住制限や説明義務（破37条1項・40条）等の各種制限・義務から解放される。法人である破産者については，破産手続開始の決定があり解散した以上，事業の継続は考えられないから，解散に伴う清算手続が行われる。この場合，清算人の選任が必要になる（会社478条2項。最判昭43・3・15民集22巻3号625頁〔百選4版87事件〕）。

同時破産手続廃止の場合でも，破産手続開始決定はなされるから，公私の資格喪失の効果が生じる一方で，免責申立てもできる（破248条1項）。さらに，個人である破産者は復権の申立てが可能である（破256条1項）。同時廃止の決定があると，破産債権者について個別的権利行使の禁止（破100条1項）は解かれるから，破産債権者は破産者に対し権利を行使することができる。ただし，

◆ 第2編 破産手続／◆ 第8章◆　破産手続の終了

個人である破産者につき免責許可の申立てがあるときは，免責許可の申立ての裁判が確定するまでの間は，破産者に対して強制執行等はすることができない（破249条1項）。

2　異時破産手続廃止

破産手続が開始され，手続が進んだ段階で，破産財団に十分な財産がなく，破産手続の費用を支弁するに足りないことが判明した場合にも，それ以上破産手続を進める意味はないから，破産手続廃止の決定をしなければならない（破217条1項前段）。これを異時破産手続廃止（異時廃止）という。異時破産手続廃止の原因としては，当初存在すると予想された財産が存在しなかったり，取戻権の行使や，財団債権への弁済が多額に上ったり，否認訴訟で敗訴するなど，その価値が著しく減少した場合が考えられる。

異時破産手続廃止の決定は，破産管財人の申立てまたは職権によってなす（破217条1項）。なお，破産手続の費用を支弁するのに足りる金額の予納があった場合には，異時廃止の決定をすることはできないし，破産債権者の意見を徴する必要もない（破217条3項）。異時破産手続廃止決定は確定したときにその効力を生じる（破217条8項）。廃止決定の確定により，破産者は破産財団に属する財産の管理処分権を回復する。破産者が破産手続係属中に行った行為で破産債権者に対抗することができない行為は完全に有効になる。また，破産手続中に破産管財人がなした管理処分行為は，廃止後においても有効である。個人である破産者は復権の申立てが可能である（破256条1項）。法人である破産者は，同時廃止の場合と同様に，事業の継続は考えられないから，解散に伴う清算手続が行われる。破産債権者は，個別的権利行使の禁止を解かれるから，破産者に対する権利行使が可能となるが，個人である破産者につき免責許可の申立てがあるときは，免責許可の申立ての裁判が確定するまでの間は破産者に対して強制執行をすることができないことは，同時廃止の場合と同様である（破249条1項）。

(3) 同意破産手続廃止　● ● ●

破産者が債権届出期間内に届け出た債権者全員の同意を得た場合，または，同意をしない債権者に対して他の破産債権者の同意を得て破産財団から担保を供した場合に，破産手続を将来に向かって終了させることを，同意破産手続廃止（同意廃止）という（破218条1項）。配当に与るすべての破産債権者がもは

152

◇2◇ 破産終結以外の事由による破産手続の終了

や破産手続を実施する必要はないと認めている時には，これを無視して破産手続を強行する意味はないからである。法人である破産者がこの申立てをするには，当該法人を継続する手続を予めとらなければならない（破219条）。なお，破産者が免責許可の申立てをしているときは，手続終了後の弁済を予定している同意廃止の申立てをすることができない（破248条6項）。

同意破産手続廃止決定が確定すると，破産管財人は，財団債権を弁済しなければならないが（破90条2項本文），その存否または額について争いがあるときは，その債権を有する者のために供託をしなければならない（同但書）。同意破産手続廃止決定の確定により，管財人の任務は終了するから，遅滞なく，計算の報告書を裁判所に提出しなければならない（破88条1項）。同意廃止の効力は，廃止決定が確定したときに生じる（破218条5項前段・217条8項）。同意廃止決定が確定すると，以下の効力が生じる。

①破産者は破産財団に属する財産に対する管理処分権を回復する。それに伴い，破産管財人を当事者とする破産財団に関する訴訟手続は，廃止決定の確定により中断し（破44条4項），その後は破産者との間での訴訟法律関係となるから，破産者がこれを受継しなければならない（破44条5項前段・5項後段）。否認訴訟はもはや続行する意味がなくなるから，当然に終了する。破産手続の開始に伴い中断し破産管財人または相手方によって受継された詐害行為取消訴訟の手続（破45条1項2項）は，廃止決定の確定により中断し（同4項），これを破産債権者が受継しなければならない（破45条5項）。ただし，この管理処分権の回復には遡及効はない。②破産者は，破産手続開始により生じた，居住制限（破37条1項）や説明義務（破40条），通信制限（破81条）等の各種制限・義務から当然に解除される。③債権者は，個別的権利行使の禁止（破100条1項）を解かれ，自由に旧破産者に対して権利行使ができる。すなわち，確定した破産債権者表の記載は確定判決と同一の効力を有するから，これに基づいて強制執行をすることができるが（破221条1項），破産者が異議を述べていた場合にはこの限りではない（同2項）。

153

◆第2編 破産手続／◆第9章◆ 消費者破産と免責

◆ 第9章 ◆

消費者破産と免責

● ● ● 1 消費者破産手続とその特徴 ● ● ●

　消費者破産とは法律用語ではないが，一般的には，事業活動をしていないか，ごく小規模な事業をしている自然人たる債務者が，経済的に破綻したことを理由に，主として，経済生活の再建のために債務の免責を受けることを目的にして自己破産を申し立てることを意味する。消費者破産手続も，基本的には，事業者破産手続と異なるところはないが，いくつかの特徴的な点がみられる。

(1) 申 立 て ● ● ●

　消費者破産の場合，破産者は自然人であるから，手続開始原因は支払不能のみである（破15条1項）。ただ，破産手続開始申立ての時点において，ほとんど例外なく支払不能状態にあり，破産原因の調査に困難を生じることはほとんどない。なお，債権者にも申立権はあるが（破18条1項），ほとんどが，債務者自らが（弁護士を申立代理人として，または司法書士に申立書を作成してもらう場合もある）破産手続開始申立てをなす，いわゆる自己破産である。申立てが受理されると，受理票が発行され，これを債権者に送付して破産申立てをしたことを通知すると，債権者は取立てをすることが禁じられる。

(2) 開 始 決 定 ● ● ●

　自己破産申立てに対し，最近では，手続を迅速化し，破産手続開始申立てと同時に債務者審尋を実施し，問題がなければ直ちに破産手続を開始するという即日面接と呼ばれる運用もなされている。消費者破産においては，破産者には，

154

◇1◇ 消費者破産手続とその特徴

通常みるべき財産はないので，従来の破産実務では，同時破産手続廃止（破216条）の事件が多数を占めていたが，近時では，後述する少額管財事件として処理される事例が増えている。

(3) 係属する契約関係 ● ● ●

　管財事件の場合は，破産法の規定の適用があるが，同時破産手続廃止の場合は手続開始と同時に破産手続は終了し破産管財人も選任されないから，破産管財人の権限として規定されているものは適用されないことは明らかであるが，破産手続開始という事実は残るから，手続開始によって生じる効力は原則としてすべて生じる。

1　継続的供給契約

　ガス・水道・電気等のいわゆる継続的供給契約では，破産手続開始の時点では双方の債務は未履行の状態にある。管財事件の場合は，供給者は，破産手続開始申立前の不履行を理由として，手続開始後は給付の履行を拒むことはできない（破55条1項）。供給者の債権は，開始申立前の給付に対するものについては破産債権とし，開始申立てから開始決定までの給付の対価の部分は財団債権になる（破55条2項）。破産手続開始後の給付に対する請求権はそれが破産財団のための給付であれば財団債権となる（破148条1項2号）が，破産者の生活のための給付（消費者の場合はこれが通常である）であれば財団債権とはならず，破産者が自由財産から支払う。

　同時廃止の場合に破産法55条1項の規定が適用されるか否かということが問題となるが，継続的供給契約に関する処理は，管財事件における双方未履行の双務契約の処理規定（破53条・54条）の特則と考えられ，同時廃止の場合には，契約相手方は破産手続開始申立前の給付に対する弁済がないことを理由に，供給義務の履行を拒むことができると解すべきである。これに対して異時廃止の場合は，破産手続開始申立後破産手続開始までの間の給付に係る請求権は財団債権となり（破55条2項），免責の対象にはならないから（破253条1項柱書），たとえ免責決定が確定しても，供給者は，この債務の履行がないことを理由に，以後の供給を拒むことができるであろう。それに対して，破産手続開始申立前に供給した分については通常の破産債権であり，免責の対象となるから，供給者は，以前の債権の未履行を理由として，事後の供給を拒むことはできない。

155

◆第2編 破産手続／◆第9章◆ 消費者破産と免責

2 賃貸借契約

消費者破産では，主として建物賃借人が破産した場合が問題となる。管財事件では，賃貸借契約は破産手続開始決定時では双方未履行の双務契約であるから，破産法53条によって処理される。しかし，消費者破産においては，賃借建物が破産者の住居である場合，賃貸借契約を解除することは破産者の生活の本拠を奪うことになり，債務者の経済生活の再生（破1条参照）という観点からみて妥当ではない。また，履行が選択される場合，敷金返還請求権は破産財団に属する財産となるが，破産手続開始後の賃料は財団債権であるから（破148条1項7号），破産者が住むための賃料を破産財団から支出するという不合理な結果が生じる。そこで破産者が継続して当該建物の使用を望むときは，破産管財人としては，破産者が自由財産や新得財産から今後の賃料を支払って居住ができるようにする一方，敷金返還請求権自体を放棄するという取扱いや，敷金の返還額に相当する部分の金額を，破産者の自由財産から破産財団に組み入れさせて，敷金返還請求権を放棄するという取扱いをするなどの実務運用が多いといわれる。それに対して，同時破産手続廃止の場合には，賃貸借契約には何らの影響もなく，契約はそのまま継続する。

3 労働契約

消費者破産では，ほとんどが労働者（使用人）の破産である。同時破産手続廃止の場合，労働契約には何ら影響はないし，管財事件でも，労働契約は労働者が自ら労働を提供する一身専属的な契約であるから，双方未履行双務契約の処理規定（破53条）の適用はない。管財事件の場合は，破産者の給料請求権は自由財産となる差押禁止部分以外は，破産財団に属する（破34条1項）。管財事件の場合で退職金があるときは，破産者の将来の退職金請求権のうち，破産手続開始前の労働に対する部分は自由財産となる部分以外は破産財団に属する財産となるが，破産管財人は労働契約を解除することはできないし，破産者に退職を勧告することも破産者の経済生活の再建という観点から妥当ではない。そこで，実務上，破産手続開始時点の退職金見込額のうち一定額を，破産者の自由財産や破産者の借り入れ等で破産財団に組み入れるとする取扱いが多く，その額が20万円以下の場合は組入は要しないという取扱いがなされているようである。

◇2◇ 免責制度

● ● ● 2 免責制度 ● ● ●

(1) 免責制度の沿革と理念 ● ● ●

　免責制度はイギリスに始まり，破産者が誠実で，配当またはその後の弁済によって債権額の5割以上の満足を与えた場合に，債務者に対する報奨ないし特典として免責の申立てが認められた。免責制度は，その後アメリカに継受されたが，制度の趣旨内容は次第に修正された。すなわち，配当の有無を問わず，債務者の不誠実性を示す事由がない限り免責を与えることとされ，さらに，破産手続開始決定があれば自動的に免責の申立てがあったものとみなされ，申立ては不要となった。ドイツ法を継受したわが国の旧破産法には，当初，免責制度はなかったが，1952年（昭和27年）にアメリカ法の影響のもと会社更生法が制定されたのに伴い，自然人たる破産者の経済的更生を容易にするために，免責の制度が導入された。わが国の免責制度は，配当率を問わないなどの点でアメリカ法に近いが，免責手続が破産手続と別建てになっており，独自の申立てを要する点でイギリスの制度に近い。ただ，現行法では，免責手続と破産手続とは別個の手続と構成しつつ，破産手続開始申立てをした場合には，原則として，免責許可の申立てがなされたものとみなす旨の規定（破248条4項）が設けられたことにより，アメリカ法に近づいたといえる。

　免責制度の理念については，大きく分けて，①誠実な破産者に対する特典であるとする考え方と，②破産者の経済生活の再建・更生の手段であるとする考え方とが対立している。そのどちらを強調するかによって，免責不許可事由の判断や審理方法などに影響が生じるであろう。判例（最判昭36・12・13民集15巻11号2809頁〔百選5版82事件〕）は，憲法29条1項との関係で，免責の制度は，公共の福祉のために憲法上許された必要かつ合理的な財産権の制限であり合憲であるとしているが，免責を，誠実な破産者に与えられた特典であると解している。

(2) 破産免責と少額管財手続 ● ● ●

　免責制度の利用は当初は低調であったが，消費者金融の急成長に伴い，多重債務問題が社会的な問題になった。そのような中，債務者の最後の救済手段として，免責制度が積極的に利用されるようになり，昭和50年代末から，同時

157

◆ 第2編 破産手続／◆ 第9章 ◆ 消費者破産と免責

破産手続廃止と結合して免責を得ようとする自己破産の申立てが急増した（破産免責）。このような裁判実務の動向に対しては，実務上，とくに，免責を誠実な債務者に対する特典であるとみる立場から，債権者保護や「借りたものは返す」という取引倫理の遵守等を根拠に，裁判所が借金踏み倒しの手先になっているといった厳しい批判もなされていた。

このような議論を背景として，実務運用として実施されたのが少額管財手続といわれるものである。これは，平成11年4月から東京地裁破産再生部（民事20部）において運用が開始された新しい手続であり，管財人を付することで公正な清算を実現すると共に，管財業務を大幅に簡素化することにより低額の費用を実現した手続である。この手続は，当初は個人破産事件について用いられたが，翌年12月からは，法人・個人をとわず全破産事件に適用範囲が拡大された。この制度は，「財団収集業務がないか，または短期間でこれを終えることができると見込まれる代理人申立ての法人・個人の破産事件について，管財業務の簡素化を図ることによって，原則として20万円の予納金により破産管財人を選任して公正な清算を行う手続」であると定義されている。この手続では，財産報告集会期日において，管財人の報告と債権調査を実施するのに加えて，異時廃止の場合の意見聴取のための集会期日，配当終了の場合の任務終了による集会期日，破産者の免責審尋期日等のすべてを併わせて実施する。また，管財人の報告書は，収支計算書と財産目録および法人の貸借対照表のみで足り，その余は口頭報告とし，免責に関する意見書は簡単な定型書面を用意するなどとしている。また，申立てから終結までの期間を原則3ヶ月とした上，同一管財人に数件同時に受任してもらい，困難な事案が生ずる事件と困難度が低い事件の同時並行的処理のなかで報酬の平準化が図られている。

(3) 免責の手続 ● ● ●

わが国では，免責手続は破産手続とは一応別建てである（破248条1項）が，破産手続開始の申立てがなされた場合には，申立ての際に反対の意思を表示していない限り，当然に免責許可の申立てをしたものとみなされており，実質的には一体化している（同4項）。なお，免責許可の申立てをしたときは，同意廃止の申立てまたは再生手続開始の申立ては許されない（破248条6項）。これは，同意廃止は債権者の同意によって破産手続を終了させる制度であり破産手続終了後の弁済が予定されているし，民事再生手続では再生計画で手続債権の

◇2◇ 免責制度

減免等の権利変更がなされるから，いずれにしても免責とは両立しないからである。

免責許可の申立てがあると，裁判所は，免責不許可事由（破252条1項）の有無または裁量許可の可能性等につき審理するが，そのために，破産管財人等に，それらの事情を調査報告させたり意見を聴くことができる（破250条・251条）。

裁判所は，免責許可の申立てが不適法な場合には，申立てを却下するが，免責不許可事由（破252条1項各号）のいずれにも該当しない場合には，免責許可の決定をする（同1項柱書）。免責不許可事由（破252条1項各号）があると認めるときは，原則として免責不許可の決定をするが，免責不許可事由に該当する場合であっても，破産手続開始決定に至った経緯，その他一切の事情を考慮して免責を許可することが相当であると認めるときは，免責許可決定をすることができる（同2項）。これを裁量的免責という。この場合，免責制度の理解の相違により，その広狭に影響が出てくるであろう。免責許可の申立てについての裁判に対しては，即時抗告をすることができる（破252条5項）。

実務上，消費者破産において主として問題になるのは，詐術に基づいて信用取引により財産を取得した場合（破252条1項5号）である。従来，「詐術」に関しては，積極的な欺罔行為を要するか，あるいは，財産状態についての単なる不告知も含むのかについては議論があった。しかし，近時の，個人情報収集量の飛躍的増大に伴う与信者の信用調査能力の高度化・システム化という状況に鑑み，ここでいう詐術とは，氏名，職業，収入，他からの借金の有無，保証人等につき，積極的に虚偽の内容を告知する場合をいうと解すべきであり，単なる不告知は除かれるべきである。

(4) 免責審理期間中の強制執行の禁止 ● ● ●

アメリカ法と異なり，破産手続と免責手続を別個のものと構成するわが国の制度にあっては，破産手続が終結すれば，破産債権者は個別的権利行使の禁止から解放される結果，免責手続が継続していても，破産者の給料債権等の自由財産に対して強制執行することができることになる。しかし，これでは，免責制度が目指している，債権者の追求を遮断して破産者の経済的更生を図るという目的が達成できなくなってしまう。とくに，同時破産手続廃止の場合は廃止決定の確定と共に破産手続は終了し，免責の審理はその後になるため，免責の

159

◆第2編 破産手続／◆第9章◆ 消費者破産と免責

審理中に強制執行がなされる可能性が高い。

　この問題につき，判例（最判平2・3・20民集44巻2号416頁〔百選3版95事件〕）は，破産手続廃止決定確定後は免責審理中であっても強制執行が許されるだけでなく，執行によって得た弁済は不当利得にもならないと判示したが，学説の多数はこれに批判的であった。現行法は，これを立法的に解決した。すなわち，免責許可の申立てがあり，かつ，同時破産手続廃止決定，異時破産手続廃止決定または配当終結決定があったときは，免責許可の申立てについての裁判が確定するまでの間は，破産債権に基づく強制執行等または破産債権に基づく国税滞納処分はすることができず，破産債権に基づく強制執行等の手続で破産者の財産に対しすでにされているものは中止する（破249条1項）。また，免責許可決定が確定したときは，中止した破産債権に基づく強制執行は失効するとされた（同2項）。しかし，この規定によれば，非免責破産債権者も一律に強制執行が禁じられるし，また，免責不許可決定がなされる可能性もあることを考えると，強制執行の禁止により，債権者が消滅時効中断の機会を失う可能性がある。そこで，非免責破産債権者については，免責許可の申立てについての決定が確定した日の翌日から2月を経過する日までは，時効が完成しないこととし（破249条3項柱書および同1号），それ以外の破産債権については，免責許可の申立てを却下した決定または免責不許可決定の確定の日の翌日から2月を経過する日までは，時効が完成しないこととされた（同2号）。

(5) 免責許可決定の効力　●　●　●　●
1　免責の効果の法的性質

　免責許可決定が確定したときは，破産者は，破産手続による配当を除き，破産債権について「その責任を免れる。」と規定している（破253条1項）。この文言をめぐっては，自然債務になるとする自然債務説と，債務が消滅すると解する債務消滅説とが対立している。たしかに，自然債務説は，破産法253条1項柱書本文や破産法253条2項の文言に忠実な解釈だと思われるが，立法的に例外を定めたものと解することもできる。また，消費者信用における債権者と債務者との力関係などからみて，実際上，破産債権者に対する債務を自然債務として残すことは，破産者の真に自発的な履行を促す効果よりも，債権者が裁判外の圧力によって，破産者に対して事実上弁済を強要したり，自然債務として残っているものを更改の合意によって通常の債務として復活させることに根

◇2◇ 免責制度

拠を与えることにもなりかねず，免責によって破産者の経済生活の再生を図る
制度目的の実現そのものが阻害されるおそれがある。よって債務消滅説に賛成
したい。

2 破産債権者に対する効力

破産債権者は，破産者の自由財産に対して破産債権者表を債務名義として強
制執行することはできない（破253条3項）。仮に強制執行の申立てがあった場
合でも，債務者はこれに対して請求異議の訴えをもって，破産免責の許可が
あったことを主張して，執行の不許を求めることができる（民執35条）。

3 破産者と共に債務を負担する者に対する効力

免責許可の決定が確定すると，破産者との関係では破産債権を消滅させるが，
破産債権者が破産者の保証人その他破産者と共に債務を負担する者に対して有
する権利，および破産者以外の者が破産債権者のために供した担保には影響を
及ぼさない（破253条2項）。これは，実体法上認められている人的担保を有す
る者を保護するための特別規定であると解されるが，このことが債務者の破産
申立てを躊躇させる一因にもなっている。

4 破産者に対する効力

免責許可の決定が確定したときは，破産者は責任を免れるほか，当然に復権
する（破253条1項・255条1項1号）。

(6) 非免責債権 ● ● ● ●

免責許可の決定が確定すると，破産者は原則として，破産手続による配当を
除いて，破産債権全部についてその責任を免れる（なお，財団債権は免責債権に
はならない〔破産法253条1項柱書参照〕）。ただし，さまざまな理由から，免責
の対象とならない破産債権が存在し，これを非免責債権という。すなわち，①
租税等の請求権（破253条1項1号）。②破産者が悪意をもって加えた不法行為
に基づく損害賠償債権（同2号）。これは，加害者に対する制裁という意味が
あり，ここにいう悪意とは，3号との関係からみて，積極的害意を意味すると
解される。③破産者が故意または重大な過失により加えた人の生命または身体
を害する不法行為に基づく損害賠償請求権で，悪意で加えた不法行為に基づく
損害賠償請求権に当たらないもの（同3項）。④親族関係にかかる一連の請求
権（同4号イ－ホ）。⑤雇用関係に基づいて生じた使用人の請求権および使用人
の預り金の返還請求権（同5号）。これは，個人事業者の破産を想定したもの

161

◆第2編 破産手続／◆第9章◆ 消費者破産と免責

である。⑥破産者が知りながら債権者名簿に記載しなかった請求権（同6号）。⑦罰金等の請求権（同7号）。これらの債権は，破産者が弁済しなければ意味がないからである。

(7) 免責の取消し ●　●

いったん免責許可決定が確定した後であっても，破産者につき，詐欺破産罪（破265条）の有罪判決が確定したときは，破産債権者の申立てまたは職権で，また，破産者の不正な方法（詐欺，脅迫，特別利益供与等）によって免責許可の決定があった場合で，破産債権者が当該免責許可の決定があった後1年以内に免責取消しの申立てをした場合には，免責は取り消される（破254条1項）。免責の取消しに際しては，裁判所は，職権で必要な調査をし，または口頭弁論を開いて審理することもできる（破8条）。免責取消申立てについての裁判および職権による免責決定取消決定に対しては，即時抗告が認められる（破254条3項）。免責取消決定が確定したときは，免責許可決定はその効力を失い（同5項），免責の効力を受けた破産債権者に対する責任は復活し（破254条7項・253条3項参照），これにより破産債権者表の執行力も回復する。

●　●　3　復　権　●　●

復権とは，個人破産者が受ける公私の資格喪失の不利益を消滅させ，その法的地位を一般的に回復させることをいい，それには，当然復権と裁判による復権（申立てによる復権）とがある。当然復権とは，復権の申立てや裁判をしないで当然に復権する場合をいう（破255条1項柱書前段）。それに対し，裁判による復権とは，法律上当然には復権しない破産者が，弁済その他の方法（免除・消滅時効等）によって，破産債権者に対する全債務について責任を免れたときに，破産裁判所の決定により復権する場合をいう（破256条1項）。復権の審理において裁判所は，職権で必要な調査をなし，また必要に応じて口頭弁論を開くことができる（破8条・3条第2かっこ書）。復権申立ての裁判に対しては即時抗告が認められ（同5項），復権の効力は，その確定の時に生じる。

162

◇2◇　破産犯罪の種類

◆ 第10章 ◆

破 産 犯 罪

● ● ● 1　破産犯罪規定の必要性　● ● ●

　破産手続の開始前後には，経済的に行き詰まった債務者が，破産財団に属すべき財産を隠匿・毀損したり，他人に廉価で処分をしたりして，破産債権者の利益を害することがある（後者については，否認権〔破160条以下〕の行使も可能である）。また，破産者が破産手続上の義務に違反したり，破産管財人がその職務の遂行に際して不正な行為を行うようなこともある。このような行為があると，破産手続を円滑に進めることはできない。したがって，このような行為は，単に否認や免責不許可事由とするだけでなく，刑罰を科すことによってでも抑止する必要がある。このような観点から認められたのが，破産犯罪という制度である。

● ● ● 2　破産犯罪の種類　● ● ●

⑴ **詐欺破産罪（破265条。国外犯につき276条1項。両罰規定として破277条）** ● ● ●

　破産手続開始の前後を問わず，債権者を害する目的で，次の行為をした者は，債務者につき破産手続開始の決定が確定したときは，詐欺破産罪として，10年以下の懲役もしくは1000万円以下の罰金に処し，またはこれを併科する（破265条1項前段）。情を知って，その行為の相手方となった者も同様である（同後段）。この罪は，破産手続の開始決定の確定が処罰要件になっているほか，

163

◆第2編 破産手続／◆第10章◆ 破産犯罪

所定の行為をすることにより成立する，いわゆる抽象的危険犯であり，破産債権者に実害が生じる必要はない。具体的には，①債務者の財産を隠匿し，または損壊する行為，②債務者の財産の譲渡または債務の負担を仮装する行為，③債務者の財産の現状を改変して，その価格を減損する行為，④債務者の財産を債権者の不利益に処分し，または債権者に不利益な債務を債務者が負担する行為，⑤債務者について破産手続開始の決定がなされ，または保全管理命令が発せられたことを認識しながら，債権者を害する目的で，破産管財人の承諾その他の正当な理由がなく，その債務者の財産を取得し，または第三者に取得させる行為である。

(2) その他の破産犯罪 ● ● ●

これには大きく分けて，①手続の遂行機関たる破産管財人等の職務に関する犯罪，②破産手続に不可欠な情報に関し，関係者が非協力的な態度をとる犯罪，③その他の犯罪がある。第1の類型に属するものとして，ⓐ破産管財人等の特別背任罪（破267条。国外犯につき破276条2項），ⓑ不正の請託のある収賄罪（破273条2項4項5項。国外犯につき破276条1項），ⓒ不正な請託のある贈賄罪（破274条2項。国外犯につき破276条1項。両罰規定として277条），ⓓ破産管財人等に対する職務妨害の罪（破272条。国外犯につき破276条1項。両罰規定として破277条）がある。第2の類型には，ⓐ破産者等の説明及び検査の拒絶等の罪（破268条。両罰規定として破277条），ⓑ重要財産開示拒絶等の罪（破269条。両罰規定として破277条），ⓒ業務および財産の状況に関する物件の隠滅等の罪（破270条。国外犯につき破276条1項。両罰規定として破277条），ⓓ審尋における説明拒絶等の罪（破271条。両罰規定として破277条）がある。第3の犯罪類型としては，ⓐ特定の債権者に対する担保供与等の罪（破266条。国外犯につき276条1項。両罰規定として277条）がある。偏頗行為は否認の対象にもなっており（破162条1項2号），免責不許可事由ともされているが（破252条1項3号），ここでは，他の債権者を害する目的という主観的要素を要求した上で，刑罰の対象とされている。それと，ⓑ破産者等に対する面会強請等の罪（破275条。両罰規定として破277条）がある。

第 **3** 編

民事再生手続

◇1◇ 民事再生手続の意義

第1章

民事再生手続の意義，再生手続の利害関係人・機関

1 民事再生手続の意義

(1) 民事再生手続の特徴

　民事再生手続は，再建型倒産処理手続の一般法として，以下のような特徴を有する。第1に，民事再生法は，その適用対象を限定しておらず（民再1条），経済的に窮境にある，すべての法人および個人が民事再生手続の適用対象になる。第2に，再生手続の開始によっても，債務者は，原則として事業経営権および財産の管理処分権を失わない，いわゆる DIP 型の倒産処理手続である（民再38条1項）。しかし，事案に応じて，DIP 型手続をとりながらも，監督委員を選任し，その監督の下に手続を遂行する後見型手続をとることもできるし（民再54条以下），さらには，管財人を選任し，この者に事業経営権・財産管理処分権を全面的に移転し，この者の主導のもとに倒産処理をする管理型手続をとることもできる（民再64条以下）という柔軟な構造になっている。第3に，一般債権者は，破産手続におけるのと同様，再生手続への参加が義務づけられるが（民再84条・85条1項），一般の優先権ある債権者は，一般優先債権として手続外で満足を受けることができるし（民再122条1項2項），特定財産上の担保権は，破産手続と同じく別除権とされ，手続外での満足が保障されている（民再53条1項2項）。第4に，債務者の権限の適切な行使を確保すると共に，手続の簡素化を図るために，倒産処理に必要となる調査・情報収集のため，監督委員，管財人，調査委員，債権者委員会等の機関を，いずれも任意のものとして用意しているほか，裁判所が債務者に対して必要な監督を行えるようにしている。第5に，旧和議法では，手続開始原因は破産におけるそれと同様であ

167

◆第3編 民事再生手続/◆第1章◆ 民事再生手続の意義,再生手続の利害関係人・機関

り,また,手続開始申立てと同時に和議条件(再建計画)を提出するものとされていた。しかし,それでは,再建型倒産処理手続としては,手続開始が遅きに失するし,倒産の混乱の中で,適切な再建計画を立てることは困難であり,ともすれば,和議条件を可決してもらうために,債権者に有利ではあるが実現困難な和議条件が作られることもあった。そこで,民事再生法は,手続開始原因を緩和する(民再21条)と共に,債権者の,再生計画案の提出期間を,手続の開始申立時ではなく,債権届出期間の満了後の裁判所が定める期間内にするものとしている(民再163条1項)ほか,債権調査・確定手続を導入し(民再99条以下),合理的な内容を有する再建計画の作成を容易にしている。第6に,和議手続においては,和議条件の認可決定の確定により,手続は終了し,その後の和議条件の履行は,もっぱら債務者の誠実性に任されていた。そのため,和議条件が内容通り履行されないという状況がしばしば見られた。そこで,民事再生法においては,成立した再生計画の履行を確保するために,様々な履行確保手段を講じている(民再180条3項・187条・188条2項3項・189条等)。

(2) 再建型倒産処理手続としての民事再生手続の目的と基本構造　●　●　●

　民事再生法1条から明らかなように,民事再生手続の目的は,事業者の破綻にあっては,その事業の解体を回避し,再び市場における競争に立ち戻らせることであり,消費者の破綻にあっては,その経済生活を再生することにある。このような目的を達成するためには,債権者の恣意的な債権の取立て等を許すと,到底合理的な再建計画を立てることはできない。そこで,まず,①現在の債権をいったん棚上げにして債権者からの取立てを防ぎ,次いで,②遊休資産の売却や将来に見込める収益等によって弁済できる範囲に,債務の圧縮を図る必要がある。

1 現在の債権の棚上げ

　債権の棚上げとは,債務の弁済を一旦停止して,その債権者には倒産手続でしか権利行使をさせないことを意味する。民事再生手続において,債権者は,再生計画によらなければ権利行使をすることができないと規定されているのがそれである(民再85条1項)。これによって,弁済の原資を確保し,かつ,合理的な再建計画を作成することが可能になる。

2 債務の圧縮

　債務の圧縮とは,債務の免除や期限の猶予,借入金の一部を株式に切り換え

るデット・エクイティー・スワップ（DES）等によって，遊休資産の売却や，将来の収益で弁済できる範囲に債務を縮小することをいう。なお，債務の圧縮に際しては，個々の債権者の意思によることなく強制的にその権利の変更が行われるから（民再172条の3），それは公平，平等，衡平および手続保障の理念のもとに行われなければならない。公平とは，実体法上同じ性質をもつ権利は手続上も平等な取扱いをすることをいう。これを債権者平等原則という（民再155条1項本文・122条1項2項・53条1項2項）。また，衡平の原則は，いわゆる配分的正義の視点から公平・平等原則を修正するものであるが，少額債権などについて権利変更に関する差を設けることが認められているのは（民再155条1項但書），その現れである。なお，民事再生手続においては，多数決で反対債権者の意思を無視して強制的に債務の圧縮が行なわれる関係上，反対債権者の利益保護の観点から，債務者が清算（破産）した場合より債権者に高率の弁済が与えられる保障がない限り，再生計画は認可されないという，清算価値保障（維持）原則がとられている（民再174条1項4号）。

● ● ● 2　再生手続の利害関係人・機関　● ● ●

(1) 再生債務者　● ● ●

1　再生債務者の公平誠実義務と第三者性

　再生債務者は，再生手続が開始された後も，原則として，その業務を遂行し，その財産を管理・処分する権利を有する（民再38条1項）。すなわち，民事再生手続は基本的にDIP型手続であり，管財人が選任され，業務遂行権や財産の管理処分権をすべてこれに委ね，管財人のもとで手続が遂行されるいわゆる管理型手続である破産手続や会社更生手続と大きく異なる。しかし他方で，再生債務者は，債権者に対して公平かつ誠実に業務遂行権や財産の管理処分権を行使する義務を負うものとされている（同2項）。このような再生債務者の地位の二重性に関して，いわゆる再生債務者の第三者性が問題となる。具体的には，民法その他の実体法に第三者保護規定がある場合に，再生手続開始後の再生債務者がこれらの「第三者」にあたるか，という問題である。これについては，破産管財人の第三者性をめぐる議論と同様，見解が分かれているが，第三者性肯定説が多数説である（本書第2編1章3（5）参照）。これによれば，①

◆第3編 民事再生手続／◆第1章◆　民事再生手続の意義，再生手続の利害関係人・機関

再生債務者が再生手続開始後公平誠実義務を負うこと（民再38条2項），②双方未履行契約における解除・履行の選択権（民再49条），相殺制限（民再93条），法人の役員に対する損害賠償請求権の査定の申立権（民再143条1項），担保権消滅許可等の申立権（民再148条）等から，再生債務者には総債権者の利益を代表すべき地位にあることがうかがえること，③民事再生法45条が再生手続開始決定前に生じた登記原因に基づいて開始決定後にされた登記・登録の効力を否定していること等をその理由としてあげる。しかし，他方で，民事再生法38条1項，135条1項のように，第三者性と必ずしも整合的でない規定もある。したがって，再生債務者は，当事者的地位と第三者的地位を併有する存在であると解すべきであろう。そして，再生債務者には破産管財人と同じく，3つの法的地位が認められる。すなわち，①元の債務者の一般承継人としての地位，②再生債権者の利益代表としての地位，③民事再生法45条1項但書にも現れているように差押債権者の地位を超える地位が与えられている場合である。したがって，実体法上の第三者性を考える場合にも，第三者性を問題とする実体法規定の趣旨から，再生債務者の法的地位としては，どれが相応しいか，という観点から考えるべきである。これらの議論については，破産管財人の第三者性をめぐる議論が参考になる（第2編第1章3(5)）。

2　再生債務者の第三者性に関する個別問題

① 対抗要件（民177条）

この問題につき，下級審裁判例（大阪地判平20・10・31判時2039号51頁〔百選5版21事件〕）は，第三者性を肯定している。この場合，再生債務者は，再生債権者の利益代表としての地位が認められるから，この結論は妥当であろう。

② 第三者保護規定

民法は，いくつかの第三者保護規定を置いている（民94条2項・96条3項・545条1項但書等）。これとの関係で，再生債務者が第三者に当たるかという問題については，まったくの利害関係のない破産管財人と比べれば，再生債務者は当該行為をした張本人であり，第三者性を認めることには直感的に違和感がある。しかし，これらの保護規定は，行為者本人の関係を規律するものではなく，外形を信じて法律関係に入った者を保護する規定であると考えられる。よって，再生債務者は，法が保護する再生債権者の利益代表者としての地位にあるとみることができ，これらの規定についても，第三者性を肯定することは可能であろう。その場合の善意・悪意の判断は，破産手続におけるのと同様，

◇2◇ 再生手続の利害関係人・機関

再生債権者の中に1人でも善意の者がいれば，善意性が肯定されると解するのが妥当であろう。

(2) 裁判所 ●●●

再生手続（民再2条4号）の事件を担当する裁判所を再生裁判所というが，再生事件は地方裁判所の職分管轄に属する（民再5条）。

⇒ 民事再生法は，再生手続を担当する裁判体を単に裁判所と呼び（民再21条1項・33条・114条・116条・169条・174条等），その裁判体が所属する官署としての裁判所を再生裁判所と呼んで（民再17条3項・106条2項・135条2項・137条2項・145条2項・149条3項・183条3項・248条・249条1項）区別している。

再生裁判所は，主として以下の職務を遂行する。すなわち，①再生手続の開始や終了にかかわる裁判を行うこと（民再33条1項・188条1項～3項・191条～194条），②監督委員，調査委員，管財人，保全管理人の選任（民再54条1項・62条1項・64条1項・79条1項），債権者集会の招集・指揮（民再114条・116条），再生債権届出の受理（民再94条），再生計画案の受理（民再163条1項2項），再生計画案を決議に付する旨の決定（民再169条1項），再生計画認可または不認可の決定（民再174条1項2項）等，手続の進行に関する職務を遂行すること，③再生債務者等，監督委員，調査委員，管財人，保全管理人といった手続機関に対する監督（民再41条1項・57条・63条・78条・83条1項，民再規23条・23条の2・26条2項・27条1項），④再生債権者等利害関係人間の権利義務に関する争いを裁判によって解決すること（民再105条・106条2項・135条2項・137条2項・143条・145条2項・149条3項）等である。

なお，再生裁判所の管轄については，破産裁判所とほぼ同様の規定がなされている（民再5条～7条）。また，再生裁判所の管轄は専属管轄であるが（民再6条），適正，かつ迅速な手続の進行を図るために，他の裁判所に移送することを可能にしている（民再7条）。この点も破産法と同様である（破7条）。

(3) 監督委員 ●●●

裁判所は，再生手続開始の申立てがあった場合において，必要があると認めるときは，利害関係人の申立てまたは職権で，監督委員による監督を命じる処分（監督命令）をすることができる（民再54条1項）。監督委員には，通常，倒産事件の経験が豊富な弁護士が選任される。現在，ほとんどすべての裁判所で，

◆第3編 民事再生手続／◆第1章◆ 民事再生手続の意義，再生手続の利害関係人・機関

全件において監督委員を選任している。

　民事再生手続は，原則的には DIP 型手続であるが，監督委員は，それが適正になされるように，再生債務者を監督するための機関である。監督は，実際には主として，裁判所が定めた行為を再生債務者がする際の同意権の行使を通じて行われる（民再54条2項）。監督委員は，再生債務者を監督して再生手続の公正を確保するために選任されるものであるから，その職務の遂行に当たっては，再生債権者その他の利害関係人に対して，善管注意義務を負い，それに違反した場合には，損害賠償責任を負う（民再60条）。その他の職務としては，再生債務者の業務および財産の状況の調査等（民再59条），財産管理状況等の裁判所への報告（民再125条3項），否認権行使の権限を与えられた場合の否認権の行使（民再135条1項），成立した再生計画の遂行の監督（民再186条2項）等がある。

(4) 調査委員 ● ● ●

　調査委員とは，裁判所の調査命令によって選任され，債務者の財産状況や再生計画遂行の見込み等，裁判所が定めた事項を調査し，その結果を裁判所に報告することを職務内容とする機関である（民再62条1項2項）。調査委員が選任されるのは，裁判所が，①再生手続開始決定をするかどうか判断するために，申立人が提出した資料や裁判所書記官に行わせる事実調査（民再規15条）のみでは不十分な場合や，②再生手続開始後再生債務者を監督したり，再生計画認可に関する判断をしたりするために，再生債務者の報告（民再125条）のみでは不十分な場合などである。調査委員には，公認会計士が選任されることが多いが，ほぼ全件で監督委員が選任されているので，調査委員の選任例は少ないといわれている。

(5) 管 財 人 ● ● ●

　管財人とは，再生債務者の財産の管理または処分が失当であるとき，その他再生債務者の事業の再生のために特に必要があると裁判所が認めたときに，管理命令によって選任される機関である（民再64条1項）。ただ，管財人を選任できるのは，再生債務者が法人である場合に限られる（同条1項かっこ書）。管財人は，通常，倒産事件の経験が豊富な弁護士の中から選任される（民再規27条1項・20条1項参照）。管理命令が発せられると，再生債務者の業務遂行権お

◇2◇　再生手続の利害関係人・機関

および財産の管理処分権は，管財人に専属する（民再66条）。その権限は，破産管財人とほぼ同様である（破78条1項参照）。

(6) 保全管理人　●　●　●

保全管理人とは，再生債務者の管理処分が失当であり，その他事業の継続のために特に必要な場合に，再生手続開始申立てについての決定があるまでの間，裁判所が保全管理命令によって選任する機関である（民再79条1項）。保全管理人は，業務遂行権および財産の管理処分権を有する（民再81条1項）。また，管財人の場合と同様，保全管理命令を発しうるのは再生債務者が法人である場合に限られる（民再79条1項かっこ書）。

(7) 債権者集会・債権者説明会・債権者委員会・代理委員　●　●　●

再生債権者は，再生手続における最大の利害関係人であるから，再生債権者への情報開示や，再生の方針等について集団的な意思決定をする場が設けられなければならない。そのような場として設けられるのが債権者集会である（民再114条～116条）。ただ，民事再生法は，債権者集会の開催を必要的なものとせず，情報提供については，文書の閲覧（民再16条），再生債務者による情報開示（民再規1条2項），債権者説明会（民再規61条）や債権者委員会（民再117条）等の制度を設け，再生計画案に関する決議については，書面等投票によって行うことを認めている（民再169条2項2号3号・171条・187条2項）。

財産状況報告集会に代わる役割を果たしているのが債権者説明会（民再規61条）である。これは，再生債務者等が開催し，再生債権者に対して，再生債務者の業務や財産に関する状況や再生手続の進行に関する事項を説明するものである。債権者説明会は，再生手続開始決定前にも開催することも可能であり，その場合には特に，再生手続開始申立てに至った経緯等を説明し，再生債権者の理解や協力を得るための場として活用されている。

再生債権者全員で構成される債権者集会は機動性を欠くことから，民事再生法は，既に存在する再生債権者を構成員とする委員会が，一定の要件の下で（民再117条1項，民再規52条），裁判所の承認を得て再生手続に関与できることを認めた。すなわち，裁判所は債権者委員会に意見の陳述を求めることができ（民再117条2項），債権者委員会は，裁判所，再生債務者等または監督委員に対して意見を述べることができる（同3項）。さらに，再生債務者等は，債

173

◆第3編 民事再生手続／◆第1章◆ 民事再生手続の意義，再生手続の利害関係人・機関

権者委員会の意見を聴かなければならず（民再118条2項），財産について裁判所に提出した報告書等を債権者委員会にも提出しなければならず，必要があるときは，債権者委員会は，裁判所に対して報告命令の申立てをすることもできる（民再118条の2・118条の3）。ただ，債権者委員会の承認要件が厳しいことや，健全な債権者委員会が設置された事例が必ずしも多くないといったことから，その利用は低調である。

代理委員は，利益を共通にする複数の再生債権者のために，再生債権者が有する権限を代わって行使する（民再90条）。再生債権者内部に利害対立があり，債権者委員会の承認が得られないような場合でもこれによって手続の迅速な処理が促進される場合がある。

⑻ 労働組合 ● ● ●

労働組合は，いかなる意味でも再生手続の機関ではないが，企業の民事再生手続において，従業員の利益代表として手続の推移につき重大な関心と利害関係を有する。そこで，法は，様々な場面で，労働組合等の手続関与を認めている（民再24条の2・42条3項・168条・115条3項・民再211条2項・217条6項・212条3項・民再126条3項等）。

第2章

民事再生手続の流れ

　民事再生手続は，大まかに，①再生手続開始，②再生債権確定，③再生債務者財産の調査・確保，④再生計画の成立，⑤再生計画の遂行といった経過をたどる。すなわち，①再生開始手続は，主として，民事再生手続開始申立，再生手続開始決定前の保全処分，再生手続開始決定という各種手続からなる。再生手続開始決定がなされると，手続は大きく2つに分かれ，それらが同時並行的に進行する。すなわち，一方では②再生手続によって満足を受けるべき再生債権を確定するための再生債権確定手続が進行し，他方では③再生債務者財産の調査と，事業の再生のための財産確保のための手続が進行する。そして，④確定された再生債権と，財産評定された再生債務者の財産とを勘案しながら，再生債権者の権利変更や再生債務者の資本構成の変更等を定めた再生計画案が作成され，債権者集会における決議と，裁判所による認可を経て，再生計画が効力を有する。そして，⑤再生計画が遂行されることによって，再生手続は終了する。以上の内容を簡単に図示すると次のようになる。

　民事再生手続は，本来，中小企業をそのターゲットとして，簡易な再建型倒産処理手続として創設されたものであるが，会社更生法に類似したかなり重装備の手続になっており，零細企業や，債権者の協力が得られることが確実な中小企業にとっては不向きな場合があった。そこで，より簡易な再生手続として，簡易再生（民再211条以下）と同意再生（民再217条以下）という2つの制度が

◆第3編 民事再生手続／◆第2章◆ 民事再生手続の流れ

設けられた。さらに，とくに個人をターゲットとする再生手続として，小規模個人再生（民再221条以下）や給与所得者等再生（民再239条以下）の制度も創設されている。

◇1◇ 民事再生能力

◆ 第3章 ◆
民事再生手続の開始

● ● ● 1 民事再生能力 ● ● ●

　民事再生能力とは，民事再生手続の対象となる債務者（再生債務者）となりうる地位または資格のことをいう。民事再生法上，具体的に誰が民事再生能力を有するかについては，民事訴訟法の当事者能力に関する規定が準用されている（民再18条）。したがって，自然人，法人，および法人でない社団または財団で代表者または管理人の定めがあるものが民事再生能力を有する（民訴28条・29条，民3条・33条等）。なお，公法人の民事再生能力については，公法人と私法人の区別も曖昧になっており，立法政策による特別の規定がない以上，民事再生能力を認めた上で，法人の特性に応じて，手続上の特別扱いをするか否か，およびその内容と限界を検証していくのが合理的であろう。さらに，民事再生の場合には，破産とは異なり，手続終了に伴って法人格の消滅が予定されるわけでもないから，公益的事業が喪失することにより国民に深刻な影響が生じるというおそれも少ないので，公法人の民事再生能力を否定する理由はない。ただし，国家や地方公共団体のようないわゆる本源的統治団体については，債権者の多数によって事業の再生を図るという，民事再生の目的にはそもそもなじまないから，民事再生能力を否定すべきである。外国法人も，日本法人と同視されている（民再3条）から民事再生能力を有する。相続財産や信託財産については，破産能力は認められている（破222条以下，244条の2以下）が，相続財産については，事業や消費生活の再建を観念できず，また，信託財産についても多くの場合，事業の再建を観念できないから，民事再生能力は否定すべきである。

177

◆第3編 民事再生手続／◆第3章◆ 民事再生手続の開始

● ● ● 2 再生手続開始の要件 ● ● ●

(1) 再生手続開始原因 ● ● ●

　再生手続開始原因とは，法律が民事再生手続を開始するために要求している債務者の財産状態の破綻を推測させる一定の事態のことである。民事再生手続が開始することにより，再生債権者の個別的な権利行使は禁止される（民再39条1項・85条1項）。これに対し，債務者は，手続の開始によっても原則としてその業務遂行権や財産の管理処分権を失うことはないが（民再38条1項），監督委員が選任されたり（民再54条以下），管財人が選任される場合（民再64条以下）にはそれらの権限に何らかの制限を受ける。したがって，民事再生手続開始によるこれらの効果を正当化するためには，債務者の財産状況が一定程度以上悪化していることが必要となる。そこで，民事再生法は，再生手続開始原因として2つの場合を規定している。

　まず第1は，破産手続開始の原因となる事実の生ずるおそれがあることである（民再21条1項前段）。これは，事業者および非事業者にも妥当する一般的な手続開始原因である。破産手続開始の原因となる事実とは，支払不能（破2条11項）ないし債務超過をいう（破15条1項・16条1項）が，民事再生手続は再建型倒産処理手続であり，債務者の再建のためには経済的破綻の早期の段階での手続開始が望ましいことから，破産手続開始の原因となる事実の「生ずるおそれ」さえあれば，手続を開始しうるものとしている。第2は，債務者が事業の継続に著しい支障を来すことなく弁済期にある債務を弁済することができないことである（民再21条1項後段）。これは，第1の原因よりもさらに財産状態の悪化の程度が軽い場合を手続開始原因とし，事業の継続に支障が生ずる前に再生手続による再建の機会を与えようとするものである。具体的には，資金調達をして債務を弁済することができないわけではないが，そのためには，製品を不合理に安く売らなければならないとか，事業の継続に必要な工場や機械等の重要な財産を売却しなければならないとか，高利の金融に頼らなければならないといった状態を指す。この開始原因は条文の文言上および事柄の性質上事業者のみに適用される。債務者が再生手続開始申立てをする場合には，第1および第2の開始原因のいずれを主張してもよいが，債権者が申立てをする場合には，第1の開始原因に限られる（民再21条1項2項）。なお，再生債務

178

◇3◇ 再生手続開始申立権者

者につき外国倒産処理手続がある場合には，再生手続開始原因たる事実が推定される（民再208条）。

(2) 再生手続開始の条件 ● ● ●

再生手続開始原因があれば，原則として再生手続を開始することができるが，法は，一定の事由がある場合，手続開始申立てを棄却しなければならないとしている（民再25条）。このような事由がないことが再生手続開始の条件となる。これには，①手続費用の予納がない場合（民再25条1号），②債務者について破産・特別清算の各手続が係属しており，かつ，その手続によることが債権者の一般の利益に適合する場合（同2号），③再生計画の作成もしくは可決の見込みまたは再生計画認可の見込みがないことが明らかである場合（同3号），④不当な目的で再生手続開始の申立てがなされた場合，その他申立てが誠実にされたものでない場合（同4号。札幌高決平15・8・12判タ1146号300頁参照）がある。

● ● ● **3 再生手続開始申立権者** ● ● ●

再生手続開始の申立権者は，破産法と同じく（破18条1項），原則として債務者および債権者である（民再21条1項2項）。ただし，法人の理事またはこれに準じる者が破産手続または特別清算開始の申立義務を課されている場合には（一般法人215条1項，会社484条1項・511条2項等），これらの者は，それに代えて再生手続開始の申立てをすることができる（民再22条）。また，小規模個人再生および給与所得者等再生については，制度の趣旨から債務者にのみ申立権が認められる（民再211条1項・239条1項）。また，特殊な場合として，外国の管財人も申立権を有する（民再209条1項）。

1 債 務 者

債務者は，「破産手続開始の原因となる事実の生ずるおそれがあること（民再21条1項前段）」，または「事業の継続に著しい支障を来すことなく弁済期にある債務を弁済することができないこと（民再21条1項後段）」を理由として，再生手続開始を申し立てることができる。債務者が申立てをする際の意思決定の方式は，実体法上の準則に従う。したがって，一般社団法人または一般財団

179

◆ 第3編 民事再生手続／◆ 第3章 ◆ 民事再生手続の開始

法人で理事会が設置されている場合には，理事会の決議に基づいて代表理事などが再生手続開始の申立てをし（一般法人77条4項・90条2項1号），株式会社で取締役会設置会社の場合には，取締役会の決議に基づいて代表取締役などが再生手続開始の申立てを行う（会社349条4項・362条2項1号）。

2 債 権 者

債務者に破産手続開始の原因となる事実が生じるおそれがあるときは，債権者もまた申立権を有する（民再21条2項）。会社更生法のような限定（会更17条2項1号）はないから，債権者であれば1人であっても，また債権額の多少にかかわらず申立権を有する。債務者の場合とは異なり，民再21条1項後段の場合には申立てをすることはできない。

なお，条文上は「債権者」とのみ規定されているが，通説は，申立権ある債権者とは，再生手続が開始されたときに手続に拘束される再生債権者だけを意味すると解している。

➡ これに対し，近時，民事再生法21条2項は単に「債権者」と規定しているだけで何ら制限を付していないこと，債務者が再生債権の弁済を続けていくと，弁済原資が減ってしまい，一般優先債権の弁済が確保できない場合があること等を根拠として，一般優先債権者にも申立権を認める見解も有力に主張されている。

● ● ● 4 申立ての手続 ● ● ●

民事再生手続開始の申立ては，民事再生規則で規定された事項を記載した申立書を，管轄裁判所に提出して行う（民再21条，民再規2条1項・12条・13条）。とくに，再生規則12条1項に掲げられている事項を必要的記載事項といい，どれかが欠けていれば補正命令の対象となり，補正がなければ，裁判長は命令により申立書を却下する（民再18条，民訴137条1項2項）。これに対して，再生規則13条1項に掲げられている記載事項は，任意的記載事項と呼ばれ，その記載がなくても申立書が却下されるわけではないが，申立人としては極力記載し，事後の手続の円滑な進行に寄与すべきである。

破産手続開始の申立てにあっては，債務者が申し立てる場合には，破産原因となる事実の疎明は不要とされている（破18条2項反対解釈）のに対し，民事再生手続では，申立人たる債務者も再生手続開始の原因となる事実の存在を疎

◇4◇ 申立ての手続

明しなければならない（民再23条1項）。これは，民事再生手続にあっては，破産とは異なり，手続開始後も債務者は，財産管理権および事業の経営権を失うことがないから（民再38条1項），経営続行のために，債権者の追及を免れるためだけに再生手続開始の申立てをするといった，濫用的申立てのおそれがあるからである。なお，債権者が申立てをするときは，再生手続開始原因のほか債権の存在をも疎明しなければならない（民再23条2項）。

裁判所は，再生手続開始の申立てがあった場合には，当該申立てを棄却すべきことまたは再生手続開始の決定をすべきことが明らかである場合を除き，労働組合等の意見を聴かなければならない（民再24条の2）。事業の再生を図るためには，労働組合との協力が重大な意味をもつからである。

法人予納金基準

負　債　額	予納金基準
5000万円未満	200万円
5000万円～1億円未満	300万円
1億円～5億円未満	400万円
5億円～10億円未満	500万円
10億円～50億円未満	600万円
50億円～100億円未満	700万円
100億円～250億円未満	900万円
250億円～500億円未満	1000万円
500億円～1000億円未満	1200万円
1000億円以上	1300万円

（東京地裁民事20部　平成26年4月1日）

申立人は再生手続開始の申立てをする際には所定の手数料を支払わなければならない。そのほかに，裁判所の定める金額の費用を予納しなければならない（民再24条1項）。費用の予納がないと，再生手続開始申立ては棄却される（民再25条1号）。予納金額は，再生債務者の事業の内容，資産および負債その他の財産状況，再生債権者の数，監督委員その他の再生手続の機関を選任する必要性その他の事情を慮して定められるが（民再規16条1項前段），その相当部分は手続機関の費用及び報酬に使われる。なお，多くの地方裁判所では，予納金基準が策定されているといわれる。

➡ **費用の分割納付**：費用は一括納付が原則であるが，東京地裁では，申立時に6割，残り4割を限度として申立てから2ヶ月以内に分割納付することを認めているが，大阪地裁や他の裁判所では分割納付は原則として認められていないようである。

再生手続開始の申立てがなされると，申立ての適法性（申立権，申立書の必要的記載事項，手続開始原因となる事実の疎明の有無等）のほか，再生手続開始原因（民再21条1項），申立棄却事由の有無（民再25条），保全の必要性等につき審理がなされる。

◆ 第3編 民事再生手続／◆ 第3章 ◆ 民事再生手続の開始

　いったん再生手続開始の申立てをしても，再生手続開始決定によって全利害関係人のために手続が進行する以前であれば，自由にそれを取り下げることができるのが原則である（民再32条前段）。しかし，既に手続開始決定前の保全処分（民再26条1項・27条1・30条1項・31条1項・54条1項・79条1項・134条の2第1項等）のいずれかがなされているような場合には，利害関係人の権利行使が制約されることになるから，かような保全処分の濫用を防ぐために，申立ての取下げには裁判所の許可を要する（民再32条後段）。

➡ **プレパッケージ型再生手続**：プレパッケージ型民事再生とは，わが国では，主要債権者らの同意を取得するか否かにかかわらず，申立てに先立ち事業譲渡先またはスポンサーを選定した上で，民事再生等の申立てを行うものをいうとされる。再生手続申立時にスポンサー等が決まっており，その関与のもとに事業が継続されることが公表され，必要な資金援助がなされるならば，得意先や取引先の離反は起こりにくくなり，安定した事業継続の可能性が出てくる。しかし，その反面，プレパッケージ型再生では申立前にスポンサー等が選定されるために，選定過程において裁判所や監督委員の審査を受けず，選定過程の公正性・適正性が十分に担保されているとはいえず，選定されたスポンサー等が債権者の多数の意思に沿っていない場合，そのスポンサーを前提とした再生計画案が可決されなかったり，スポンサーの選定をやり直す必要が生じることもある。さらに，スポンサー候補者間の競争により回収を最大化する機会を債権者から奪う可能性もある。そこで，近時，このような不都合を回避するために，スポンサーの選定の適正性の基準として，①あらかじめスポンサー等を選定しなければ事業が劣化してしまう状況にあること。②実質的な競争が成立するように，スポンサー等の候補者を募っていること。または（これが困難である場合には）価額がフリーキャッシュフローに照らして公正であること。③入札条件に，価額を下落させるような不当な条件が付されていないこと。④応札者の中からスポンサー等を選定する手続において，不当な処理がされていないこと。⑤スポンサー契約等の内容が，会社側に不当に不利な内容となっていないこと。⑥スポンサー等の選定について，公正である旨の第三者の意見が付されていること。⑦スポンサー等が，誠実に契約を履行し，期待通りに役割を果たしていること，といった内容が提唱されている。

◇5◇ 再生手続開始前の保全処分

● ● ● 5 再生手続開始前の保全処分 ● ● ●

(1) 再生手続開始決定前の保全処分の意義 ● ●

　再生開始決定がなされると，債務者は業務遂行権や財産管理処分権の行使について個別的制限を課される場合もあり（民再41条・42条），また再生債権者は，再生計画に基づく集団的満足を実現するために，個別的権利行使や満足が制限される（民再85条1項等）。しかし，たとえ再生手続開始の申立てななされても，手続開始決定が出るまでは債務者や債権者の権利行使については何ら制限はないから（民再33条2項），その間に，債権者の個別的権利行使や債務者の財産処分行為により財産が散逸し，事業の再生可能性が損なわれる可能性がある。そこで，手続開始前の段階において，債権者や債務者の権利行使を制限して，再生手続の実効性を確保するための制度が再生手続開始決定前の保全処分である。これは，基本的には破産手続と共通するが，種々の点で，破産法上の保全処分とは異なる。

(2) 他の手続の中止命令 ● ●

　裁判所は，再生手続開始の申立てがあった場合において，必要があると認めるときは，利害関係人の申立てまたは職権で，再生手続開始申立てについて決定があるまでの間，一定の手続の中止を命じることができる（民再26条1項各号）。これらの手続の実行を許すと，再生債権の偏頗的な満足が生じたり，再生債務者の財産が毀損されるおそれがあるからである。なお，民事再生手続は，一般の無担保債権者の権利を対象として，再生債務者と債権者との間の権利関係を調整する手続であるため，一般優先債権となる租税債権（民再122条1項，国税徴収8条）に基づく滞納処分は中止命令の対象にはなっていない。

　ただし，再生債権に基づく強制執行，仮差押え，仮処分，または再生債権を被担保債権とする留置権による競売については，中止命令が発令できるのは，申立人である再生債権者に不当な損害を及ぼすおそれがない場合に限られる（民再26条1項但書）。不当な損害とは，中止によって受ける再生債務者および他の債権者などの利益に比して，中止によって蒙る債権者側の損害が著しく大きい場合をいう。たとえば，速やかに執行・換価しなければ目的物の価値が大きく減少し，当該債権者の経営に支障が出たり，倒産の危機に瀕するといった

◆第3編 民事再生手続／◆第3章◆　民事再生手続の開始

場合などが考えられる。なお，事情の変更等に柔軟に対応できるように，裁判所は，職権により，中止命令を変更し，または取り消すことができるほか（民再26条2項），再生債務者の事業の継続のために特に必要がある場合には，再生債務者等の申立てにより，担保を立てさせて，中止の対象となっている強制執行等の取消しを命じることもできる（民再26条3項）。たとえば，在庫商品や原材料，売掛代金債権等が差し押さえられていると，それらの処分が禁止される結果，それらを販売したり，代金を回収したり，あるいはそれらを担保に供することによって資金を調達することが不可能になり，事業活動に支障が生じるからである。中止命令や取消命令に対しては即時抗告をすることができるが（民再26条4項），執行停止効は否定されている（民再26条5項）。

(3) 包括的禁止命令　●　●　○

強制執行等に対する中止命令は，既に開始されている個別の手続を止めるものであり，将来なされるであろう手続を予防的かつ包括的に止めることはできない。そこで，将来行われることが予想される強制執行等を予防的かつ包括的に禁止するのが包括的禁止命令である（民再27条以下）。民事再生手続においては包括的禁止命令の対象となるのは再生債権のみであり，一般の先取特権や租税債権等は一般優先債権として再生手続によらずに随時弁済を受けられるし（民再122条1項2項，国税徴収8条），共益債権も同様であるから（民再121条1項），これらの債権による権利行使は中止命令や包括的禁止命令の対象にならない。これに対し，破産法上の包括的禁止命令は，破産債権のみならず，財団債権を含むすべての債権を対象としている（破25条1項）。

この命令が強力な作用を営むことに鑑み，発令のためには以下の2つの要件を満たすことが必要である（民再27条1項）。第1は，中止命令によっては再生手続の目的が十分に達成できないおそれがあると認められる特別の事情があるときである。この要件にある「特別の事情」とは，資産が全国に散らばっており，債権者がどの資産に対して権利行使してくるかわからない上に，債務名義をもっている債権者も相当数存在するという事情などがそれに当たるであろう。このような場合，その都度中止命令を求めていたのでは，債務者は事業の再建のための事務処理に集中することができず，資金繰りに悪影響が出たりするからである。第2は，事前または同時に再生債務者の財産に仮差押え等の保全処分がなされているか，監督命令や保全管理命令が発令されていなければな

◇5◇ 再生手続開始前の保全処分

らない。これは、債権者の権利行使を広く禁止する一方で、債務者の財産管理処分の自由を放置すると、財産散逸等により債権者の利益を害する可能性が高いからである。

包括的禁止命令申立却下決定は、相当と認める方法で申立人に告知されるが（民再18条、民訴119条）、包括的禁止命令およびその変更または取消決定は、利害関係に重大な影響を及ぼすことから、公告され、かつ、その裁判書は債務者等および申立人に送達され、決定主文が知れている債権者および再生債務者に通知される（民再28条1項）。その他、包括的禁止命令の変更または取消し（民再27条3項）や中止された強制執行等の取消し（同4項）が認められること、包括的禁止命令、包括的禁止命令変更または取消決定および強制執行等の取消命令に対する即時抗告が許されること（同5項）、ならびに、即時抗告が執行停止の効力を有しないこと（同6項）は、他の手続の中止命令と同様である。

包括的禁止命令によって再生債権者は、再生手続開始前に一律に権利行使を妨げられるから、包括的禁止命令が執行債権者等に不当な損害を及ぼすおそれがあると認めるときは、当該債権者を保護するために、裁判所は、その債権者の申立てによって、当該債権者に限って包括的禁止命令を解除する決定をすることができる（民再29条1項）。その結果、解除決定を受けた債権者は、再生債務者に対する強制執行等ができるようになる。また、包括的禁止命令が発せられると、債権者は強制執行等により時効の中断（民147条2号）をすることができなくなることから、再生手続開始決定や開始申立ての棄却決定、あるいは包括的禁止命令の取消し（民再27条3項・5項）により命令が効力を失った日の翌日から2月を経過するまでは時効は完成しないものとされている（民再27条7項）。

⑷ 仮差押え、仮処分その他の保全処分 ● ● ●

再生手続開始の申立てがあると、裁判所は、手続開始の条件の有無等を調べるために時間を要する。その間に債務者が自己の財産の処分等をすることにより財産を散逸させたり、債権者が抜け駆け的に自己の債権の回収を図ったり、保全の行動を開始したりすることにより、債務者が企業として存続できなくなるような混乱を生じるおそれがある。そこで、①仮差押え、②仮処分、③その他必要な保全処分といった手続が規定されている（民再30条）。ただ、後に個別の金銭執行が続くわけではないので、①の仮差押えが実際に発令されること

◆ 第3編 民事再生手続／◆ 第3章 ◆ 民事再生手続の開始

はなく，処分禁止の保全処分が中心になる。実際によく用いられるのは，弁済禁止の保全処分や担保提供禁止の保全処分，業務・財産管理の状況の報告書を監督委員に提出する旨を命ずる保全処分である。ただ，民事再生手続は，破産手続とは異なり，事業の継続が前提となるから，弁済禁止の保全処分では，事業継続に必要な法律関係から生じる債務を除外するのが一般的である。なお，現在の実務では，ほぼ全件について再生手続開始前の段階で監督委員が選任されており（民再54条1項），その監督命令において資産処分や借入れを監督委員の同意を必要とする事項とすることにより（同2項），債務者の不当な資産の散逸，負債の増大を防ぐことができるから，資産処分の禁止や借入禁止の保全処分はほとんど発令されていないといわれている。

(5) 担保権の実行手続の中止命令　● ● ●

民事再生手続においては担保権は一般に別除権として扱われ，再生手続の影響を受けることなく，手続外で自由にその権利を行使することができる（民再53条）。しかし，担保権の実行につき何らの制約がないものとすると，再生債務者の事業または経済生活の再生のために必要ないし有用な財産につき担保権が実行され，再生債務者の再生が困難となり，ひいては，再生債権者の一般の利益に反する場合がある。このような点を考慮して，破産手続におけるのとは異なって，民事再生法は，再生債務者が担保権者と交渉し，被担保債権の弁済方法等について合意による解決（これを別除権協定という）を図るための時間的余裕を与える等のために，担保権の実行としての競売手続を一時的に中止する制度を設けた（民再31条1項本文）。ただ，被担保債権が共益債権または一般優先債権であるときは，再生債務者がその担保目的財産を維持するために当然に随時弁済すべきものであるので，これらについては中止命令の対象から外されている（同但書）。

以上に対して，譲渡担保，所有権留保，ファイナンス・リースといった，いわゆる非典型担保がこの中止命令の対象になるかという点については争いがある。通説は，非典型担保であっても，債務者が実質的に所有し現に占有または使用している財産につき，その担保権が実行されれば債務者の再生が困難になることは典型担保の場合と同じであるとして，典型担保に関する規定を類推適用して中止することができるとする（福岡高那覇支決平21・9・7判タ1321号278頁，大阪高決平21・6・3金判1321号30頁，東京地判平16・2・27金法

◇6◇ 再生手続開始決定と不服申立て

1772 号 92 頁等。反対，最判平 19・9・27 金判 1277 号 19 頁，東京高判平 18・8・
30 金判 1277 号 21 頁等）。

中止命令は，申立てによりまたは職権で，相当の期間を定めて発令される
（民再 31 条 1 項）。相当な期間とは，再生債務者等（再生債務者，選任されていれ
ば，保全管理人や管財人）と担保権者との間で競売申立ての取下げ，今後の弁
済の態様等について交渉するのに必要な期間を意味する。よって，この期間を
経過すると中止命令は当然に失効する。

(6) その他の保全処分　● ● ●

再生債務者が法人である場合に，再生債務者の財産の管理または処分が失当
であるときなど，再生債務者の事業の継続のために特に必要があると認めると
きは，裁判所は，利害関係人の申立てまたは職権により，再生債務者の業務お
よび財産に関し，保全管理人による管理を命じる処分（保全管理命令）をする
ことができる（民再 79 条 1 項）。保全管理命令が発令されたときは，再生債務
者の有していた業務遂行権や財産の管理処分権は，保全管理人に専属すること
になる。その他，監督命令（民再 54 条），調査命令（民再 62 条）といった保全
処分もなされ得る。

(7) 否認権行使のための保全処分　● ● ●

裁判所は，再生手続開始の申立てがあった時から当該申立てについて決定が
あるまでの間，否認権を保全するために，利害関係人の申立て，または職権に
より，仮差押え，仮処分その他の必要な保全処分を命じることができる（民再
134 条の 2）。これは，再生手続開始後に否認権限を有する監督委員または管財
人が否認権を行使する前に，受益者が当該財産を処分するなど，否認権の行使
が不可能ないし困難になるような事態を防止するための制度である。これは，
破産法 171 条と同趣旨の規定である。

● ● ● 6　再生手続開始決定と不服申立て　● ● ●

再生手続開始申立てがあった場合，その申立てが適法であり，手続開始原因
が認められ，かつ申立棄却事由がない限り，裁判所は，再生手続開始決定をし

◆第3編 民事再生手続／◆第3章◆ 民事再生手続の開始

なければなない（民再33条1項）。再生手続開始の効力は開始決定の時に生じる（同2項）。破産法30条2項，会社更生法41条2項と同趣旨の規定である。再生手続開始申立てについての裁判（決定）は，裁判書を作成し（民再規17条1項），かつ，決定の年月日時を記載しなければならない（同2項）。裁判所は，再生手続開始決定と同時に，再生債権の届出期間および調査期間を定めなければならない（民再34条1項）。これを同時処分という。なお，再生手続開始に際し，知れている債権者数が1000人以上であり，かつ裁判所が相当と判断した場合には，知れている債権者に対する通知をせず，届出債権者（民再102条1項）を債権者集会の期日に呼び出さない旨の決定をすることもできる（民再34条2項）。これに対し，再生手続開始決定と同時にしなくてもよいが，手続開始決定後直ちに行うべき処分を付随処分という。その内容は，基本的に破産手続におけるのと同様である（民再35条，破32条）。

再生手続開始決定に対しては，債務者申立ての場合には他の債権者が，債権者申立ての場合には，他の債権者および債務者が，また，再生手続開始の申立てを棄却する決定に対しては，申立人である債務者または債権者が即時抗告をすることができる（民再36条1項）。なお，開始申立てを棄却する決定があると，裁判所が認めた保全処分（民再26条〜30条）も失効するはずであるが，債務者の財産の散逸を防ぐために，棄却決定に対し即時抗告がなされた場合には，破産手続や強制執行等の手続を一時中止し，あるいは保全処分を発令することが認められている（民再36条2項）。

● ● ● 7 再生手続開始の効果 ● ● ●

(1) 再生債務者の地位 ● ● ●

破産とは異なり，民事再生手続は，手続が開始されても，債務者は，その業務遂行権および財産の管理処分権を失わないDIP型の手続である（民再38条1項）。したがって，再生債務者は，原則として単独で管理処分行為をすることができるが，裁判所は，必要があると認めるときには，一定の重要な行為につき，再生債務者が当該行為をするには裁判所の許可を要するものとすることができきる（民再41条1項）。債務者が，これに違反してなした行為は無効であるが，善意の第三者には対抗できない（同2項）。なお，実務においてはほ

188

ぽ全件において監督委員が選任されており（民再54条1項），その助言・監督の下に手続が遂行されていくから，現実には，いわゆる後見型倒産処理手続が原則であるといえる。さらに，再生債務者の財産の管理処分が失当であるとき，その他事業の再生のために特に必要がある場合には，裁判所は，管財人による管理を命じることができ，この場合には，業務遂行権および財産の管理処分権が管財人に専属する管理型倒産処理手続となる（民再64条1項・66条）。

➡ 再生手続が典型的な債務者として想定する中小企業については，経営権を一手に掌握する管財人を選任する費用の負担が困難な場合が多く，事業の経営や再生を適切に行える人材を随時調達することも事実上困難である。また，事業価値が経営者の個人的な能力や信用に依存する場合も多く，管財人による事業の継続が望ましくないこともある。さらに，仮に経営者の経営判断の誤りが破綻の原因であるとしても，事業の中身について一番よく知っているのは当該経営者であり，必要に応じて適切な機関の介入や監督をすれば，債権者の利益を守りながら事業の再生をすることも可能である。このような理由から，民事再生手続は DIP 型手続を原則としている。

(2) 再生債権者の地位 ● ● ●

再生債権者は，再生計画が効力を生じるまでは，再生債務者の財産から直接に満足を得てはならない。これを，個別的権利行使禁止の原則という。このような原則がなければ，再生債務者の財産の保全ができず，再生債務者は，債権者への対応に追われ事業の再生に専念することができないし，弁済を得た債権者と得られなかった債権者の間で不公平な結果が発生する等の弊害が生じる。そのため，再生手続開始決定がなされると，再生債権者は，再生手続に参加することを強制され，再生計画によらなければ，満足を得ることができないものとされている（民再85条1項・86条）。その結果，再生債務者の財産に対する破産手続や強制執行の申立ては禁止され，既に係属している手続は当然に中止ないし効力を失う（民再39条）。また，この個別的権利行使禁止の原則は，再生手続開始前の保全処分（民再26条・27条・30条）がなされれば，再生手続開始申立てから再生手続開始決定の間にも生じる。さらに，手続開始後，再生債権につき，再生債務者財産に関して，再生債務者等の行為によらずに権利が取得されても，再生債権者は再生手続の関係においてその効力を主張することはできない（民再44条1項）。また，再生手続開始前後の危機時期に，再生債権

◆第3編 民事再生手続／◆第3章◆ 民事再生手続の開始

に基づき，再生債務者財産を構成する債権上に相殺権が取得されても，再生手続との関係ではその効力は認められない（民再93条1項）。

(3) 再生手続開始決定に伴う他の手続への効力　● ● ●

再生手続開始決定があると，破産手続や再生債務者の財産に対する再生債権に基づく強制執行，仮差押え，仮処分または再生債権を被担保債権とする留置権による競売を申し立てることができず，既にされている強制執行等の手続は中止される（民再39条1項）。ただし，裁判所は，再生に支障を来さないと認めるときは，再生債務者等の申立てまたは職権により中止した強制執行等の手続の続行を命じることができる（同2項前段）。また必要があれば，裁判所は，再生債務者等の申立てまたは職権で，担保を立てさせ，または立てさせないで，中止した強制執行等の手続の取消しを命じることもできる（同2項後段）。

破産手続（破44条1項）とは異なり，再生手続では，再生債務者が財産の管理処分権を有するので，債務者財産に関する訴訟手続は中断しない。ただし，再生手続では，再生債権の存否や額は債権確定手続に基づく債権調査の中で確定することが予定されているから，再生手続開始決定があった場合は，再生債権に関する訴訟手続は中断する旨が規定されている（民再40条）。したがって，同じ金銭債権請求訴訟でも，賃金債権は一般優先債権であるから（民再122条1項），その訴訟手続は中断しないのに対し，下請契約に基づく未払い代金の請求訴訟であれば当該債権は通常の再生債権であるから，当該訴訟は中断する。再生債権者が提起した債権者代位訴訟，詐害行為取消訴訟，破産法上の否認訴訟，否認の請求を認容する決定に対する異議訴訟は，再生手続開始決定によって中断する（民再40条の2第1項）。

◇1◇ 再生債権の意義

◆ 第4章 ◆

再生債権確定手続

● ● ● 1 再生債権の意義 ● ● ●

再生債権とは，再生債務者に対し再生手続開始前の原因に基づいて生じた財産上の請求権（共益債権または一般優先債権であるものを除く）である。この債権は，①再生手続開始後，原則としてその弁済が禁止され，再生債権に基づく強制執行はすることができなくなり（民再39条1項），後日認可される再生計画によってのみ弁済が可能になる（民再85条1項）。また，②再生債権者が届出をして調査・確定された再生債権については，再生計画によって一部免除・期限の猶予等の権利変更がなされ（民再154条1項1号・156条），変更後の権利について再生計画に基づく弁済がなされる。破産債権と比べると，満足の対象が，破産財団の換価金か，再生債務者の将来の収益かという違いはあるが，共に手続の拘束を受け，個別の権利行使が禁じられる点，および，手続内で割合的共同弁済を受けるという点では共通性を有する。

再生債権となるのは，①再生債務者に対する人的請求権であること，②再生手続開始前に基礎となる発生原因事実が生じている請求権であること，③財産上の請求権であること，④強制執行が可能な請求権であることといった要件を満たすものであり（民再84条1項），破産債権の要件とほぼ同様である。なお，一般の先取特権その他一般の優先権がある請求権は，破産手続上は優先的破産債権とされているが（破98条1項），民事再生法では，一般優先債権として「手続外で随時優先弁済を受ける権利」とされている（民再122条）。これは，計画案の決議の際には，権利の種類ごとに計画案に対する利害が異なることから，本来なら，会社更生法のように（会更196条1項），権利の種類ごとに組分

191

◆ 第3編 民事再生手続／◆ 第4章 再生債権確定手続

けをして決議を行う必要がある。しかし，これを行うとすると手続が複雑になり，中小企業を典型的なターゲットとして，手続を低廉・迅速に行う必要のある再生手続には不適切だからである。また破産手続におけるのとは異なり，劣後的再生債権という概念もない。なお，破産手続における配当において劣後的破産債権に後れる旨の合意がされた債権（破産手続では約定劣後破産債権〔破99条2項〕）は，民事再生手続上も約定劣後再生債権として扱われ（民再35条4項），再生計画による権利変更の際には一般債権よりも不利に扱う条項を設ける必要があり（民再155条2項），決議の際にも組分けが必要になる（民再172条の3第2項）。しかし，一般の再生債権を完全に弁済することができないという通常の場合には，約定劣後再生債権を有する者は再生債務者財産に対して実質的な持分権を有しないことから，議決権を認めないこととし（民再87条3項），手続が複雑にならないように配慮している。

● ● ● 2　再生債権の手続上の取扱い ● ● ●

⑴ 弁済禁止（手続参加）● ● ●

　再生債権は，再生手続開始決定後は，原則として，再生手続に参加し，再生計画によらなければ，弁済をし，弁済を受け，その他これを消滅させる行為（免除を除く）をすることができない（民再85条1項）。これは，再生計画によらない個別的権利行使を許すと，再生債務者の財産が流出して，再生債務者の事業の再生が困難となるおそれがあると共に，債権者間の平等を図ることもできず，民事再生法1条所定の再生手続の目的を達成することができないからである。禁止される行為とは，再生債務者の側からする弁済だけでなく，再生債権者側が行う強制的な取立行為を含めた債権を消滅させる一切の行為であり，代物弁済，更改，相殺（民再85条2項の許可を得た再生債務者による相殺と，民再92条による相殺は除く），および供託等が含まれる。

　再生債権者がその権利を行使できる範囲・額については，①多数債務者関係についての破産法104条から107条までの規定が準用されており（民再86条2項），手続開始時現存額主義を基本とする再生債権者および再生債務者に対する求償権者の地位が規定されている。②別除権者については，破産法108条と同様の不足額（残額）責任主義が規定されており（民再88条），別除権の行使

192

によって弁済を受けられない債権の部分についてのみ再生債権を行使することができる（民再182条）。

破産手続においては，期限未到来の債権や非金銭債権にも手続内で現金による配当をするので，そのような破産債権を手続開始の当然の効果として等質化（現在化・金銭化）する必要がある（破103条2項3項）。これに対し民事再生手続においては，再生債権者への弁済は再生計画の定めに基づいて行うから，弁済のために必要な権利変更は再生計画によって行えば足り，手続開始の当然の効果として等質化をする必要はない。ただし，議決権の額は同一基準で決める必要があるから，期限未到来の債権，非金銭債権，条件付債権等について，中間利息の控除や評価を経た額を議決権の額としている（民再87条1項）。

(2) 弁済禁止の例外 ● ● ●

再生債権者間の平等を確保するために，再生手続中は原則として，再生債権に対して，再生計画によらずに，再生債務者から任意に弁済をし，あるいは債権者から強制的に履行を求めることは禁じられている（民再85条1項）。しかし，民事再生法は，以下の場合には，例外として，再生債権者への再生計画外での個別的弁済を認めている。

1 中小企業への弁済許可（民再85条2項〜4項）

再生手続開始により，再生債権者への個別的弁済が禁じられる結果，再生債務者を主な取引先とする再生債権者たる中小企業が，再生債権の履行期における支払いがないため，資金繰りがつかなくなり連鎖倒産に陥る可能性がある。このような事態を防ぐための，いわば社会政策的な制度として，再生債務者を主要な取引先とする中小企業者が，その有する再生債権の弁済を受けなければ，事業の継続に著しい支障を来すおそれがあるときは，裁判所は，再生計画認可の決定が確定する前でも，再生債務者等の申立てまたは職権で，その全部または一部の弁済を許可することができるものとされている（民再85条2項）。裁判所が弁済を許可をするには，再生債務者と当該中小企業との取引の状況，再生債務者の資産状態，利害関係人の利害その他一切の事情を考慮しなければならない。この弁済許可は，再生債務者等の申立てまたは職権でなされるのであり，当該中小企業には独自の申立権はなく，その申立ては，裁判所の職権行使を促す意味しかない。

ここでいう「中小企業」とは，会社更生法の場合と同様，再生債権者よりも

◆ 第3編 民事再生手続／◆ 第4章 ◆ 再生債権確定手続

規模が小さい企業でなければならないと解する見解もあるが，法が，再生債務者の下請企業であることを弁済許可の要件とはしておらず，また，再生手続においては多くの再生債務者が中小企業なのであり，このような解釈は制度の実効性を減殺するから，かような制限は不要と解すべきである。

2 少額債権の早期弁済制度（民再85条5項）

少額債権の早期弁済制度とは，①総額の再生債権を早期に弁済することにより再生手続を円滑に進行することができるとき（民再85条5項前段），または，②少額の再生債権を早期に弁済しなければ再生債務者の事業の継続に著しい支障を来すとき（同後段）に，裁判所が，再生計画認可の決定が確定する前でも，再生債務者等の申立てにより，その弁済を許可することができるとするものである。①に関していえば，少額債権者が多いと，債権者集会の期日の通知（民再115条1項本文）等の手間と費用がかかるし，再生計画案の立案やその可決に向けた手続が煩雑にならざるを得ない（民再169条3項・172条の3第1項等）。そこで，債権者間の形式的平等を犠牲にしても，少額の再生債権者にのみ全額弁済して再生債権者の数を減らすことにより，これらの手間や費用を節約して，再生手続の進行を円滑にすることに意味がある。ただ，早期弁済がなされる再生債権が「少額」かどうかは，再生債務者の総債権額，事業規模，弁済能力などを総合的に勘案して決定される。次に，②に関していえば，たとえば再生債務者がレストランを経営する会社であるような場合，多数の少額債権者に対して，原則通り弁済をしなければ，取引業者が食材の納入を拒んだり，わざと納入を遅らせたりすることによって，再生債務者の事業の継続が困難になり，ひいては，再生債務者の事業の再生が困難になったり，事業規模を縮小せざるを得ない事態に陥るおそれがある。そこで，そのような事態を避けるために，裁判所の許可を前提として，少額債権に限って前倒しで弁済をすることが認められている。少額債権の「少額」の判断基準は，基本的に①の場合と同様であろうが，そこでの少額債権の金額と比較すれば，実際の金額は，②の場合には，相対的に大きな額になることも許容されていると解される。

◇3◇ 再生債権の届出・調査・確定

3 再生債権の届出・調査・確定

(1) 総 説

　再生債権の届出・調査・確定の手続は，若干の差異はあるが，基本的には破産手続におけるそれと同様である。すなわち，再生債権の届出は，一定の事項を記載した債権届出書およびその写しを裁判所に提出してする（民再規31条・32条）。届け出られた債権については，再生債務者等が作成した認否書ならびに再生債権者および管財人が選任されている場合の再生債務者の書面による異議に基づいて調査が行われる（民再100条）。再生債権の調査において，再生債務者等が認め，かつ調査期間内に届出債権者の異議がなかったときは，その再生債権の内容および議決権の額は確定する（再生債務者の異議は再生債権の確定に影響しない〔民再104条1項〕）。これに対し，再生債権の内容につき再生債務者等がこれを認めず，または届出再生債権者が異議を述べた場合は，再生債権の確定は，再生債権の査定の裁判，査定の裁判に対する異議の訴え等の手段に委ねられる（民再105条～107条）。

(2) 自 認 債 権

　再生手続においても，再生計画認可の決定が確定すると，債権届出がなかったために再生計画に記載されない再生債権は原則として免責される（民再178条）。しかし，破産手続におけるのとは異なり，再生債務者等が届出がなされていない再生債権があることを知っている場合には，当該再生債権につき，自認する内容その他の事項を認否書に記載しなければならない（民再101条3項）。このような債権は自認債権と呼ばれ，債権調査の対象になり（民再102条1項），異議等がなければ確定し（民再104条1項），再生計画による権利変更の対象になり（民再157条1項・179条），届出再生債権者と同様に成立した再生計画の定めによる弁済を受けることができる。ただ，これらの再生債権者は，積極的に届出をしたわけではないので，再生計画案の決議における議決権行使等の手続的権限（民再170条2項各号）は認められない。届出がされていない再生債権の存在を再生債務者等が知りながら，認否書に自認の旨を記載しなかったときは，その再生債権は再生計画認可の決定によっても免責されず，再生計画の権利変更の一般的基準によって権利変更を受ける（民再181条1項3号）。しか

◆第3編 民事再生手続／◆第4章◆ 再生債権確定手続

し，再生債権者自身による届出も可能であったことを考慮して，これらの者は，再生計画が定める弁済期間の終了後にしか弁済を受けることができない（同2項）。

◇1◇ 一般優先債権

◆ 第5章 ◆

一般優先債権・共益債権・開始後債権

● ● ● 1 一般優先債権 ● ● ●

　一般の先取特権その他一般の優先権がある債権は，破産法では優先的破産債権として（破98条。一部は財団債権〔破148条1項3号・149条〕），会社更生法では優先的更生債権（会更168条1項2号。一部は共益債権〔会更129条・130条〕）として，いずれも手続内で権利行使すべきものとされている。再生手続においても，このような取扱いをすることは不可能ではないが，そうすると，再生計画案の決議の際に，計画案が優先順位の異なる複数の種類の権利の変更を認めているような場合，権利の種類ごとに計画案に対する利害が異なるから，権利の種類ごとに組分けをして決議を行う必要がある。その結果，手続が複雑となり，中小企業を主たる対象とし，低廉・迅速な手続を目指す再生手続には不適切である。よって，一般の先取特権その他一般の優先権がある債権（共益債権であるものを除く）は，一般優先債権として，手続外で随時優先弁済を受けるものとされた（民再122条2項）。

　一般優先債権は，再生手続によらずに随時弁済される。すなわち，届出・調査・確定等の手続を経る必要はなく，再生計画による権利変更の対象にもならない。その点で，再生手続においては，その扱いは共益債権とは異ならない。ただ，破産手続に移行した場合には，共益債権は破産手続においては財産債権となる（民再252条6項）のに対して，一般優先債権については特別の規定がないから，破産法に従って，財団債権ないし優先的破産債権となる（破148条1項3号・98条，民306条～310条）。労働債権については，牽連破産の場合の保護規定が設けられている（民再252条5項）。なお，一般優先債権は先行する

197

◆ 第3編 民事再生手続／◆ 第5章 ◆ 一般優先債権・共益債権・開始後債権

再生手続では債権届出がなされていないために，後続する破産手続に参加するためには，新たに優先的破産債権の届出をしなければならない。

再生計画には一般優先債権の弁済に関する条項を定めなければならない（民再154条1項2号）。一般優先債権は再生手続によらないで随時弁済されるものであるため，共益債権と同様，再生計画の妥当性，履行可能性について再生債権者が判断するために必要な情報といえるからである。ただし，将来弁済すべき額を明示すれば足りる（民再規83条）。

民事再生法には，破産法152条や会社更生法133条のような規定は置かれていないから，民法，民事執行法等の定める一般原則により，弁済や配当を受けることになる。すなわち，再生債務者に任意の履行を求めるほか，これに基づく滞納処分，もしくは強制執行・仮差押え，または一般の先取特権の実行としての競売を行うことも可能である。しかし，一般優先債権に基づく強制執行もしくは仮差押えまたは一般の先取特権の実行としての競売が，再生に著しい支障を及ぼし，かつ，再生債務者が他に換価の容易な財産を十分に有するときは，裁判所は，再生手続開始後に，再生債務者等の申立てまたは職権により，担保を立てさせまたは立てさせないで，強制執行等の中止または取消しを命ずることができる（民再122条4項・121条3項〜6項）。

● ● ● 2 共 益 債 権 ● ● ●

(1) 共益債権の意義と種類 ● ● ●

共益債権とは，破産法における財団債権に対応する概念であり，再生債権に先立って，しかも再生手続によらずに随時弁済を受けることのできる権利である（民再121条1項2項）。共益債権は，基本的には，再生手続を遂行し，その目的を実現するために総再生債権者が共同で負担しなければならない費用としての性質を有するが，その他，特別の政策的な理由から共益債権とされているものもある。破産の場合とは異なり，再生手続開始の効力によって当然に共益債権に基づく強制執行等が禁止され，また中止されるわけではないが（民再39条1項），裁判所の命令による中止や取消しの可能性がある（民再121条3項）。そして，民事再生法119条に基づくものを一般の共益債権といい，それ以外の個別規定に基づくものを特別の共益債権というが，両者の間には，破産手続の

◇2◇ 共益債権

場合のような違い（破152条2項）はないから，もっぱら講学上の区別にすぎない。

　一般の共益債権としては，以下のものがある。①再生債権者の共同の利益のためにする裁判上の費用の請求権（民再119条1号）。ただし，会社更生法127条1号とは異なり，株主等の出資者の共同の利益のためにする裁判上の費用の請求権は，共益債権とはされていない。②再生手続開始後の再生債務者の業務，生活ならびに財産の管理および処分に関する費用の請求権（同2号）。再生債務者が事業者の場合，業務に関する費用は，会社更生法127条2号の事業の経営に関する費用とほぼ同義であり，原材料の購入費，商品の仕入代金，従業員の給与・退職金・福利厚生費，工場・事務所・機械・器具の維持・修理・賃借の費用，電気・ガス・水道料，広告宣伝費，租税，社会保険料などが含まれる。再生債務者が個人である場合は，その生活に要する費用が共益債権となるが，必要最低限度の生活費というような限定を付することなく，通常の生活に関する費用であれば，原則として共益債権になるとしてよいであろう。③再生計画の遂行に関する費用の請求権（再生手続終了後に生じたものを除く）（同3号）。監督委員や管財人が選任されている場合，再生計画認可決定が確定した後も当然に手続は終了しないため（民再188条2項3項），手続が終結するまでの再生計画遂行に関する費用が共益債権となる。④監督委員，調査委員，管財人および保全管理人，裁判所が選任した代理委員，再生に貢献したと認められる再生債権者，代理委員，再生債務者財産が利益を受けたときの再生債権の確定に関する訴訟で異議を主張した再生債権者，再生に貢献する活動があったと認められる債権者委員会（同117条），および，個人再生委員に対し支払うべき費用，報酬および報奨金の請求権（同4号）。⑤再生債務者財産に関し再生債務者等が再生手続開始後にした資金の借入その他の行為によって生じた請求権（同5号）。本条2号が再生債務者の費用の面から規定するのに対して，これは，相手方の請求権の面に着目して共益債権であることを明確にしたものであるが，大半は2号と重複する。その他，再生債務者の不法行為により相手方に生じた損害賠償請求権，再生債務者が，取引先等の利害関係人との間で和解等の合意をしてことによって生じる請求権，相手方が開始決定後に約定解除権を行使したことによって相手方が取得する原状回復請求権などもこれに含まれる（東京地判平17・8・29判タ1206号79頁）。⑥事務管理または不当利得により再生手続開始後に再生債務者に対して生じた請求権（同6号）。これらの債権は，衡

◆ 第3編 民事再生手続／◆ 第5章◆ 一般優先債権・共益債権・開始後債権

平の趣旨から共益債権とされたものであり，破産法148条1項5号と同趣旨の規定である。たとえば，譲渡担保に供された原因債権の支払いのために振り出された手形の取立てにより譲渡担保権者が取得した不当利得返還請求権もこれに当たる（東京地判平14・8・26金法1689号49頁）。⑦再生債務者のために支出すべきやむを得ない費用の請求権で，再生手続開始後に生じたもの（同7号）。これは，本条2号に該当しない費用で，支出することがやむを得ないものを指す。たとえば，法人の組織上の活動に関する費用で，その支出をすることがやむを得ないもの（取締役会，株主総会の開催費用，株主名簿の整備費用等）などである。

　特別の共益債権としては以下のものがある。①事業の継続に欠くことのできない行為により生じた請求権（民再120条）。再生債務者が，再生手続開始申立てから，開始決定までの間にも，事業を継続するためには，原材料を仕入れたり，運転資金を借り入れたりしなければならない。しかし，これらの行為から生じた債権は，たとえ事業の継続に必要なものであっても，再生債権にしかならない（民再84条1項）。そこで，民事再生法は，このような債権につき，共益債権にする旨の裁判所（監督委員）の許可を得て，共益債権とする途を開き（民再120条1項3項），申立後，開始決定までの間の事業の継続を容易にした。②継続的給付を目的とする双務契約に基づく請求権（民再50条）。これは，破産法55条，会社更生法62条と同趣旨の規定である。③以上のほか，主な共益債権としては，開始決定により失効した手続に関する請求権（民再39条3項），双方未履行の双務契約に関する履行請求権，解除による価値返還請求権等（民再49条4項5項），各種の訴訟費用償還請求権（民再67条5項・112条・140条2項），社債管理者の再生債務者に対する当該事務処理に要する費用の請求権（民再120条の2），担保権消滅許可の決定または価額決定に基づいた金銭の納付がされないことによって取り消された場合の再生債務者に対する価額決定の費用請求権（民再151条4項），対抗要件を有する賃借権等を設定する契約に基づく請求権（民再51条・56条）等がある。

(2) 手続開始前の借入金等の共益債権化　● ● ●

　債務者の事業の再生の成否は，再生手続開始申立て後においても従来の操業や営業が継続できるか否か，また，仮にいったん中断しても早期に再開できるか否かにかかっている。そして，事業を継続するためには，従業員への給料の

◇2◇ 共益債権

支払いや原材料の購入のための資金が必要になる。そこで法は，再生手続開始前の資金の借入れ（これを DIP ファイナンスという）を容易にすることで，原材料の購入や給料等の支払いを円滑にし，それによって，事業の継続が可能となるように，裁判所が，一定の債権を共益債権とする旨の許可をすることができるとしている（民再 120 条 1 項）。裁判所は，自ら共益債権化を許可するほか，監督委員に対し，共益債権とする旨の許可に代わる承認をする権限を付与することができる（同 2 項）。また，再生債務者がこれらの許可または承認を得て，資金の借入れや原材料の購入等の行為をしたときは，その行為によって生じた相手方の請求権は共益債権とされる（同 3 項）。

➡ なお，近時，法的倒産手続に入る前に行った事業再生 ADR や私的整理ガイドライン等の私的整理手続で，同手続中に受けたプレ DIP ファイナンス（これは，民事再生法 120 条 1 項の要件には当てはまらない）を，再生手続開始申立後に民事再生法 120 条により，共益債権化できないかという議論がある。これらの債権は，現行法上は，再生債権にすぎないが，プレ DIP ファイナンスも事業の経継続に欠くことができないものとして実行されるものであり，かつ今後の私的整理手続の円滑な運用という点からも，倒産実務上，同条による保護の必要があることは否定できない。なお，この点に関して，私的整理手続から再生手続に移行した案件においては，私的整理手続中に実行されたプレ DIP ファイナンス全額について，再生手続開始後も DIP ファイナンスを継続することを条件に，当該プレ DIP ファイナンス全額の共益債権化の承認・許可がなされた事例が報告されている。

(3) 共益債権の地位　● ● ●

共益債権は，再生手続によることなく随時に，しかも，再生債権に先立って弁済される（民再 121 条 1 項 2 項）。したがって共益債権者は，原則として，弁済期が到来した共益債権の履行を請求し，再生債務者等が任意に弁済しない場合は，その支払いを求めて訴えを提起すると共に，仮差押え，強制執行，共益債権に基づく担保権の実行等の各手続をとることも可能である。

財団債権の場合，破産財団のみが弁済の原資となる関係上，それに基づく執行は禁止されているが（破 42 条 1 項），再生手続開始後の取得財産すべてを含む再生債務者財産にあっては，債務者財産に対する権利行使を禁止する理由はないので，共益債権に基づく強制執行は禁止されていない。ただし，強制執行等が再生に著しい支障を及ぼすような場合には，中止または取消しの対象とな

201

◆第3編 民事再生手続／◆第5章◆　一般優先債権・共益債権・開始後債権

り得る（民再121条3項）。再生債務者の財産がすべての共益債権を弁済するのに不足することが明らかになった場合，破産や会社更生手続（破152条，会更133条1項）と異なり，民事再生法には特別の規定がない。よって，再生債務者等は，弁済期の順序に従って弁済すれば足り，強制執行の中で各種の共益債権が競合したときは，実体法の優先順序によって配当がなされると解すべきである。

3　開始後債権

　開始後債権とは，再生手続開始後の原因に基づいて生じた財産上の請求権であって，共益債権，一般優先債権または再生債権に該当しないものをいう（民再123条1項）。たとえば，①再生債務者がその業務や生活に関係なく行った不法行為を原因とする債権，②管財人が選任された場合に，法人の理事等が組織法上の行為を行うこと等によって生じる請求権で，その支出がやむを得ない費用（民再119条7号）に該当しないために，共益債権に該当しないもの，③管理命令により管財人が選任された後に，再生債務者が再生債務者財産に関して法律行為について，相手方がその行為の当時管理命令が発せられた事実を知っていた場合の相手方の損害賠償請求権（民再76条1項参照），④為替手形の振出人または裏書人である再生債務者について，再生手続開始後に支払人または予備支払人がその事実を知って引き受けまたは支払いをしたときの支払人または予備支払人の再生債務者に対する請求権（民再46条参照），⑤再生計画遂行に関する費用で再生手続終了後に生じたもの（民再119条3号かっこ書），⑥再生債務者等が裁判所の許可または監督委員の同意を得ないで財産を処分し，または，借入等をした場合に，相手方が許可（同意）を得ていないことを知っていたときの相手方の請求権（民再41条1項1号3号・2項・54条2項・4項参照），⑦社債管理者の再生債権である社債の管理に関する事務処理費用の償還請求権，報酬請求権のうち，相当と認められなかった額（民再120条の2第2項・3項参照），等が考えられるが，開始後債権の例はあまりないと思われる。

　開始後債権は，手続開始時に再生債務者財産を引当てにしていた債権ではなく，また再生債権者全体の利益のために生じた債権でもないから，一方では再生計画による権利変更の対象とならず，他方では，再生計画で定められた弁済

◇3◇ 開始後債権

期間が満了するときまでの間，弁済・強制執行は許されない（民再123条2項
3項）。よって，実質的には再生債権よりも劣後的に扱われることになる。た
だし，この弁済猶予効は，再生計画認可決定確定前に再生手続が終了した場合，
弁済期間満了前に再生計画に基づく弁済が繰上げにより完了した場合，または
再生計画が取り消された場合などには消滅するから，開始後債権の債権者は同
債権に基づく権利行使をすることができる（同2項）。

◆ 第3編 民事再生手続／第6章 ◆ 再生債務者財産の調査・確保手続

◆ 第6章 ◆
再生債務者財産の調査・確保手続

● ● ● 1 再生債務者財産の意義と範囲 ● ● ●

　再生債務者財産は，再生債務者が有する一切の財産を内容とする（民再12条1項1号第1かっこ書）。これは，破産法（破34条）とは異なり，再生債務者財産の範囲について時的ないし客観的限界が存在しないことを意味する。よって，再生手続開始時の財産はもちろん，再生手続開始後に再生債務者に帰属する財産もすべて再生債務者財産に含まれる。これは，破産における固定主義に対し，膨張主義をとるものといえる。したがって，再生手続においては，破産手続にみられるような自由財産という概念は存在しない。その結果，差押禁止財産やその拡張としての自由財産（破34条3項4項）も，再生手続には存在しない。もちろん，再生手続の前後を通じて再生債権などに基づく強制執行が許される場合には，個人である再生債務者の最低生活を保護する必要は認められるが，それは強制執行の一般の差押禁止財産に関する規律（民執131条・132条・152条・153条）に委ねれば足りる。また管理命令によって管財人が選任されるのは，再生債務者が法人である場合に限られるが（民再64条1項かっこ書），法人の自由財産を観念する余地はないから，再生債務者は，このような財産を基礎として，事業の再生・生活の再建を図ることになる。

204

◇2◇ 財産評定と調査報告

● ● ● 2 財産評定と調査報告 ● ● ●

(1) 財産評定とは ● ● ●

　民事再生手続は，再生計画により再生債務者の債務の減免・猶予等を行うことにより，債務を圧縮し，それを事業活動ないし日常生活から得られる収入によって弁済することを通して，事業や経済生活の再生を図ることを目的としている（民再1条）。その目的達成の基礎となるのは，なんといっても，再生債務者の有している財産（再生債務者財産）である。したがって，財産評定とは，合理的な再生計画を作るための基礎として，再生債務者の財産状況を正確に把握し，債権者および利害関係人に対してその状況を適切に開示することを目的とする制度であるといえる（民再124条1項）。

(2) 財産評定の評価基準 ● ● ●

　会社更生手続の場合（会更83条2項）とは異なり，民事再生手続における財産評定は，財産を処分するものとしてしなければならない（民再規56条1項本文）。この「処分するものとして」の価額とは，原則として強制競売の方法による売却により得られるであろう価額（買受可能価額〔民執60条3項〕以上）である。民事再生手続では，いわゆる清算価値保障原則がとられており，再生債権者に対して，再生債務者が破産した場合以上の弁済ができない場合には手続を開始する意味はないので，それは不認可事由の一つとされている（民再174条2項4号）。よって，財産評定は処分価額基準によるものとされているのである。ただ，例外として，財産評定は，必要がある場合には，全部または一部の財産につき，再生債務者の事業を継続するものとして行うことができるとされ，継続事業価値基準によって財産評定をすることも認められている（民再規56条1項但書）。

(3) 評定の主体・対象・実施時期 ● ● ●

　財産評定は，「再生債務者に属する一切の財産」につき，再生債務者等が実施する（民再124条1項）が，裁判所は必要があると認めるときは，利害関係人の申立て，または職権で，評価人を選任し，財産の評価を命ずることができる（同3項）。財産評定の対象となる財産には，再生債務者の現金・預貯金，

205

売掛金や貸付金等の金銭債権，株式や社債等の有価証券，商品・原材料・仕掛品等の棚卸資産などの流動資産，土地，建物，機械・器具等の有形固定資産，暖簾，借地権，工業所有権等の無形固定資産等のすべてが含まれ，別除権の目的物も評価の対象となる。

　財産評定は，再生手続開始後遅滞なく行わなければならない（民再124条1項）。ただ，再生債務者等が裁判所に提出すべき報告書には再生債務者の財産の現状を記載する必要があり（民再125条1項2号），この報告書は再生手続開始決定の日から2月以内に提出するものとされている（民再規57条1項）。また，財産状況報告集会が開かれる場合には，再生債務者の財産の現状の要旨がその場で報告され，しかも，財産状況報告集会は再生手続開始決定の日から原則として2月以内に招集されることになっている（民再規60条1項）。したがって，財産評定も，遅くとも，再生手続開始決定の日から2月以内に終了している必要がある。

　再生債務者等は，財産評定が完了したときは，直ちに再生手続開始時における財産目録および貸借対照表を作成して裁判所に提出しなければならない（民再124条2項）。その際には，再生債権者等が再生債務者の財産状態についての情報を財産目録等から適切に検討することができるようにするために，財産目録および貸借対照表には，作成の際に用いた財産の評価方法その他の会計方針を注記するものとされている（民再規56条2項）。

3　再生債権者への情報開示

　再生手続を円滑に進めるためには，再生債権者の協力が不可欠であるが，そのためには，再生債権者に情報を開示してその理解を得なければならない。そのために，民事再生法は，多彩な情報開示のメニューを規定している。まず第1に，財産状況報告集会において再生債務者等は，裁判所に報告する事項の要旨を報告しなければならない（民再126条1項）。第2には，財産状況報告集会の開催の有無にかかわりなく，再生債権者に対する情報提供の手段として，再生債権者は，再生債務者によって提出された財産目録や貸借対照表を，閲覧したり謄写したりすることが認められている（民再16条，民再規62条）。第3には，財産状況報告集会の招集がなされない場合，再生債務者等は，裁判所に提

◇ 4 ◇　営業（事業）等の譲渡

出した報告書の要旨を知れている再生債権者に周知させるため，報告書の要旨を記載した書面の送付，債権者説明会の開催その他の適当な措置をとらなければならない（民再規 63 条 1 項）。労働組合等に対しても同様の措置をとらなければならない（同 2 項）。第 4 には，再生債務者等は，再生計画認可または不認可の決定などの確定まで，裁判所に提出した財産目録等および報告書に記載されている情報の内容を表示したものを，再生債権者が再生債務者の主たる営業所または事務所において閲覧することができる状態に置くなどの措置をとらなければならない。ただし，営業所または事務所を有しない場合は，この措置は不要である（民再規 64 条）。

● ● ● 4　営業（事業）等の譲渡　● ● ●

(1) 営業（事業）等の譲渡の意義と要件　● ●

　債務者企業が破綻した場合，業種・業態にもよるが，とくに，営業ないし事業になお収益力があり，それが存続可能である場合には，当該営業等を第三者に譲渡することができれば，債権者の債権回収にとって有利である。またそのことによって，社会的に有用な営業等の解体清算を回避することができるし，さらには，従業員にとっても職場が保障されることになり，社会経済的な損失を最小限にとどめることできる。そこで法は，裁判所の許可を前提として，営業等の譲渡を認めている（民再 42 条 1 項）。

　営業等の譲渡をするためには以下の要件を満たしていなければならない。まず第 1 には，再生手続開始後であることを要する。営業等の譲渡をするならば，まだ事業価値があるうちに，できるだけ早い段階で行うのが望ましいが，再生手続開始前の段階では，裁判所が許可を与える前提として，譲渡が適正かどうか判断する資料が十分ではないため，手続開始前の営業等の譲渡は認められていない（民再 42 条 1 項）。また，本来，営業等の譲渡は事業再生の中心的手法をなすものであるから，再生計画を通じてなすのが本則である。しかし，倒産によって事業価値は急速に劣化するものであることに鑑みれば，早期に営業等の譲渡をする必要がある場合もある。よって法は，再生計画の認可決定前であっても，裁判所の許可を得ることにより，営業等の譲渡を可能としているのである（民再 42 条 1 項）。ただ，営業等の譲渡につき特別の規律がある場合

207

◆ 第3編 民事再生手続／◆ 第6章 ◆　再生債務者財産の調査・確保手続

（たとえば，会社 467 条 1 項 1 号・2 号・309 条 2 項 11 号の株主総会の特別決議）に
は，それに従うのは当然である。第 2 には，再生債務者の事業の再生のために
必要であることを要する。ここで「必要である」というのは，現在の経営陣に
対する取引先からの信用が失われているが，第三者のもとで事業を続ければ取
引の継続とそれによる事業の再生が可能となる場合や，再生債務者による事業
の再生も不可能ではないが，他へ譲渡したほうが再生がより確実であり，かつ，
再生債権者や従業員のためにも利益となる場合，事業の一部譲渡により残存す
る事業の再生・係属に必要な資金を得る場合，等を意味する（東京高決平 16・
6・17 金法 1719 号 51 頁参照）。第 3 は，裁判所は，営業等の譲渡の許可をする
場合には，知れている再生債権者（債権者委員会）および労働組合等の意見を
聴かなければならない（民再 42 条 2 項 3 項）。これは，譲渡価額や契約内容，
譲渡後の従業員の待遇など，再生債権者および従業員に重大な影響を与えるた
めである。

(2) 債務超過の株式会社の事業譲渡と代替許可　● ● ●

　再生債務者が株式会社である場合には，原則として，その事業の全部または
重要な一部を譲渡するためには，株主総会の特別決議による承認が必要である
（会社 467 条 1 項 1 号 2 号・309 条 2 項 11 号）。しかし，倒産状態に陥った株式会
社の株主は，その会社の経営に関心を失っており，株主総会決議の成立が困難
である場合が多いし，他方，債務超過会社の株主の株主権は実質的にその価値
を喪失している。そこで，再生手続においては，株式会社が債務超過に陥って
いる場合，裁判所による株主総会決議に代わる許可（代替許可）の制度が設け
られた（民再 43 条）。

　代替許可がなされるための要件としては，以下のものがあげられる。①債務
超過の株式会社であること。債務超過か否かは，継続事業価値で判断すると解
するのが通説である。②事業の全部または重要な一部の譲渡が事業の継続のた
めに必要であること。この要件の理解としては，ⓐ株主権を制約するためには，
厳格な要件を課すべきである等の理由から，事業譲渡をしないと早晩廃業に追
い込まれざるを得ない事情がある場合に限られるとする見解（東京高決平 16・
6・17 金法 1719 号 51 頁参照）と，ⓑ債務超過会社の株主に債権者よりも強い
拒否権を認める理由はないことや，倒産処理手続としての事業譲渡の有用性等
を理由として，事業譲渡をしなければ当該事業の価値や規模に大きな変化が予
想される場合にも必要性を肯定してよいとする見解とが対立している。民事再

生法 42 条と 43 条の差を考えれば，前説に賛成すべきであろう。③再生手続開始決定後であること。再生手続開始の申立てから開始決定までの保全期間中には，事業譲渡に関する代替許可は与えられない。代替許可は，株主の権利に対する重大な制限であるから，再生手続の開始の各条件（民再 25 条）の充足について判断する前にかかる制約を課すことは適当ではないからである。

代替許可の決定があった場合には，その裁判書を再生債務者等に，決定の要旨を記載した書面を株主に，それぞれ送達しなければならない（民再 43 条 2 項）。代替許可の決定は，裁判書が再生債務者等に送達されたときから効力を生じる（同 3 項）。代替許可の決定に対しては，株主は即時抗告をすることができる（民再 43 条 6 項）。ただ，代替許可決定に対する即時抗告が確定するまで事業譲渡ができないとすると，迅速性を損なうから，即時抗告は執行停止効を有しないものとされている（民再 43 条 7 項）。これに対し，代替許可の申立てを棄却・却下する決定に対しては不服申立てに関する規定はないから，即時抗告は認められないと解される。

代替許可を受けた場合には，事業の全部または重要な一部の譲渡を行うのに，会社法 467 条 1 項に規定する株主総会の決議による承認を受ける必要はない。ただ，譲渡する資産の規模が小さい場合の事業の重要な一部の譲渡（会社 467 条 1 項 2 号）や，譲受会社が特別支配会社（会社 468 条 1 項，会社施規 136 条）である場合には，そもそも株主総会の承認決議は不要であるから代替許可は問題とはならない。株式会社である再生債務者が代替許可を得て事業の全部または重要な一部の譲渡をする場合には，反対株主の株式買取請求の規定（会社 469 条・470 条）は適用されない（民再 43 条 8 項）。

5 再生債務者をめぐる法律関係の処理

(1) 手続開始後の再生債務者の法律行為等の効力

破産手続におけるのとは異なり，再生債務者は，再生手続が開始された後も，依然としてその業務を遂行し，またはその財産を管理・処分する権利を有するから（民再 38 条 1 項），再生債務者の行為に基づく権利取得は有効である。しかし，この原則にはいくつかの例外がある。まず第 1 に，法人である再生債務者について管理命令が発せられると，業務遂行権および財産の管理処分権は管

◆ 第3編 民事再生手続／◆ 第6章 ◆ 再生債務者財産の調査・確保手続

財人に専属するので（民再66条），再生債務者が再生債務者財産に関してした法律行為は，再生手続の関係においては，その効力を主張することができない（民再76条1項本文）。ただし，相手方が，行為の当時，管理命令が発せられた事実を知らなかったときはこの限りではない（同但書）。第2に，再生債務者は，裁判所の許可がある場合を除き，再生債権について弁済その他の再生債権を消滅させる行為をすることはできないから（民再85条1項），許可を得ないでしたこれらの行為は当然に無効である。第3に，裁判所が，再生債務者の一定の行為につき許可を要するものと定めたときは（民再41条1項），相手方が善意である場合を除き，その許可を得ないでした行為は無効となる（同2項）。第4に，監督委員の同意を得なければ再生債務者がすることができない行為が指定されたときは（民再54条1項2項），相手方が善意である場合を除き，監督委員の同意を得ないでした行為は無効となる（同4項）。そして第5に，再生手続開始決定前の原因に基づいて，再生債務者が開始決定後に対抗要件を備えさせても，相手方は手続開始の事実について善意でない限りその権利を主張することはできない（民再45条）。

➡ 明文の規定には該当しないが，公平誠実義務を定めた一般規定（民再38条2項）に違反する行為の効力については，有効説と無効説とが対立している。有効説は，①再生債務者には業務執行権や財産管理処分権が認められていること，②管財人が選任された後に再生債務者が再生債務者財産に関してした法律行為は，再生手続との関係においてその効力を主張することができないと定めている（民再76条1項）ことの反対解釈として，管理命令がない場合は，再生債務者の行為は有効と考えられること，③公平誠実義務に違反する行為の外延は明確ではなく，違反行為を一律に無効とすると，取引の安全が害されること，④民事再生法41条1項の定める許可事項や同法54条2項の定める同意事項は商業登記簿に記載されるが，一般的に公平誠実義務に違反する行為はこのような公示がないこと等を理由とする。

　　これに対し，無効説は，①民事再生法が公平誠実義務の規定を設けた趣旨を重視し，再生債務者を管財人と同様の手続上の機関として観念するからには，民事再生法38条2項を単なる訓示規定と位置づけるべきではないこと，②公平誠実義務に違反する行為であっても一律に有効であるとすると，義務違反の効果としては損害賠償しか認められないことになるが，それでは損害の回復が困難な場合もあること等を理由として，公平誠実義務に対する違反の程度が著しい場合には，義務違反に関する相手方の悪意を条件として，その行為は無効となり得るものと解する。

◇5◇ 再生債務者をめぐる法律関係の処理

⑵ 再生債務者の行為によらない第三者の権利取得　● ● ●

　再生債務者は，再生手続開始後もその財産の管理処分権を失うものではないが，再生債務者は債権者に弁済その他の債務を消滅させる行為をしてはならず，また債権者も弁済を受けることを禁じられる（民再85条1項）。また，再生債権者は，手続に参加してのみその権利の行使が許される（民再86条以下）。民事再生法は，そのような効果を徹底させるために，再生手続開始後に，再生債権者が，再生債権につき，再生債務者の行為によらずに偶然に再生債務者財産に関して権利を取得したとしても，その権利取得の効力を再生手続との関係では認めないものとしている（民再44条1項）。さらに，再生手続開始の日に取得した権利は，再生手続開始後に取得したものと推定されるものと規定し（同2項），再生債務者財産の確保を図っている。ただし，これらの規定は，再生債務者の行為によらない権利取得一般を対象とするものではなく，再生債権者による権利取得に限定している。したがって，再生債権と関係なくなされた権利取得は有効である。たとえば，取得時効，付合・混和・加工による取得，即時取得などがこれに当たる。

⑶ 善意取引の保護　● ● ●

　再生手続開始後に，第三者が再生債務者財産について法律上の地位を取得した場合であっても，原則としてその効力は否定される。しかし，第三者が再生手続開始について善意の場合にまでこのような原則を貫くと，第三者に不測の損害を生じるおそれがあるので，民事再生法はいくつかの善意取引の保護の規定を置いている。

　再生手続開始前に生じた登記原因に基づき，再生債務者を登記義務者として再生手続開始後にされた登記や不動産登記法105条1号の仮登記は，再生手続との関係では効力を主張することができない（民再45条1項本文・2項）。しかし，登記権利者が再生手続開始について善意でした登記・仮登記についてはその効力が認められる（同条1項但書）。ただし，再生手続開始の公告の前後によって善意または悪意が推定されている（民再47条）。これは，破産法49条と同趣旨の規定である。

　為替手形の振出人または裏書人である再生債務者について再生手続が開始された後に，支払人または予備支払人が引受けまたは支払いをした結果，再生債務者に対して求償権を取得しても，それが再生手続開始後の原因に基づくもの

211

◆ 第3編 民事再生手続／◆ 第6章 ◆ 再生債務者財産の調査・確保手続

であるとすれば，再生債権の要件（民再84条1項）を満たさない。これでは，支払人等の保護に欠けるので，その者が再生手続開始の事実につき善意であったときにかぎり，再生債権者としての権利行使が認められる（民再46条1項）。小切手および金銭その他の物または有価証券の給付を目的とする有価証券の場合にも，その支払い等によって生じる求償権について，同様の取扱いがなされる（同2項）。この場合にも，善意・悪意については，再生手続開始の公告による推定が働く（民再47条）。これは，破産法60条と同趣旨の規定である。

　管理命令が発令されると，再生債務者の財産の管理処分権は，管財人に専属するから（民再66条），その後に再生債務者に対してなされた弁済は，破産手続開始後の破産者に対する弁済と同様に，再生手続に対してその効力を主張することができず，債務者は二重の弁済を強いられることとなる。しかし，破産法50条と同様，管理命令発令につき善意でなされた弁済にかぎり，再生手続の関係においてもその効力が認められるし，悪意でなされた弁済についても，再生債務者財産が利益を受けた限度においてはその効力が認められている（民再76条2項3項）。これは，破産法50条と同様の規定である。この場合，善意・悪意については，管理命令の公告の前後による推定が働く（民再76条4項）。なお，管理命令が発令されていなければ，再生手続開始によっても再生債務者は財産の管理処分権を失うことはなく（民再38条1項），弁済の受領は有効である。

● ● ● 6 契約関係の処理 ● ● ●

⑴ 総　説 ● ● ●

　再生手続開始前に再生債務者が第三者と契約を結んでいた場合において，再生手続開始時において再生債務者財産側の義務のみが存在する場合，相手方はそれを再生債権として行使する（民再84条1項）。また，相手方の義務のみが存在するのであれば，その履行を求める権利は，再生債務者財産に属し，再生債務者等がその権利を行使する。これに対し，双務契約上の双方の義務が未だ互いに未履行である場合，民事再生法49条以下によって処理することになるが，その内容は，概ね破産法53条以下の規定に準ずる。ただし，双方未履行の双務契約については，破産手続においては履行か解除かの選択権は破産管財

◇6◇ 契約関係の処理

人が有するのに対して（破53条1項），再生手続においては，管財人が選任されない場合には再生債務者が有する（民再49条1項）。また，相手方から契約の解除か履行かの選択につき催告があったにもかかわらず，期間内に確答しなかった場合，民事再生手続が再建型の手続であることに鑑み，破産手続（破53条2項後段）とは異なり，解除権の放棄が擬制されている（民再49条2項）。

→ 破産手続では，契約の解除か履行かの選択権は管財人が有する（破53条1項）。それに対して，再生手続においては，管財人が選任されていれば管財人が選択権を行使するが，選任されていない場合には再生債務者が行使する（民再49条1項）。後者の場合，自らが当事者として締結した契約につき履行か解除かの選択権を有するというのは一見奇異な感じがするが，再生債務者の地位は，再生手続開始により，契約当事者としての地位から，総債権者の利益のために行動すべき義務を負うべき（民再38条2項）手続機関としての地位へと変更したと説明することになろう。

(2) 各種の双方未履行の双務契約の取扱い ● ● ●

1 継続的供給契約

電気・水道・ガス等の供給といった継続的給付を目的とする契約（継続的供給契約）において，契約期間内に一方当事者に再生手続が開始された場合，相手方の手続開始前後の給付義務は未履行であり，また再生債務者もその対価の支払義務は未履行であるのが通常であるから，再生債務者は，契約の解除か履行かの選択権を有する（民再49条1項）。解除が選択されれば，相手方はその後の給付の義務を免れ，開始前の給付の対価や，解除による損害賠償請求権は，再生債権になる（民再84条1項・49条5項，破54条1項）。これに対して，履行が選択された場合，相手方が手続開始後に給付したものの対価は共益債権となる（民再49条4項）。それ以外の債権の扱いについては，民事再生法は，破産法と同様（破55条），立法的な解決を図っている。すなわち，開始申立前の給付にかかる対価分については，それが再生債権であることを前提に，その弁済がないことを理由として相手方は再生手続開始後の給付義務の履行を拒むことはできないとした（民再50条1項）。そして，開始申立後，再生手続開始決定までにした給付にかかる請求権は共益債権とされた（同2項）。よって，この場合には，その債務の不履行を理由とする手続開始後の給付義務の履行拒絶は認められるであろう。

◆ 第3編 民事再生手続／◆ 第6章 ◆ 再生債務者財産の調査・確保手続

2 賃貸借契約

① 賃貸人の民事再生の場合

賃貸借契約については，原則として民事再生法49条1項が適用され，その結果，とくに賃貸人たる再生債務者が契約を解除した場合，賃借人は不当な不利益を被る可能性がある。そこで，民事再生法は，破産法56条を準用して再生債務者等の選択権を否定している（民再51条）。

なお，再生手続開始前に賃借人が賃料を前払いしていたり，再生債務者が賃貸借契約から生じる将来の賃料債権を譲渡していたような場合，その効力については制限する規定はないから，無制限に対抗できると解される。これに対して，賃借人たる再生債権者が，再生債権を自動債権として賃料債務を受働債権として行う相殺の許容性の問題がある。この問題につき破産法には制限規定はないが，民事再生のような再建型手続においては，相殺によって賃料収入が得られないことが再生の妨げとなる可能性があることから，相殺に関しては一定の制限規定を置いている。すなわち，再生債権者は，再生手続開始後にその弁済期が到来すべき債務については，再生手続開始の時における賃料の6月分に相当する額を限度として，かつ，債権届出期間内に限り，再生計画によらないで相殺をすることができるとしている（民再92条2項）。また，受働債権たる賃料債務を弁済期に弁済したときは，再生債権者が有する敷金返還請求権は，再生手続開始時における賃料の6月分に相当する額の範囲内における弁済額を限度として共益債権とされている（同3項）。このことによって，賃借人が別口の再生債権を有するときに，それを自動債権とする相殺をせずに賃料を弁済する場合，および別口の再生債権を有しない賃借人が賃料を弁済する場合のいずれにおいても，本来は（停止条件付）再生債権である敷金返還請求権について共益債権化による利益を与えることを通じて，賃料の現実の弁済を促そうとするものである。なお，この規律は，地代または小作料の支払いを目的とする債務についても準用されている（同4項）。

② 賃借人の民事再生の場合

この場合，民法には特別規定はなく，民事再生法49条によって処理される。すなわち，再生債務者たる賃借人が契約を解除した場合，賃借人は目的物を賃貸人に返還し，将来の賃料支払義務を免れる。賃借人が賃貸借契約を解除する場合，予告期間を置く必要はない。ただし，賃貸借契約中に賃借人が契約を解除するには，予告期間を置くか，予告期間分の賃料を支払わなければならない

◇6◇ 契約関係の処理

旨の約定がある場合，その有効性については争いがある。

➡️ このような条項を違約金条項というが，そのような条項の有効性につき，肯定
説をとるものとして，大阪地判平21・1・29判時2037号74頁〔百選5版77①事
件〕が，否定説をとるものとして，名古屋高判平23・6・2金法1944号127頁
〔百選5版77②事件〕がある。

契約が解除された場合，明渡しまでの間の賃料または賃料相当額の損害金は
共益債権となる（民再119条2号6号）。また敷金を支払っている場合には，そ
の返還請求権は再生債務者財産に帰属する。他方，賃貸人の損害賠償請求権は，
再生債権となる（民再49条5項，破54条1項）。なお，この場合に，賃貸人か
ら解除ができるかという問題があるが，民事再生法49条1項は再生債務者等
にしか選択権を認めておらず，また民法にも，賃貸人に解除権を認める規定は
ないから，賃貸人からの解除はできないと解すべきであろう。

これに対して，契約の履行が選択された場合，賃貸人の賃料債権に関しては，
再生手続開始後の賃料債権が共益債権になることについて異論はないが（民再
49条4項），開始前の賃料債権の扱いについては見解の対立がある。

3 ファイナンス・リース

① ユーザーの民事再生の場合

この場合の議論は，破産手続に関してなされているものとほぼ同様である。
まず，リース契約への民事再生法49条の適用の可否については，適用否定説
が通説判例であり（会社更生事件についてであるが，最判平7年4・14民集49巻
4号1063頁〔百選5版74事件〕），これに従えば，再生債務者等は履行か解除か
の選択権を有せず，残リース料債権は再生債権となる（民再84条1項。上記最
判のほか，大阪地決平13・7・19判時1762号148頁〔百選5版62事件〕，東京地
判平15・12・22判タ1141号279頁等）。そして，未払いリース料債権を担保す
るために，リース会社には，リース契約により，ユーザーに帰属する物件の利
用権を目的物とする担保権が成立していると理解する見解（利用権担保説）が
有力である。利用権担保説に立つと，次に，リースにおける担保権実行の形態
が問題となる。通常は，リースという担保権の実行は，リース契約の解除とい
う形式がとられるが，利用権が担保になっているとすれば，それによってリー
ス目的物の利用権がユーザーからリース会社に移転し，その結果，利用権は混
同により消滅し，これによって，リース会社には何ら制限のないリース物件の
所有権が帰属することになる。よって，担保目的物がリース物件の利用権であ

215

◆ 第3編 民事再生手続／◆ 第6章 ◆　再生債務者財産の調査・確保手続

ると解する以上，この時点で担保権の実行は完了することになり，その後の
リース物件の返還請求自体は，担保権実行後のリース会社の完全な所有権に基
づくものとなり，その根拠は取戻権ということになる（東京地判平15・12・22
判タ1141号279頁）。しかし，リース契約には，倒産手続開始申立て等を理由
とする契約解除特約が付されているのが通常であり，その結果，再生手続開始
申立てがあった時点で担保権実行が終了していることになり，実行中止命令
（民再31条）や担保権消滅許可の制度（民再148条以下）等を適用する余地がな
くなる点で，ユーザーに酷である。したがって，具体的な担保権実行の時点は，
利用権の移転からは独立して判断し，動産譲渡担保に準じて清算義務の履践や，
目的物の引揚げのときであると解するのが妥当であろう。

➡ ファイナンス・リース契約には，ユーザーに倒産手続開始の申立て等があった
　　場合には，何ら催告を要することなく，リース会社が契約を解除できる旨の倒産
　　（即）解除特約が定められているのが通例であり，この特約の有効性については議
　　論がある。会社更生の場合は，担保権も更生担保権として更生手続に取り込まれる
　　ことや（会更47条1項），当該目的物の高度の利用必要性から，当該特約の効力を
　　否定する見解が有力である。これに対して民事再生の場合は，担保権は別除権とし
　　て手続外での行使が認められていることから，有効説（大阪地決平13・7・19金
　　法1636号58頁，東京地判平16・6・10判タ1185号315頁）も唱えられているが，
　　近時では無効説（東京高判平19・3・14判タ1246号337頁）が有力である。なお，
　　近時，最決平20・12・16民集62巻10号2561頁〔百選5版76事件〕は，無効説
　　に与した。

② リース会社の民事再生の場合

ここでは，破産法56条と同様の考え方から，再生債務者等の解除権は否定
されることには異論はない。

4　請負契約

① 注文者の民事再生の場合

注文者が破産した場合については民法642条の特則があるが，再生手続につ
いてはそのような規定はなく，民事再生法49条の一般的規律が妥当する。し
たがって再生債務者等は，契約の解除または履行請求の選択権を有しており，
履行が選択されれば，請負人は仕事を完成し，それ対する報酬債権は共益債権
になる（民再49条4項）。それに対して，解除が選択されると，請負人が既に
した仕事の結果は注文者たる再生債務者等に帰属し，請負人の報酬債権や損害

賠償請求権は再生債権となる。ただ，建築請負のような場合，請負人は不動産工事の先取特権（民325条2号・327条）を有するから，それほど酷な結果にはならないであろう。

② 請負人の民事再生の場合

請負人の再生手続については民事再生法49条の一般規律が妥当し，再生債務者等は履行か解除かの選択権を有する。請負人が契約を解除した場合には，すでにした仕事の結果は注文者に帰属し，再生債務者等はそれに相当する報酬請求権を再生債務者財産として権利行使することになる。注文者が前払金を支払っており，かつその金額が報酬請求権の額を上回るときは，破産手続におけるのと同様，注文者は，その差額を共益債権として権利行使をすることができるとするのが多数説である（民再49条5項。破54条2項参照）。請負人が契約の履行を選択し，仕事を完成した場合は，請負契約に基づく報酬債権全体が再生債務者財産となり，再生債務者等がこれを行使する。

5 労働契約（雇用契約）

① 使用者の民事再生の場合

使用者の破産については民法631条の特則があるが，再生手続についてはこれに対応する規定がなく，一般規定たる民事再生法49条1項が妥当する。すなわち，再生債務者等が履行を選択した場合，労働者は就労の義務を負うが，民事再生法50条1項2項の適用は排除されているから（民再50条3項），労働者は，再生手続開始前の賃金の不払いを理由に，開始後の就労を拒むことができる（民再50条1項参照）。それに対して契約の解除が選択された場合，それは使用者からの解雇となるから，労働基準法が規定している解雇制限（労基19条）および解雇予告期間・解雇予告手当（同20条）等に関する規定は遵守されなければならない。労働者の有する給料債権や退職金債権は，民法上，一般の先取特権が認められており（民306条2号・308条），再生手続上は，一般優先債権として再生手続によることなく随時に弁済される（民再122条1項2項）。

② 労働者の民事再生の場合

雇用契約は双方未履行の双務契約ではあるが，労働者に再生手続が開始しても，労務の提供には支障はなく，民事再生法49条は適用されず，契約はそのまま継続される（労働者は，民法627条により退職することができる）。雇用契約が存続する場合の賃金や退職金などの労働債権は，すべて再生債務者財産に属する。ただし，再生計画上の取扱いについては，給与所得者等再生において特

◆第3編 民事再生手続／◆第6章◆ 再生債務者財産の調査・確保手続

別の定めがある（民再241条2項7号）。

③ 労働協約への不適用

民事再生法49条3項で同条1項2項の規定は労働協約には適用されない旨を明らかにしている。これは，民事再生手続は，事業の再生を目的とする手続であるから，たとえ再生債務者といえども，労働協約の一方的破棄は認めないとの趣旨である（会更61条3項参照）。よって，使用者は，労働協約で定められた労働条件を一方的に変更することはできない。

6 保 険 契 約

① 保険者の民事再生の場合

民事再生手続に関しては，商法651条や保険法96条のような特則はないから，民事再生法49条の一般規律が妥当する。よって，再生債務者等は，保険契約の解除または履行の選択をすることができる。

②保険契約者の民事再生の場合

この場合も特則はないから，民再49条によって処理され，再生債務者等は解除または履行の選択権を有する。その他の取扱いは破産手続におけるのと同様である。

7 市場の相場がある商品の取引にかかる契約および交互計算

清算型倒産処理手続である破産手続においては，一方当事者の信用や財産状態に重大な変化が生じた場合，当事者の信用に基礎を置くこれらの契約は迅速に終了させるのが妥当であるとの考慮から，契約関係の早期決着を図っている（破58条・59条）。なお，民事再生手続は再建型倒産処理手続ではあるが，これらの契約が，当事者の信用に基礎を置いている点では同様であるから，破産法の規定を準用して（民再51条），これらの契約関係の早期決着を図っている。

8 その他の契約

その他の契約としては，組合契約，特定融資枠契約，委任契約等がある。破産手続においては，これらの契約に関して民法などが特則を設けていることが多いが（民589条・653条・679条・681条等），特則が存在しない再生手続においては，民事再生法49条などの一般規定によって取扱いがなされる。

7 手続関係の処理

(1) 係属中の訴訟手続等

1 管理命令がない場合

① 再生債務者財産に関する訴訟で再生債権に関しないもの，および再生債務者の財産に関係のない訴訟

管理命令がない場合，再生債務者が再生手続開始の前後を通じて再生債務者財産について管理処分権を保持するから（民再38条1項），再生債務者財産に関する訴訟であって，再生債権に関しないもの（取戻権，別除権，共益債権，一般優先債権等）に関する訴訟についての当事者適格は変動せず，したがって，訴訟の中断も生じない（民再40条1項）。

② 再生債務者が関与する訴訟であっても，財産関係に関わらない訴訟

たとえば，再生債務者が自然人である場合の離婚関係訴訟・養子縁組訴訟・親子関係訴訟などの人事訴訟，再生債務者が会社である場合の会社設立，合併無効訴訟（会社828条1項1号・7号・8号），株主総会決議無効訴訟（会社830条），株主総会決議取消訴訟（会社831条），会社解散の訴え（会社833条）等においては，再生債務者の当事者適格は変動せず，訴訟も中断しない。

③ 再生債権等に関する訴訟

管理命令が発令されない場合であっても，再生債務者財産に関する訴訟で再生債権に関するものは中断する（民再40条1項）。本来，再生手続が開始しても再生債権者の自己の財産に対する管理処分権は失われることはないから（民再38条1項），再生債権に関する訴訟においても，再生債務者の当事者適格自体には変動はなく，訴訟を中断させる必要はないはずである。しかし，再生手続上，再生債権は，再生手続によらなければその権利行使をすることはできず（民再85条1項），再生債権者は再生手続開始後にその債権を裁判所に届け出て（民再94条等），調査・確定されるものであり（民再99条以下・104条以下），債権の確定はこの手続によるべきものとして，係属中の訴訟は中断するとされている。ただ，再生債務者が再生債権の存在を認めなかったり，他の再生債権者が届出債権に異議を述べた場合には，査定の裁判（民再105条）や，それに対する異議の訴え（民再106条1項）に代えて，中断中の訴訟について，当該再生債権者が異議者等の全員を相手方として受継の申立てをすることが認められ

◆第3編 民事再生手続／◆第6章◆ 再生債務者財産の調査・確保手続

ている（民再107条1項）。また，届け出られた債権が執行力ある債務名義を備えた再生債権（有名義債権）である場合には，異議者等の側から中断した訴訟を受継することが義務づけられている（民再109条2項）。

国または地方公共団体が民事再生法97条の規定に基づいて届け出た追徴金や過料の請求については，通常の再生債権のような調査手続は行われず，審査請求や訴訟などの方法により異議を主張することが求められるが，係属中の訴訟や行政手続があれば，それらは中断するが（民再40条3項），異議を主張する再生債務者等は受継を義務づけられる（民再113条）。

再生債権に関する訴訟が中断するのは，再生債権の確定のために特別の手続が設けられていることを前提とするものであったが，小規模個人再生・給与所得者等再生では，そもそも再生債権の確定が予定されていないので，再生手続開始決定に基づく訴訟中断効は生じない（民再238条・245条による40条の適用排除）。これに対し，簡易再生（民再211条1項）や同意再生（民再217条1項）では，再生債権の確定を予定していないが，民事再生法40条の適用除外規定がないので，再生手続開始決定に基づいて中断効は生じる。しかし，簡易再生・同意再生の決定確定後までこれを維持する理由はないので，いったん中断した訴訟は，再生債務者等が受継するものとされている（民再213条5項・219条2項）。

④ 債権者代位訴訟・詐害行為取消訴訟（債権者取消訴訟）等

債権者代位訴訟（民423条以下）もしくは債権者取消訴訟（民424条以下），または破産法上の否認訴訟（破173条）もしくは否認の請求を認容する決定に対する異議訴訟（破175条）が係属中に，債務者に再生手続が開始したときは，これらの訴訟は中断する（民再40条の2）。その理由は，破産法45条でこれらの手続が中断する場合と同様である。債権者代位訴訟については，財産の管理処分権を有する再生債務者等が受継することができる（民再40条の2第2項前段）。この場合，訴訟の相手方も受継申立てをすることができる（同後段）。また，再生債務者等の受継は義務的だと考えられる。詐害行為取消訴訟の場合は，否認権限を有する監督委員または，管財人が，中断した訴訟を，否認訴訟として受継する（民再140条1項前段）。

2 管理命令がある場合

管理命令が出されると，再生債務者財産の管理処分権は管財人に専属する（民再64条1項）。再生債務者財産関係の訴訟については，再生債務者は当事者

◇7◇ 手続関係の処理

適格を失う結果，管財人を原告または被告とすることになるから（民再67条1項），①再生債務者財産に関する訴訟で再生債務者が当事者であるものは，すべて中断する（民再67条2項前段）。管理命令がない場合には，再生債権に関するもののみが中断する（民再40条1項）のとは異なる。中断した訴訟は管財人が受継する（民再67条3項）。法人の役員に対する損害賠償請求の査定の裁判に対する異議の訴え（民再145条1項）に係る訴訟手続で，再生債権者が当事者であるものも中断する（民再67条2項後段）。それに対して，②再生債権に関するものは，再生手続の開始によって中断し（民再40条1項），再生手続による調査・確定が図られる。ただ，異議が出された場合の手続は，管財人が当事者として受継する。また，債権確定のために再生債務者が既に訴えなどを提起し，または訴訟等を受継した後で管理命令が発令されたときは，訴訟は中断し（民再67条2項），管財人はこれを受け継がなければならず（同4項前段），相手方も受継申立てをすることができる（同後段）。

　なお，再生債権に関する訴訟が中断し，管財人による受継がなされるまでに再生手続が終了したり，管理命令取消決定が確定したりしたときは，再生債務者がそれを当然に受継し（民再68条1項4項前段），管財人がいったん受継した訴訟でも，再生手続が終了したり，管理命令取消決定が確定したりしたときは，再び中断し（同2項4項前段），再生債務者がそれを受継することが義務づけられる（同3項4項前段）。

(2) 係属中の強制執行等 ● ● ●

　再生債権者は，再生手続開始と共に，再生手続によらない権利行使を禁止されるから（民再85条1項），再生債務者財産に対する再生債権に基づく強制執行等の申立てをすることはできず，既に開始されている強制執行等の手続および財産開示手続は中止する（民再39条1項）。このような場合，破産手続では，既に開始されている強制執行等の手続は失効するものとされているが（破42条2項本文・6項），再生手続においては，それが成功するか否かは必ずしも確実ではないから，中止に留められている。また，破産においては，破産債権に基づく強制執行等のみならず，財団債権に基づく強制執行等や一般の先取特権の実行等も失効する（破42条2項本文）のに対し，再生手続においては，対象となるのは，再生債権に基づく強制執行等だけである。強制執行等の目的物が遊休資産であるなど，それを換価しても再生に支障を来さないと認めるときは，

221

裁判所は，再生債務者等の申立てにより，または職権で，中止した強制執行等の手続の続行を命じることができる（民再39条2項）。ただし，その場合でも，再生債権者がそれによって満足を得ることは認められないから（民再85条1項），配当は実施されず，売却代金は再生計画に基づく弁済原資として再生債務者等に交付されるべきである。また，再生のために必要があると認めるときは，裁判所は，再生債務者等の申立てによりまたは職権で，担保を立てさせ，または立てさせないで，中止した強制執行等の取消しを命じることができる（民再39条2項）。

8 取戻権・別除権・相殺権・否認権等

(1) 取戻権

1 取戻権の意義

再生債務者は，再生手続開始後も，その業務遂行件および財産の管理処分権を失うことはないが（民再38条1項），管理命令が発せられた場合には再生債務者の業務遂行権や財産の管理処分権は管財人に専属する（民再66条）。ところで，再生債務者等が現実に占有管理している財産の中には第三者の財産が混入している場合もありうるが，それらの財産は再生債務者の事業の再生のために利用されるべき財産ではない。したがって，第三者はそのような財産を，実体法上の支配権に基づき，再生債務者から取り戻す権利が認められなければならない。そこで，法は，再生手続の開始は，再生債務者に属しない財産を再生債務者から取り戻す権利に影響を及ぼさないと規定している（民再52条1項）。これは，破産法62条と同趣旨の規定である。このような，再生債務者に属しない財産を実体法上の権限に基づいて再生債務者から取り戻す権利を一般の取戻権という。取戻権は，再生債務者のもとにある目的物の返還を求めたり（取戻権の積極的機能），再生債務者が自己の所有に属すると主張してその引渡しを求めてきた場合に，第三者が自己の権利を主張してその引渡しを拒否したりして（取戻権の消極的機能）行使される。なお，取戻権には，破産手続の場合と同様，民事再生法52条1項に規定する一般の取戻権のほか，実体法上の支配権とは関係なく，民事再生法が特別の考慮から創設した特別の取戻権とがある。

◇8◇ 取戻権・別除権・相殺権・否認権等

2 一般の取戻権

① 一般の取戻権の基礎となる権利

　第三者の所有に属する物（不動産・動産）は，再生債務者のものではないから，その所有権は取戻権の基礎となる。ただし，再生債務者側に質権や賃借権のように，占有を正当化する権利が存続している限り，所有者とはいえども取戻権を行使することはできない。また，再生債務者や管財人は，再生手続の関係においては第三者とみなされるから，取戻権を行使する第三者は，対抗要件を備えていなければ取戻権の行使は認められない。なお，再生手続開始時において，不動産登記法 105 条 1 号の仮登記（1 号仮登記）を備えている場合に，手続開始後に本登記請求をし，取戻権を行使しうることについては争いはない。それに対し，同法 105 条 2 号の仮登記（2 号仮登記）の場合には，破産法 49 条や会社更生法 56 条に関するのと同様の争いがある。この場合は 1 号仮登記とは異なり，未だに実体関係がないことを理由に消極的に解する見解もあるが，2 号仮登記にも順位保全効を通じて仮登記された権利に物権的効力が与えられることから，実体法上本登記をなすべき要件が具備されている限り，本登記請求を行うことができると解する見解も有力である。

　用益物権や担保物権が取戻権の基礎となるか否かは，それらの権利の性質による。これらについては，破産手続における議論がほぼ妥当する。すなわち，地上権や永小作権などの用益物権は，目的物の占有を権利の内容とするので，管財人が目的物を占有するときは取戻権を行使できる。また，占有権も実体法上占有訴権（民 200 条参照）が認められているから取戻権の基礎となる。これに対して，留置権には取戻権の行使としての物の返還を求めることは認められない。動産質権にも，取戻権の積極的機能は認められないと解される。それに対し，不動産質権は，取戻権の基礎となる。これらに対し，抵当権や特別の先取特権のような占有を伴わない担保物権については，占有の移転を求めるために取戻権を認める必要はない。その代わり，これらの権利は別除権（民再 53 条 1 項）として，優先弁済権が保障されている。一般の先取特権は，一般優先債権として再生手続によらない随時弁済が認められているから（民再 122 条 2 項），取戻権は認められない。

　債権的請求権であっても，再生債務者に属しないことを主張し，しかも債権の内容として物の引渡を求めうる場合には取戻権の基礎となる。たとえば，再生債務者が転借していた物について転貸人が転貸借の終了を理由として取戻権

223

を行使するような場合である。

　譲渡担保や所有権留保については，目的物の所有権の所在を基準とすれば，取戻権が認められると解する余地はあるが，通説は，その実質を重視して，別除権（民再53条1項）のみを認める。なお，ファイナンス・リースについては，多数説は，未払いのリース料債権はその全額が再生債権になり，リース会社は，ユーザーの有する，リース物件の利用権について当該再生債権を被担保債権とする担保権（別除権）を有すると解している。

　問屋が委託者のために物品を買い付けた後，委託者に引き渡す前に再生手続開始決定を受けた場合，委託者はその物品につき取戻権を有するかという点については破産手続におけるのと同様の議論があるが，通説は，委託者が買入代金を支払っていた場合には，実質的にはその物品の所有者とみてよいとして取戻権を認める（なお，最判昭43・7・11民集22巻7号1462頁〔百選5版49事件〕は，金銭の授受は前提としていない）。

　② 取戻権の行使

　取戻権は，再生手続の開始の影響を受けるものではないから（民再52条1項），再生手続によることなく，随時行使される。よって，再生債務者等が争わなければ，任意の引渡しを受ければよいが，再生債務者等が目的物の取戻しを承認する場合には，裁判所の許可を得なければならない（民再41条1項8号）。再生債務者等がそれを争えば，給付訴訟などを提起して解決を図ることになる。

　3　特別の取戻権

　民事再生法は，一連の破産法の規定を準用している（民再52条2項）から，民事再生法上の取戻権も，破産法のそれに準じる。

　① 売主の取戻権

　隔地者間の売買において，売主が売買の目的物を発送した後，買主がまだ代金の全額を弁済せず，かつ，その目的物を到達地で現実に受け取っていない間に買主につき再生手続開始決定があった場合，売主は，その目的物を取り戻すことができる（民再52条2項，破63条1項本文）。これが売主の取戻権である。売主が目的物についての所有権などの支配権を有しているか否かを問題としないところに特別の取戻権の意義が認められる。

　② 問屋の取戻権

　物品買入れの委託を受けた問屋がそれに応じて買入れた物品を隔地の委託者

◇8◇　取戻権・別除権・相殺権・否認権等

に発送した後，委託者がまだ代金の全額を弁済せず，かつ，到達地においてその物品の受け取らない間に，委託者が再生手続開始決定を受けたときは，問屋は，運送中の物品の売主に準じて，取戻権を有する（民再52条2項，破63条3項）。これを問屋の取戻権という。

③ 代償的取戻権

a．意　義

　一般の取戻権であれ，特別の取戻権であれ，取戻権の目的は，再生債務者等から目的物を取戻権者に返還させるところにあるが，目的物が第三者に譲渡され再生債務者の財産中に現存していなければ，返還は不可能になる。しかしこのような場合であっても，その代位物が特定されている限り，取戻権者に権利を行使したのと同じ結果を保障するのが公平である。そこで，目的物に代わる反対給付，あるいはその請求権がある場合，それらについて取戻権を認めるのが，代償的取戻権の制度である（民再52条2項，破64条）。これに関する議論状況は，以下に述べる内容も含めて，破産手続における代償的取戻権と同様である。

b．内　容

（a）反対給付義務が未履行の場合

　反対給付請求権は，再生債務者財産に属する財産であり，取戻権の対象財産の代位物であることは明らかなので，取戻権者は再生債務者等に対してその請求権を自己に移転するよう請求することができる（民再52条2項，破64条1項前段）。再生債務者等は，通常，指名債権譲渡の方法により，移転の意思表示および対抗要件としての通知をする必要があり，取戻権者はそのように要求することができる。再生手続開始後に再生債務者等が取戻しの目的物である財産を譲り渡した場合も同様である（民再52条2項，破64条1項後段）。

（b）反対給付が手続開始後に履行された場合

　再生債務者等が取戻権の目的である財産を譲り渡し，かつ反対給付を受領した場合は，取戻権者は，再生債務者等が反対給付として受けた財産の給付（その物の引渡し等）を請求することができる（民再52条2項，破64条2項）。ただし，反対給付として得た財産が金銭のように特定性が失われているときは，その価額分は再生債務者の不当利得になるから，取戻権者は共益債権としてその支払を請求することができる（民再119条6号）。

（c）反対給付が手続開始前に履行されていた場合

225

◆ 第3編 民事再生手続／◆ 第6章 ◆ 再生債務者財産の調査・確保手続

　再生債務者が手続開始決定前に反対給付を受けてしまっているときは，取戻権者は不当利得返還請求権を再生債権として行使することになる。この場合に，譲渡を受けた第三者が即時取得をしたときは，取戻権者は再生債権を行使するほかないが，即時取得の要件を満たさないときは，取戻権者は所有権に基づいて当該第三者に対し直接目的物の返還を請求できるし，代償的取戻権も選択的に行使することができる。なお，第三者の不法行為により，取戻しの目的物が毀損されたような場合，取戻権者は直接不法行為者に対して損害賠償請求権を取得するから，代償的取戻権を認める必要はないであろう。

(2) 別 除 権 ● ● ○

1 別除権の意義・要件・内容

　再生手続開始のときにおいて再生債務者の財産につき存在する，特別の先取特権，質権，抵当権または商法・会社法上の留置権（商事留置権）には別除権が与えられ（民再53条1項），再生手続によらない権利行使が認められている（同2項）。これは，破産法2条9項・65条1項と同様の規定である。

　民事留置権（民295条）は別除権の基礎にはならない（民再53条1項）。しかし，民事再生法は，破産法66条3項のような規定を置いていないことから，留置的効力自体は手続開始後も存続すると解されている（東京地判平17・6・10判タ1212号127頁）。また，民事留置権は別除権ではないから，別除権の目的物の受戻し（民再41条1項9号）や担保権消滅許可（民再148条）の対象にもならない。その結果，対象物が事業の継続にとって必要な物である場合，債権者の目的物の留置により，事業の継続に支障を生じるおそれがある。そのような場合には，再生債務者としては，裁判所の許可を得て，和解をして留置物を取り戻す可能性はあろう。しかし，この場合，被担保債権は再生債権であり，和解によって共益債権とすることは妥当ではないし，別除権の目的物の受戻しを類推適用することも考えられないではないが，再生債権についての弁済禁止効（民再85条1項）との関係が問題となる。結局，民事再生法85条5項の範囲で，少額の被担保債権についてのみ弁済が認められることになろう。

　これに対して，商事留置権は別除権とされているが（民再53条1項），破産法とは異なり，他の先取特権に後れる（破66条2項）とする取扱いはされておらず，また，商事留置権を特別の先取特権とみなすという規定（破66条1項）もない。しかし，商事留置権が明文で別除権とされていることから，商事留置

◇8◇ 取戻権・別除権・相殺権・否認権等

権を有する者は，再生手続開始後も，競売申立て（民執195条）により権利の実行をすることができる。この場合，平時であれば，留置権者は，その有する債権と換価金返還債務とを相殺することにより，事実上優先弁済を受けることができるが，再生債権者が再生手続開始後に債務を負担したときは相殺は禁止されるから（民再93条1項1号），留置権者は，再生手続開始後に競売権を行使して換価代金を受け取った場合には，相殺はできず，換価代金を再生債務者に返還しなければならないことになる。

　⇒　取立委任を受けた銀行は手形の上に商事留置権を有しているが，民事再生法は，商事留置権を別除権としているものの（民再53条1項），破産法のような特別の先取特権とみなすという規定（66条1項）を置いていないことから，商事留置権が再生手続上いかに扱われるかについては，議論がある。これにつき，近時の判例（最判平23・12・15民集65巻9号3511頁〔百選5版53事件〕）は，商事留置権者は，民事再生法53条2項の別除権の行使として，手形の取立金を留置することができ，かつ，この取立金を法定の手続によらずに債務の弁済に充当できる旨の銀行取引約定は，民事再生法上も有効であるとしたが，これに対しては，学説上，批判が強い。

　非典型担保については，破産手続に関連して説明したことが，ほぼ当てはまる。すなわち，譲渡担保（会社更生手続に関し，最判昭41・4・28民集20巻4号900頁〔百選5版57事件〕）や所有権留保の留保所有権（破産手続に関し，札幌高決昭61・3・26判タ601号74頁〔百選3版59事件〕）には別除権が与えられ，リース契約については，再生債権たる残リース料債権を被担保債権とする担保権として扱うべきであろう（最判平20・12・16民集62巻10号2561頁〔百選5版76事件〕）。また，仮登記担保については，抵当権を有する者に関する規定が準用されている（仮登19条3項）から別除権が認められる。なお，集合動産譲渡担保や集合債権譲渡担保については，それが事業の継続によって設定者が取得する動産や売掛代金債権等を担保目的物としているために，再生手続開始後に取得する目的物（開始後取得財産）について，譲渡担保権の効力が及ぶか否かが問題となる。この点につき争いはあるが，再生手続の開始により集合物の固定化が生じ，集合動産譲渡担保権は手続開始決定後に流入した動産には効力が及ばないとするのが多数説である。

　別除権として扱われるためには，原則として，それぞれの権利についての対抗要件を，民事再生手続開始前に具備しておかなければならない（例外，民再

227

◆第3編 民事再生手続／◆第6章◆ 再生債務者財産の調査・確保手続

45条1項但書)。なお,手続開始前に対抗要件を具備していても,当該対抗要件が否認されると(民再129条),当該対抗要件は存在しないものとして扱われ,再生手続上は別除権としては扱われない(最判平16・7・16民集58巻5号1744頁〔百選5版37事件〕参照)。

2 不足額(残額)責任主義

① 別除権の実行と不足額責任主義の意義

別除権の行使は,破産におけるのと同様,手続外で,当該担保権本来の実行方法によって行う(民再53条2項,破65条1項)。別除権者が有する被担保債権は再生債権であるが,別除権の行使と同時に当該再生債権全額の行使を認めることは,他の債権者に対して不公平になる。したがって,民事再生法も,破産法と同様に,別除権者は,別除権の行使によって弁済を受けることができない債権の部分についてのみ,再生債権者として権利行使を行うことができるとして,いわゆる不足額責任主義を規定している(民再88条本文)。

② 不足額についての権利行使

再生計画案の作成段階で既に不足額が確定していれば,その不足する額の再生債権についての権利変更を再生計画案で定める(民再157条1項)。それに対して,再生計画案作成段階で,担保権の実行未了等によりまだ不足額が確定していない場合は,計画案に権利変更の定めを置けないとすると再生計画認可の決定の確定により失権する可能もある(民再178条)。そこで,予定不足額が確定していない再生債権者のために,その債権の部分が確定した場合における再生債権者としての権利の行使に関する適確な措置を定めなければならないとされている(民再160条1項)。

不足額を再生債権として行使しようとする別除権者は,被担保債権そのものの届出(民再94条1項)に加えて,別除権の目的である財産および別除権の行使によって弁済を受けることができないと見込まれる債権の額(予定不足額)を届け出なければならない(同2項)。ただ,再生計画による弁済は,原則として担保権の実行後でなければ受けられないから,予定不足額の届出は,手続との関係では当面,議決権行使について意味があるに過ぎない。そこで,民事再生法は,調査・確定の対象を債権の「内容」と「議決権」とに分け,債権調査については議決権をも対象とするが(民再101条1項・102条1項・104条1項等),査定の裁判・異議の訴えの対象は債権の内容に限定している(民再105条1項)。したがって,別除権との関係では,予定不足額の届出は認否・異議の

◇8◇ 取戻権・別除権・相殺権・否認権等

対象となり，仮に再生債務者等が認め，他の再生債権者に異議がなければその
まま確定するが（民再104条1項・170条1項但書）。それに対し，再生債務者が
争い，または他の債権者の異議があれば，査定の手続には入らず，債権者集会
において裁判所が議決権を行使させるかどうか，およびいかなる額につき議決
権を行使させるかを決めることになる（民再170条2項3号。なお，民再171条
1項2号）。

③ 不足額責任主義の例外

不足額が確定するためには，担保権の実行をまたなければならない。しかし，
担保権の実行が再生手続の係属中に終了する保障はないし，担保の目的物が事
業の継続のために不可欠であるような場合，目的財産を処分しなければ担保権
者の手続参加が認められないというのも妥当ではない。そこで，当該担保権に
よって担保される債権の全部または一部が再生手続開始後に担保されないこと
となった場合には，その債権の全額または一部について，再生債権者として，
その権利を行うことを妨げないものとされている（民再88条但書）。その結果，
別除権者は，ⓐ一方的に担保権を全部または一部放棄して，または，ⓑ再生債
務者等との話し合いの結果，合意（別除権協定）に基づいて担保権の全部また
は一部を解除して，再生手続に参加することが可能となった。さらに根抵当権
については，再生債権を担保する根抵当権の元本が確定している場合，当該根
抵当権の極度額を超える部分は不足額部分となる可能性が極めて高いから，極
度額を超える部分の被担保債権について，他の再生債権者と同様の権利変更の
一般基準（民再156条）に従った権利変更を経た権利への仮払いと，不足額部
分がその後確定した場合の清算（被担保債権が減少していれば，一部返還，増加
していれば追加払い）について再生計画で定めることができるものとしている
（民再160条2項）。ただ，この仮払いの措置は，根抵当権者の利益のためであ
るから，根抵当権者がそれを望まない場合には仮払いの措置を定める必要がな
いので，この措置をとる場合には予め根抵当権者の同意を要するものとされて
いる（民再165条2項）。なお，根抵当権の元本は，破産手続開始により確定す
るが（民398条の20第1項4号），民事再生手続の開始決定によっては当然には
確定しないので，民法の定める元本確定事由（民398条の20）が発生しない限
り，民事再生法160条2項の適用はない。

3 準別除権概念の不存在

民事再生手続においては，破産手続におけるのとは異なり，再生債務者財産

◆ 第3編 民事再生手続／◆ 第6章 ◆ 再生債務者財産の調査・確保手続

と区別される自由財産なる概念がない。また，手続開始後も債務者が自己の財産管理処分権を失わない再生手続にあっては，破産財団に対応する再生財団といったものも存在しないから，第2破産に対応する第2再生というものも考えられない。よって，破産手続における（破108条2項）のとは異なり，準別除権という概念は存在しない。その結果，たとえば，再生手続開始前に会社分割が行われ，新設会社に財産が承継され，再生手続開始時においては，分割会社の財産ではなかったような場合，再生手続開始前の時点で，再生債務者の財産について担保権を有していた者は，その後，当該財産が再生債務者から他の者へ移転し，その財産から満足を受けても，当該債権者の有する担保権は当該再生債務者の再生手続においては別除権としては扱われない（東京地判平18・1・30判タ1225号312頁）。したがって，担保債権者が担保権を実行し一定の満足を受けたとしても，それは，その者の再生債権の行使には影響しない。

4 担保権消滅許可制度

① 再生手続における担保権消滅許可制度と破産手続における担保権消滅許可制度

再生債務者は，事業の継続に不可欠な資産に設定されている担保権が実行されてしまうと再生に困難を来すため，再生を果たすためには，担保権の目的である財産の受戻しをせざるを得ない（民再41条1項9号参照）。しかし，別除権協定ができなければ，財産の価値が大きく担保割れしている場合でも，担保権不可分性の原則から被担保債権を全額弁済しなければならず，後順位担保権者がいる場合には，順位上昇の原則との関係でその被担保債権まで弁済しなければならない。しかし，それでは再生に著しい支障を来すばかりか，無担保の再生債権者との公平を害することになる。そこで法は，再生債務者が，担保目的物たる財産の価額に相当する金銭を裁判所に納付して，担保権を消滅させることができるものとした（民再148条以下）。これを担保権消滅許可制度という。

この制度は，破産法にも規定があるが（破186条以下），清算型倒産処理手続である破産手続と再建型倒産処理手続である民事再生手続とでは，その目的・内容に違いがある。すなわち，まず第1に，破産手続における担保権消滅請求の目的は，任意売却によって担保目的物がもつ処分価値を最大化し，その中で破産債権者全体に帰属させるべき部分を破産財団に組み入れることにあるが（破186条1項本文），再生手続における担保権消滅許可請求の目的は，目的物を事業資産として保持するために担保権を消滅させることにある。そして第2

◇8◇ 取戻権・別除権・相殺権・否認権等

には，再生手続においては，換価権の発動を抑止するために担保権消滅請求がなされるのに対し，破産手続においては，目的物の処分価値の最大化が第1目的であるから，担保権者による換価権の発動そのものを抑止すべき理由はない。第3には，目的物を処分して得られた価値は，再生手続の場合には，それは担保権者に交付されるのに対し，破産の場合には，担保権者への優先弁済に充てられる部分と破産債権者のために破産財団に組み入れられる部分とに分けられる。第4に，それぞれの手続の目的および機能の差異から，破産では認められている担保権実行の申立て（破187条1項）や買受申出（破186条1項）など，財産の任意売却に対する被申立担保権者の側の対抗手段は再生手続では認められておらず，被申立担保権者は担保権消滅許可決定に対して即時抗告で争うか（民再148条4項），その財産の価額決定の請求により争う手段（民再149条1項）しか認められていない。

　② 担保権消滅許可の要件（民再148条1項）

　ａ．担保目的物が再生債務者の財産であること：債務者の財産に設定された担保権でなければ担保権消滅許可請求の対象とはならない。逆に，債務者の財産に設定された担保権である以上，その被担保債権が再生債務者に対するかどうかは問わない。なお，担保目的物が不動産である場合，登記を備えている必要があるか否かという点については，見解が分かれており，ⓐ所有者である再生債務者と担保権者との関係は対抗問題ではないので，登記は不要であるとする見解（福岡高決平18・3・23判タ1222号310頁）と，ⓑ対抗要件としての登記が必要であるとはいえないが，登記名義人に対して再生債務者が登記名義の移転ないし回復を請求する権利がなければ，その不動産を事業のために用いることができるとはいえないのであり，一般的に登記が不要であるということはできないとする見解が対立しているが，後説に賛成する。

　ｂ．担保権消滅許可の対象は，別除権として認められている担保権（民再53条1項）であること：すなわち，特別の先取特権，質権，抵当権，商事留置権はその対象となるが，民事留置権や一般の先取特権，企業担保権等は担保権消滅許可の対象にはならない。譲渡担保，所有権留保，ファイナンス・リース等のいわゆる非典型担保が，担保権消滅許可の対象になるか否かは，結局，これらの担保権が別除権とされるか否かによる。現在の多数説は，これらの非典型担保権には別除権が認められており，これらの権利

231

◆ 第3編 民事再生手続／◆ 第6章 ◆ 再生債務者財産の調査・確保手続

も担保権消滅許可の対象になると考えてよい。

c．担保権の目的物が再生債務者の事業の継続に欠くことのできないものであること：この趣旨は，担保権消滅により再生債務者の継続事業価値を増加させるところにあり，したがって，たとえ事業資金捻出のためであっても，遊休資産についてはこの制度は利用できない。それに対し，原材料や商品等については争いがあるが，担保権消滅の対象になると解される。これらの財産は確かに最終的には売却ないし消費することが想定されているが，売却されるとしても商品が円滑に通常の市場で流通することは再生債務者の事業の再生にとって極めて重要な意義を有するところ，そのような商品の相当部分が通常の流通から外れて競売市場等に流れることは，再生債務者の事業の価値・信頼を大きく損ない，一般にその事業の再生を害することになるし，原材料につき担保権が実行されると，製造そのものが不可能になるからである。なお，売却予定の不動産，販売用不動産についても担保権消滅許可の対象となるとする下級審裁判例がある（前者につき，名古屋高決平 16・8・10 判時 1884 号 49 頁。後者につき，東京高決平 21・7・7 判タ 1308 号 89 頁〔百選 5 版 61 事件〕）。

d．価額が納付されること：再生債務者等は，納付すべき金額を裁判所の定める期限までに裁判所に納付しなければならず（民再 152 条 1 項），価額に相当する金銭の納付があったときに担保権は消滅する（同 2 項）。なお，金銭の納付がなくても担保権消滅許可をすることは可能であるが，納付がなければ担保権消滅許可は取り消される（同 4 項）。

③ 担保権消滅許可の手続

担保権消滅許可の申立ては，書面でなさなければならない（民再 148 条 2 項，民再規 70 条・71 条）。担保権消滅許可決定がなされたときには，許可決定書と共に担保権消滅許可の申立書が申立書に記載されたすべての担保権者に送達されなければならない（民再 148 条 3 項）。許可決定に対しては，被申立担保権者は即時抗告をすることができるが（同 4 項・5 項），担保権消滅許可の申立てを棄却する決定に対しては即時抗告をすることはできない。

(3) 相 殺 権 ●●●○

1 民事再生手続における相殺権

相殺は，双方の当事者がお互いに債務を弁済し合う手間を省いて，意思表示

◇8◇ 取戻権・別除権・相殺権・否認権等

のみによって対等額で債権と債務とを消滅させる制度であり，債権・債務の簡易な決済の手段としての機能を有するが，それに留まることなく，担保権の一種としての機能も果たしている。この相殺権が有する担保的機能は，取引相手方が倒産した場合にもっとも強く期待されるものであり，民事再生法も，それを尊重し，再生債権者は，再生計画によらないで，相殺をすることを認めている（民再92条1項）。類似の規定は，破産法や会社更生法にもあるが，手続の特質に応じて，その要件等は若干異なっている。

2 相殺権の規定の適用範囲

民事再生法が規定する相殺は，再生債権者がその再生債権を自働債権とし再生債務者の有する債権を受働債権としてする相殺に限られ（民再92条1項），それ以外の相殺については個別的に検討する必要があるが，概ね，破産手続に関して述べたところと同様である。再生債務者等からする相殺については，破産法102条と同趣旨の規定が設けられている（民再85条の2）。共益債権と再生債務者の有する債権との相殺については，共益債権は，再生債権に先立って，再生手続によらないで随時弁済されるものであるから（民再121条1項・2項），共益債権者および再生債務者のいずれからでも，民法の規定に従って相殺することができる。なお，民事再生手続には自由財産という概念はないから，破産法上のそれに関する議論は妥当しない。

3 相殺権の要件

① 相殺適状にあること

破産手続におけるのと異なり，民事再生手続においては，債権の現在化や金銭化のような操作は行われない。したがって，相殺が認められるためには，自働債権となる再生債権と受働債権となる再生債務者に対する債務が，債権届出期間の満了前に，相殺適状になければならない。これに関し，再生手続開始決定時に，再生債権者の債権，または再生債務者の再生債権者に対する債権に，解除条件がついており，債権届出期間満了までに当該債権・債務の対立が相殺適状の要件を満たすのであれば，当該再生債権者（相殺権者）は，債権届出期間満了時までに相殺の意思表示をすることができるか，という問題がある。これについては，肯定説と否定説が対立しているが，いずれの見解に立っても，債権届出期間満了までに解除条件が成就しなければ，相殺は許されるであろう。これに対し，債務が期限付の場合は，相殺権者の方で期限の利益を放棄することはできるから，相殺は可能である（民再92条1項後段）。

◆ 第3編 民事再生手続／◆ 第6章 ◆　再生債務者財産の調査・確保手続

② 相殺権の行使が債権届出期間内であること。

破産手続におけるのとは異なり，相殺権者は，債権届出期間内に相殺権を行使しなければならない（民再92条1項・94条1項）。再建型倒産処理手続である民事再生手続においては，再生計画を適切に作成するためには，債務額を早期に確定する必要があるからである。

③ 相殺が禁止されていないこと

民法その他の法律が定める相殺禁止（民509条・510条，会社208条3号・281条3号等）のほか，民事再生法93条および93条の2が定める相殺禁止に該当する場合には，相殺することはできない。

4　賃料債務・地代・小作料の特則

再生債権者が再生手続開始当時再生債務者に対して負担する債務が賃料債務である場合には，再生債権者は，再生手続開始後にその弁済期が到来すべき賃料債務（債権届出期間の満了後にその弁済期が到来するものを含む）については，再生手続開始の時における賃料の6月分に相当する額を限度として，債権届出期間内にかぎり，再生計画の定めるところによらないで相殺をすることができる（民再92条2項）。敷金返還請求権を有する賃借人が，再生手続開始後に弁済期が到来する賃料債務を弁済期に弁済した場合には，再生手続開始時の賃料の6月分に相当する額を上限として，弁済した賃料債務の額の限度で，賃借人の有する敷金返還請求権は，共益債権とされる（民再92条3項）。なお，地代または小作料の支払いを目的とする債務についても同様である（同4項）。ただし，既に相殺に供した賃料債務がある場合には，再生手続開始時の賃料の6月分から，相殺に供した賃料債務の額を差し引いた額が，共益債権となる額の上限となる。なお，この場合，敷金への未払賃料の当然充当は認められない。

➡ たとえば，敷金が10ヶ月分1000万円支払われていたとしよう。この場合，賃借人が，残りの契約期間10ヶ月分の賃料の支払を拒み続けた上で目的物を明け渡したとしても，相殺をもって対抗できるのは，6ヶ月分600万円についてだけであり，残り400万円の敷金返還請求権は，再生債権として行使することになる。もし，未払賃料の当然充当を認めると，賃料債務10ヶ月分を相殺に供したことと同じことになり，賃料債務6か月分の限度でのみ敷金返還請求権は共益債権となるという扱いが骨抜きになってしまうからである。

5　相殺権行使の制限

再生債権者は，相殺権を行使することにより，事実上，再生手続によること

◇8◇ 取戻権・別除権・相殺権・否認権等

なく自らの債権を優先的に回収することができる。しかし，合理的な相殺期待が生じていないような場合にまでそのような相殺を認めることは妥当ではない。その趣旨は，破産手続と再生手続とで異なることはないから，民事再生法も（民再93条・93条の2），破産法（破71条・72条）と類似した規定を置いている。

① 再生債権者の債務負担と相殺禁止

a．再生債権者が，再生手続開始後に再生債務者に対して債務を負担したとき（民再93条1項1号）

これは破産法71条1項1号と同趣旨の規定である。なお，再生債権者が再生手続開始の時に負担する停止条件付債務につき，再生手続開始後，債権届出期間満了までに条件が成就した場合が，本号に当たるか否かについては問題がある。破産手続上は停止条件付債務を受働債権とする相殺は許されているが（破67条2項），民事再生法上そのような規定はない。しかし，通説は，停止条件付債務であっても，合理的相殺期待が認められる場合にはそれを保護すべきであり，したがって，債権届出期間満了までに停止条件が成就したときは，相殺を認める。なお，再生債権者たる銀行が，取立委任を受けていた手形を，再生手続開始後に取り立てた場合，取立金返還債務と再生債権とを相殺することができるかについては，民事再生法93条1項1号により相殺は禁じられるとする見解と，取立金の返還義務は，取立委任に基づいて手形の交付を受けたときに原因があり，再生手続開始時には既に将来の債務として負担しているとして，民事再生法92条1項の本則に基づき相殺ができるとする見解とが対立している。

b．支払不能になった後に契約によって負担する債務をもっぱら再生債権をもってする相殺に供する目的で再生債務者の財産の処分を内容とする契約を再生債務者との間で締結し，または再生債務者に対して債務を負担する者の債務を引き受けることを内容とする契約を締結することにより再生債務者に対して債務を負担した場合であって，当該契約の締結の当時，支払不能であったことを知っていたとき（同2号）

これは，破産法71条1項2号と同趣旨であり，そこで説明した内容が妥当する。

c．支払の停止があった後に再生債務者に対して債務を負担した場合であって，その負担の当時，支払の停止があったことを知っていたとき（同3号）

235

◆ 第3編 民事再生手続／◆ 第6章 ◆ 再生債務者財産の調査・確保手続

これは，破産法71条1項3号について述べたところと同様である。

　d．再生手続開始，破産手続開始または特別清算開始の申立て（「再生手続開始の申立て等」という）があった後に再生債務者に対して債務を負担した場合であって，その負担の当時，再生手続開始の申立て等があったを知っていたとき（同4号）

この相殺禁止の趣旨は，民事再生法93条1項3号と同様であり，危機時期を画する基準として，再生手続開始申立て等が用いられている点に違いがあるに過ぎない。

　② 3つの例外

民事再生法も，破産法と同様，上記①b～dにあたる場合でも（aの場合が除外されていることに注意），例外として相殺が禁じられない3つの場合を規定している（民再93条2項）。すなわち，債務負担が，(a) 法定の原因に基づくとき（同1号），(b) 支払不能であったことまたは支払停止もしくは再生手続開始申立て等があったことを再生債権者が知ったときより前に生じた原因に基づくとき（同2号），および，(c) 再生手続開始申立て等があったときより1年以上前に生じた原因に基づくときである（同3号）。それぞれの内容については，破産手続について説明したところがほぼ妥当する。

　③ 再生債務者に対し債務を負担する者の再生債権取得と相殺禁止

この場合の相殺禁止の内容は以下のとおりである。これらの規定は，破産法72条に対応するものである。

　a．再生債務者の債務者が再生手続開始後に他人の再生債権を取得したとき（民再93条の2第1項1号）

これは，再生債務者に対して債務を負担している者が，実勢価格の下落した他人の再生債権を取得することによってなす相殺を禁じるものであり，破産法72条1項1号と同趣旨の規定である。

　b．支払不能になった後に再生債権を取得した場合であって，その取得の当時，支払不能であったことを知っていたとき（同2号）

この場合の再生債権の取得は，他人の再生債権を廉価で買い入れる場合はもちろん，自らの行為によって債権を取得する場合も含まれる。その趣旨については，破産法72条1項2号について述べたところと同様である。

　c．支払いの停止があった後に再生債権を取得した場合であって，その取消しの当時，支払いの停止があったことを知っていたとき。ただし，当該支

◇8◇ 取戻権・別除権・相殺権・否認権等

払いの停止があったときにおいて支払不能でなかったときは，この限りではない（同3号）。

この相殺禁止規定は，破産法72条1項3号に対応するものであり，趣旨や要件は，破産手続におけるものと同様である。

ｄ．再生手続開始申立て等があった後に再生債権を取得した場合であって，その取得の当時，再生手続開始申立て等があったことを知っていたとき（同4号）

この相殺禁止は，破産法72条1項4号に対応するものであり，趣旨や要件は，破産手続におけるものと同様である。なお，ここでいう再生手続開始申立て等が，再生手続開始申立てのほかに，破産手続や特別清算手続の開始申立てを含むことは，民事再生法93条1項4号と同様である。

④　4つの例外

受働債権たる債務の負担の場合の相殺禁止の場合（民再93条2項）と同様，再生手続開始前の再生債権の取得の場合の相殺禁止（民再93条の2第1項2号〜4号）については4つの例外が規定されている（民再93条の2第2項。ここでも，ａの場合が除外されている）。この趣旨等についても，破産手続に関して説明したことがそのまま妥当する。

6　相殺権の行使

再生債権者は，再生計画の定めによらないで相殺をすることができる。ただし，破産手続におけるのとは異なり，民事再生法においては，相殺権の行使は債権届出期間内に限るという独自の規律が定められており（民再92条1項），この時期以降になされた相殺の意思表示は無効である。相殺権の行使は，管財人が選任されていない場合には，財産の管理処分権を有する再生債務者に対する意思表示によって行い，管財人が選任されているときは，管財人に対する意思表示によって行う。相殺権が行使されると，債権・債務の消滅の効果は，相殺適状が発生した時に遡る（民506条2項）。

(4) 否　認　権　●　●　●

1　民事再生法における否認権

否認権とは，再生手続開始決定前に再生債務者またはこれと同視しうる第三者によってなされた再生債権者を害すべき行為の効果を取り消し，逸失した再生債務者の財産を回復する権利のことである。民事再生法では，概ね破産法や

237

◆ 第3編 民事再生手続／◆ 第6章 ◆ 再生債務者財産の調査・確保手続

会社更生法と類似した内容の否認権規定が置かれている（民再127条以下）。しかし，とくに破産手続・会社更生手続と民事再生手続とでは制度的な差異があり，それに伴って，否認権についてもこれらの手続におけるのとは異なった規定がされている。

2 否認の要件

①否認の一般的要件

民事再生手続においても，破産手続におけると同様，各否認類型に固有の要件のほかに，否認の一般的要件として，債務者の行為の存在，行為の有害性や不当性が問題となる。そこでの議論は，破産手続におけるのと同様である。

② 詐害行為否認

詐害行為否認（民再127条1項）については，破産法（破160条1項1号2号）と同様，行為の時期に応じて2つの類型が分けて規定されている。すなわち，第1類型は，時期を問わず詐害行為を対象とするものであり，積極的要件として詐害行為の存在と債務者の害意を要求するものであり，消極的要件として詐害の事実についての受益者の善意を要求している（民再127条1項1号）。それに対して第2類型は，支払停止等（すなわち，支払停止または再生手続開始，破産手続開始もしくは特別清算開始の申立てをいう）の後の詐害行為であり，積極的要件としては詐害行為の存在のみで足り，消極要件として支払停止等および詐害の事実についての受益者の善意を要求している（同2号）。また，債務消滅行為は詐害行為否認の対象にならないのが原則であるが（民再127条1項柱書かっこ書），詐害的債務消滅行為がその対象となる（同2項）点も破産（破160条2項）と同様である。また，相当の対価を得てした財産の処分行為についても破産否認の場合と同様である（民再127条の2，破161条）。なお，詐害行為の一種である無償行為否認についても，破産法（破160条3項）と同様の規定が置かれている（民再127条3項）。その趣旨および債務保証行為の無償行為否認の可能性については，破産手続について述べたところが当てはまる。

③ 偏頗行為否認

偏頗行為否認は，既存の債務についてなされた担保の供与または債務消滅行為を対象とする（民再127条の3第1項柱書かっこ書）。したがって，新規債務についての担保供与や債務消滅行為等のいわゆる同時交換的行為は否認の対象とはならない。また，民事再生法は，偏頗行為を本旨弁済行為（民再127条の3第1項1号）と非本旨弁済行為（同2号）を分けて規定しているが，これら

◇8◇ 取戻権・別除権・相殺権・否認権等

の点も破産法上の否認（破 162 条 1 項柱書かっこ書・1 項 1 号・1 項 2 号）と同様である。

　　a．本旨弁済行為の否認

　民事再生法 127 条の 3 第 1 項 1 号は，同 2 号との関係で，再生債務者の義務に属する行為についての否認を規定する。この場合，偏頗行為は，支払不能または再生手続開始申立て等（すなわち，再生手続開始，破産手続開始，特別清算開始の申立てをいう）から再生手続開始までになされたものであることを要する（民再 127 条の 3 第 1 項 1 号）。

　また，以下の事実について，受益者たる債権者の悪意が必要である。すなわち，ⓐ支払不能後の行為である場合は，支払不能または支払停止について（同 1 号イ）。ただし，支払停止についての悪意に関しては，民事再生法 131 条の制限がある。ⓑ再生手続開始申立等の後の行為である場合は，申立て等について（同 1 号ロ）。ただし，一定の内部者である場合，または支払不能後等の偏頗行為で義務に属しないもの，またはその方法もしくは時期が義務に属しないものについては，支払不能等についての悪意の推定がなされており，受益者が善意につき証明責任を負担する（民再 127 条の 3 第 2 項）。これらは，破産における偏頗行為否認（破 162 条）と基本的な考え方は同一である。ただし，破産法上の否認（破 163 条 3 項）と同様，再生債務者が再生手続開始前の罰金等（民再 97 条かっこ書）について，その徴収の権限を有する者に対してした担保の供与または債務の消滅に関する行為は否認の対象とはならない（民再 128 条 3 項）。

　　b．非本旨弁済行為の否認

　再生債務者の義務に属しない行為については，支払不能になる前 30 日以内になされたものも否認の対象になるとされ，否認の範囲が拡大されている（民再 127 条の 3 第 1 項 2 号）。この点も破産法の規定（破 162 条 1 項 2 号）と同様である。

　④　否認に関する特別の要件

　以上述べたほか，民事再生法は，否認の対象となる法律関係の特質などを考慮して，ⓐ手形支払に関する否認の制限（民再 128 条），ⓑ権利変動の対抗要件の否認（民再 129 条），ⓒ執行行為の否認（民再 130 条），ⓓ転得者に対する否認（民再 134 条）といった特別の要件を規定しているが，その内容は破産法とほぼ同様である。

◆ 第3編 民事再生手続／◆ 第6章 ◆ 再生債務者財産の調査・確保手続

3 否認権の行使

① 否認権行使の主体

民事再生手続において，管理命令によって管財人が選任される場合には，管財人のみが否認権を行使することができる（民再135条1項）。管財人は再生債務者財産につき包括的な管理処分権・事業遂行権を有していることから，否認権についても一般的かつ包括的権限が与えられている。したがって，この場合には，たとえ監督委員が選任されていても，この者に否認権を行使する権限はない。

管財人が選任されない場合には，理論的には，民事再生法上，再生債務者は再生債権者に対して公平誠実義務を負っており（民再38条2項），再生債務者自身が総債権者の利益代表者たる地位にある。したがって，再生債務者財産の管理処分権を有する再生債務者本人を否認権の行使権者とする規律がもっとも簡明である。しかし，当該行為をした本人が再生手続に入ってからその行為を否認して効力を覆滅することには抵抗感があることや，公平で適切な行使を期待しがたいという懸念もあり，管財人が選任されない場合には，否認権は，裁判所によって否認権限を付与された監督委員が行使するものとされた（民再135条1項・56条）。なお，監督委員も管財人も必置の機関ではないから（民再54条1項・64条1項），管財人も監督委員も選任されない場合には，たとえ否認権は生じていても，行使権者が存在しない状態が生じていることになるから，否認権は行使され得ない。このような場合には，裁判所が職権で監督委員を選任し，かつ否認権限を付与するか，または，利害関係人が，裁判所に監督委員の選任（民再54条1項）と否認権限の付与（民再56条1項）を申し立てなければならない。

② 否認権限の付与

監督委員が否認権を行使するには，利害関係人の申立てまたは職権により，裁判所が特定の行為につき否認権を行使する権限を付与しなければならない（民再56条1項）。ここでいう利害関係人とは，再生債権者，再生債務者，監督委員などである。また，否認権行使の権限は，特定の行為につき付与されるものであるから，包括的に否認権限を付与することはできず，付与決定で，対象行為を他の行為から識別できる程度に特定することを要する。裁判所は，否認権限の付与の決定を変更し，または取り消すことができる（同4項）。

否認権限を付与された監督委員は，当該権限の行使に関し必要な範囲内で，

◇8◇ 取戻権・別除権・相殺権・否認権等

再生債務者のために，金銭の収支その他の財産管理処分権を付与される（民再56条2項）。否認権限付与の決定は，監督委員が一般的に有する権限事項に否認権限を追加的に付与する趣旨であり，否認権限のみを有する監督委員の存在は予定されていない。

③ 否認権の行使

a．訴え・否認の請求・抗弁による行使

管財人が否認権を行使するときは，訴え，否認の請求のほか（民再135条1項），管財人は，監督委員とは異なり，再生債務者財産につき全面的な管理処分権を有し，再生債務者に対する訴訟につき当事者適格をもつから（民再67条1項），抗弁によって否認権を行使することも可能である（民再135条1項3項。破173条1項，会更95条1項参照）。また，管財人は債務者の財産につき完全な管理処分権を持つことから，否認を理由としない訴えにおいて，攻撃方法の一つとして否認権を行使することも認められる。

これに対して監督委員が否認権を行使するときは，監督委員は，再生債務者の財産に関して一般的な管理処分権がなく，再生債務者の財産関係に関する訴訟一般の当事者適格を有するわけではない（民再67条1項）。したがって，監督委員は，与えられた否認権限によって，否認の訴えと否認の請求の形態で否認権を行使することはできるが，財産関係訴訟の被告適格を有しないため，抗弁による否認権行使は認められていない（民再135条1項3項）。

b．訴訟参加による行使

(a) 再生債務者を当事者とする訴訟への否認権限を有する監督委員の参加（民再138条1項）

たとえば，相手方が，再生手続開始決定前に締結された不動産の廉価での売買契約に基づいて当該不動産の引渡しを訴求したり，再生債務者が，当該取引は錯誤無効や虚偽表示に基づくものであり無効であると主張して，引渡義務不存在確認や所有権確認の訴えを提起しているような場合がある。そのうち，前者の場合，監督委員は被告適格を有しないから，相手方の訴え提起に対して，抗弁として否認権を主張することはできない（民再135条1項）。後者の場合，否認権限を付与された監督委員が，当該売買契約が廉価売却であり詐害行為にあたるとして，否認訴訟を提起する場合，請求の趣旨としては，原則として再生債務者のそれと同一になろう（引渡義務不存在確認・所有権確認）。また，既に引渡しが完了していた目的物について再生債務者が返還請求訴訟を提起して

241

◆ 第3編 民事再生手続／◆ 第6章 ◆ 再生債務者財産の調査・確保手続

いた場合，監督委員が提起する否認訴訟につき，引渡しを受ける主体が異なっていても，債権者代位訴訟などの場合と同様，訴訟物の同一性は認められ，重複起訴の禁止（民訴142条・115条1項2号）に抵触することになり不適法却下されることになる。そこで，このような場合，否認権限を有する監督委員は，再生債務者と相手方との間の先行訴訟に参加することができるとものとされている（民再138条1項）。

　この参加の法的性質に関しては，監督委員が独立の請求を定立する点では独立当事者参加（民訴47条）に似ているが，他方，再生債務者も監督委員も財産の回復を目的としているため両者の間には権利主張参加におけるような牽制関係がない点では共同訴訟参加（民訴52条）にも似ている。そのどちらを強調するかによって，性質論は区々となり得えようが，いずれにせよ，参加の手続に関しては，独立当事者参加の規定（民訴40条・47条4項参照）が準用されており（民再138条4項），参加の手続が異なることはない。

　(b) 否認権限を有する監督委員を当事者とする訴訟への再生債務者の参加
　　（民再138条2項）

　これは，(a)の場合とは逆に，再生手続開始決定前に締結された売買契約について，監督委員が当該売買契約が廉価売却であり詐害行為にあたるとして，権限付与を受けて当該売買契約を否認して売買目的物の返還を請求する訴訟が係属中に，売主であった再生債務者が，再生手続開始後に錯誤無効を主張して，売却した目的物の返還請求訴訟を提起しようとするような場合である。この場合にも，後訴は重複起訴の禁止に抵触する。そこで，再生債務者は相手方に対する請求を定立し，当事者としてその訴訟に参加することができるものとされている（民再138条2項）。この場合の参加の方式および審理の規律に関しては，同じく，独立当事者参加の規定（民訴43条・47条2項3項）および，必要的共同訴訟の規定（民訴40条1項～3項）が準用されている。

　(c) 否認訴訟の相手方による再生債務者の引き込み（民再138条3項）

　たとえば，AがBに土地を売却し，代金の支払いと土地の引渡しがなされた後に，Aに再生手続が開始し，否認権限を付与された監督委員Cが，当該売買契約につき否認権を行使して，Bに対して訴えをもって土地の返還を請求したとしよう。この場合，返還請求の請求原因事実として他に売買契約の錯誤無効の主張が考えられる場合，民事再生法138条2項の規定にもかかわらず，AがBC間の訴訟に参加しないとすると，Cの請求が棄却されても，その既判力に

242

◇8◇ 取戻権・別除権・相殺権・否認権等

よる遮断の効力は，Cの管理処分権の範囲内である否認に関するものにしか及ばないから，Aが別訴において，錯誤無効の主張をすることは排斥されない。これでは，Bは，CとAの両方に勝訴しない限り，自己の利益を擁護することはできない。そこで，監督委員が否認の訴えを提起した場合，相手方は，この否認訴訟の口頭弁論終結に至るまで，再生債務者を被告として，当該否認訴訟の目的である権利または義務にかかる訴えを否認訴訟に併合して提起することができるものとされた（同3項）。この場合，必要的共同訴訟の規律が準用され，合一的解決が保障されている（同4項）。

　(d) 否認訴訟等の中断・終了等

　管財人や否認権限を有する監督委員が当事者となっているときに，その権限の基礎となっている裁判所の管理命令（民再64条1項），または監督命令（民再54条1項）もしくは否認権限付与決定（民再56条1項）が取り消されると，否認権を行使できる権限自体が消滅する。そこで，否認権限を有する監督委員が当事者である否認の訴え，もしくは否認の請求を認容する決定に対する異議訴訟（民再137条1項），否認権限を有する監督委員が参加した訴訟（民再138条1項），または否認権限を有する監督委員が受継した詐害行為取消訴訟等（民再140条1項）が係属しているときには，それらの訴訟等は中断する（民再141条1項1号）。同じく，管財人が当事者である否認請求認容決定に対する異議訴訟，または管財人が受継した詐害行為取消訴訟も中断する（同2号）。これら中断した再生手続上の否認訴訟は，新たな否認権行使権者が現れたときには，その者によって受継がなされる（民再141条2項前段）。この場合，訴訟の相手方も，新たに権限を付与された監督委員や後任の管財人に対し受継申立権を有する（同後段）。

　否認権限を有する監督委員または管財人が受継した詐害行為取消訴訟等（民再140条1項）は，再生手続終了と共に中断し（同3項），再生債務者または破産管財人が受継しなければならない（同4項）。管財人が提起した否認訴訟は，再生手続終了と共に中断し（民再68条2項），再生債務者が受継するが（同3項），再生債務者は否認権行使を攻撃防御方法として主張できない。それに対し，否認権限を有する監督委員が提起した否認訴訟の係属中に再生手続が終了した場合については，当然に終了するという見解が有力である。

　④ 否認権の消滅

　否認権は，再生手続開始の日から2年間を経過したとき，また否認の対象と

243

◆ 第3編 民事再生手続／◆ 第6章 ◆ 再生債務者財産の調査・確保手続

なる行為の日から20年を経過したときは，消滅する（民再139条）。この2年および20年の期間はいずれも除斥期間である。

⑤ 否認権行使の効果

否認権の行使によって再生債務者の財産は原状に復する（民再132条1項）。これは破産法（破167条1項）と同様の規定であり，また，否認の相手方の地位に関する定め（民再132条2項・132条の2・133条等）も，基本的には破産法（破167条2項・168条・169条）と同様である。

⑥ 否認のための保全処分

裁判所は，再生手続開始の申立てがあったときから当該申立てについての決定があるまでの間，否認権を保全するために必要があると認めるときは，利害関係人の申立てにより，または職権で，仮差押え，仮処分，その他の必要は保全処分を命じることができる（民再134条の2）。これも破産法（破171条）と同様の規定である。

(5) 法人の役員の責任追及等 ●　●　●

1　総　説

再生債務者が法人である場合，経営が破綻した原因として法人の役員（取締役等）に善管注意義務違反等の法的責任がある場合が少なくない。また，再生計画では再生債権者の権利が強制的に減縮されるのであるから，これとの均衡上，役員に違法な行為があるような場合には，その責任追及を適切に行うことが公平に適う。さらに，役員の責任追及によって，再生債務者の財産の増殖を図ることが可能となり，再生債権者に対する弁済原資を充実させることになる。ただ，通常の訴訟で役員等の責任を追及し確定するとなると，時間と費用を要するが，これは簡易・迅速性が要求される再生手続にはなじまない。そこで，決定手続によって簡易迅速に役員に対する損害賠償請求権を確定するのが，役員の損害賠償請求権の査定制度（民再143条）である。しかし他方で，損害賠償請求権という実体法上の権利が確定されることになる役員等の手続保障も必要であり，民事再生法は査定の裁判に対する異議の訴えという制度（民再145条）を認め，最終的に，判決手続による審理判断を保障している。これらは，以下に述べる差異を除いて，概ね破産法上の役員の責任追及制度と同様である（破178条・180条等）。

◇8◇ 取戻権・別除権・相殺権・否認権等

2 申立権者

申立権者は，管財人が選任されている場合はもっぱら管財人であるが，管財人が選任されていない場合は，再生債務者および再生債権者である（民再143条1項2項）。査定の裁判は，裁判所が職権によってすることもできる（同1項）。

3 相 手 方

損害賠償請求権の査定の相手方は，法人である再生債務者の理事，取締役，執行役，監事，監査役，清算人またはこれらに準ずる者（以下「役員」という）である（民再143条1項・142条1項）。これらに準ずる者とは，株式会社の場合には設立時取締役，設立時監査役，会計参与，執行役，会計監査人であり，民法上の法人の場合には，仮理事，特別代理人等である。

4 査定の対象等

査定の対象は，役員の責任に基づく損害賠償請求権である。株式会社では，役員等の会社に対する責任（会社53条・423条・486条），取締役・執行役の株主の権利の行使に関する利益の供与に伴う責任（同120条4項），取締役・執行役の剰余金の配当等に関する責任（同462条・464条・465条）に基づく損害賠償請求権等である。申立てを基礎づける事実とは，これらを基礎づける義務違反を構成する事実であり，たとえば，株主総会または取締役会の承認を欠く利益相反取引，競業取引（同356条1項2項）等の違法取引，違法配当，会社財産の横領，濫用的費消，不正な資金流出から経営上の違法判断，他の取締役，執行役に対する監督義務違反等の任務懈怠等である。

5 査定の審理・裁判

査定の審理では，決定手続ではあるが，役員を審尋しなければならない（民再144条2項。必要的審尋）。これは，査定手続が損害賠償請求権という実体法上の権利の存否という再生債務者と役員間の先鋭的な利害を判断するものであることに鑑み，役員の防御の機会を保障する必要があるためである。なお，簡易・迅速性の要請，査定手続後の異議訴訟という2段階構造を採用していることから，民事訴訟の一般原則とは異なり口頭弁論を開くことは許されない。また，損害賠償を基礎づける事実については疎明で足りる。審尋は，裁判所の裁量により，口頭ないし書面によることができる。

査定の裁判および査定の申立てを棄却する決定には異議の訴えを提起することができるので（民再145条1項），その決定には理由を付さなければならない

245

◆ 第3編 民事再生手続／◆ 第6章 ◆ 再生債務者財産の調査・確保手続

（民再144条1項）。しかも，査定の裁判があった場合，決定書は当事者に送達される（同3項）。査定の申立てを認容する裁判に対して，異議の訴えが1月の不変期間内（民再145条1項）に提起されないとき，または異議の訴えが提起されてもそれが却下されたときは，査定の裁判は，給付を命ずる確定判決と同一の効力を有する（民再147条）。

6 株主代表訴訟との関係

再生債務者が株式会社の場合でも，株主には査定の申立権は認められていない。そこで，株主は，会社に再生手続が開始された後も，会社に対する役員の損害賠償責任を株主代表訴訟（会社847条）によって追求できるか，あるいは，再生手続開始により係属中の株主代表訴訟はどうなるのか，といった問題が生じる。場合を分けて考えてみよう。

① 管財人が選任されている場合

管財人が選任されている場合，会社更生手続や破産手続に関する下級審裁判例（東京地判昭41・12・23下民17巻11＝12号1311頁，東京高判昭43・6・19判タ227号221頁，大阪高判平元・10・26判タ711号253頁，東京地判平7・11・30判タ914号249頁）は，各倒産手続開始後の株主代表訴訟の提起を不適法としている。その理由として，ⓐ倒産手続の開始により，会社財産の管理処分権や事業の運営権は管財人に移るから（会更72条，破78条1項），会社の取締役に対する責任追及の訴えは，会社の財産関係ないし破産財団に属する訴えとして管財人が当事者適格を有すること（会更74条，破80条），ⓑ取締役に対する責任追及を行うか否か，またその手段の選択は，もっぱら管財人の判断に委ねられていること，等があげられている。また，通説も，上記裁判例とほぼ同様の理由により，会社更生や破産手続開始後の株主代表訴訟の提起を不適法とするとともに，係属中の株主代表訴訟は中断し，管財人が受継すると解している。

倒産手続の開始により，既に係属している株主代表訴訟の帰趨はどうなるのか，という点については，破産手続に関し，下級審裁判例（東京地決平12・1・27金判1120号58頁〔百選5版22事件〕）は，破産法45条や44条の準用ないし類推適用により，会社の破産により訴訟は中断し，管財人がこれを受継すると解されているから，株主代表訴訟についても中断し，管財人がこれを受継しうるとし，通説も同様に解している。

② 管財人が選任されていない場合

管財人が選任されていない場合には，再生手続の開始によって，係属中の株

主代表訴訟には何ら影響はない。したがって，株主代表訴訟の提起・追行は妨げられないと解する説が有力である。この場合，株主代表訴訟等が係属中に，再生債務者等が査定の申立てを行うことができるかという問題がある。これについては，再生債務者等が査定の申立てをした場合には，株主代表訴訟等の審理が終結し判決言渡しが間近である場合は別にして，原則として査定手続を優先させるべきであり，先行する株主代表訴訟等は重複起訴の禁止（民訴142条）に触れると解すべきであろう。

7 査定の裁判に対する異議の訴え

査定の裁判に不服があるときは，決定の送達を受けた日から1月の不変期間内に異議の訴えを提起することができる（民再145条1項）。これを査定の裁判に対する異議の訴えという。これは査定の申立てを一部棄却された申立人や損害賠償請求権を査定された役員が当該裁判に不服のあるときには，それが損害賠償請求権という実体権の存否に関わるものであるため，最終的に必要的口頭弁論に基づく判決手続を保障する必要があることから設けられた制度である。

この訴えは，再生裁判所が専属管轄を有する（民再145条2項・6条）。ここでいう再生裁判所とは，再生事件が係属している裁判体を指すのではなく，それを含む官署としての裁判所である。査定手続では，査定の裁判と申立てを棄却する裁判とが区別されており（民再144条1項），ここでいう査定の裁判とは，査定申立てを全部または一部を認容する裁判を指すのであり，査定申立てを全面的に棄却する決定は含まない。ただ，査定の申立てを棄却する裁判（同1項）は，決定という簡易な方法では損害賠償を命じることができないことを確認するものにすぎず，損害賠償請求権の不存在自体を既判力をもって確定するものではない。したがって，査定の申立てを棄却する裁判には既判力はなく，後日，通常の訴えにより当該役員に対して責任追及を行うことは妨げられない。

8 法人の役員の財産に対する保全処分

役員の損害賠償責任が認められたとしても，そのような裁判に基づいて強制執行に着手するまでの間に，当該役員がその責任財産を隠匿したり，散逸させたり，費消してしまったのではその実効性はなくなる。そこで，このような役員の責任財産の散逸を防止し，それを確保するために，民事保全法に基づかない特殊な保全処分の制度が設けられている（民再142条）。この保全処分は，再生債務者等の申立てまたは職権で開始することができる（民再142条1項）。申立ての時期は，再生手続開始決定後が原則であるが，緊急に資産の保全の必要

◆第3編 民事再生手続／◆第6章◆ 再生債務者財産の調査・確保手続

がある場合には，再生手続開始決定前でも可能である（同2項）。保全処分の決定，または保全処分の決定に対する変更または取消しについては，即時抗告ができる（同5項）が，執行停止の効力は有しない（同6項）。

◇ 2 ◇ 再生計画の条項

◆ 第 7 章 ◆

再生計画案の作成から再生計画の成立まで

● ● ● 1 再生計画の意義および内容 ● ● ●

再生計画とは，再生債権者の全部または一部を変更する条項や再生債務者の事業または経済生活の再生を図るための基本的な事項（民再154条）を定めるものである（民再2条3号）。そして，再生手続は，このような再生計画を定めること等によって債務者と債権者間の権利関係を適切に調整し，債務者の事業や経済生活の再生を図ることを目的とするものであるから（民再1条），再生手続は，再生計画を定める手続であるといっても過言ではない（民再2条4号）。

● ● ● 2 再生計画の条項 ● ● ●

(1) 概 説 ● ● ●

再生計画には，再生債権者の全部または一部を変更する条項や再生債務者の事業または経済生活の再生を図るための基本的な事項が記載されるが，その中には，①必ず記載されなければならず，その記載がない場合には，再生計画が不適法なものとして再生計画不認可の事由になる絶対的必要的記載事項，②当該事項に関する条項を定めなくても再生計画が不適法になるわけではないが，その事項についての効力を生じさせるためには必ず再生計画において定めることが要求される相対的必要的記載事項，③再生計画に記載するかどうかは任意であり，これを記載しなかったからといって再生計画が無効となることはないが，記載した場合には法律上特別の効果が認められる任意的記載事項，④再生

249

◆第3編 民事再生手続／◆第7章◆ 再生計画案の作成から再生計画の成立まで

債権者等への情報提供の趣旨で記載され，特別の法的効力が認められるわけで
はない説明的記載事項とがある。もちろん，この事項が再生計画に記載されな
くても，再生計画が無効になることはない。

(2) 絶対的必要的記載事項 ● ● ●

1 全部または一部の再生債権者の権利の変更に関する条項（民再154条1項1号）

ここでいう再生債権者は，届出や確定の有無を問わず，手続開始後の利息等
の請求権（民再84条2項），約定劣後再生債権（民再35条4項），手続開始前の
罰金等（民再97条・181条3項）を含む，すべての再生債権者を意味する。ま
た，権利の変更とは，再生債権の全部または一部の免除，期限の猶予，権利内
容の変更（債権を株式に振り替えるデッド・エクイティー・スワップ等），第三者
による債務引受・担保供与など，再生債権の権利内容に関するあらゆる変更を
含む。これらの条項の記載に当たっては，権利の変更に関する基準を明らかに
して平等原則などに適合していることを示すほかに，届出のない再生債権等が
一般的基準に従って変更される旨（民再181条1項）を明らかにするために，
権利変更の一般的基準を定めなければならない（民再156条）。ここでは，一定
割合の免除を受ける旨を定めたり，免除後の残額につき期限の猶予を受けて弁
済時期を定めるのが一般的である。また，再生計画には，このような一般的基
準を踏まえて，届出再生債権および自認債権（民再101条3項）のうち変更さ
れるべき権利を明示し，かつ一般的基準（民再156条）に従って変更した後の
権利の内容を定めなければならない（民再157条1項本文）。さらに，未確定の
再生債権や別除権者の不足額（民再88条本文）の未確定部分については，その
権利が確定した場合のため「適確な措置」を定めるべきこととされている（民
再159条・160条1項）。その他，再生手続開始前の罰金等（民再155条4項）や
少額債権など（同1項但書）のように，権利内容に変更を加えず，再生計画に
よって影響を受けないものがあるときは，その権利を明示しなければならない
（民再157条2項）。

2 権利の変更に関する平等原則

再生計画による権利の変更の内容は，再生債権者の間では原則として平等で
なければならない（民再155条1項本文）。平等とは，金銭債権の場合であれば，
弁済率や弁済期間などに照らし，再生債権者が受ける経済的利益が同一である

ことを意味し，非金銭債権であれば，目的たる給付の財産的価値を基準として金銭債権との間の平等を判断することになる。平等原則を形式的に貫くと公平を害する場合があるので，差を設けても公平を害しない場合は例外を定めることができる（東京高決平 13・9・3 金商 1131 号 24 頁〔倒産百選 4 版 81 事件〕参照）。そのような考慮から，民事再生法は，平等原則に対して以下のような例外を規定している（民再 155 条 1 項但書）。

①不利益を受ける再生債権者の同意がある場合

このような同意があるかぎり，その者に対する弁済率を低くするなどの不平等な扱いが許される。たとえば，親会社が子会社に債権を有していたり，会社の代表者や役員が再生債務者会社に貸付けをして再生債権を有しているが，経営責任をとる趣旨でその弁済を受けない，あるいは他の再生債権者より多く免除を受けることに同意する場合等があげられる。また，再生債権の 20％（8割免除）を 10 年間で分割弁済するのを原則とするが，再生債権の 15％（8割 5 分免除）について 5 年間で弁済を受けることを希望する者にはその弁済を行うといった選択型の条項も，その条項を定める合理的な必要性を肯定できる場合は，許容されるであろう。

② 少額の再生債権

少額の再生債権については，別段の定めをすることが許される。ここでいう別段の定めとは，再生計画において，他の再生債権よりも免除率を少なくしたり，弁済時期を早くしたりする有利な取扱いを定めることを意味する。このような例外が認められる趣旨は，手続開始後，再生計画認可確定前においても早期弁済が許されているように（民再 85 条 5 項），議決権者の頭数を減らすことによって，手続費用を節減し，再生計画についての可決を容易にすることができることや，少額債権者に早期の弁済や高い率の弁済をすることによって彼等の権利の実質を確保することができる結果，事業の継続に必要不可欠な原材料の納入等を拒否されるような事態を未然に防止することができる点にあると考えられる。

③ 再生手続開始後の利息請求権等

再生手続開始後の利息の請求権等（民再 84 条 2 項）の債権は他の債権に対して劣後的性質を持つものであり（破 99 条 1 項参照），再生手続においてはこのような債権者の議決権は否定されている（民再 87 条 2 項）。ただ，民事再生法は債権の性質による組み分けをしなかったため，このような劣後的な性質を有

251

◆ 第3編 民事再生手続／◆第7章◆ 再生計画案の作成から再生計画の成立まで

する債権も再生債権とされているが，このような事情を考えれば，再生債権を他の再生債権より劣後的に取り扱うことがむしろ衡平にかなうと考えられるのである。

④ その他差を設けても衡平を害しない場合

以上に該当しない場合であっても，再生債権者の間に差を設けても衡平を害しない場合には，再生計画において差等を設けてもよい。有利に扱うことができるものとしては，人身事故に基づく損害賠償請求権（更生事件でデパート火災事件の被害者債権やじん肺被害者債権が優遇された実例がある）や再生債務者自身の従業員と同視すべき下請業者の従業員の賃金相当分の請求権などがあげられる。ただ，これらについても事件ごとにその程度等を具体的に判断する必要がある。ただし，その結果，相対的に劣後する債権者に対する再生計画上の処遇が破産的清算を仮定した場合の配当率を下回るときは，当該債権者各人の同意が必要である。これに対して，同意がない場合であっても不利に扱うことができるものとしては，親会社ないし内部者の再生債権があげられる。しかし，争いを避けるために明確な同意を求めることが一般的である。

➡ 再生債権者の間に差を設けても衡平を害しない場合の例として，債権額をある範囲で区分して，区分ごとに免除率を設定し，金額が大きくなるほど免除率を高くする場合があげられる。たとえば，再生債権のうち10万円以下の部分は免除を受けず，10万円を超えて100万円までの部分は7割，100万円を超える部分は8割の免除を受けるといった累積段階方式である。それに対し，免除額を累積的に記載しない方法，たとえば，再生債権のうち元本10万円以下のものは免除を受けず，10万円を超えて100万円までのものは7割，100万円超のものは8割の免除を受けるといった条項（単純段階方式）は，逆転現象が生ずるため（この例では，元本10万円の者は10万円の弁済が得られるが，元本30万円のものは9万円の弁済しか受けられない），債権者平等の原則に反し，許容されない。また，再生債権額の多寡にかかわらず一律に一定額を弁済し，その余の部分について免除を受けるという条項（例えば，再生債権者1人当り1万円を弁済し，その余の部分について免除を受けるといった条項）は，再生債権額との均衡を一切考慮していないため，実質的平等原則に反し衡平を害するものとして許されない。なお，これとの関係で，近時，預託金会員制ゴルフ場の会員権の取扱いが議論されている（これに関しては，東京高決平14・9・6判時1826号72頁，大阪高決平18・4・26金法1789号24頁と，東京高決平16・7・23金法1727号84頁〔百選5版90事件〕との立場が対立して

◇ 2 ◇ 再生計画の条項

いる）。

3 債務の弁済期限（民再155条3項）

再生計画により新たに再生債務者が債務を負担し，または既存の債務の期限が猶予される場合には，特別の事情がある場合を除き，再生計画認可の決定の確定から10年を超えない範囲でその債務の期限を定めなければならない（民再155条3項）。これは，長期間の事業計画が計画通り遂行される保証はなく，弁済期間が長期になればなるほど，債権者の権利が有名無実のものになるおそれが高まることになるから，債権者に対しては，できるだけ短期に確実に弁済をすることを要請するものである。個人再生の場合には，この期限はさらに短く，原則として3年，例外的に5年とされている（民再229条2項・244条）。これに対して，会社更生手続では20年とされている（会更168条5項）。

4 共益債権および一般優先債権の弁済に関する条項（民再154条1項2号，民再規83条）

共益債権および一般優先債権は，再生計画による権利変更は受けないから（民再121条・122条），このような債権の額，権利内容および弁済期等は再生計画の履行可能性に重大な影響を及ぼす。そこで，これらの事項を再生計画の絶対的必要的記載事項として定めることにより，裁判所や利害関係人に対して，再生計画の内容の当否や履行可能性について判断するための情報を提供しようとしたのである。また，共益債権や一般優先債権の弁済は，裁判所の許可または監督委員の同意事項とすることができ（民再41条1項8号・54条2項），かつ，裁判所への報告書にも記される（民再125条1項2号）。

5 知れたる開始後債権があるときは，その内容（民再154条1項3号）

開始後債権とは，再生手続開始後の原因に基づく債権であって，共益債権・一般優先債権，および再生債権のいずれもにも該当しないものをいう（民再123条1項）。開始後債権は，再生手続の時から再生計画で定められた弁済期間の満了までは弁済を受けられないし，強制執行等もできない（同3項）。しかし，この債権は全部または一部の免除も受けず（民再178条本文），その全額が再生債務者の負担になるので，知れている開始後債権があるときは，その内容を再生計画の必要的記載事項としたのである。

6 再生手続開始前の罰金等（民再155条4項）

再生手続開始前の罰金等の請求権の主体は，国または地方公共団体であって民事上の手続により減免することに親しまないものであり，また現実の弁済を

◆ 第3編 民事再生手続／◆ 第7章 ◆ 再生計画案の作成から再生計画の成立まで

強要することで制裁としての役割を果たすことができるから，再生計画において減免その他権利に影響を及ぼす定めをすることができない（民再155条4項）。また，未届けでも免責対象とせず（民再178条），偏頗弁済否認規定も適用されない（民再128条3項）。しかし，その一方で，再生計画で定められた弁済期間満了時までの弁済・弁済受領行為が禁じられているほか（民再181条3項），これらの債権には議決権も与えられていない（民再87条）。

(3) 相対的必要的記載事項　● ● ●

1 債権者委員会の費用負担に関する条項

裁判所は，一定の要件を満たすことを前提に債権者委員会が再生手続に関与することを承認することができる（民再117条1項）。そこで，債権者委員会が，再生計画で定められた弁済期間内にその履行を確保するため監督その他の関与を行う場合において，再生債務者がその費用の全部または一部を負担するときは，その負担に関する条項を定めなければならない（民再154条2項）。

2 債務の負担および担保の提供に関する定め

破綻した企業については，スポンサー企業やグループ企業，第二会社等の受皿会社等が，弁済予定債務の全部または一部の履行確保のため，新たに，保証や債務引受等の人的担保，不動産その他の物的担保の提供を申し出ることが，しばしば行われてきた。そこで，民事再生手続においても，このような手法をとる場合，再生計画の条項において，人的・物的担保の提供主体，および，提供される人的・物的担保の内容を定めなければならないとされている（民再158条）。これは，再生計画にその定めをしなければ効力がないこと，および，このような条項を定めた再生計画の認可決定が確定すると，それは確定判決と同一の効力を有することから（民再180条2項3項），債務名義たりうる程度にその内容を明確にする必要があるからである。

3 未確定の再生債権者の権利

異議等のある再生債権で，その確定手続が終了していないものについては，変更後の権利内容を確定的に再生計画に記載することは不可能である。したがって，確定手続が終了していない再生債権については，再生計画において，将来の権利確定の可能性を考慮し，これに対する適確な措置を定めなければならないとされている（民再159条）。再生債権は，確定している場合に限り再生計画で認められた権利行使ができるのであり，未確定のままでは権利行使をす

◇2◇ 再生計画の条項

ることができず、特別の規定がない限り失権してしまう（民再178条）。よって、これは、未確定の再生債権についても、将来、権利の存在が認められる場合を考慮して、再生計画にその定めをおくことが必要であるほか、未確定再生債権者と確定再生債権者との間で不平等が生じないようにするためのものである。

4 別除権者の権利に関する定め

別除権の行使によって弁済を受けることができない債権の部分が確定していない再生債権を有する者があるときは、再生計画において、その債権の部分が確定した場合における再生債権者としての権利の行使に関する適確な措置を定めなければならない（民再160条1項）。別除権者は、担保権の実行によって弁済を受けられなかった部分に限って再生手続で権利行使できるが（民再88条）、再生計画が認可されても、それまでに担保権実行手続が終了していなければ、未確定債権と同様であり、適切な措置が規定されていない限り失権する（民再178条）。この規定は、このような場合を救済しようとするものである。

5 再生計画によって影響を受けない権利の明示

これは、権利変更を受ける再生債権に対しては明示することが要求されている（民再157条1項）こととの関係で、再生計画による再生債権の処理の公正・公平性の担保のために、再生計画によって影響を受けない権利（再生手続開始前の罰金等）を明示することが要求されている（同2項）。

(4) 任意的記載事項 ● ● ●

1 資本構成の変更に関する条項

再生債務者が株式会社である場合、債務超過であるか、そうでなくても累積損失により自己資本が相当程度毀損されているのが通例であるが、このような場合、資本をその実勢価値まで削減した上、新たに株式を発行するなどして自己資本を積み増さないかぎり、永続的な事業の再生は望めない。この点、会社更生手続とは異なり、民事再生手続では、資本構成の変更にかかる事項を再生計画に記載してその効力を発生させることは本来予定されておらず、必要がある場合には、再生債務者が、会社法等所定の手続を通じて行う以外にない。しかし、経営破綻した株式会社においては、通常、株主総会等の決議等を円滑に行うことは困難である。その結果、株主の権利は実質的には無価値であるにもかかわらず、資本構成の変更が行われないことにより、債権者に劣後すべき地位にある株主の権利を優遇するという、不合理な結果を生じさせるおそれがある。

255

◆ 第3編 民事再生手続／◆ 第7章 ◆　再生計画案の作成から再生計画の成立まで

　そこで，民事再生法は，あらかじめ裁判所の許可を得て，再生計画案において①減資に関する条項，②株式の取得に関する条項，③株式の併合に関する条項を定めることができるものとし（民再154条3項），再生計画案が認可されると，その定めによってこれらを実行することができるものとした（民再183条1項2項4項）。

　しかし，減資や株式の取得・併合が実施されたとしても，会社の財産に対する株主の割合的持分は変化しないので，これだけでは資本構成の変更としての意味がない。そこで，減資や株式の取得・併合と同時に，第三者に対する新株発行によって資本を注入し，従来の株主の権利を薄める必要があるが，民事再生法は，会社更生法175条とは異なり，募集株式の発行等，増資に関する規定を設けていない。したがって，再生債務者たる株式会社が，資本金の額の減少を行うとともに，募集株式の発行等（会社199条1項柱書）について，第三者割当の方法によってそれを行おうとすると，株主総会の特別決議を要することがある（会社199条2項4項・309条2項5号・324条2項2号）。しかし，倒産した株式会社において特別決議が得られる保障はなく，この方法による資金の調達は困難となる可能性がある。そこで，民事再生法は，例外として，譲渡制限株式であるものに限り，募集株式の発行等に関する条項を定めることができるものとし（民再154条4項），この場合には，会社法の規定にかかわらず，取締役の決定（取締役会設置会社の場合は取締役会の決議）によって，募集事項を定めることができるものと規定した（民再183条の2第1項）。

2　根抵当権の極度額超過額の仮払いに関する条項

　根抵当権の元本が確定し，根抵当権の被担保債権が極度額を超える場合には，その超過部分に相当する再生債権額が不足額となる蓋然性が高いことから，権利変更の一般的基準に従って，仮払いをする定めをすることができる（民再160条2項前段）。このことによって，別除権者は，別除権の不足額部分の正式な確定を待つことなく，その不足額部分につき，再生計画において他の再生債権の弁済条件に準じた弁済を受けることができる。ただ，再生計画に仮払条項を置く場合には，不足額が確定した後になって，被担保債権が減少したり増加したりすることがあるから，あわせて，再生債務者に対し減少額に対応する計画による弁済額を返済し，それが増加している場合には増加額に対応する計画による弁済額を追加払いする旨の清算に関する措置を定めなければならない（同後段）。その場合，これを定める再生計画案の提出をする場合には，それに

◇4◇ 再生計画案の作成・提出

先立って当該根抵当権者の同意を得る必要がある（民再165条2項）。

(5) 説明的記載事項 ● ● ● ●

　説明的記載事項とは，再生計画案の認可決定の確定によって何ら法的効力を生じるものではないが，再生計画案の内容およびその適法性，履行可能性等につき理解しやすくするためなどの目的から記載することが望ましい事項である。実務上しばしば記載される事項としては，「再生計画の基本方針」「事業計画」「弁済資金の調達方法に関する条項」「破産配当率との比較」「別除権者に対する弁済計画の概要」「新会社設立，役員変更等の会社組織の変更に関する条項」「子会社，関連会社の処理に関する条項」等がある。

● ● ● 3　清算価値保障(維持)原則 ● ● ●

　再生計画の決議が再生債権者の一般の利益に反する場合には，たとえ再生計画案が可決されても，認可されない（民再174条2項4号）。ここでいう「再生債権者の一般の利益に反する」とは，再生計画案の弁済率や弁済期間などを総合的に判断し，再生債務者が破産したと仮定した場合に，再生債権者が受ける利益を下回る場合をいう。このような，再生債権者に対して再生債務者財産の清算価値以上の利益をもたらすものでなければ，再生手続の遂行を認めるべきではないという原則を，清算価値保障（維持）原則といい，この規定はそれを表現したものである。

● ● ● 4　再生計画案の作成・提出 ● ● ●

(1) 再生計画案の作成・提出権者 ● ● ●

　再生債務者等（民再2条2号）は，再生計画案を作成して裁判所に提出しなければならない（民再163条1項）。これらの者を必要的提出者という。また，管財人が選任されている場合の再生債務者，届出再生債権者および外国管財人も，再生計画案を作成して裁判所に提出することができる（民再163条2項・209条3項）。これらの者を任意的提出者という。再生債務者は，たとえ管財人

257

◆第3編 民事再生手続／◆第7章◆　再生計画案の作成から再生計画の成立まで

が選任されていても，自己の財産関係を熟知している者であり，合理的な再生
計画案を作成することが期待できるし，再生債権者は，再生計画よって権利変
更の対象となる者であって，再生計画につき重大な利害関係を有していること
から提出権が認められたものである。株主は，再生計画案の作成・提出権を有
しない。

(2) 再生計画案の提出時期　● ● ●

　再生債務者等は，債権届出期間の満了後，裁判所の定める期間内に，再生計
画案を提出しなければならない（民再163条1項）。この場合，特別の事情があ
る場合を除き，一般調査期間の末日から2月以内の日としなければならない
（民再規84条1項）。なお，管財人が選任されているときの再生債務者，再生債
権者，外国管財人については，提出期間について特段の規定は置かれていない
（民再163条2項）。これらの者が提出する再生計画案は，再生債務者等の提出
する再生計画案の対案となるものであるから，その提出期間も，再生債務者等
の提出期間との対応により自ずと定まると考えられるからである。

　裁判所は，申立てによりまたは職権で，提出の期間を伸長することができる
（民再163条3項）。しかし，合理的な理由なく再生手続が遅延するのを防止す
るために，特別の事情がある場合を除き，2回を超えて伸長することはできな
いものとされている（民再規84条3項）。

(3) 再生計画案の事前提出　● ● ●

　再生債務者等は，再生手続開始申立後債権届出期間の満了前に再生計画案を
提出することができる（民再164条1項）。これを事前提出という。これにより，
とくに，再生債務者と債権者の間で再生計画につきある程度話合いができてい
るような場合には，迅速に再生手続を進めることが可能になる。ただ，このよ
うな計画案の提出は，再生債権が確定していない段階でなされるものであり，
権利変更の一般的基準を定めたものにならざるを得ない。よって，届出再生債
権者等の権利に関する条項（民再157条）や，未確定の再生債権に関する条項
（民再159条）を，債権届出期間の満了後裁判所の定める期間内に補充しなけれ
ばならない（民再164条2項）。なお，簡易再生手続や同意再生手続では，再生
債権の調査・確定の手続は省略されるから，個々の再生債権の変更を再生計画
に記載・補充する必要はなく，権利変更の一般基準のみの記載で足りる（民再

215条・219条・156条)。

4 再生計画案の修正

再生計画案の作成・提出には時間的制約があることから，必ずしも完全な再生計画案が提出されるとは限らない。このような場合に再生計画案の修正を認めないとすると，不備を伴ったまま現実と乖離した再生計画案を前提に手続を進めることになる。そこで，提出した再生計画案の不備を補い，労働組合等の意見を反映したり，経済情勢等の変化に対応したものにしたりするために，裁判所の許可を得て，いったん提出した再生計画案を修正することが認められている（民再167条本文）。ただし，修正は，再生計画案を決議に付する旨の決定がなされるまでにしなければならない（同但書）。

●　●　●　5　再生計画の成立と発効　●　●　●

提出された再生計画案は，債権者集会によって可決されたときに，再生手続の根本規範として成立するが，裁判所の認可によってその効力を生じる（民再176条）。

(1) 再生計画案を決議に付する旨の決定　●　●　●

再生計画案の提出があったときは，裁判所は，一定の事由がある場合を除き，当該再生計画案を決議に付する旨の決定（これを付議決定という）をする（民再169条1項柱書）。裁判所は，この付議決定において，議決権者の議決権の行使方法および議決権の不統一行使をする場合における裁判所に対する通知の期限を定めなければならない（同2項柱書）。

(2) 議 決 権　●　●　●

提出された再生計画案は，債権者集会で可決されたときに，再生手続の根本規範として成立するが，その際に，誰が議決権を行使することができるのか（議決権者），また，議決権はどのように確定されるのか（議決権の確定）ということが問題となる。

1 議 決 権 者

再生計画案の決議において議決権を行使しうる者は，届出をなし，議決権を

◆ 第3編 民事再生手続／◆ 第7章 ◆　再生計画案の作成から再生計画の成立まで

認められた再生債権者である。債権届出を行わない自認債権については議決権
は認められない（民再101条3項）。再生債務者に対して債権を有する者であっ
ても，一般の先取特権その他一般の優先権がある債権者（民再122条），共益債
権者（同119条），開始後債権者（同123条），別除権者（同53条）および再生
手続開始後の利息・損害金・違約金あるいは再生手続参加の費用等の再生債権
者ならびに再生手続開始前の罰金等については（同87条2項・84条2項・97
条）議決権を有しない。ただし，別除権者であっても，別除権の行使によって
弁済を受けることができない債権の部分（不足額）については，再生債権者と
して権利行使をすることができるから（同88条），この限度で議決権を有する。
社債等を有する者は，一定の場合には議決権を行使することができる（民再
169条の2第1項柱書）。約定劣後再生債権については，再生債務者が債務超過
の状態にあるときは議決権が否定される（民再87条3項）。これは，通常の再
生債権にさえ完全な満足が与えられない以上，それに後れる約定劣後再生債権
者には配当が期待できず，もはや議決権を与える必要がないからである。また，
再生債権者が外国で弁済を受けた場合にも，議決権行使について制限が課せら
れている（民再89条3項）。

2　議決権の確定

　届出再生債権者の議決権の額は，債権調査の結果として再生債務者等が認め，
かつ，調査期間内に届出再生債権者の異議がなければ確定し（民再104条1項），
その額をもって議決権を行使することができる（民再170条2項1号・171条1
項1号）。債権調査によって確定しなかった再生債権については，債権者集会
が開催されるときは，その期日において，再生債務者等または届出再生債権者
が議決権について異議を述べることができ（民再170条1項本文），異議がなけ
れば，届出額によって議決権を行使することができる（同2号）。異議があれ
ば，裁判所が議決権行使の可否および議決権の額を定める（同3号）。議決権
行使の方法として，書面等投票（民再169条2項2号）が定められた場合にお
いては，裁判所が，議決権を行使させるかどうか，および議決権額を定める
（同171条1項2号）。

3　基準日における議決権者の決定

　再生債権は自由に譲渡できるし，また保証債務の弁済等による再生債権の代
位取得等により議決権者が変更することがある。このような場合，届出をした
再生債権を取得した者は，届出名義の変更を受けることができるが（民再96

◇5◇ 再生計画の成立と発効

条)，債権者集会の直前や書面等投票の直前または最中に再生債権の主体が変更すると，議決権行使について混乱を来し，集計作業等の事務処理に支障を来たすことになりかねない。そこで，裁判所は，一定の日（基準日）を定めて，基準日における再生債権者表に記録されている再生債権者を議決権者と定めることができるものとして，基準時以降に再生債権の帰属主体に変動があっても，基準日の再生債権者を議決権者として扱えば足りるものとした（民再172条の2第1項）。

(3) 議決権行使の方法 ● ● ● ●

1 再生計画案の議決方式の種類

　裁判所は，議決権行使の方法として，①債権者集会を開催し，その期日において議決権を行使する方法（民再169条2項1号），②書面等投票により裁判所の定める期間内に議決権を行使する方法（同2号），③①および②の方法のうち議決権者が選択するものにより議決権を行使する方法（同3号）のうち，いずれかを定めなければならない（民再169条2項柱書後段）。①の方法を定めた場合には，裁判所は，債権者集会の期日および会議の目的を公告し，再生債務者，管財人，届出再生債権者（議決権を行使できない者を除く）および再生のため債務を負担しまたは担保を提供する者を呼び出さなければならない（民再115条1項2項4項）。②の方法を採用した場合，裁判所は，その旨を公告し，かつ，議決権者に対して，書面等投票は裁判所の定める期間内に限りすることができる旨を通知しなければならない（民再169条4項）。なお，この場合でも，再生債務者，管財人，債権者委員会または一定の要件を満たした再生債権者（民再114条1項前段参照）が債権者集会招集の申立てをした場合には，この定めを取り消して，債権者集会を開催する方法または債権者集会と書面等投票を併用する方法を採用しなければならない（民再169条5項）。③の方法は併用型とも呼ばれるが，これにより，債権者集会の当日に差し支えがある場合などにも，書面投票によって再生債権者がその意思表示をすることが可能となる。ただし，両者を併用するといっても，あくまで原則は債権者集会方式であり，書面等投票の期日の末日は，債権者集会の期日より前の日でなければならい（民再169条2項3号後段）。

2 議決権者の議決権行使の方法

　民事再生手続においては，議決権者は，議決権の一部については再生計画に

261

◆ 第3編 民事再生手続／◆ 第7章 ◆ 再生計画案の作成から再生計画の成立まで

賛成し，残部については反対するといったように，議決権を統一しないで行使することができる（民再172条2項）。これは，複数の債権者から回収代行を行うために債権譲渡受けた債権回収会社（サービサー）や，合併して間もない金融機関など，複数の意思を反映させる必要がある場合があるからである。ただし，このような不統一行使を無制限に認めると，事務手続が煩瑣になるだけでなく，投票結果の集計に誤りが出たりして混乱を生じるおそれがある。そこで，議決権の不統一行使をする場合には，議決権者は，裁判所の定める通知期限内に，不統一行使をする旨を書面で通知しなければならない（民再172条2項後段）。裁判所は，再生計画案について付議決定をする場合，議決権者の議決行為意思の方法および不統一行使をする場合における裁判所に対する通知の期限を定めなければならず，その期限を公告し，議決権者等に通知しなければならない（民再169条2項3項）。代理人による議決権行使についても，不統一行使は許される（民再172条3項）。

(4) 再生計画案の決議 ● ● ●

1 再生計画案の可決

再生計画案を可決するには，(a) 債権者集会に出席しまたは書面等投票をした議決権者の過半数の同意（頭数要件）と，(b) 議決権の総額の2分の1の議決権を有する者の同意（議決権数要件）という，双方の要件を共に満たさなければならない（民再172条の3第1項）。頭数要件が規定されているのは，少額債権者を保護するためである。

➡ 最判平20・3・13民集62巻3号860頁〔百選5版91事件〕は，再生計画について，議決権数要件は満たしていたものの，議決権者の過半数の同意が見込まれない状況にあったにもかかわらず，再生債務者の取締役の1人が，債権者ではない他の取締役に対して回収可能性のない債権の一部を譲渡し，その結果，議決権者の過半数を占めることによって可決された場合につき，再生計画の決議は，民事再生法172条の3第1項1号の少額債権者保護の趣旨を潜脱し，再生債務者らの信義則に反する行為によって成立するに至ったものであり，再生計画の決議は不正の方法によって成立したものであるとして，再生計画の認可を否定した。

約定劣後再生債権（民再35条4項）については，再生計画においても，他の再生債権との間に公正かつ衡平な差を設けること，すなわち劣後的取扱いをすることが要求されている（民再155条2項）。したがって，両者の間には，権利

変更の内容に差があるから，決議に際しても，約定劣後再生債権の届出がある場合には，特別の事情がない限り，再生計画案の決議は，一般再生債権を有する者の組と約定劣後再生債権を有する者の組とに分かれて行うことを原則とした（民再172条の3第2項3項）。なお，再生手続においては，可決には，議決権数要件のほか，頭数要件も必要とされるため，議決権の不統一行使がされた場合，頭数要件をどのように扱うかが問題となるが，法は，議決権者1人につき，議決権者の数に1を，再生計画案に同意する旨の議決権の行使をした議決権者の数に2分の1をそれぞれ加算するとされている（民再172条の3第7項）。

2　債権者集会における再生計画案の変更

付議決定がなされた後の再生計画案の変更は許されないのが原則である（民再167条）。しかし，再生計画に不備があるような場合にまでそのまま議決を強行することは妥当ではないので，法は，再生債権者に不利益な影響を与えないときに限り，裁判所の許可を得て，当該再生計画案を変更することができるものとしている（民再172条の4）。

3　債権者集会の期日の続行

議決につき債権者集会方式が採用された場合において，再生計画案が可決に至らなかったときは，裁判所は，一定の同意があるときは，再生計画案の提出者の申立てまたは職権により，続行期日を定めて言い渡さなければならない（民再172条の5第1項本文）。これは，再生債権者に再考の機会を与えることにより，再生計画ができるだけ可決されるように配慮した制度である。したがって，可決される見込みがない場合には期日の続行はなされない（同但書）。続行期日が言い渡されたときは，その期日における再生計画案の可決は，当該再生計画案が決議に付された最初の債権者集会の期日から2月以内になされなければならない（民再172条の5第2項）。この場合，裁判所は，必要があると認めるときは，1月以内の範囲で，続行期日までの期間を伸長することができる（同3項）。

4　再生計画案が可決された場合の法人の継続

民事再生法は，清算中もしくは特別清算中の法人または破産手続開始後の法人に対しても，再生手続開始申立ておよび再生手続開始決定がなされることをも予定している（民再11条6項8項・26条1項1号・39条1項・59条1項3号・76条の2）。しかしこれらの手続中の法人については，すでに解散の効果が生じていることから，事業継続を内容とする再生計画案が可決されても，そのま

◆ 第3編 民事再生手続／◆ 第7章 ◆　再生計画案の作成から再生計画の成立まで

までは，計画の遂行可能性がないものとして，再生計画不認可決定がなされる
おそれがある（民再174条2項2号）。そこで，このような法人である再生債務
者について民事再生手続が開始された場合において，再生計画案が可決された
ときは，定款その他の基本約款の変更に関する規定に従い，法人を継続するこ
とができるものとされた（民再173条）。

(5) 再生計画の認可・不認可　● ● ● ●

　再生計画案が再生債権者の法定多数によって可決された場合，裁判所は，不
認可事由がある場合を除き，再生計画認可の決定をする（民再174条1項）。す
なわち，再生計画案の可決が再生計画の成立要件であるのに対し，裁判所の認
可決定の確定は，再生計画の効力要件である。不認可事由としては，第1は，
再生手続または再生計画が法律の規定に違反し，かつ，その不備を補正するこ
とができないものであるとき（民再174条2項1号）である。再生手続が法律
の規定に違反するときとは，再生手続開始後になされる裁判所，再生債務者等
などの行為に関する違法（東京高決平16・6・17金法1719号61頁）を含む。ま
た，再生計画が法律の規定に違反するとは，絶対的記載事項（民再154条1項）
に不備があったり，平等原則（民再155条1項本文）に違反する条項が存在す
る場合（東京高決平16・7・23金法1727号84頁〔百選5版90事件〕），法律の手
続によらずに別除権者に対する弁済についての定めをしたような場合などであ
る。第2は，再生計画が遂行される見込みがないとき（同2号）である。再生
計画に基づく弁済原資調達の見込みがない場合が典型であるが，その他，事業
遂行に不可欠な不動産についての担保権者が再生計画に反対しており，しかも，
その担保権に対して消滅許可を申し立てるだけの資金手当の見込みがないよう
な場合である（東京高決平14・9・6判時1826号72頁参照）。第3は，再生計
画の決議が不正の方法によって成立するに至ったとき（同3号）である。再生
計画の決議が不正の方法によって成立するに至ったときとは，議決権を行使し
た再生債権者が詐欺，脅迫または不正な利益の供与等を受けたことにより再生
計画案が可決された場合はもとより，再生計画案の可決が信義則に反する行為
に基づいてされた場合も含まれる（最決平20・3・13民集62巻3号860頁〔百
選5版91事件〕参照）。第4は，再生計画の決議が再生債権者の一般の利益に
反するとき（同4号）である。これは，いわゆる清算価値保障原則（清算価値
維持原則）を規定するものであり，再生計画によって配分される利益が，再生

◇5◇ 再生計画の成立と発効

債務者財産を解体清算した場合の配分利益，すなわち破産配当を下回ることを意味する（東京高決平15・7・25金法1688号37頁〔百選5版92事件〕参照）。

(6) 再生計画の審理手続 ●●●

裁判所は，再生計画案が可決された場合，不認可事由が存在するか否かにつき審理する。その際，再生債務者，管財人，届出再生債権者および再生のために債務を負担しまたは担保を提供する者および労働組合等は，再生計画案に対して認可すべきか否かについて意見を述べることができる（民再174条3項）。これらの者は，再生計画が認可されるか否かについて重大な利害関係を有するからである。

(7) 約定劣後再生債権の届出がある場合における認可等の特則 ●●●

約定劣後再生債権の届出があったときは，再生計画案の決議に際しては，原則として一般の再生債権を有する者と約定劣後再生債権を有する者とに組分けをして行なう（民再172条の3第2項）。その結果，1つの組で再生計画案が否決されることもあり得る。そのような場合，裁判所は，再生計画案を変更し，その同意が得られなかった種類の債権を有する者のために，破産手続が開始された場合に配当を受けることが見込まれる額を支払うことや，それに準じて公正かつ衡平に当該債権を有する者を保護する条項（いわゆる権利保護条項）を定めて，再生計画認可の決定をすることができる（民再174条の2第1項）。

(8) 不服申立て ●●●

再生計画の認可・不認可の決定に対しては，利害関係人は，即時抗告をすることができる（民再175条1項）。利害関係人は，通常，再生債務者および届出再生債権者であるが，別除権者も，別除権の行使によって弁済を受けられない限度で再生計画の効力を受ける立場にあるから，即時抗告権を有する。株主は，再生計画に資本の減少を定める条項があるときには，即時抗告権がある（東京高決平16・6・17金法1719号61頁）。以上に対し，約定劣後再生債権者は，再生手続開始決定時において優先する債権について再生債務者が完済できない状況にある場合には，平等違反を理由とする場合を除いては即時抗告をすることはできない（民再175条2項）。労働組合等（民再24条の2）も，再生計画によってその権利に直接の影響を受ける立場にはないので，即時抗告は認められ

◆ 第3編 民事再生手続／第7章◆ 再生計画案の作成から再生計画の成立まで

ない。

● ● ● 6 再生計画の効力 ● ● ●

再生計画は認可決定の確定により効力を生じる（民再 176 条）。認可決定が確定すると，再生計画は，再生債務者，すべての再生債権者および再生のための債務を負担し，または担保を提供する者のために，かつ，それらの者に対して効力を有する（民再 177 条 1 項）。また，届出再生債権者および再生債務者が自認する再生債権（民再 101 条 3 項）を有する再生債権者の権利は，再生計画の定めにより変更される（民再 179 条 1 項）。それに対し，共益債権（民再 119 条）や一般優先債権（民再 122 条）は，そもそも再生計画による権利変更の対象とはならないから，再生計画によって権利変更を受けることはない。また，別除権となる担保権（特別の先取特権，質権，抵当権，商法または会社法の規定による留置権〔民再 53 条 1 項〕のほか，譲渡担保等の非典型担保も含まれる）のほか，再生債権者が再生債務者の保証人や再生債務者と共同して債務を負う者に対して有する権利にも再生計画の効力は及ばない（民再 177 条 2 項）。

以上の例外として，住宅資金貸付特別条項を定めた再生計画の認可決定が確定した場合は，民事再生法 177 条 2 項の適用は排除され，民法の原則に戻って，住宅資金貸付債権にかかる担保権や保証人に対してもその効力を有する（民再 203 条）。

再生計画認可の決定が確定したときは，再生計画の定めまたは民事再生法の規定によって認められた権利以外のすべての再生債権について，再生債務者は責任を免れる（民再 178 条 1 項本文）。「責任を免れる」という文言をめぐっては，破産法 253 条の破産免責の解釈と同様の争いがあり，債務消滅説と自然債務説が対立している（最判平 9・2・25 判時 1607 号 51 頁〔百選 5 版 88 事件〕，最判平 11・11・9 民集 53 巻 8 号 1403 頁〔百選 5 版 89 事件〕参照）。免責の効力が生じても，①再生計画の定めによって認められた権利（民再 178 条 1 項本文），②再生手続開始前の罰金等の債権（同但書）。③民事再生法 181 条 1 項各号に該当する再生債権は失権しない（民再 178 条 1 項本文参照）。

再生計画の認可決定が確定したときは，裁判所書記官は，再生計画の条項を再生債権者表に記載しなければならない（民再 180 条 1 項）。これにより，再生

◇6◇ 再生計画の効力

債権者表の記載は，再生債務者，再生債権者および再生のために債務を負担し，または担保を提供するものに対して，確定判決と同一の効力を有する（同2項）。認可決定前は，再生債権者間でのみ確定判決と同一の効力を生じさせれば足りるが（民再104条3項・111条），関係人の多数の意思により可決された再生計画が裁判所によって認可された以上は，計画の内容は，再生計画が及ぶすべての者に対してもはや争い得ないものとする必要があるからである。この「確定判決と同一の効力」には執行力のほか，既判力も含まれるとするのが通説である。これにより，再生債権者は，再生債権者表を債務名義として再生債務者および再生のために債務を負担した者に対し，強制執行をすることができる（民再180条3項）。破産や会社更生手続では，手続の終了後でないと強制執行することができない（破産221条，会更240条）が，民事再生手続においては，再生計画の履行の確保を担保するために，再生手続係属中であっても強制執行を認めたものである。なお，この制度は，債権調査および確定の手続が前提となっているから，簡易再生および同意再生においては，適用されない（民再216条・220条）。

不認可決定が確定した場合に，再生債権者表の記載の効力を覆滅させるという方法もあるが，現行法は，債権者に改めて債務名義を取得する負担を負わせることは適当ではないとの判断から，再生債権者表の記載は再生債務者に対し，確定判決と同一の効力を有するものとしている（民再185条1項）。よって，再生債権者は再生債務者に対して債権者表を債務名義として強制執行することができる（民再185条2項）。なお，管財人が選任されていない場合において再生債務者が異議を述べたときは債権確定の手続により当該債権の存否等が確定される。管財人が選任されている場合において再生債務者が異議を述べたとき（民再102条2項・103条4項）は，再生債務者の立場を尊重する見地から，確定判決と同一の効力は認められない（民再185条1項但書）。債権者表に，執行力のほか既判力も認められるかについては，認可決定が確定した場合と同様の争いがある。

◆ 第3編 民事再生手続／◆ 第8章 ◆ 再生計画の遂行および再生手続の終了

◆ 第8章 ◆
再生計画の遂行および再生手続の終了

1 再生計画の遂行

　再生計画認可決定が確定したときは，再生債務者等は，速やかに再生計画を遂行しなければならない（民再186条1項）。すなわち，再生計画に記載された，絶対的必要的記載事項，相対的必要的記載事項，および任意的記載事項のすべてが迅速に遂行しなければならない。以上に対し，説明的記載事項は何ら法的効力を生じるものではないから，ここには含まれないと解されるが，実際上，再生計画を遂行していく上で，その内容は実現されることが多いであろう。

　民事再生手続は原則として DIP 型手続であるから，再生計画遂行の主体は，原則として再生債務者である。ただし，管財人が選任されているときは，管財人である（民再186条1項）。なお，監督委員は，再生債務者が一定の行為をするについて同意権は有する（民再54条2項）が，再生債務者の財産につき管理処分権を有しているわけではないから，再生計画の遂行主体とはなり得ない。

　再生計画の遂行は一定の機関の監督の下に行われるが，計画遂行の主体が，再生債務者自身であるか管財人であるかによって，監督の主体は異なる。すなわち，①再生債務者自身が再生計画の遂行主体であり，かつ監督員が選任されている場合，監督委員は，再生計画が遂行されるまで，または認可決定確定後3年間（民再188条2項），裁判所の監督を受けながら（民再57条1項），再生債務者の再生計画の遂行を監督する（民再186条2項）。監督委員は，指定事項についての同意権（民再54条）や再生債務者から報告受領権，検査権（民再59条）等を活用して，再生計画の遂行状況を監督するが，その際には善管注意義務を負う（民再60条）。もし，再生計画の遂行状況に鑑み，その遂行が困難に

268

なったと認めるときは，監督委員は，再生計画の変更（民再187条1項）や再生手続の廃止申立て（民再194条1項）等を検討することになろう。②管財人が再生計画の遂行主体である場合は，裁判所がその遂行を監督する（民再78条・57条1項）。裁判所の監督は，再生計画の遂行が完了するか，再生計画が遂行されることが確実であると認められて，再生手続終結決定がなされるまで継続する（民再188条3項）。③再生債務者自身が再生計画の遂行主体であり，かつ管財人も監督員も選任されていない場合は，再生手続は，再生計画認可決定の確定にもとづく再生手続終結決定によって終結する（民再188条1項）。したがって，この場合には，その後は再生債務者自身がなす再生計画の遂行を監督する機関は存在しないから，再生債務者自身が誠実に再生計画を遂行していかなければならない。ただ，実務では，ほぼ全件につき監督委員が選任されており，このような場合はほとんど考えられない。

2 再生計画の変更

⑴ 再生計画変更の意義と要件

　再生計画は，債権者の決議に基づいて成立し，裁判所の認可決定の確定によって効力を生じ（民再176条），以後，それが再生手続の根本規範になるものであるから，それが安易に変更されてはならない。しかし，認可後の取引環境の変化等，情勢の変化によって計画の遂行が困難になった場合に，常に再生計画の取消し（民再189条1項2号）や再生手続の廃止（民再194条1項）によって，破産手続に移行しなければならないとすると（民再249条・250条），再生債権者をはじめとする利害関係人の利益に重大な影響を及ぼす。そこで，民事再生法は，一定の要件の下に，再生債権者の意思を問うた上で再生計画の内容を変更し，裁判所の決定によって変更の効力を生じさせることを認めている（民再187条）。

　再生計画の変更には，まず，やむを得ない事由があることが必要である。「やむを得ない事由」とは，再生計画の策定時には予測できず，それにより再生計画を遂行することが困難となるような事由をいう。具体的には，経済情勢の変化や取引先の倒産，事業用設備の焼失等があげられる。その他，再生債務者の業績悪化といった将来収益についての見込みが外れたというような再生債

◆第3編 民事再生手続／◆第8章◆　再生計画の遂行および再生手続の終了

務者側の事情によるものもここに含めてよいであろう。また，変更には，再生計画に定める事項を変更する必要が生じたことを要する。通常は，再生債務者の経済状況等から弁済内容等を再生債権者の不利に変更する必要が生じていることが必要であろうが，条文上はこれにとどまるものではなく，弁済の繰り上げなど，当初の計画を再生債権者に有利に変更する場合も含まれる。

(2) 再生計画変更の対象・手続・不服申立て　●●●

　再生計画の変更の手続によるべき事項の範囲については，再生計画の絶対的必要的記載事項たる再生債権者の権利の変更や，相対的必要的記載事項たる未確定の再生債権者の権利に関する適確な措置が含まれることについて争いはない。任意的記載事項たる資本金の額の減少（民再154条3項・161条3項・183条4項）等の組織法上の事項がこの手続によるべきか否かについては争いがあるが，それが会社法の手続によっても可能であるという理由から，再生計画の変更の内容たり得ないとする考え方が有力である。それに対して，説明的記載事項は，再生計画案の認可決定の確定によっても何ら法的効力を生じるものではないから，その変更には，再生計画変更の手続をとる必要はないであろう。

　再生計画の変更の必要性が生じたときは，裁判所は，再生債務者，管財人，監督委員または届出再生債権者の書面による申立てにより（民再規2条1項），再生手続の終了前に限って，再生計画を変更することができる（民再187条1項）。

　変更計画案が再生債権者に不利な影響を及ぼすと認められるときは，再生計画案の提出があった場合の手続に関する規定が準用される。ただし，再生計画の変更によって不利な影響を受けない再生債権者は，手続に参加させることを要せず，また，変更計画案について議決権を行使しない者であって従前の再生計画に同意した者は，変更計画案に同意したものとみなされる（民再187条2項，民再規94条4項）。なお，ここでいう「不利な影響を及ぼすと認められるとき」とは，権利の再減縮や弁済期の繰延等のように，現計画と比べて，計画変更の法的効果が利害関係人の地位を質的ないし量的に減少させ，あるいは極めて危うくするものをいう。それに対して，変更計画が不利な影響を及ぼすものと認められない場合には，裁判所の変更決定のみによって変更計画の効力が生じるが（民再187条1項），不利な影響を及ぼすものと認められる場合には，原再生計画の場合と同様に，再生計画の変更案についての決議および裁判所の

認可を経て，変更計画の効力が生じる（同2項本文）。

　再生計画の変更を認める決定に対しては即時抗告をすることができる（民再187条3項・175条）。他方，変更を認めない決定に対しては即時抗告はできない（民再9条）。再生計画変更の効力は，変更決定の確定により生じる（民再187条3項・176条）。

3　再生手続の終結

(1) 再生手続終結の時期

　再生手続終結の時期は，再生計画の遂行機関の種類や監督機関の有無によって異なる。

　監督委員が選任されている場合（後見型）には，裁判所は，再生計画が遂行されたとき，または再生計画認可の決定が確定した後3年を経過したときは，たとえ再生計画の履行が完了していなくても，再生債務者もしくは監督委員の申立てまたは職権で，再生手続終結の決定をしなければならない（民再188条2項）。それに対し，管財人が選任されている場合（管理型）には，裁判所は，再生計画が遂行されたとき，または再生計画が遂行されることが確実であると認めるに至ったときは，再生債務者もしくは管財人の申立てにより，または職権で，再生手続終結決定をする（民再188条3項）。以上に対し，監督委員も管財人も選任されていない場合（純粋DIP型）には，再生計画認可決定が確定したときに直ちに再生手続終結決定がなされる（民再188条1項）。

(2) 再生計手続終結決定の効果

　再生手続終結決定がなされると，再生手続は終了し，監督命令および管理命令が発せられている場合，その効力は失われる（民再188条4項）。この場合，裁判所は，利害関係人に対して再生手続終結決定があったことを明らかにするために，再生手続終結決定の主文および理由の要旨を公告しなければならない（同5項）。また，再生債務者が法人である場合には，裁判所書記官は，職権で，その旨の登記を再生債務者の営業所又は事務所の所在地の登記所に嘱託しなければならない（民再11条1項・5項3号）。

　再生手続の終了に伴って，それに附随する手続である否認の請求やそれを認

◆ 第3編 民事再生手続／◆ 第8章 ◆ 再生計画の遂行および再生手続の終了

容する決定に対する異議の訴えの手続も終了する（民再136条5項・137条6項
7項）。管財人が提起した否認訴訟は，再生手続終了と共に中断し（民再68条
2項），再生債務者が受継する（同3項）。それに対して，監督委員については
明文の規定はない。しかし権限を付与された監督委員による否認訴訟の場合に
は，再生債務者はその否認訴訟係属中に訴訟参加し，別の攻撃方法を主張する
ことが認められていることから（民再138条2項），そのような機会を行使しな
かった再生債務者については，再生手続終了後に別の攻撃方法の追加を認める
必要はなく，監督命令の失効に伴って終了すると解する説が有力である。担保
権消滅許可の申立て（民再148条1項）も，再生手続の終了に伴って，申立適
格が消滅し，却下される。価額決定の手続（民再149条・150条）も同様である。

● ● ● 4　再生計画の取消し　● ● ●

(1) 再生計画の取消しの意義と取消事由　● ● ●

　再生計画の取消しとは，再生計画認可の決定が確定し効力が生じた後に，再
生債務者が再生計画の履行を怠るなど一定の事由が生じたときに，裁判所の再
生計画取消決定により（民再189条1項），再生計画によって変更された再生債
権を原状に復させ（同7項），その債権によって権利行使ができるようにする
制度である。

　取消事由としては，まず第1に，再生計画が不正の方法によって成立したこ
と（民再189条1項1号）である。これは，再生計画不認可事由の1つである
「再生計画の決議が不正の方法によって成立するに至ったとき（民再174条2項
3号）」と同義であり，再生計画の成立過程に，詐欺や脅迫があったり，賄賂
が交付されたり（民再262条），特別の利益供与がなされたりした場合など，要
するに，正義に反する行為があった場合を指す（最判平20・3・13民集62巻3
号860頁〔百選5版91事件〕参照）。この場合の申立権者は再生債権者である
（民再189条1項柱書）。

　第2に，再生債務者等が再生計画の履行を怠ったこと（同2号）である。こ
こでいう「履行」とは，権利変更後の再生債権の弁済を意味し，再生計画の
「遂行」（民再174条2項2号・186条・188条・194条等）とは異なる。再生手続
は，再生債権者の権利について減免その他の変更することによって，再生債務

272

◇4◇ 再生計画の取消し

者がその変更された債務を弁済することによって経済的な再生を図るものであるから，この要件は，変更後の債務の弁済ができない以上，もはや再生債務者には再生債権の減免等の利益を受ける資格はないと判断されることに基づくものである。その点からいえば，説明的記載事項は，再生計画案の認可決定の確定によっても権利変更等の効果は何ら生じるものではないから，その履行を怠っても，ここでいう取消事由とはならない。

　債権者としては，再生債務者等が履行を怠った場合，再生債権者表に基づいて強制執行をすることはできるが（民再180条），執行できるのは再生計画による権利変更後の債権に過ぎない。よって，再生債務者等が再生計画による履行すらしない場合には，再生計画を取り消して，債権を権利変更前の状態に復帰させ，間接的に再生債務者を強制して，再生計画の履行確保を図ろうとするものである。

　再生計画の取消しはすべての再生債権者に対して影響を及ぼすものであるから，再生計画の履行を少しでも怠ると直ちに再生計画が取り消されるものとすると，かえって再生債権者の一般的利益を害することになりかねない。よって，この場合の申立権者は，再生計画の定めによって認められた権利の全部（履行された部分を除く）について，①裁判所が評価した額の10分の1以上に当たる権利を有する再生債権者であって，②その有する履行期限が到来した当該権利の全部または一部について履行を受けていない者に限定されている（民再189条3項）。

　第3に，再生債務者が許可や同意を得ないで，要許可・要同意事項に該当する行為を行ったこと（民再189条1項3号）である。これは，裁判所が要許可事項とした行為（民再41条）を無許可で行ったり，裁判所の許可を要する事業譲渡（同42条）を無許可で行った場合，または，裁判所が監督委員の同意を要する行為として指定した行為（同54条2項）を監督委員の同意なしに行ったような場合を指す。これらは，再生に対する不誠実さの表れと評価することができる上に，再生債務者の不相当な財産の管理処分により再生債権者の一般の利益が害される危険性が高いことから，その防止を図る必要があるためである。この場合の申立権者については制限規定はおかれていないから，再生債権者であれば誰でも再生計画の取消しを申し立てることができると解すべきである。

273

◆ 第3編 民事再生手続／◆ 第8章 ◆ 再生計画の遂行および再生手続の終了

(2) 再生計画取消の手続 ● ● ●

再生計画取消の申立ては，一定の事項を記載した書面によってしなければな
らない（民再規95条・2条1項）。取消しの申立てを受けた裁判所は，申立人
の適格の欠缺等を理由として申立てを却下する場合を除き，取消事由の存否や
取消しが再生債権者一般の利益に反しないか否かを判断した上で，申立てを棄
却するか，再生計画を取り消す旨の決定をする。なお，裁判所は，取消事由が
認められる場合であっても，当該事由の重大性や再生計画全体の履行の程度等
諸般の事情を考慮して，再生計画を取り消すことがかえって再生債権者の一般
の利益に反すると認められるようなときは，再生計画取消の申立てを棄却する
ことができる（民再189条1項）。再生計画取消決定をしたときは，裁判所は，
直ちに，その裁判書を申立てをした者および再生債務者等に送達し，かつ，そ
の主文および理由の要旨を公告しなければならない（民再189条4項）。再生計
画取消申立てに対する棄却決定または取消決定（認容決定）に対しては，即時
抗告が認められる（同5項）。取消決定は，確定しなければその効力を生じな
い（同6項）。

(3) 再生計画取消決定の効果 ● ● ●

再生手続が終了する前に再生計画取消決定が確定した場合には，再生手続は，
その目的を失い当然に終了する。それに伴い，監督命令や管理命令も効力を失
う（民再189条8項後段・188条4項）。また，再生債務者は，手続的拘束を脱し，
各種の行為制限（民再41条1項・42条1項・54条2項・66条）を解かれること
になる。再生手続に附随する手続である否認の請求や役員の責任に基づく損害
賠償請求権の査定の手続も当然に終了する（民再136条5項・143条6項）。な
お，再生計画の取消決定が確定すると再生手続は終了するが，原則的には，破
産手続に移行する（民再249条・250条）。また，裁判所は，再生計画取消しの
決定があった場合，破産手続への移行に備え，必要と認めるときは，職権で破
産手続開始前の保全処分等を命じることができる（民再251条1項）。したがっ
て，否認の請求を認容する決定に対する異議の訴えが継続するときは，訴訟手
続は中断し（民再137条1項6項・68条2項），その後の破産手続において破産
管財人による受継の可能性がある（民再254条1項3項4項）。役員の責任に基
づく損害賠償請求権の査定の手続について異議の訴えが係属するときも，中断
および受継の可能性がある（民再146条6項・145条1項・68条3項）。再生債務

274

者が当事者であれば，引き続きそのまま係属する。

　再生計画取消しの決定が確定すると，再生計画認可によって変更された再生債権は原状に復する（民再189条7項本文）。原状に復するとは，再生計画による変更がなされる前の債権調査により確定した状態に復するということを意味する。原状に復した再生債権のうち，再生債務者が異議を述べずに確定したものについては，再生債権者表の記載は，再生債務者に対して確定判決と同一の効力を有し，復帰した権利内容にしたがって，再生債務者に対する強制執行ができることになる（民再189条8項前段・185条2項。再生債務者の異議のあったものについては，同185条1項但書参照）。

　再生計画取消決定の確定は，再生債権者が再生計画によって得た権利に影響を及ぼさない（民再189条7項但書）。その結果，たとえば，再生計画取消決定確定時までに再生計画の定めに従って受けた弁済等は有効であり，また，再生計画によって設定された人的または物的担保（民再158条）も影響を受けない。

　なお，再生計画の取消しは，再生計画認可の決定が確定したことによって再生債権に関して生じた減免等の権利変更の効力を覆滅させるだけであり，たとえば，再生計画に基づいて資本の減少や授権資本の変更がなされた後に再生計画が取り消されても，減資等の効力が覆滅されることはない。また，法人組織の変更計画等の説明的記載事項については，もともと何ら法的な効力を生じるものではなく，再生計画外でなされるものにすぎないから，再生計画の取消しによって，すでになされた行為の効力には影響しない。

5　再生手続の廃止

　再生手続の廃止とは，再生手続の終了形態の一つであるが，再生手続開始後終結に至るまでの間に，裁判所の決定により，再生手続の目的を達することなく，将来に向けて再生手続を終了させることをいう。再生手続の廃止は，その時期および内容によって，①再生計画認可前の手続廃止，②再生計画認可後の手続廃止，③再生債務者の義務違反による手続廃止という3つの種類に分けられる。

◆ 第3編 民事再生手続／◆ 第8章 ◆ 再生計画の遂行および再生手続の終了

(1) 再生計画認可前の手続廃止 ● ● ●

　再生計画認可前の手続廃止には，民事再生法191条に基づくものと，同192条に基づくものとがある。

　民事再生法191条による廃止とは，第1に，決議に付するに足りる再生計画案の作成の見込みがないことが明らかになったときに廃止決定がなされるものである（民再191条1号）。決議に付するにたりる再生計画案といえるためには，少なくとも再生計画不認可事由（民再174条2項各号。ただし3号を除く）がないことのほか，法定多数の同意を得て可決される（民再172条の3）可能性がなくはないことも要する。作成中の再生計画案に対し大多数の債権者が反対している等，可決される見込みがほとんどない場合に再生手続を遂行させるのは無駄だからである。第2に，裁判所の定めた期間もしくはその伸長した期間内に再生計画案の提出がないとき，またはその期間内に提出されたすべての再生計画案が決議に付するに足りないものであるときも，再生手続は廃止される（同条2号）。このような期間内に再生計画案の提出がない場合（提出されたすべての再生計画案が決議に付するにたりないときも同様）には手続を進めることができないので，これを廃止事由としたのである。第3は，再生計画が否決されたとき，または決議のための最初の債権者集会から2月以内もしくはその伸長した期間内に再生計画案が可決されなかった場合も，再生手続は廃止される（同条3号）。

　民事再生法192条による廃止とは，債権届出期間経過後，民事再生法21条1項に規定する再生手続開始の申立ての事由がないことが明らかになったときに，廃止決定がなされるものである（民再192条1項）。この場合，申立人は廃止の原因事実を疎明することを要する（同条2項）。このような場合には，そもそも再生計画によって計画的な弁済を図る必要がないからである。なお，開始決定後に開始事由がなくなった場合のほか，そもそも開始決定時点において開始事由がなかったが開始決定後にこれが判明した場合をも含む。

(2) 再生計画認可後の手続廃止 ● ● ●

　再生計画が認可された後でも，景気の変動など諸般の事情の変更等により，再生計画の遂行の見込みがなくなる場合がある。このような場合には，計画の変更によって対処することもできるが（民再187条），それでは対処できないほどの重大な事情の変更のために再生計画の遂行の見込みがなくなってしまった

◇5◇ 再生手続の廃止

り，再生計画の変更そのものができないような事情がある場合には，できるだけ早く再生手続を廃止して，利害関係人等の損害の発生や拡大を防止しなければならない。そのために民事再生法は，再生計画認可の決定が確定した後に再生計画が遂行される見込みがないことが明らかになったときは，裁判所は，再生手続廃止の決定をしなければならないものと定めた（民再194条）。ここで要件とされている「再生計画が遂行される見込み」は，再生計画に定められた再生債権に対する弁済の履行の可能性のほか，事業等の再生を目的とした趣旨（民再1条）からして，計画案を実行して健全な財務状態におくことができるかどうかも勘案すべきである。再生手続の廃止は，再生債務者等もしくは監督委員の申立てまたは職権によってなされる。再生債権者は申立権者ではないが，裁判所に対して職権発動を促すことはできるし，監督委員に対して廃止の申立てをなすよう促すことも可能である。裁判所が廃止の決定をする際には，当該決定をすべきことが明らかである場合を除き，あらかじめ，再生債務者，監督委員，管財人および民事再生法179条2項に規定する権利行使することができる者のうち知れている者の意見を聴くものとされている（民再規98条）。

(3) 再生債務者の義務違反による手続廃止　● ● ●

再生債務者が，裁判所の命令や法が定める重大な義務に違反した場合には，再生債務者に再生手続を利用させるのは適当ではないし，また，そのまま手続を進めることは再生債権者の利益を害するほか，再生手続に対する社会的信用を毀損することにもなる。そこで，そのような場合には一種の制裁として，民事再生法は，裁判所は再生手続の廃止の決定ができるものと規定している（民再193条）。この場合の廃止は，再生計画認可の前後を問わない。手続廃止がなされるのは，①再生債務者が保全処分命令に違反した場合（民再193条1項1号），②裁判所の許可または監督委員の同意を要する行為を，許可または同意を得ないでした場合（同2号），③再生債務者が，裁判所が定めた一定の期間内に認否書を提出しなかった場合（同3号）である。廃止は，再生債務者等もしくは監督委員の申立てまたは職権でなされる。ここでも再生債権者は申立権者ではないが，裁判所に対して職権発動を促すことはできるし，また，監督委員に対して廃止の申立てをなすよう促すことは可能である。なお，裁判所は裁量により廃止するか否かを決する（民再193条1項柱書）。廃止の決定をする際には，再生債務者を審尋しなければならない（同2項）。

277

◆ 第3編 民事再生手続／◆ 第8章 ◆ 再生計画の遂行および再生手続の終了

⑷ 再生手続廃止の効果　● ● ●

　裁判所は，廃止決定をしたときは，直ちに主文および理由の要旨を公告しなければならない（民再191条・195条1項）。この決定に対しては即時抗告ができ（同2項），確定しなければその効力は生じない（同5項）。再生手続廃止決定が確定すると再生手続は終了する。

1 再生計画認可後の廃止の場合

　再生手続廃止決定に遡及効はないから，再生計画認可後の廃止の場合には既に再生計画の効力は生じており，廃止決定は，再生計画の遂行および民事再生法の規定によって生じた効力に影響を及ぼさない（民再195条6項）。したがって，再生債務者がした財産管理行為はもとより，双方未履行の双務契約の解除（民再49条1項），再生手続中になされた担保権消滅許可（民再148条1項）の結果などに影響はない。また，再生債権の免責（民再178条本文），権利変更（民再179条1項・181条1項），再生計画に基づく債務負担や担保供与（民再177条1項），再生計画に基づく定款変更等（民再183条6項），再生手続開始決定に伴って中止した手続の失効（民再184条本文），再生計画の条項の再生債権者表記載の効力（民再180条2項3項）などは，再生手続廃止後も存続する。否認の請求が係属しているときは，廃止決定の確定により手続は終了する（民再136条5項）。否認の請求を認容した決定に対する異議の訴えが係属しているときは，廃止決定の確定により訴訟手続は中断し（民再68条2項・137条6項），破産管財人に受継されるかまたは終了する（民再254条1項3項4項）。なお，再生債務者はこの訴訟手続を受継することはできない（民再68条3項かっこ書）。役員に対する損害賠償請求権の査定が係属しているときは，廃止決定の確定により手続は終了する（民再143条6項）。査定の裁判に対する異議の訴えに係る訴訟手続は，債権者が当事者であれば中断し（民再146条6項），再生債務者が受継する（民再68条3項）。再生債務者が当事者であれば，そのまま係属する。

2 再生計画認可前の廃止の場合

　再生計画認可前の廃止の場合には，そもそも再生計画の効果が生じていないから，再生計画の影響を論じる余地はない。ただし，その段階で確定されている再生債権については，再生債権者表の記載の効力が残る（民再195条7項前半・185条2項）。

◇1◇　制度創設の沿革

◆第9章◆

個人を対象とした再生手続

● ● ● 1　制度創設の沿革 ● ● ●

　バブル経済が崩壊した平成3年以降の長引く不況の下，収入の減少等で家計が苦しくなり，住宅ローンや消費者金融に対する債務の返済を続けることが困難となったり，クレジットカードの利用等により，負債が増加している個人消費者も少なくなかった。さらに，不動産価格の下落により，居住用不動産を売却してもなお住宅ローンを完済できないケースも目立っていた。このような事態を調整解決する制度としてはさまざまなものが考えられる。まず，破産免責が考えられるが，債務者にとっては，①全財産の清算が行われるため，住宅を保持することができない，②専門資格者や取締役の場合には，資格喪失という法律上の不利益がある，③破産者の烙印を押されることになり，勤務先を退職せざるを得なくなる等の事実上の社会的不利益がある，④無担保債権者にとっても債務者の多くは配当原資となる財産を有していないため，債権の回収がほとんどできないといった問題点が指摘されていた。また，民事再生手続についても，①主として中小企業の事業者の再生のための手続として構想されたものであるため，個人債務者にとっては，手続の負担が重すぎて利用が困難である，②担保権は，破産の場合と同様に，別除権とされている（民再53条）ので，住宅ローンを抱えて破綻に瀕した個人債務者がこの手続を利用しても，住宅は保持できない，といった問題点があった。さらに，特定調停や，いわゆる任意整理によって，多重債務者の再生を図ることも広く行われていたが，これらの手続においても，①多重債務の元本総額を分割払いできる状況にない個人債務者の場合には，債権者との合意を成立させることが実際上困難である，②元本総

279

◆ 第3編 民事再生手続／◆ 第9章 ◆ 個人を対象とした再生手続

額を分割払いできる債務者であっても，利息等の減免に同意しない債権者がいると，これらの手続を利用して経済生活の再生を図ることが困難となる，といった種々の問題があった。そこで，住宅ローン等の債務を抱えて経済的破綻に瀕した債務者が，破産することなく，住宅を保持しながら，経済生活の再生を図ることができ，債権者にとっても，債務者が破産した場合よりも多くの債権回収を図ることができる新たな再建型倒産処理手続として，平成12年（2000年）11月21日に「民事再生法等の一部を改正する法律」が成立し，新たな条文が民事再生法に挿入され（民再196条〜206条・211条〜245条），平成13年（2001年）4月1日より施行された。

2　個人を対象とした再生手続の概要

　住宅ローン等の債務を抱えて経済的破綻に瀕した債務者が，破産せずに，住宅を保持しながら，経済生活の再生を図ることができるようにするという個人再生手続の基本的コンセプトから，①住宅資金貸付債権に関する特則と，②小規模個人再生および給与所得者等再生という2種類の簡易・迅速な手続が設けられている。このうち，小規模個人再生は主として商店主や農業などの個人事業者を，給与所得者等再生は主としてサラリーマンを対象としているが，いずれの手続においても，再生債権の調査手続や再生計画の認可のための手続等を簡素・合理化することにより，個人債務者が利用しやすい手続にすると共に，債権者においても，破産の場合よりも多くの債権回収が実現できるようになっている。

3　住宅資金貸付債権に関する特則

⑴ 住宅資金貸付債権に関する特則の意義と適用要件

　住宅は個人生活の本拠であるが，それを現金で購入できる個人は少なく，住宅購入のためには，多くが金融機関から融資を受け（住宅ローン），それらの債権を担保するために，住宅上（宅地・建物）に抵当権を設定することが一般的である。しかし，民事再生手続上，抵当権等の担保権は別除権とされ，手続に

よらない権利行使が認められているから（民再53条・177条2項），住宅ローンを抱えて経済的に破綻した個人債務者に対して再生手続が開始された場合でも，抵当権が実行され，せっかく取得した住宅を失う可能性がある。そこで，法は，個人債務者が持ち家を失うことなく経済生活の再生を図ることができるように，住宅資金貸付債権につき様々な特則を設けた（民再196条以下）。なお，この特則は，規定の位置から明らかなように，単に，小規模個人再生および給与所得者等再生のみに適用されるだけではなく，通常の民事再生手続にも適用される。

住宅資金貸付債権に関する特則の対象となるには，①住宅の建築，もしくは購入，または住宅の改良に必要な資金として貸し付けられた債権であること，②その債権に分割払いの定めがあること，③住宅とは，債務者が居住の用に供する建物で，床面積の2分の1以上に相当する部分がもっぱら再生債務者の居住の用に供されるものであること，④当該債権またはその債権を保障する保証会社の求償権を担保するために，当該住宅に抵当権が設定されていること，等の要件を満たす必要がある（民再198条）。

(2) 住宅資金特別条項の類型 ● ● ●

住宅資金特別条項としては，は，①原則型－期限の利益回復型，②リスケジュール型，③元本猶予期間併用型，④合意型の4種類に限定されている。それら相互間の関係は，①の期限の利益回復型の条項の履行可能性がない場合に二次的な条項として②のリスケジュール型が，さらに二次的な条項の履行可能性がない場合に，第三次的な条項として③の元本猶予期間併用型が定められる。以上に対して，④の合意型については補充性の要件はなく，債権者との合意によって任意の内容の条項を定めることが認められる。

期限の利益回復型は原則形態である。住宅ローンに関しては，債務者が遅滞に陥った場合，期限の利益を失い，残元本全額とそれに相当する利息や遅延損害金を一括して支払わなければならないのが通常である。そこで，この条項は，計画認可確定時までに弁済が到来する元本・利息・損害金の合計額については期限の利益を回復させ，その全額につき，一般弁済期間（原則3年，最大5年）内に支払うとともに，それに加えて，認可後に弁済期が到来する元本および利息は当初の約定通りに弁済することを定めるものである（民再199条1項1号）。

第1の類型は，期限の利益回復型である。これは，遅滞してしまった分の元本・利息・損害金については期限の利益を回復させて，その全額につき，一般

◆第3編 民事再生手続／◆第9章◆ 個人を対象とした再生手続

の再生債権について再生計画で定める弁済期間内に支払うというものである（民再199条1項1号）。しかしこれは，遅延した元本・利息等に加え，本来の元本・利息等をも支払うものであり，その履行は一般的にはかなり困難である。

第2の類型はリスケジュール型である。これは，原則型の条項が履行できる見込みがなく，したがって再生計画認可の見込みがない場合（民再174条2項2号）に，第二次的な条項として定められるものである。すなわち，住宅資金特別条項による変更後の最終の弁済期が約定最終弁済期から10年を超えず，かつ，住宅資金特別条項による変更後の最終の弁済期における再生債務者の年齢が70歳を超えない範囲で（民再199条2項2号）繰り延べが認められるものである（民再199条2項柱書前段）。

第3の類型は，元本猶予期間併用型である。これは，リスケジュール型の特別条項によっても履行できる見込みがない場合の第三次的な条項である（民再199条3項）。リスケジュール型では，一般弁済期間（原則3年，最大5年）においては，再生債務者は，一般再生債権と住宅資金貸付債権の元本等に対する弁済を併行して行わなければならないが，収入の状況等によっては，それが困難な場合もある。そこで，一般弁済期間の間は，弁済資金を主として一般再生債権の弁済に充て，一般再生債権の計画弁済が完了した後にもっぱら住宅資金貸付債権への弁済を行うという条項を定めることができることにした。これを元本猶予期間併用型という。延長期間については，リスケジュール型と同様，約定最終弁済期から10年を超えず，かつ，住宅資金特別条項による変更後の最終の弁済期における再生債務者の年齢が70歳を超えないものでなければならない（同3項1号・2項2号）。

上記の3つの型のいずれにあっても，住宅ローンについては債務免除は認められず，支払機関の延長が認められるにすぎないのであり，その実現は実際上かなり困難である。他方で，住宅資金貸付債権者が同意するのであれば，必ずしも法定の条項による必要はなく，これらの要件と異なる特別条項を定めることによって，より実効性のある再生計画を作成して再生債務者の経済生活の再生を図ることは認められてよい。そのような趣旨から，法は，第4の類型として，いわゆる同意型ないし合意型といわれる特別条項を認めている（民再199条4項）。これによれば，権利の変更を受ける者の同意があれば，約定最終弁済期から10年を超えて住宅資金貸付債権に係る債務の期限を猶予したり，住宅資金貸付債権の支払期間を70歳を超えて延長したり，一般弁済期間は住宅

282

◇3◇ 住宅資金貸付債権に関する特則

資金貸付債権の元本の支払いを完全に猶予してもらったり，年14%程度の遅延損害金を既発生分に限って約定利息の利率にまで減縮してもらうといった条項を作成することも可能である。

(3) 住宅資金特別条項を定める再生計画の成立および認可　●　●　●

　住宅資金特別条項を定めた再生計画案の提出権者は，通常の民事再生手続の場合であっても，再生債務者に限定される（民再200条1項）。再生計画案が提出されると，それは決議に付されるが，住宅資金貸付債権者や保証会社は議決権を有しない（民再201条1項）。

　住宅資金特別条項を定めた再生計画案が可決された場合には，裁判所は，不認可事由（民再202条2項各号）がないかぎり，再生計画認可の決定をする（同条1項）。

(4) 住宅資金特別条項を定めた再生計画案の効力　●　●　●

　住宅資金特別条項を定めた再生計画認可決定が確定したときは，民事再生法177条2項の適用は排除される（民再203条1項）。すなわち，抵当権の被担保債権は，そのような変更を加えられた権利となり，それを前提としてのみ抵当権の実行ができるし，その効力は，保証人にも及ぶ。もし，通常の再生計画のように，これらの者に対して再生計画の効力が及ばないとすると，住宅資金貸付債権者の請求により保証人が保証債務を履行すると，債権者に代位して（民500条），住宅上の抵当権を実行できることになり，住宅資金特別条項を定めた目的が達成できないからである。

　住宅ローンの実務においては，債務者がローンの返済を遅滞すると，保証会社がローン債権者たる金融機関に代位弁済し，その求償権に基づいて住宅に対し抵当権を実行することが多い。このような事態を避けるためには，保証会社が代位弁済によって取得した求償権について住宅資金特別条項を定めるとすると，保証会社は代位弁済に要した資金を抵当権の実行等によって短期間で回収することができなくなり，本来，長期間にわたる債務の弁済を予定していない保証会社の事業にとっては著しい負担となる。そこで法は，住宅資金特別条項を定めた再生計画の認可決定が確定したときは保証債務の履行ははじめからなかったものとみなした（民再204条1項本文）。これは，保証債務が履行される前の法律関係に戻すことを意味することから「巻戻し」と呼ばれる。

◆ 第3編 民事再生手続／◆第9章◆　個人を対象とした再生手続

● ● ● 4　小規模個人再生手続 ● ● ●

(1) 小規模個人再生手続の開始 ● ● ●

　小規模個人再生手続は，特に個人の経済的再生を目的として設けられた特則であるから，適用対象となる再生債務者は①個人（自然人）であること，②将来において継続的にまたは反復して収入を得る見込みがあること，③再生債権の総額が5000万円を超えないことといった要件を満たす必要がある（民再221条1項）。ただ，②に関しては，債務者は原則として3年（最大5年）にわたり3ヶ月に1回以上の弁済を行う必要があるから（民再229条2項），これを満たすかぎり，農林水産業等の従事者や個人事業主，歩合給制の会社員等もこの制度を利用することができる。③に関しては，総額5000万円を超えない再生債権という場合，無担保の再生債権を意味し，別除権行使により弁済を受けると見込まれる再生債権，住宅資金貸付債権，民事再生手続開始前の罰金等は除外される（民再221条1項）。

　小規模個人再生手続の開始を求める者は，再生手続申立ての際に，債権者一覧表を提出し（民再221条3項4項），再生手続開始の小規模個人再生を行うことを求める旨の申述をしなければならない（民再221条2項）。債務者が利用適格要件を満たし，かつ，小規模個人再生の要件を満たしている場合には，裁判所は，小規模個人再生の開始決定をする。なお，債務者が，申述に際して，小規模個人再生の要件を満たさない場合においては通常の民事再生による再生手続の開始を求める意思を有することを明らかにしている場合には，小規模個人再生の要件を具備しないことが明らかになったときでも，再生裁判所は，通常の民事再生手続を行う旨の決定をしなければならない（民再221条7項）。

　小規模個人再生にあっては債権確定の手続を欠いているから，再生債権に関する訴訟等の中断・受継に関する規定は適用が排除されている（民再238条）。また，小規模個人再生においては，管財人，監督委員，調査委員を選任することはできないが（民再238条，民再規135条），それに代わり個人再生委員という機関が置かれる（民再223条）。個人再生委員の選任は裁量的であるが，再生手続開始後に再生債権の評価の申立てがなされたときは，その申立を不適法却下する場合を除いて，個人再生委員を選任しなければならない（民再223条1項但書）。個人再生委員を選任する場合，裁判所は，以下の3つの事項から1

◇4◇ 小規模個人再生手続

または2以上を指定する。すなわち，①再生債務者財産および収入の状況の調査，②再生債権の評価に際しての裁判所の補助、③再生債務者が適正な再生計画案を作成するために必要な勧告である（民再223条2項各号）。

(2) 再生債権の届出・調査 ● ● ●

小規模個人再生にあっては，手続の簡素化のために債権確定はなされないが（民再238条），再生計画案の決議における議決権額や計画弁済総額が法定の基準を超えているか否かを判断するために，簡略化された再生債権の異議申述および評価の手続が設けられている（民再226条・227条）。小規模個人再生においても，再生債務者の財産等の調査については，原則として通常の民事再生の場合と同様である（民再124条以下）。しかし，対象が消費者や個人事業者等であるから，あまりに厳格な手続を要求すべきではない。したがって，貸借対照表の作成・提出は不要とされ（民再228条），財産状況報告集会は開催されず（民再238条），再生債務者の財産（と業務）の開示は，財産状況報告書（民再125条1項）だけでなされる。また，否認権の行使は，簡易迅速を旨とする小規模個人再生手続では認められていない（民再238条）。

(3) 再 生 計 画 ● ● ●

再生計画の条項については，原則として，民事再生法154条1項の原則が妥当する。ただ，再生計画の簡略化のために，様々な例外が定められている（民再238条による同157条・159条・164条2項後段の適用除，民再229条1項・238条による同155条2項の適用除外。ただし，民再229条1項参照）。

小規模個人再生においては再生債務者のみが再生計画案を提出できる（民再238条による同163条2項の適用除外）。再生債務者から再生計画案が提出されると，裁判所は，再生債権者による決議に付するが，小規模個人再生の特質から，特別の規律がなされている（民再230条）。再生計画案が可決されたときは，裁判所は，再生計画の認可または不認可の決定をする（民再231条）。裁判所は，一般の不認可事由（民再174条2項）のほか，住宅資金特別条項を定めた場合の不認可事由（民再202条2項），および小規模個人再生に固有の不認可事由（民再231条2項）がある場合を除き，再生計画認可の決定をする。

小規模個人再生は，再生債務者の収入を基礎として，法定の弁済期間内に金銭での分割払いをすることによって，再生債務者のすべての債務から解放し，

◆ 第3編 民事再生手続／◆ 第9章 ◆ 個人を対象とした再生手続

その再生を図る手続である（民再 229 条 2 項 1 号）。そのために，弁済すべき再生債権を一律に確定するために，条件付債権や非金銭債権について，現在化および金銭化した届出を要求し（民再 224 条 2 項・221 条 5 項・87 条 1 項 1 号〜3 号），再生計画認可決定の確定の効力として，現在化および金銭化された権利に変更される（民再 232 条 1 項）。小規模個人再生では，再生債権の確定を図らず，異議および評価の方法によって議決権の額のみを確定することになっているから，再生計画認可決定が確定した場合にも，再生債権についての免責の効力や個別的権利変更の効力は生じない（民再 238 条による同 178 条〜180 条の適用除外）。現在化および金銭化された再生債権を含めて，すべての再生債権が一般的基準（民再 156 条）にしたがい変更される（民再 232 条 2 項・238 条による同 181 条 1 項 2 項・205 条 2 項の適用除外）。ただし，再生計画による減免の対象とならない再生債権は，変更の対象から除外されている（民再 232 条 2 項かっこ書）。

　小規模個人再生において，再生計画認可決定が確定した場合，債権調査手続で確定してない再生債権は，権利変更された後，再生計画に定められた弁済期間内は，原則として弁済等を受けることができないが（民再 232 条 3 項本文），債権調査により確定しなかったことについて，再生債権者に帰責事由がない再生債権については，債権調査で確定した再生債権同様再生計画に定める弁済期間内に弁済を受けることができる（民再 232 条 3 項但書）。

　非減免債権（民再 229 条 3 項・244 条）のうち，無異議債権等に当たるものについては，まず，弁済期間内に一般的基準に従って弁済をし，かつ，再生計画で定められた弁済期間が満了するときに，当該請求権の債権額から当該弁済期間内に弁済した額を控除した残額について弁済をしなければならない（民再 232 条 4 項）。これに対して，債権届出がなされず，無異議債権等に当たらないものについては，再生計画で定められた弁済期間が満了するときに，当該請求権の債権額の全額について弁済をしなければならないが（同 5 項本文），届出をしなかったことが再生債権者の責めに帰すべき事由によらない場合には，無異議債権等と同様に扱われる（同 5 項但書）。

(4) 小規模個人再生手続の終了　● ● ●

　小規模個人再生においては，再生計画認可の決定の確定によって「当然に」終結する（民再 233 条）。小規模個人再生においても，一般の再生手続に関する，再生計画認可前の職権による必要的廃止（民再 191 条），および，再生計画認可

前の申立てによる必要的廃止（民再192条）の規定によって再生手続は廃止されることがある。また，民事再生法193条1項各号（ただし，3号を除く）に定める場合にも再生手続は廃止される。その他，再生計画案に同意しない旨を書面で回答した議決権者が議決権者総数の半数以上となり，または，その議決権の額が議決権者の議決権の総額の2分の1を超えた場合（民再237条1項），および，再生債務者が財産目特に記載すべき財産を記載せず，または不正の記載をした場合（民再237条2項）にも再生手続は廃止される。

(5) 再生計画認可後の手続　● ● ●

再生計画の取消しについては，原則として，通常の民事再生手続の場合（民再189条1項各号）に準ずるが，それ以外に，清算価値保障原則（清算価値維持原則）を維持できない場合にも取り消される（民再236条）。小規模個人再生においては，再生手続終結後も一定の要件を満たせば，再生計画の変更をすることができる（民再234条1項）。変更の申立てがあった場合には，再生計画案の提出があった場合の手続が準用される（同条2項）。変更の決定に対しては，即時抗告が認められ，変更計画の効力が，認可決定の確定によって生じる（民再234条3項・175条・176条）。

認可された再生計画に基づく弁済が進んだ後に，債務者の責めに帰することができない事情によって，残りの計画遂行が困難となった場合には，一定の要件の下に，残債務の責任が免除される（民再235条1項）。これをハードシップ免責という。免責手続は再生債務者の申立てによって開始する（民再235条1項）。この申立てがあったときは，裁判所は，届出再生債権者の意見を聴いて（同2項），決定で免責の許否の裁判をする。免責許否の裁判に対しては即時抗告ができ（同4項），免責の決定は，確定によりその効力を生じる（同5項）。免責決定が確定した場合には，再生債務者は，履行した部分を除き，再生債権者に対する債務の全部につき免責される。ただし，民事再生法229条3項各号所定の請求権と，再生手続開始前の罰金等（民再97条）は，免責の対象とはならない（民再235条6項）。なお，小規模個人再生または給与所得者等再生の手続において，債務者がハードシップ免責を受けた場合，当該債務者は，再生計画の認可決定の確定の日から7年以内は，給与所得者等再生の手続を利用することができず（民再239条5項2号ロ），また，原則として，破産免責を受けることもできない（破252条1項10号イ）。

◆ 第3編 民事再生手続／◆ 第9章 ◆　個人を対象とした再生手続

5　給与所得者等再生手続

(1) 給与所得者等再生手続の開始

　給与所得者等再生は，小規模個人再生の適用対象者となり得る再生債務者のうち，定期的，かつ，安定的な収入がある債務者については，再生計画に基づく弁済原資として，可処分所得に基づく裁定弁済基準額を法定することにより（民再241条2項7号・3項），再生計画案についての決議を省略することにより，より簡易，迅速な再生を図るための手続である。給与所得者等再生の申立資格を有するのは，給与またはこれに類する定期的な収入を得る見込みがあり，かつ，その額の変動の幅が小さいと見込まれるものである（民再239条1項）。これに該当する典型例はサラリーマンであるが，たとえサラリーマンであっても，その給与が完全歩合給であるような場合には，その額の変動の幅が大きく，申立資格を欠くこともあろう。

　給与所得者等再生を行うことを求める申述は，再生手続開始申立ての際にしなければならない（民再239条2項）。その際には，給与所得者等再生の要件を具備しないときに，通常の民事再生および小規模個人再生による再生手続の開始を求める意思があるか否かを表明しなければならない（同条3項）。裁判所は，給与所得者等再生の申述が要件に該当しないことが明らかであると認めるときは，再生手続開始決定前に限り，再生手続を通常の再生手続により行う旨の決定をする。

(2) 再生計画

　給与所得者等再生においては，再生計画の成立に再生債権者の決議を要しない。そこで，裁判所は，再生計画の認可・不認可の決定をする前に，一定の期間を定めて，提出された再生計画案の不認可事由の有無等について届出再生債権者の意見を聴かなければならない（民再240条，民再規139条）。この意見聴取期間経過後，不認可事由（民再241条2項各号）がない限り，裁判所は再生計画の認可決定をする（同条1項）。認可により再生計画は効力を生じるが，その効力は，小規模個人再生と同様である（民再176条・244条・232条）。再生手続認可後の手続も，小規模個人再生と基本的には共通するが，再生計画の取消しに関しては，給与所得者等再生に固有の規律が置かれている（民再242

288

条・244条・234条・235条）。

(3) 再生手続の終了 ● ● ●

　小規模個人再生と共通の終了原因としては，再生計画認可決定の確定（民再244条・233条），財産目録の不実記載に基づく再生計画認可決定確定前の再生手続廃止（民再244条・237条2項）がある。また，給与所得者等再生に固有ものとして，再生計画不認可事由（民再241条2項各号）のいずれにも該当しない再生計画案の作成の見込みがないことが明らかになったとき（同243条1号），裁判所の定めた期間もしくはその伸長した期間内に再生計画案の提出がないとき，またはその期間内に提出された再生計画案に不認可事由（同241条2項各号）のいずれかに該当する事由があるときがある（同243条2号）。

◆ 第3編 民事再生手続／◆ 第10章◆　民事再生手続と他の法的倒産処理手続との関係

◆ 第10章 ◆

民事再生手続と他の法的倒産処理手続との関係

1　倒産処理手続相互間の優先劣後関係

　ドイツ法とは異なり，わが国には統一的な倒産法典は存在せず，各種の倒産処理手続がそれぞれ別個の法律によって規定されており，このような法制度の下にあっては，すべての倒産事件が，複数の倒産処理手続のうちもっとも適切な手続によって処理されることが必要である。よって，申し立てられた手続が事案に適したものでない場合には，他の手続に移行できる制度が必要となる。

　わが国でもそのような制度は存在するが，倒産処理法相互間の関係について，一言で言えば，再建型の手続は清算型の手続に優先し，同種の手続間ではより厳格な手続が優先するという基本的な考え方を基礎としている。すなわち，破産・特別清算手続と，民事再生・会社更生手続に関していえば，再生手続開始の申立てがあった場合，破産手続および特別清算手続の中止を命じることができ（民再26条1項1号），再生手続開始決定があったときは，破産手続・特別清算開始申立はすることができず，また，係属していた破産手続は中止し，特別清算はその効力を失う（民再39条1項）。そして，再生計画認可決定が確定したときは，中止した破産手続はその効力を失う（民再184条）。会社更生法にも同様の規定が置かれている（会更24条1項1号・50条1項・208条）。同じ再建型手続相互間では，再生手続係属中であっても会社更生手続の申立ては可能であり（会更24条1項），再生手続係属中に更生手続の申立てがあった場合，更生裁判所は，再生手続の中止を命じることができ，更生手続開始決定があると，民事再生手続は当然に中止するものとされ（会更50条1項），厳格な再建型手続である会社更生手続が優先する。

290

2 民事再生手続・会社更生手続から破産手続へ

(1) 牽連破産

　再建型倒産処理手続を遂行したものの，債務者の事業や経済生活の再生が困難であることが判明したような場合には，できるだけ早期に破産手続を開始し，利害関係人の利害や債権者と債務者との間の権利関係を適切に調整し，債務者の財産等の適正かつ公平な清算を図ることが必要となる。そこで，①再生手続開始申立ての棄却，再生手続廃止，再生計画不認可または再生計画取消しの決定が確定した場合，裁判所は，当該再生債務者に破産手続開始原因があると認めるときには，職権で，破産手続開始決定をすることができる（民再250条1項）。また，②破産手続開始決定があった後の債務者について，再生計画認可の決定の確定により破産手続が効力を失った（民再184条）後に，再生手続廃止や再生計画取消決定が確定した場合には，裁判所は，職権で，破産手続開始決定をしなければならない（民再250条2項）。これを職権による牽連破産という。同様の規定は，会社更生法にも置かれている（会更252条1項2項）。なお，①の場合は，破産手続開始決定をするか否かは裁判所の裁量に任されているが，②の場合には，破産手続開始決定をすることが義務づけられている。

　破産手続が開始する前の再生債務者について，再生手続開始決定の取消し，再生手続廃止決定もしくは再生計画不認可決定または再生計画取消決定があった場合には，それらの決定が確定する前であっても，再生裁判所に当該再生債務者についての破産手続開始申立てをすることができる（民再249条1項前段）。これを申立てによる牽連破産というが，これにより，再生手続の確定的終了を待たずに，破産手続への円滑な移行が可能となる。また，破産手続開始後の再生債務者について，再生計画認可決定の確定によって破産手続が効力を失った後に，再生手続廃止決定や再生計画取消決定があった場合に，それらの決定の確定前に再生裁判所に再生債務者についての破産手続開始申立てをすることもできる（民再249条1項後段）。ただし，いずれの場合であっても，破産手続開始決定は，再生手続廃止決定等が確定し，再生手続が最終的に終了した後でなければすることができない（民再249条2項）。なお，会社更生法にも同様の規定が設けられている（会更251条1項3項）。

◆ 第3編 民事再生手続／◆ 第10章 ◆ 民事再生手続と他の法的倒産処理手続との関係

(2) 再生手続開始決定があった場合の破産事件の移送 ● ● ●

　破産手続開始申立てまたは開始決定の後に再生手続開始の決定があると，当該破産手続は中止するが（民再39条1項），その後に当該再生手続が目的を達成できずに廃止される（民再191条〜193条・237条・243条）ときには，中止していた破産手続は再び進行する。そこで，再度進行を始める破産手続を迅速円滑に進めることができるように，裁判所は，当該破産事件を処理するために相当と認めるときは，職権で，当該破産事件を再生事件が係属している裁判所に移送することができるものとされている（民再248条）。なお，会社更生法にも同様の規定が設けられている（会更250条）。

(3) 先行手続と後行手続との一体性の確保 ● ● ●

　再生手続から破産手続への移行がなされるとしても，両者は本来別個独立の手続であり，利害関係人の地位等が両手続において共通のものとして認められなければ，利害関係人に対して不当な結果が生じ，後行手続の円滑な遂行が妨げられる可能性がある。そこで，民事再生法は，そのような問題を解決するために，いくつかの制度を規定している。

　再生手続が破産手続に移行すると，先行する再生手続上の債権届出が効力を失うから，本来であれば，後行の破産手続において，改めて破産債権の届け出が必要となる。しかし，後行の破産手続において先行の再生手続上の債権届出を破産債権の届出とみなすことができれば，債権者や破産管財人の負担を軽減することができ，手続の円滑な移行に資することになる。そこで民事再生法は，牽連破産（民再252条1項1号〜4号・3項）の場合において，裁判所は，終了した再生手続において届出があった再生債権の内容等の事情を考慮して，相当と認めるときは，牽連破産の開始決定と同時に，再生債権としての届出をした破産債権者については，その破産債権の届出を要しない旨の決定をすることができるものとされている（民再253条1項）。これをみなし届出決定という。再生手続終了後再生計画の履行完了前に破産手続が開始された場合も同様である（同7項）。なお，会社更生法にも同様の規定が置かれている（会更249条）。

　先行する再生手続もしくは更生手続が挫折し牽連破産に移行した場合，または中止されていた破産手続が続行される場合，共益債権は財団債権として取り扱われる（民再252条6項）。会社更生法にも同様の規定が置かれている（会更254条6項）。また，再生手続では，再生手続開始前の労働債権は一般優先債権

◇ 2 ◇ 民事再生手続・会社更生手続から破産手続へ

として扱われるが（民再122条），牽連破産では優先的破産債権となる（破98条1項）。しかし，再生手続中の使用人の給与の請求権は共益債権となると考えられるから（民再119条2項），破産手続に移行した場合はその全額が財団債権となってしまう（民再252条6項）。このため，再生手続開始から3月以上たってから破産手続に移行した場合には，破産法149条1項による使用人の給与の請求権の財団債権と，民事再生法252条6項による財団債権化による財団債権とが重複し，破産法149条1項による労働債権保護の趣旨が没却されることになる。そこで民事再生法は，破産手続開始日より前に再生手続開始決定があるときは，再生手続開始前3月間の給料の請求権についてのみ財団債権になるものとしている（民再252条5項）。退職金請求権については，再生手続開始前に退職した場合の退職金請求権は一般優先債権として扱われるが，牽連破産によりその全額が優先的破産債権となる（破98条1項）。

　破産手続における相殺禁止および否認の要件として，破産手続開始申立てが基準とされている場合がある（破71条1項4号・160条1項2号等）。しかし牽連破産の場合，そもそも破産手続開始申立てがない場合があるし，破産手続開始申立てが存在する場合であっても，相殺禁止や否認の趣旨からして，その要件たる危機時期の基準としては，後行手続である破産手続ではなく，先行手続である再生手続や更生手続を基準に考える方が合理的である。それを実現すべく以下のような規律がなされている。①破産手続前の再生債務者につき，先行手続たる民事再生手続と後行手続たる牽連破産（民再252条1項1号〜4号）に関しては，相殺禁止や否認の要件として破産手続開始申立てが関わる破産法の規定の適用については，再生手続開始申立て等は，当該当該再生手続開始申立て等の前に破産手続開始申立てがないときに限って，破産手続開始申立てとみなす（民再252条1項柱書）。②破産手続開始後の再生債務者に関しても，破産手続申立て（民再249条1項後段）または職権（民再250条2項）によって牽連破産に移行した場合には，既に再生計画が決定の確定によって効力を失った破産手続における破産手続開始申立てが相殺禁止等の基準とされる（民再252条3項1号）。③再生手続の終了後の申立てに基づく再生計画取消決定確定にともなって破産手続開始決定があった場合には，再生計画取消決定の申立てが破産手続開始申立てとして扱われる（民再252条3項2号）。類似の規定は，会社更生法にも置かれている（会更254条1項3号）。

　破産法上，否認権は，破産手続開始の日から2年を経過したときは行使する

293

◆ 第3編 民事再生手続／◆ 第10章 ◆ 民事再生手続と他の法的倒産処理手続との関係

ことができない（破176条前段）。しかし再生手続から牽連破産に移行した場合に，牽連破産の開始日を基準として2年の時効期間を起算すると，受益者などを長く不安定な地位に置く結果となる。よって民事再生法は，破産手続開始前の再生債務者について再生手続終了にともなって牽連破産が開始されたときには，再生手続開始決定日を破産手続開始決定日とみなし（民再252条2項），破産手続開始後の再生債務者については，失効した当初の破産手続開始日をもって牽連破産の開始日とみなしている（同4項）。逆に，破産手続が先行し，その後に再生手続が開始された場合には，再生手続開始の日からではなく，破産手続開始の日から否認権の除斥期間が起算される（民再139条かっこ書）。なお，会社更生法にもこれらと同様の規定がある（会更98条かっこ書・254条2項4項）。

(4) 再生手続における裁判手続等の牽連破産手続における帰趨 ● ● ● ○

否認の請求の手続は，再生手続が終了したときには当然に終了する（民再136条5項）。否認の請求を認容する決定に対する異議の訴えに係る訴訟手続は，再生計画不認可，再生手続廃止または再生計画取消しの決定の確定により再生手続が終了した場合には，中断し（民再137条6項後半・68条2項），中断の日から1月以内に牽連破産が開始された場合には，破産管財人は異議の訴えに係る訴訟手続を受け継ぐことができる（民再254条1項）。これは，再生手続が終了すると否認権は消滅し，本来であれば終了するところであるが，既存の異議の訴えに係る訴訟手続における訴訟資料を牽連破産で利用することを可能とするためである。その他，再生手続開始決定の取消しの決定の確定により再生手続が終了した場合の，異議の訴えに係る訴訟手続は終了する（民再137条6項前半・7項）。また，再生手続開始決定の取消決定の確定により再生手続が終了したときは，否認権は遡って消滅する。異議の訴えに係る訴訟手続はもっぱら否認権行使のために行われる倒産処理手続固有の特殊な裁判手続であり，他の手続において異議の訴えにおける訴訟資料を利用することを認める合理性に乏しいからである。

再生債権の査定の手続は，再生手続が再生手続認可決定確定前に終了した場合にはその目的を失って終了する（民再112条の2第1項）。それに対し，再生手続が再生手続認可決定確定後に終了した場合には，再生債務者が当事者であるものは引き続き係属し（民再112条の2第1項），管財人が当事者であるものは，再生手続の終了により中断し，再生債務者が受継して引き続き係属する

（同2項・68条2項3項）。さらにその後に手続が破産に移行したときは，係属する査定の手続は終了する（民再254条5項）。

　再生債権の査定の申立てについての裁判に対する異議の訴えに係る訴訟手続は，再生債務者等が当事者であれば，再生手続は終了してもそのまま係属する（民再112条の2第4項）。ただし管財人が当事者であるときは中断し，再生債務者が受継しなければならない（民再68条2項3項）。その後に牽連破産が開始したときは，訴訟手続は中断し（破44条1項），破産債権に関する訴訟として受継されることがある（破127条1項）。さらに，再生手続における債権調査において異議等の対象となった再生債権について，再生手続開始当時訴訟が係属する場合には，対象となった再生債権者による受継がなされるが（民再107条1項・109条2項），その訴訟において再生債務者等が当事者であるときは，再生手続の終了後も訴訟は引き続き係属する（民再112条の2第5項）。ただし管財人が当事者であるときは，中断し，再生債務者が受継する（民再68条2項3項）。その後に牽連破産に移行した場合には，中断・受継の対象となる（破44条1項・127条1項）。

　役員の責任に基づく損害賠償請求権の査定の手続は，再生手続が終了したときは，査定の裁判があった後のものを除き，当然に終了する（民再143条6項）。これに対し，損害賠償請求権の査定の裁判に対する異議の訴えに係る訴訟手続その他の役員の責任に基づく損害賠償請求権に関する訴訟手続は，再生債務者が当事者である場合には，再生手続が終了したときでも，引き続き係属する。その後，破産手続への移行があった場合には中断し（破44条1項），管財人がこれを受継することができる（同2項）。これに対し，管財人または再生債権者が当事者である場合（民再145条3項）には，再生手続が終了したときは，訴訟手続は中断し（民再68条2項・146条6項前段），再生債務者が受継しなければならない（民再68条3項・146条6項後段）。その後，破産手続への移行があった場合には，訴訟手続は再び中断し（破44条1項），破産管財人がこれを受け継ぐことができる（同2項）。

3　破産手続・会社更生手続から民事再生手続へ

　破産手続が進行しているときでも，未だ事業が継続している場合など，債務

◆第3編 民事再生手続／◆第10章◆　民事再生手続と他の法的倒産処理手続との関係

者企業を清算・処分するよりも再生手続により事業を継続させた方が債権者にとって有利になる場合もあり得ないではない。そこで，民事再生法は，破産手続から再生手続への移行の制度を認めている。この場合，申立権者は債権者・債務者および破産管財人である（民再246条1項2項）。なお，会社更生手続は再生手続に優先するから，更生手続から再生手続への移行は例外的である。

4　民事再生手続・破産手続から会社更生手続へ

　同じく再生型倒産処理手続であっても，会社更生手続は民事再生手続に優先する。すなわち，更生手続が開始されれば再生手続は中止し（会更50条1項），更生計画認可決定によって失効する（会更208条本文）。なお更生手続開始の申立権者としては，再生手続の管財人および再生債務者たる株式会社である（会更248条1項2項）。この場合，再生手続上の共益債権は更生手続上の共益債権とされる（会更50条9項1号）。また，相殺禁止や否認の基準時に関しても，先行する再生手続開始申立てがその基準時とされる（会更86条1項2号本文・2項・3項・86条の3第1項1号・3項・87条2項・88条1項等）。否認権の除斥期間の起算日は，再生手続開始日である（会更98条かっこ書）。また，再建型倒産処理手続である会社更生手続は，清算型倒産処理手続である破産や特別清算に優先する（会更24条1項1号・50条1項・208条本文）。更生手続開始の申立権者は破産管財人である（会更246条1項2項）。この場合，財団債権は更生手続上は共益債権となる（会更50条9項1号前半）。ただし，共益的費用性の薄い財団債権（破148条1項3号）は共益債権化の対象から除外されている反面，破産手続が開始されなかった場合でも共益的費用性の強い財団債権（破55条2項・148条4項）は共益債権化されている（会更50条9項前半かっこ書後半）。相殺禁止や否認の基準時に関しても，先行する破産手続開始申立てがその基準時とされる（会更86条1項本文・2項3項・86条の3第1項1号・3項・87条2項・88条1項・90条・91条2項等）。否認権の除斥期間の起算日は，破産手続開始日である（会更98条かっこ書）。

第11章

再生犯罪

　再生犯罪とは，再生手続において，再生債務者等の行為で強度の違法性を帯び，再生手続の目的を達成するためには，刑事罰をもって抑止すべきものとされる行為類型をいう。再生犯罪は，その保護法益によっていくつかのものに分けることができる。すなわち，①詐欺再生罪（民再255条）のように，「再生手続の基礎となるべき債務者の財産」を保護法益とするものや，②特定の債権者に対する担保供与等の罪（民再256条）のように，再生債権者の平等満足という財産上の利益を保護法益とするもの，③監督委員等の特別背任罪（民再257条），再生債務者などの説明および検査の拒絶等の罪（民再258条），業務および財産の状況に関する物件の隠匿等の罪（民再259条），監督委員等に対する職務妨害の罪（民再260条），収賄罪（民再261条），贈賄罪（民再262条）といった，再生手続の適正な遂行を保護法益とする手続的侵害罪，④愛生債務者等に対する面会強請等の罪（民再263条）といった，再生債務者の経済的再生を保護法益とする罪などがある。その多くは，破産犯罪（本書第2編第10章）と共通する。

第4編

国際倒産手続

◇1◇ 国際倒産手続の概念

● ● ● 1 国際倒産手続の概念 ● ● ●

　経済活動の国際化が著しく進んでいる現代社会においては，企業活動は世界的規模で行われており，その結果，ある企業が，海外に支店・営業所・工場等の資産を保有し，債権者も国内だけでなく，広く世界中に散らばっているという状況も，もはや当たり前になっている。また，個人レベルでも，海外に不動産等の資産を有することは，もはや特別のことではない。したがって，このような国際的に活動している企業や，海外に資産を有している個人が，経済的に破綻した場合に開始されるであろう倒産処理手続は，必然的に，国境を越えて存在する資産を対象としたものになる。

　このような，債務者の財産や債務者と利害関係を有する人々が，日本および外国にまたがって存在するような事件を国際倒産事件といい，それを処理するための手続を国際倒産手続という。さらに，その手続を規律する法を国際倒産（処理）法という。そして，このような国際倒産事件の処理に際しては，国際的な不公平感をなくし，可能な限り国際間で統一的で調和のとれた手続によって処理をすることが望ましい。しかし，地球上には数多くの国家が存在しており，それぞれの国に主権が認められている以上，国家主権に基づいて制定される倒産処理手続を規律する法も，各国で異なったものとならざるを得ない。たしかに，近時の国際連合取引法統一委員会（UNCITRAL）のモデル法（以下，単に「モデル法」という）の作成や，EU の国際倒産法規則の制定，国際的倒産実務家協会（INSOL International）の国際倒産法改善に向けての活発な活動など，倒産法制の世界的統一に向けての活動はみられるものの，現在のところ，世界共通の倒産法制というものは存在しない。そうである以上，国際倒産事件の解決は，各国の倒産処理法制に委ねられざるをえない。すなわち，国際倒産法制というのは，実は，ある国からみて，国際倒産事件をどのように処理すべきかという国内法の問題なのである。しかし，そのような国内倒産法制は，可能な限り，手続も各国が歩調を揃えるなど，国際協調性を基礎に制定されるべきものであり，それなくして，世界レベルで国際倒産事件を統一的に処理するという理想に近づくことはできないであろう。

◆ 第4編 国際倒産手続

2 新しいわが国の国際倒産法制の概要

(1) 概　要

　わが国では国際倒産事件処理のための国際倒産法制をうち立てる努力がなされ，その結果として，平成12年11月に成立した，「外国倒産処理手続の承認援助に関する法律（以下「承認援助法」という）」と「民事再生法等の一部を改正する法律」が成立した。これら2つの法律に加え，民事再生法の国際倒産規定を加え，ここに，わが国の国際倒産法制は完成した。わが国の国際倒産法制は，その体系・構成の点においてはモデル法とは異なるものの，その中心的な内容はほぼ取り入れられており，さらには，モデル法以上に国際協調主義を追求した規定もみられるのであり，わが国の国際倒産法制は，おそらくはもっとも進化した国際倒産法制の1つであると評価しうるものである。

(2) 属地主義の撤廃

　わが国の旧倒産法制は，一国のみが普及主義の法制度をとっても，他国がそれと同様な法制度をとらない限り実効性はないとの理由から，わが国で開始した倒産手続はわが国にある財産にしか及ばず，外国で開始した倒産手続はわが国にある財産には及ばないとする，厳格な属地主義を採用していた。そのため，わが国の倒産手続の効力が外国にある財産には及ばない結果，一部の債権者のみが在外財産から満足を受けたり，再建型倒産処理手続において，在外財産を倒産企業の再建に用いようとしてもそれができないなど，様々な不都合な点があった。属地主義がもたらすそのような不都合性はすでに以前から気づかれており，学説判例上，それを解決すべく，さまざまな理論が提唱されていた。そのような事情を背景として，現行法では，普及主義が明文で規定された（破3条・34条1項，民再3条・38条1項，会更3条・32条1項）。

(3) 国際倒産管轄

　国際倒産事件が起こった場合，どの国の裁判所がそれを処理するかという問題が国際倒産管轄の問題である。従来，わが国には国際倒産管轄を統一的に規定するものはなかったが，新たに，国際倒産管轄についての規定が設けられた。すなわち民事再生法4条1項は，債務者が個人である場合には，日本国内に営

業所，住所，居所または財産を有するときに，また，債務者が法人・社団・財団であるときには，日本国内に営業所，事務所または財産を有するときに，国際倒産管轄を認め，破産法にもほぼ同様の規定が設けられた（破 4 条 1 項）。それに対し，会社更生法 4 条では，会社が日本国内に営業所を有するときにのみ管轄権が認められている。なお，承認援助の申立てについての国際管轄については，「債務者の住所，居所，営業所または事務所」とされており，債務者の財産所在地の管轄権は認められていない（承認援助 17 条 1 項）。

(4) 外国の倒産手続のための承認援助 ● ● ●

わが国の新しい国際倒産法制は，厳格な属地主義を排すると共に，外国の倒産手続のための承認援助の制度を導入した。

1 承 認 手 続

外国倒産手続の承認を外国判決の承認と比べると，そこには大きな違いがある。つまり，わが国民事訴訟法 118 条によって承認された外国判決が，一定の制限はあるものの，日本において直接的に効力を有するのに対し，外国の倒産手続が承認援助法 17 条以下によって承認されても，自動的にわが国においてその効力を有するものではなく，外国倒産手続に効力を付与するためには，改めて外国倒産手続のための援助の申立てをしなければならない（承認援助 25 条～55 条参照）。その意味で，承認は，外国の倒産手続のための援助処分の要件にすぎない。また援助処分はその効果において司法共助に類似するが，ハーグ民事訴訟手続条約 11 条 3 項やハーグ送達条約 13 条 1 項によれば，一定の場合を除いて共助を拒否できないのに対し，援助処分にあっては，援助処分の必要性が日本の裁判所によって個別的に調査される点で，両者は異なる。ただ，このような法制度は決して，外国倒産手続の承認に対して消極的な態度を示すものではなく，むしろ，それぞれの外国倒産手続にとって，わが国においてとるべきもっともふさわしい処分とは何かという観点から援助処分をなしうるように配慮しているものと理解すべきである。

外国倒産処理手続は，その手続が申し立てられている国に債務者の住所，居所，営業所または事務所がある場合に申し立てをすることができる（承認援助 17 条 1 項）。この規定は，承認の対象を，債務者の住所，主たる営業所または事務所のある国において開始された手続（いわゆる「外国主手続」）のみに限定するのではなく，それを越えていわゆる外国従手続の一部も包含している。こ

303

◆ 第4編 国際倒産手続

の規定は，広範にモデル法の規定に対応するものであるが，債務者の財産所在
地国において開始された手続は承認の対象とはされていない。なお右の要件を
満たす場合であっても，承認援助法21条各号の事由がある場合には承認申立
ては棄却される。

　わが国の承認援助法は，モデル法17条に対応して自動承認制度は採用して
おらず，裁判所の承認決定があることを必要的要件としている。そこで，外国
管財人等は，まず，わが国の裁判所に承認の申立てをしなければならない（承
認援助17条1項）。この承認手続は，東京地方裁判所の専属管轄に属するが
（同4条），著しい損害または遅延を避けるために，債務者の住所，居所，営業
所，事務所または財産の所在地を管轄する地方裁判所に移送することが認めら
れている（同5条）。承認申立てがなされた場合，裁判所は，その決定前にお
いても一定の保全処分（同25条以下）をなすことができるが，これもモデル法
19条1項を考慮したものである。承認の要件が満たされると裁判所は承認決
定をするが，それは決定の時から直ちに効力を生じる（同22条）。したがって，
この承認決定の後に個々の援助処分がなされる。いったん承認決定がなされて
も，一定の事由があるときにはその決定は取り消されうる（同56条）。

2 援助手続

　すでに述べたように，たとえ外国の倒産手続が承認されてもそれは直ちに国
内において効力を生じるものではなく，裁判所は，以下のような援助手続によ
り外国倒産手続の国際的調和性ある実現に努力することになる。これには，強
制執行等の中止（承認援助25条），処分や弁済等の禁止処分（同26条），担保権
実行としての競売手続等の中止（同27条），強制執行等の禁止命令（同28条），
債務者の国内財産の処分等に対する許可（同31条），管理命令（同32条）など
がある。

(5) 平行倒産手続の処理 ● ● ●

　もし，外国倒産手続のための承認援助手続が国内の倒産手続と競合したり，
複数の承認援助手続が競合する場合，それらの間で矛盾した処分がなされるな
らば法律関係が混乱するおそれがある。それを回避するために，わが国の承認
援助法第5章（57条〜64条）は，モデル法28条とは異なり，いわゆる「一債
務者一手続主義」とでも名付けるべき原則を採用した。これによれば，国内倒
産手続が承認援助手続と競合した場合には原則として前者が優先するが，例外

として、一定の要件を満たす場合には、承認援助の対象たる外国の倒産手続が優先する（承認援助57条）。また、承認手続の開始決定は当然に国内倒産手続に対する停止効を有するものではないから、国内倒産手続と承認手続が競合する可能性がある。この場合、原則として承認手続が中止されるが、一定の要件を満たす場合には国内倒産手続が中止されるのであり（同59条1項1号2号）、国内手続が常に優先されるわけではない。外国倒産手続の承認決定がなされた後に国内倒産手続の申立てがなされた場合には、一定の事由があれば国内倒産手続を中止するが、それ以外では、必要がある場合には承認手続を中止することができる（同60条1項1号2号）。

　このように、わが国では、原則として「一債務者一手続主義」をとっており、複数の手続が競合する範囲は、並行倒産主義をとる場合におけるよりも狭いが、手続が競合する場合も当然存在する。その場合、国内倒産手続が係属している裁判所と、承認手続裁判所が密接な協力をすることは有意義であるばかりでなく必要でもある。そこで、両裁判所の書記官が競合状態を知ったときには、速やかに互いにその係属を通知し合うものとし、それによって、できるだけ1個の手続が遂行されるような配慮がなされている（承認援助規41条、承認援助59条）。また、民事再生法207条は、再生債務者が外国倒産手続の管財人に対し、再生のために必要な協力や情報の提供を求めることができると規定すると同時に、外国管財人に対し、再生債務者の再生のために必要な協力や情報提供をするという努力義務をも規定している。これは、並行倒産状態が生じた場合に、管財人間の協力によりできるだけ国際的に調和した倒産手続を実現しようとするものである。これはモデル法26条27条の内容をほぼ忠実に取り込んだものである。なお同様の規定は、破産法および会社更生法にも取り入れられた（破245条、会更242条）。また外国管財人に対し、わが国において、再生手続開始の申立てをなす権限が認められているほか、債権者集会の出席権・意見表明権・再生計画提出権も認められており、再生手続開始を申し立てた外国管財人には、重要な各種書面の送達をすべき旨が規定されている（破245条、民再207条、会更242条）。これらの規定は、モデル法11条・12条でも認められているものである。

1 クロス・ファイリング

　民事再生法199条は、外国管財人と再生債務者等の相互の手続に対する参加権を規定している。これをクロス・ファイリングというが、これによって、外

◆ 第4編 国際倒産手続

国手続への参加が困難な弱小な国内債権者も外国手続からの配当を受けられることになり，債権者の平等を実質的に確保することがきる。同様の規定は，破産法や会社更生法にも取り入れられている（破247条，会更245条）。そして民事再生法208条は，再生債務者につき外国倒産処理手続がある場合，当該債務者には，再生手続開始原因があるものと推定することによって国内の並行倒産手続の開始を容易ならしめ，それによって国内債権者を保護すると共に，外国の倒産管財人にとって国内倒産手続の利用を容易にしている。同様の規定は，破産法および会社更生法にも取り入れられた（破17条，会更243条）。

　2　ホッチポットルール

　国内手続の対外的効力に関して，債権者の外国での債権回収と国内手続による弁済との調整という問題も解決しておく必要がある。これにつき，民事再生法89条は，いわゆるホッチポットルールを採用した。この原則は，債権者が，倒産手続の開始後に倒産債務者が有している日本国外にある財産によって日本における倒産手続の効力が及ぶ者から弁済を受けた場合には，その分は，日本における倒産手続において配当を受けたものとみなすという考え方である。このような考え方は，モデル法32条においても明らかにされているところであり，倒産債権者間の実質的な平等を図るためには，国際倒産法上の必要不可欠な規律内容である。そして，これらと同旨の規定は，破産法や会社更生法にも取り入れられた（破109条・201条4項，会更137条）。

(6) 外国人の地位　●　●　●

　民事再生法3条では，旧破産法の相互主義の規律を放棄し，外国人にも民事再生手続については，内国人と同一の地位を与えることを規定した。同様の規定は，破産法・会社更生法にも置かれている（破3条，会更3条）。それに伴い，破産法旧2条は削除された。

306

参考文献

三上威彦『倒産法』(信山社・2017 年)

山本和彦＝中西正＝笠井正俊＝沖野眞巳＝水元宏典『倒産法概説〔第 2 版補訂版〕』
　　(弘文堂・2015 年)

伊藤　眞『破産法・民事再生法〔第 3 版〕』(有斐閣・2014 年)

松下淳一『民事再生法入門〔第 2 版〕』(有斐閣・2014 年)

東京地裁破産再生実務研究会編『破産・民事再生の実務 破産編〔第 3 版〕』
　　(きんざい・2014 年)、同『民事再生・個人再生編』(きんざい・2013 年)

中島弘雅＝佐藤鉄男『現代倒産手続法』(有斐閣・2013 年)

加藤哲夫『破産法〔第 6 版〕』(弘文堂・2012 年)

山本克己編著『破産法・民事再生法概論』(商事法務・2012 年)

山本和彦『倒産処理法入門〔第 4 版〕』(有斐閣・2012 年)

今中利昭＝今泉純一＝中田康之『実務倒産法講義〔第 3 版〕』(民事法研究・
　　2009 年)

松嶋英機編著『民事再生法入門〔改訂第 3 版〕』(商事法務・2009 年)

福永有利監修・四宮章夫ほか編集委員『詳解民事再生法〔第 2 版〕』
　　(民事法研究会・2009 年)

中島弘雅『体系倒産法 I〔破産・特別清算〕』(中央経済社・2007 年)

田原睦夫＝山本和彦監修『注釈破産法(上)・(下)』(きんざい・2015 年)

伊藤眞＝岡正晶＝田原睦夫＝林道晴＝松下淳一＝森宏司『条解破産法〔第 2
　　版〕』(弘文堂・2014 年)

山本克己＝小久保孝雄＝中井康之編『新基本法コンメンタール・破産法』
　　(日本評論社・2014 年)

園尾隆司＝小林秀之編『条解民事再生法〔第 3 版〕』(弘文堂・2013 年)

才口千晴＝伊藤眞監修『新注釈民事再生法(上)・(下)〔第 2 版〕』
　　(きんざい・2010 年)

竹下守夫編集代表『大コンメンタール破産法』(青林書院・2007 年)

伊藤眞＝松下淳一編『倒産判例百選〔第 5 版〕』(有斐閣・2013 年)

青山善充＝伊藤眞＝松下淳一編『倒産判例百選〔第 4 版〕』(有斐閣・2006 年)

青山善充＝伊藤眞＝松下淳一編『倒産判例百選〔第 3 版〕』(有斐閣・2002 年)

新堂幸司＝霜島甲一＝青山善充編『新倒産判例百選』(有斐閣・1990 年)

新堂幸司＝霜島甲一＝青山善充編『倒産判例百選』(有斐閣・1976 年)

事 項 索 引

◆ あ 行 ◆

頭数要件	262
UNCITRAL	301
異議申述	285
異議の訴え	103, 219
異時破産手続廃止	152
移 送	30, 171
1号仮登記	72, 109, 223
一債務者一手続主義	304
一般の共益債権	199
一般の財団債権	137
一般の先取特権	55, 87, 109, 115, 191, 197
一般の取戻権	108, 223
一般の破産債権	56
一般の優先権	55, 113, 167, 191, 197, 260
一般優先債権	191, 197, 217, 253, 266, 293
委任契約	83, 218
委任当然終了説	83
委任非当然終了説	83
違約金条項	77, 215
引 致	49
請負契約	79, 216
請負人の民事再生	217
打切主義	147
裏 書	22
売主の取戻権	110, 224
営業(事業)等の譲渡	207
永小作権	108, 223
援助手続	304
援助の申立て	303

◆ か 行 ◆

買受申出	122
概括主義	35
外国従手続	303
外国主手続	303
外国人	35, 306
外国倒産処理手続	303
外国法人	35, 177
開始後債権	202, 253
会社更生手続	9, 290, 296

会社の破産	83
解除条件付債権	54, 126, 147
価額決定の請求	231
価額償還請求権	104, 138
確定判決と同一の効力	64, 267
駆け込み相殺	134
株主総会の特別決議	43, 208
株主代表訴訟	86, 246
仮差押え	185
仮処分	185
仮登記権利	109
仮登記担保	120, 227
仮払い	229, 256
仮払条項	256
簡易再生	175, 220, 267
簡易配当	148
管 轄	29, 171
換 価	141
——の方法	142
管財人	172, 240, 241, 268
監督委員	171, 241, 268
監督命令	171, 187, 243
元本猶予期間併用型	282
管理型	7, 167, 271
管理型手続	167
管理型倒産処理手続	27, 189
管理機構人格説	19, 136
管理命令	172, 212, 243
企業担保権	55, 87, 113, 231
議決権行使の方法	261
議決権者	259
議決権数要件	262
議決権の不統一行使	262
期限の利益回復型	281
帰属清算型	116
寄 託	54, 78, 114, 115, 127, 142
給付・確認訴訟説	102
給与所得者等再生	176, 220
給与所得者等再生手続	288
給料債権	56, 79, 217
共益債権	198, 213-215, 253, 266
——の地位	201

309

事 項 索 引

強制執行手続による換価⋯⋯⋯⋯⋯ *142*
行政争訟手続⋯⋯⋯⋯⋯⋯⋯⋯⋯⋯⋯ *87*
供　託⋯⋯⋯⋯⋯⋯⋯⋯ *148, 153, 192*
協　定⋯⋯⋯⋯⋯⋯⋯⋯⋯⋯⋯⋯⋯⋯⋯ *9*
共同債務関係⋯⋯⋯⋯⋯⋯⋯⋯⋯⋯⋯ *58*
共同訴訟参加⋯⋯⋯⋯⋯⋯⋯⋯⋯⋯ *242*
共有関係⋯⋯⋯⋯⋯⋯⋯⋯⋯⋯⋯⋯⋯ *84*
金銭化⋯⋯⋯⋯⋯⋯ *53, 54, 127, 286*
金銭債権⋯⋯⋯⋯⋯⋯ *52, 53, 54, 250*
組合契約⋯⋯⋯⋯⋯⋯⋯⋯⋯⋯⋯⋯⋯ *82*
組入金⋯⋯⋯⋯⋯⋯⋯⋯⋯⋯⋯⋯⋯ *122*
クロス・ファイリング⋯⋯⋯⋯⋯ *305*
形式的意義における破産債権⋯⋯⋯ *51*
形式的競売⋯⋯⋯⋯⋯⋯⋯⋯⋯⋯⋯ *142*
形成権説⋯⋯⋯⋯⋯⋯⋯⋯⋯⋯⋯⋯ *101*
継続事業価値⋯⋯⋯⋯⋯⋯⋯⋯ *38, 208*
継続事業価値基準⋯⋯⋯⋯⋯⋯⋯ *205*
係属中の強制執行等⋯⋯⋯⋯⋯⋯ *221*
係属中の訴訟手続等⋯⋯⋯⋯⋯⋯ *219*
係属中の民事執行等⋯⋯⋯⋯⋯⋯⋯ *86*
継続的供給契約⋯⋯⋯⋯⋯ *75, 155, 213*
決　定⋯⋯⋯ *16, 45, 64, 102, 106*
現在化⋯⋯⋯ *53, 54, 126, 127, 286*
検索の抗弁⋯⋯⋯⋯⋯⋯⋯⋯⋯⋯⋯ *59*
減　資⋯⋯⋯⋯⋯⋯⋯⋯⋯⋯⋯⋯⋯ *256*
限定承認⋯⋯⋯⋯⋯⋯⋯⋯⋯⋯⋯⋯ *33*
現有財団⋯⋯⋯⋯⋯⋯⋯⋯⋯⋯⋯⋯ *66*
権利の変更に関する平等原則⋯⋯ *250*
権利変更の一般的基準⋯⋯⋯⋯⋯ *250*
権利保護条項⋯⋯⋯⋯⋯⋯⋯⋯⋯ *265*
牽連破産⋯⋯⋯⋯⋯⋯ *291, 293, 294*
　職権による――⋯⋯⋯⋯⋯⋯⋯ *291*
　申立てによる――⋯⋯⋯⋯⋯⋯ *291*
合意型⋯⋯⋯⋯⋯⋯⋯⋯⋯⋯⋯⋯⋯ *282*
行為の不当性⋯⋯⋯⋯⋯⋯⋯⋯⋯⋯ *91*
行為の有害性⋯⋯⋯⋯⋯⋯⋯⋯⋯⋯ *90*
後見型⋯⋯⋯⋯⋯⋯⋯⋯⋯⋯⋯ *8, 271*
後見型手続⋯⋯⋯⋯⋯⋯⋯⋯⋯⋯ *167*
後見型倒産処理手続⋯⋯⋯⋯⋯⋯ *189*
交互計算⋯⋯⋯⋯⋯⋯⋯⋯⋯⋯ *82, 218*
合同債務⋯⋯⋯⋯⋯⋯⋯⋯⋯⋯⋯⋯ *58*
衡平の原則⋯⋯⋯⋯⋯⋯⋯⋯⋯⋯ *169*
抗　弁⋯⋯⋯⋯⋯⋯⋯⋯⋯⋯⋯⋯ *241*
公法人⋯⋯⋯⋯⋯⋯⋯⋯⋯⋯⋯ *34, 177*
　狭義の――⋯⋯⋯⋯⋯⋯⋯⋯⋯ *34*
国際倒産管轄⋯⋯⋯⋯⋯⋯⋯⋯⋯ *302*

国際倒産事件⋯⋯⋯⋯⋯⋯⋯⋯⋯ *301*
国際倒産（処理）法⋯⋯⋯⋯⋯⋯ *301*
個人再生委員⋯⋯⋯⋯⋯⋯⋯⋯⋯ *284*
個人再生手続⋯⋯⋯⋯⋯⋯⋯⋯⋯ *280*
国庫からの費用の仮支弁⋯⋯⋯⋯ *31*
固定化⋯⋯⋯⋯⋯⋯⋯⋯⋯⋯⋯⋯ *227*
固定主義⋯⋯⋯⋯⋯⋯⋯ *53, 67, 204*
個別的権利行使禁止の原則⋯⋯⋯ *189*
個別的権利行使の禁止⋯⋯⋯ *50, 62*
雇用契約⋯⋯⋯⋯⋯⋯⋯⋯⋯ *78, 217*

◆ さ 行 ◆

再建型手続⋯⋯⋯⋯⋯⋯⋯⋯⋯⋯⋯ *7*
債権者委員会⋯⋯⋯⋯⋯⋯⋯⋯ *23, 173*
債権者集会⋯⋯⋯⋯⋯⋯ *23, 173, 261*
債権者説明会⋯⋯⋯⋯⋯⋯⋯ *173, 207*
債権者代位訴訟⋯⋯⋯⋯⋯⋯⋯ *86, 220*
債権者平等原則⋯⋯⋯⋯⋯⋯ *169, 252*
債権的請求権⋯⋯⋯⋯⋯⋯⋯⋯⋯ *223*
債権等の換価⋯⋯⋯⋯⋯⋯⋯⋯⋯ *144*
債権の棚上げ⋯⋯⋯⋯⋯⋯⋯⋯⋯ *168*
催告の抗弁⋯⋯⋯⋯⋯⋯⋯⋯⋯⋯ *59*
最後配当⋯⋯⋯⋯⋯⋯⋯⋯⋯⋯⋯ *147*
財産区⋯⋯⋯⋯⋯⋯⋯⋯⋯⋯⋯⋯ *34*
財産状況報告集会⋯⋯⋯⋯⋯⋯⋯ *206*
財産上の請求権⋯⋯⋯⋯⋯⋯⋯⋯ *52*
財産評定⋯⋯⋯⋯⋯⋯⋯⋯⋯⋯⋯ *205*
財産分離⋯⋯⋯⋯⋯⋯⋯⋯⋯⋯⋯ *33*
再生計画⋯⋯⋯⋯⋯⋯ *249, 285, 288*
　――の効力⋯⋯⋯⋯⋯⋯⋯⋯⋯ *266*
　――の条項⋯⋯⋯⋯⋯⋯⋯⋯⋯ *249*
　――の遂行⋯⋯⋯⋯⋯⋯⋯⋯⋯ *268*
　――の取消し⋯ *269, 272, 287, 288*
　――の認可⋯⋯⋯⋯⋯⋯⋯⋯⋯ *264*
　――の不認可⋯⋯⋯⋯⋯⋯⋯⋯ *264*
　――の変更⋯⋯⋯⋯⋯⋯⋯ *269, 287*
再生計画案の可決⋯⋯⋯⋯⋯⋯⋯ *262*
再生計画案の議決方式⋯⋯⋯⋯⋯ *261*
再生計画案の決議⋯⋯⋯⋯⋯⋯⋯ *262*
再生計画案の作成⋯⋯⋯⋯⋯⋯⋯ *257*
再生計画案の事前提出⋯⋯⋯⋯⋯ *258*
再生計画案の提出時期⋯⋯⋯⋯⋯ *258*
再生計画案の変更⋯⋯⋯⋯⋯⋯⋯ *263*
再生計画遂行の主体⋯⋯⋯⋯⋯⋯ *268*
再生計画取消決定の効果⋯⋯⋯⋯ *274*
再生計画取消の手続⋯⋯⋯⋯⋯⋯ *274*

事 項 索 引

再生計画認可後の手続廃止 ……………… 276
再生計画認可前の手続廃止 ……………… 276
再生債権 ………………………… 191, 213, 215
　――の査定の裁判 …………………………… 195
　――の調査 ………………………………… 195
　――の届出 ………………………………… 195
再生債権者の地位 ………………………… 189
再生債権者への情報開示 ………………… 206
再生債権等に関する訴訟 ………………… 219
再生裁判所 ………………………………… 171
再生債務者 ……………………… 169, 266
　――の義務違反による手続廃止 ……… 277
　――の第三者性 ………………………… 169
　――の地位 ……………………………… 188
再生債務者財産 …………………………… 204
再生手続 …………………………………… 290
　――の終結 ……………………………… 271
　――の終了 ……………………………… 289
　――の廃止 ……………………… 269, 275
　――の廃止申立て ……………………… 269
再生手続開始決定 ………………………… 187
再生手続開始原因 ………………………… 178
再生手続開始の効果 ……………………… 188
再生手続開始の条件 ……………………… 179
再生手続開始前の保全処分 ……………… 183
再生手続開始申立権者 …………………… 179
再生手続終結決定 ………………………… 271
再生手続終結の時期 ……………………… 271
再生手続廃止の効果 ……………………… 278
再生犯罪 …………………………………… 297
財団債権 ………………… 31, 112, 136, 293
　――の債務者 …………………………… 136
　――の種類 ……………………………… 137
　――の弁済 ……………………………… 139
　――に関する訴訟 ……………………… 85
裁判所書記官の許可 …………… 145, 147, 149
裁判所の許可 …………………… 102, 110, 145
裁判による復権 …………………………… 162
債務消滅説 ……………………… 160, 266
債務超過 ………………………… 38, 178
債務の圧縮 ………………………………… 168
債務不履行による契約解除 ……………… 74
裁量的免責 ………………………………… 159
詐害行為取消権 …………………………… 88
詐害行為取消訴訟 ………………… 86, 220
詐害行為否認 …………………… 88, 91, 238

詐欺破産罪 ………………………………… 163
差押禁止財産 ……………………………… 68
査定決定に対する異議の訴え …………… 106
査定の裁判 ………………………………… 219
　――に対する異議の訴え ……… 195, 244, 247
資格喪失 …………………………………… 49
事後求償 …………………………………… 59
自己破産 ………………………… 28, 154
市場の相場がある商品の取引にかかる契約
　………………………………………… 82, 218
事前求償 …………………………………… 59
自然債務 …………………………………… 53
自然債務説 ……………………… 160, 266
自然人 ……………………………………… 32
事前提出 …………………………………… 258
質　権 ………………… 115, 226, 231
執行行為の否認 …………………………… 100
執行しうる請求権 ………………………… 53
実質上の破産債権者 ……………………… 24
実質的意義における破産債権 …………… 51
私的処理手続 ……………………………… 7
私的整理 …………………………………… 11
自認債権 ………………………… 195, 260
支払停止 …………………………………… 36
　――の二義性説 ………………………… 37
支払不能 ………………… 35, 97, 154, 178
私法人 ……………………………………… 34
借財禁止の保全処分 ……………………… 42
住居制限 …………………………………… 49
集合債権譲渡担保 ………………………… 227
集合動産譲渡担保 ………………………… 227
自由財産 ………………… 68, 79, 82, 204
住宅資金貸付債権に関する特則 ………… 280
住宅資金貸付特別条項 …………………… 266
住宅資金特別条項の類型 ………………… 281
重要財産開示義務 ………………………… 48
受継の申立て ……………………………… 219
準自己破産 ………………………………… 28
純粋 DIP 型 ……………………………… 271
準別除権 ………………………… 115, 229
準別除権者 ………………………………… 146
少額管財事件 ……………………………… 155
少額管財手続 ……………………………… 158
少額債権の早期弁済制度 ………………… 194
小規模個人再生 ………………… 176, 220
小規模個人再生手続 ……………………… 284

311

事項索引

―――の終了‥‥‥‥‥‥‥‥‥‥‥286
条件付債権‥‥‥‥‥‥‥‥‥‥‥‥54
使用者の民事再生‥‥‥‥‥‥‥‥217
商事留置権‥‥‥‥‥‥‥113, 115, 226, 231
商事留置権消滅許可制度‥‥‥‥123
譲渡担保‥‥‥‥‥‥‥115, 224, 227, 231
承認援助‥‥‥‥‥‥‥‥‥‥‥‥303
承認援助法‥‥‥‥‥‥‥‥‥‥‥302
承認手続‥‥‥‥‥‥‥‥‥‥‥‥303
消費者破産‥‥‥‥‥‥‥‥‥‥‥154
消費貸借の予約‥‥‥‥‥‥‥‥‥84
将来の求償権者による弁済‥‥‥‥60
将来の請求権‥‥‥‥‥‥‥‥‥‥54
将来の退職金債権‥‥‥‥‥‥‥‥67
職分管轄‥‥‥‥‥‥‥‥‥‥‥29, 171
除斥期間‥‥‥‥‥‥‥‥‥‥103, 244
職権探知主義‥‥‥‥‥‥‥‥‥‥16
職権による必要的廃止‥‥‥‥‥286
処分価額基準‥‥‥‥‥‥‥‥‥205
処分価値の最大化‥‥‥‥‥‥‥121
処分清算型‥‥‥‥‥‥‥‥‥‥116
書面等投票‥‥‥‥‥‥‥‥‥‥261
所有権‥‥‥‥‥‥‥‥‥‥‥108, 223
所有権留保‥‥‥‥‥116, 224, 227, 231
信託財産‥‥‥‥‥‥‥‥‥‥33, 177
人的保全処分‥‥‥‥‥‥‥‥‥‥44
新得財産‥‥‥‥‥‥‥‥‥‥68, 79
随意条件‥‥‥‥‥‥‥‥‥‥‥117
請求権説‥‥‥‥‥‥‥‥‥‥‥101
制限説‥‥‥‥‥‥‥‥‥‥‥‥100
清算型手続‥‥‥‥‥‥‥‥‥‥‥7
清算型倒産処理手続‥‥‥‥‥‥26
清算価値‥‥‥‥‥‥‥‥‥‥‥‥38
清算価値維持原則‥‥‥‥‥6, 264, 287
清算価値保障(維持)原則‥‥6, 169, 205,
　　　　　　　　　　　　257, 264, 287
清算人‥‥‥‥‥‥‥‥‥‥‥‥‥28
絶対的必要的記載事項‥‥‥‥250, 270
絶対無効説‥‥‥‥‥‥‥‥‥‥102
説明義務‥‥‥‥‥‥‥‥‥‥‥‥48
説明的記載事項‥‥‥‥‥257, 270, 273
善意取引の保護‥‥‥‥‥‥‥‥211
善管注意義務‥‥‥‥‥‥‥‥18, 268
専属管轄‥‥‥‥‥‥‥30, 103, 171, 247
占有権原回復説‥‥‥‥‥‥‥‥111
占有訴権‥‥‥‥‥‥‥‥‥‥108, 223

相殺権‥‥‥‥‥‥‥‥‥‥‥124, 232
―――の行使‥‥‥‥‥‥‥‥135, 237
―――の要件‥‥‥‥‥‥‥‥‥233
相殺権規定の適用範囲‥‥‥‥‥125
相殺権行使の拡張‥‥‥‥‥‥‥126
相殺権行使の制限‥‥‥‥‥128, 234
相殺権濫用論‥‥‥‥‥‥‥‥‥134
相殺の担保的機能‥‥‥‥‥‥‥125
相殺否認論‥‥‥‥‥‥‥‥‥‥135
創設説‥‥‥‥‥‥‥‥‥‥‥‥100
相続財産‥‥‥‥‥‥‥‥‥‥33, 177
―――に対する否認‥‥‥‥‥‥105
相対的必要的記載事項‥‥‥‥254, 270
相対的無効‥‥‥‥‥‥‥‥‥‥70
相対無効説‥‥‥‥‥‥‥‥‥‥102
送　達‥‥‥‥‥‥‥102, 185, 232, 246
相当の対価を得てした財産処分行為の否認‥94
双方未履行の双務契約‥‥‥‥‥75
即時抗告‥‥‥‥16, 41, 45, 49, 84, 123, 143,
　　　159, 162, 184, 185, 188, 209, 231,
　　　232, 248, 265, 271, 274, 278, 287
即日面接‥‥‥‥‥‥‥‥‥‥‥154
属地主義‥‥‥‥‥‥‥‥‥‥‥302
訴訟参加による行使‥‥‥‥‥‥241
その他の保全処分‥‥‥‥‥‥‥185
損害賠償請求権の査定‥‥‥‥244, 295

◆ た 行 ◆

対抗要件具備行為の否認‥‥‥‥99
代償的取戻権‥‥‥‥‥‥‥‥111, 225
退職金債権‥‥‥‥‥‥‥‥‥‥56
退職金請求権‥‥‥‥‥‥‥‥‥293
対人的な請求権‥‥‥‥‥‥‥‥51
代替許可‥‥‥‥‥‥‥‥‥‥‥208
代替的な作為請求権‥‥‥‥‥‥52
滞納処分‥‥‥‥‥‥‥‥‥‥‥87
代理委員‥‥‥‥‥‥‥‥‥‥24, 174
多数債務者関係‥‥‥‥‥‥‥‥57
単純段階方式‥‥‥‥‥‥‥‥‥252
担保権実行の申立て‥‥‥‥‥‥122
担保権消滅許可制度‥‥‥‥121, 230
担保権消滅許可の手続‥‥‥‥122, 232
担保権消滅許可の要件‥‥‥‥‥231
担保権の実行‥‥‥‥‥‥‥‥‥87
担保権の実行手続の中止命令‥‥186
担保提供禁止の保全処分‥‥‥‥186

事 項 索 引

担保不可分の原則……………………121
担保割れ…………………………121, 230
地上権…………………………………108
中間配当………………………………145
中小企業への弁済許可………………193
抽象的危険犯…………………………164
注文者の民事再生……………………216
調査委員………………………………172
調査命令…………………………172, 187
重複起訴の禁止………………242, 247
賃借人の民事再生……………………214
賃貸借契約………………76, 156, 214
追加配当………………………………149
強い振込指定…………………………131
定期行為………………………………82
抵当権………………109, 115, 223, 226, 231
DIP型（手続）……………7, 167, 169
DIPファイナンス……………………201
手形支払行為の否認…………………99
手数料…………………………………30
手続開始時現存額主義………………192
デット・エクイティー・スワップ……169
転得者に対する否認…………………101
同意型…………………………………282
同意再生………………175, 220, 267
同意配当………………………………148
同意破産手続廃止……………………152
同行相殺………………………………134
倒　産……………………………………3
倒産（即）解除特約……………75, 216
倒産4法…………………………………7
動産質権…………………………109, 223
倒産処理制度の指導理念………………5
倒産処理手続…………………………301
倒産処理手続相互間の優先劣後関係……290
倒産処理法………………………………3
動産の換価……………………………144
動産売買の先取特権…………………111
倒産法……………………………………3
同時交換的行為………………………98
同時処分…………………………46, 188
等質化………………………24, 50, 53
同時破産手続廃止……………………151
当然復権………………………………162
特定調停………………………………279
特別清算手続……………………9, 290

特別の共益債権………………………200
特別の財団債権………………………138
特別の先取特権……109, 115, 223, 226, 231
特別の取戻権……………108, 110, 224
独立当事者参加………………………242
土地管轄………………………………29
取締役…………………………………45
取戻権………………107, 117, 216, 222
　——の基礎……………………108, 222
　——の行使……………………110, 224
　——の消極的機能……………108, 110, 222
　——の積極的機能……………108, 222
問屋の委託者の権利…………………109
問屋の取戻権……………………111, 224

◆ な 行 ◆

2号仮登記…………………72, 109, 223
任意整理………………………………279
任意的記載事項…………180, 255, 270
任意的口頭弁論………………………16, 45
任意的提出者…………………………257
根抵当権…………………………115, 229
狙い打ち相殺…………………………135

◆ は 行 ◆

配当財団………………………………66
配当による終了………………………145
配当表…………………………………146
配当表に対する異議…………………146
破　産……………………………………3, 19
　請負人の——…………………………80
　仮登記担保権者の——……………120
　仮登記担保権設定者の——………120
　求償義務者の——……………………59
　使用者の——…………………………78
　譲渡担保権者の——………………116
　譲渡担保設定者の——……………116
　注文者の——…………………………79
　賃借人の——…………………………76
　賃貸人の——…………………………77
　取締役の——…………………………83
　被用者（従業員）の——……………79
　法人の——……………………………61
　保険者（保険会社）の——…………81
　保証人の——…………………………58
　無限責任社員の——…………………61

313

事 項 索 引

有限責任社員の——……………61
ユーザーの——……………118
リース会社の——……………119
留保売主の——……………118
留保買主の——……………117
破産管財人……………17
　——の職務……………18
　——の第三者性……………19
　——の法的地位……………19
破産管財人任務の終了……………17
破産決定書……………45
破産原因……………35
破産債権……………51
　——に関する訴訟……………85
　——に基づく強制執行……………86
　——の順位……………55
　——の調査・確定……………63
　——の届出……………62
　——の要件……………51
破産債権確定手続……………51
破産債権査定決定に対する異議の訴え……………64
破産債権査定申立て……………64
破産債権者……………24
　形式上の——……………24
破産債権者表の作成……………63
破産財団……………66
　——に属する財産に関する訴訟手続……………85
　——の意義……………66
　——の換価……………141
　——の管理……………69
破産裁判所……………15, 29, 102
破産式確定……………64
破産者……………25
破産障害……………39
破産手続……………8, 26, 290, 296
　——の終了……………145
破産手続開始決定……………44
破産手続開始決定前の保全処分……………39
破産手続開始時現存額主義……………58, 60
破産手続開始の効果……………46
破産手続開始の要件……………32
破産手続開始申立て……………28
破産手続開始申立権者……………28
破産手続終結決定……………150
破産能力……………32
破産犯罪……………163, 297

——の種類……………163
破産法上の相殺……………124
破産免責……………279
ハードシップ免責……………287
ハンコ代……………121
非義務的偏頗行為の否認……………239
非金銭債権……………52, 251, 286
非減免債権……………286
必要的記載事項……………180
必要的審尋……………45, 102, 245
必要的提出者……………257
非典型担保……………115, 227
否認権……………88, 237
　——の意義……………88
　——の行使……………101, 240, 241
　——の消滅……………243
　——のための保全処分……………43, 244
否認権限の付与……………240
否認権限を付与された監督委員……………240
否認権行使時説……………104
否認権行使の効果……………244
否認権行使の主体……………240
否認訴訟……………102
否認の一般的要件……………89, 238
否認の請求……………102, 241
非本旨弁済行為の否認……………96, 239
非免責債権……………161
評　価……………285
評価人……………205
ファイナンス・リース……………118, 215, 224, 231
不可分債務……………58
付議決定……………259
普及主義……………68, 302
不作為請求権……………52
不真正連帯債務……………58
付随処分……………46, 188
不足額(残額)責任主義……………114, 192, 228
不代替的作為請求権……………52
復　権……………150, 162
　——の申立て……………151
物的保全処分……………40
物的有限責任……………52
不動産質権……………109, 223
不動産の換価……………142
不認可事由……………264
扶養料請求権……………52

事 項 索 引

プレ DIP ファイナンス······201
プレパッケージ型民事再生······182
分割債務関係······58
平行倒産手続の処理······304
併用型······261
別除権······87, 111, 113, 116, 117, 226, 266
　──の基礎······115
　──の行使······113
　──の実行方法······117
　──の目的物の換価······142
別除権協定······186, 229
別除権者······146
別除権説······119
弁済禁止······192
　──の保全処分······41, 186
弁済による代位······139
偏頗行為否認······89, 95, 238
片務契約······83
包括執行······53
包括的禁止命令······40, 184
報告命令······174
報酬債権······216
法人······34
　──の役員の財産に対する保全処分······247
　──の役員の責任追及······106, 244
法人格なき社団・財団······34
膨張主義······67, 204
法定財団······66, 107
法的処理手続······7
法的倒産処理手続······27
法律上の推定······37
他の手続の中止命令······183
保険契約······81, 218
保険契約者の破産······82
保険契約者の民事再生······218
保険者の民事再生······218
保証債務······58
保全管理人······22, 42, 173
保全管理命令······22, 42, 173, 187
ホッチポットルール······306
本源的統治団体······34, 177
本旨弁済行為の否認······96, 239

◆ま行◆

前払金返還請求権······80
巻戻し······283

みなし届出決定······292
民事再生手続······290, 8, 167, 279, 296
　──の開始······177
　──の流れ······175
民事再生能力······177
民事留置権······113, 115, 226
民法上の組合······35
無償行為否認······93
免責制度······157
免責の効果······160
免責の手続······158
免責の取消し······162
免責不許可事由······159
免責申立て······151
申立てによる必要的廃止······287
持分会社······38
モデル法······301, 302, 304

◆や行◆

役員の財産に対する保全処分······106
役員の責任査定決定······107
　──に対する異議の訴え······107
役員の責任の査定······106
約定解除権······74
約定劣後再生債権······192, 265
約定劣後破産債権······57
融通手形······22
優先的破産債権······55, 191, 293
ユーザーの民事再生······215
郵便物等の転送嘱託······49
用益物権······223
予定不足額······114, 146, 228
予納金······30
弱い振込指定······131

◆ら行◆

ライセンス契約······78
リース会社の民事再生······216
リース契約······227
リスケジュール型······282
流質契約······114
留置権······108, 223
利用権担保説······215
累積段階方式······252
列挙主義······35
劣後的破産債権······56

315

事 項 索 引

連帯債務··58
連帯保証債務·······································58
劣後ローン··57
労働組合·····································46, 174
労働契約·································156, 217

労働債権··292
労働者の民事再生·······························217

◆ わ 行 ◆

和議手続···8

判 例 索 引

◆ 大審院・最高裁判所 ◆

大決大 3・3・31 民録 20 輯 256 頁 ……………44
大判大 4・2・16 民録 21 輯 145 頁 ……………47
大判大 9・5・29 民録 26 輯 796 頁 ……………47
大判大 14・1・26 民集 4 巻 8 頁 ……………83
大判昭 3・4・27 民集 7 巻 235 頁 ……………16
大決昭 6・12・12 民集 10 巻 1225 頁 ……………33
大判昭 7・12・23 法学 2 巻 845 頁 ……………94
大判昭 8・4・26 民集 12 巻 753 頁 ……………96
大判昭 9・4・26 新聞 3702 号 9 頁 ……………94
大判昭 10・3・8 民集 14 巻 270 頁 ……………96
大判昭 10・9・3 民集 14 巻 1412 頁 ……………96
大判昭 11・7・31 民集 15 巻 1547 頁 ……………*105*
大判昭 12・10・23 民集 16 巻 1244 頁
　〔百選 5 版 3 事件〕……………*34*
大判昭 14・4・20 民集 18 巻 495 頁
　〔百選 4 版 19 事件〕……………*47*
大判昭 15・5・15 新聞 4580 号 12 頁 ……………96
大判昭 15・9・28 民集 19 巻 1897 頁 ……………*36*
最判昭 35・4・26 民集 14 巻 6 号 1046 頁 ……………92
最判昭 36・12・13 民集 15 巻 11 号 2809 頁
　〔百選 5 版 82 事件〕……………*157*
最判昭 37・3・23 民集 16 巻 3 号 607 頁
　〔百選 5 版 A 4 事件〕……………*42*
最判昭 37・11・20 民集 16 巻 11 号 2293 頁
　〔百選 5 版 35 事件〕……………*99*
最判昭 37・12・6 民集 16 巻 12 号 2313 頁
　〔百選 40 事件〕……………*92, 93*
最判昭 37・12・13 判タ 140 号 124 頁
　〔百選 26 事件〕……………*21*
最判昭 40・3・9 民集 19 巻 2 号 352 頁 ……………96
最判昭 40・4・22 判時 410 号 23 頁 ……………*135*
最判昭 40・11・2 民集 19 巻 8 号 1927 頁
　〔百選 5 版 65 事件〕……………*133*
最判昭 41・4・8 民集 20 巻 4 号 529 頁 ……………*135*
最判昭 41・4・14 民集 20 巻 4 号 611 頁
　〔百選 5 版 31 事件〕……………*103*
最判昭 41・4・28 民集 20 巻 4 号 900 頁
　〔百選 5 版 57 事件〕……………*116, 227*
最判昭 42・8・25 判時 503 号 33 頁
　〔百選 5 版 A 7 事件〕……………*109*

最判昭 43・2・2 民集 22 巻 2 号 85 頁
　〔百選 94 事件〕……………*91*
最判昭 43・3・15 民集 22 巻 3 号 625 頁
　〔百選 4 版 87 事件〕……………*45, 68, 84, 151*
最判昭 43・6・13 民集 22 巻 6 号 1149 頁
　〔新百選 29 A 事件〕……………*138*
最判昭 43・7・11 民集 22 巻 7 号 1462 頁
　〔百選 5 版 49 事件〕……………*110, 224*
最判昭 45・5・19 判時 598 号 60 頁 ……………*76*
最判昭 45・6・24 民集 24 巻 6 号 610 頁
　〔百選 5 版 1 ①事件〕……………*16*
最判昭 45・7・16 民集 24 巻 7 号 879 頁
　〔百選 3 版 122 事件〕……………*87*
最判昭 45・8・20 民集 24 巻 9 号 1339 頁
　〔百選 5 版 36 事件〕……………*100*
最判昭 45・9・10 民集 24 巻 10 号 1389 頁
　〔百選 5 版 A 1 事件〕……………*32*
最判昭 45・10・30 民集 24 巻 11 号 1667 頁
　〔百選 3 版 120 事件〕……………*139*
最判昭 46・2・12 判時 622 号 102 頁
　〔百選 4 版 18 事件〕……………*22*
最判昭 47・6・15 民集 26 巻 5 号 1036 頁
　〔百選 35 事件〕……………*93*
最判昭 47・7・13 民集 26 巻 6 号 1151 頁
　〔百選 3 版 69 事件〕……………*128*
最判昭 48・2・2 民集 27 巻 1 号 80 頁 ……………*78*
最判昭 48・2・16 金法 678 号 21 頁
　〔百選 5 版 17 事件〕……………*20*
最判昭 48・10・12 民集 27 巻 9 号 1192 頁
　〔百選 5 版 A 13 事件〕……………*77*
最判昭 48・10・30 民集 27 巻 9 号 1289 頁
　〔百選 3 版 81 事件〕……………*76*
最判昭 48・11・22 民集 27 巻 10 号 1435 頁
　〔百選 5 版 41 事件〕……………*104*
最判昭 48・11・30 民集 27 巻 10 号 1491 頁 ……………*92*
最判昭 50・2・28 民集 29 巻 2 号 193 頁 ……………*120*
最判昭 52・12・6 民集 31 巻 7 号 961 頁
　〔百選 5 版 68 事件〕……………*128, 131*
最判昭 53・5・2 判時 892 号 58 頁
　〔百選 4 版 61 事件〕……………*135*
最判昭 53・6・23 金法 875 号 29 頁
　〔百選 5 版 78 事件〕……………*80*

判 例 索 引

最判昭 54・1・25 民集 33 巻 1 号 1 頁
〔百選 5 版 73 事件〕·················71
最判昭 57・3・30 判時 1038 号 286 頁
〔百選 5 版 38 事件〕·················96
最判昭 57・3・30 民集 36 巻 3 号 484 頁
〔百選 5 版 75 事件〕·············42, 75
最判昭 58・3・22 判時 1134 号 75 頁
〔百選 5 版 18 事件〕·················20
最判昭 58・10・6 民集 37 巻 8 号 1041 頁
〔百選 5 版 23 事件〕·················67
最判昭 58・11・25 民集 37 巻 9 号 1430 頁
〔百選 5 版 27 事件〕·················88
最判昭 59・2・2 民集 38 巻 3 号 431 頁
〔百選 5 版 55 事件〕················115
最判昭 60・2・14 民集巻号頁〔百選 5 版
26 事件〕····························37
最判昭 60・2・26 金法 1094 号 38 頁·····131
最判昭 61・4・3 判時 1198 号 110 頁
〔百選 5 版 42 事件〕················104
最判昭 62・7・3 民集 41 巻 5 号 1068 頁
〔百選 5 版 34 事件〕·················94
最判昭 62・11・26 民集 41 巻 8 号 1585 頁
〔百選 5 版 79 事件〕·············80, 81
最判昭 63・10・18 民集 42 巻 8 号 575 頁
〔百選 5 版 64 事件〕················131
最判平 2・3・20 民集 44 巻 2 号 416 頁
〔百選 3 版 95 事件〕················160
最判平 2・7・19 民集 44 巻 5 号 837 頁
〔百選 5 版 28 ①事件〕···············90
最判平 2・7・19 民集 44 巻 5 号 853 頁
〔百選 5 版 28 ②事件〕···········90, 96
最判平 3・2・21 金法 1285 号 21 頁
〔百選 5 版 1 ②事件〕···············16
最判平 5・1・25 民集 47 巻 1 号 344 頁
〔百選 5 版 29 事件〕···········91, 96
最判平 6・2・10 裁判集民 171 号 445 頁·····36
最判平 7・4・14 民集 49 巻 4 号 1063 頁
〔百選 5 版 74 事件〕··········118, 215
最判平 8・10・17 民集 50 巻 9 号 2454 頁
〔百選 5 版 39 事件〕·················97
最判平 9・2・25 判時 1607 号 51 頁
〔百選 5 版 88 事件〕················266
最判平 9・12・18 民集 51 巻 10 号 4210 頁
〔百選 5 版 32 事件〕·················96
最判平 11・11・9 民集 53 巻 8 号 1403 頁
〔百選 5 版 89 事件〕················266

最判平 12・2・29 民集 54 巻 2 号 553 頁
〔百選 5 版 80 ①事件〕···············74
最判平 12・3・9 判時 1708 号 123 頁
〔百選 5 版 80 ②事件〕···············74
最判平 14・3・28 民集 56 巻 3 号 689 頁····78
最判平 16・6・10 民集 58 巻 5 号 1178 頁
〔百選 5 版 15 事件〕·················84
最判平 16・7・16 民集 58 巻 5 号 1744 頁
〔百選 5 版 37 事件〕················228
最判平 16・10・1 判時 1877 号 70 頁
〔百選 5 版 59 事件〕················114
最判平 17・1・17 民集 59 巻 1 号 1 頁
〔百選 5 版 63 事件〕················127
最判平 18・1・23 民集 60 巻 1 号 228 頁
〔百選 5 版 44 事件〕·················68
最判平 18・12・21 民集 60 巻 10 号 3964 頁
〔百選 5 版 19 事件〕·················19
最判平 19・9・27 金判 1277 号 19 頁····187
最決平 20・3・13 民集 62 巻 3 号 860 頁
〔百選 5 版 91 事件〕········262, 264, 272
最決平 20・12・16 民集 62 巻 10 号 2561 頁
〔百選 5 版 76 事件〕··········216, 227
最判平 22・3・16 民集 64 巻 2 号 523 頁
〔百選 5 版 45 事件〕·················58
最判平 22・6・4 民集 64 巻 4 号 1107 頁····117
最判平 23・11・22 民集 65 巻 8 号 3165 頁
〔百選 5 版 48 ①事件〕··············140
最判平 23・11・24 民集 65 巻 8 号 3213 頁
〔百選 5 版 48 ②事件〕··············140
最判平 23・12・15 民集 65 巻 9 号 3511 頁
〔百選 5 版 53 事件〕················227
最判平 24・5・28 民集 66 巻 7 号 3123 頁
〔百選 5 版 69 事件〕················132
最判平 24・10・19 判時 2169 号 9 頁·········37

◆ 高等裁判所 ◆

東京高決昭 33・7・5 金融法務事情 182 号
3 頁〔百選 5 版 4 事件〕·············37
東京高判昭 36・5・31 下民集 12 巻 5 号
1246 頁〔百選 3 版 83 事件〕·········77
東京高判昭 43・6・19 判タ 227 号 221 号··246
福岡高決昭 52・10・12 下民 28 巻 9～12 号
1072 頁〔百選 5 版 6 事件〕)·········37
東京高決昭 56・9・7 判時 1021 号 110 頁
〔百選 5 版 7 事件〕·················38
東京高決昭 59・3・27 判時 1117 号 142 頁

318

判 例 索 引

〔新百選 20 事件〕 ·············· *42*
大阪高判昭 59・6・15 判時 1132 号 126 頁
　〔新百選 14 事件〕 ·············· *31*
大阪高判昭 61・2・20 判時 1202 号 55 頁
　〔新百選 35 事件〕 ·············· *96*
札幌高決昭 61・3・26 判タ 601 号 74 頁
　〔百選 3 版 59 事件〕 ·········· *117, 227*
東京高判昭 63・2・10 高民集 41 巻 1 号
　1 頁〔百選 3 版 82 事件〕 ········ *77*
東京高判平元・10・19 金法 1246 号 32 頁··· *36*
大阪高判平元・10・26 判タ 711 号 253 頁··· *246*
福岡高決平 9・4・22 判タ 956 号 291 頁··· *39*
東京高決平 13・9・3 金商 1131 号 24 頁
　〔倒産百選 4 版 81 事件〕 ·········· *251*
東京高決平 14・9・6 判時 1826 号 72 頁
　·································· *252, 264*
広島高決平 14・9・11 金商 1162 号 23 頁
　〔百選 5 版 A2〕 ·················· *31*
東京高決平 15・7・25 金法 1688 号 37 頁
　〔百選 5 版 92 事件〕 ·············· *265*
札幌高決平 15・8・12 判タ 1146 号 300 頁
　······························· *179*
東京高決平 16・6・17 金法 1719 号 51 頁
　······························· *208*
東京高決平 16・6・17 金法 1719 号 61 頁
　·································· *264, 265*
東京高決平 16・7・23 金法 1727 号 84 頁
　〔百選 5 版 90 事件〕 ·········· *252, 264*
名古屋高決平 16・8・10 判時 1884 号 49 頁
　······························· *232*
福岡高決平 18・3・23 判タ 1222 号 310 頁
　······························· *231*
大阪高決平 18・4・26 金法 1789 号 24 頁
　······························· *252*
東京高判平 18・8・30 金判 1277 号 21 頁
　······························· *187*
東京高判平 19・3・14 判タ 1246 号 337 頁
　······························· *216*
大阪高決平 21・6・3 金判 1321 号 30 頁··· *186*
東京高決平 21・7・7 判タ 1308 号 89 頁
　〔百選 5 版 61 事件〕 ·············· *232*
福岡高那覇支決平 21・9・7 判タ 1321 号
　278 頁 ·························· *186*
名古屋高判平 23・6・2 金法 1944 号 127
　頁〔百選 5 版 77 ②事件〕 ······· *77, 215*

名古屋高判平 24・1・31 金商 1388 号 42
　頁〔百選 5 版 66 事件〕 ·············· *131*

◆ 地方裁判所・簡易裁判所 ◆

東京地判昭 41・12・23 下民 17 巻 11=12 号
　1311 頁 ·························· *246*
大阪地判昭 52・9・21 判時 878 号 88 頁····· *90*
東京地判昭 63・6・28 判時 1310 号 143 頁
　〔新百選 81 事件〕 ·················· *118*
東京地決平 3・10・29 判時 1402 号 32 頁
　〔百選 5 版 5 事件〕 ················ *36*
東京地判平 3・12・16 金判 903 号 39 頁
　〔百選 5 版 47 事件〕 ················ *57*
東京地判平 6・9・26 金法 1426 号 94 頁··· *36*
東京地判平 7・11・30 判タ 914 号 249 頁··· *246*
福岡地小倉支決平 9・1・17 判タ 956 号
　293 頁 ···························· *38*
広島地福山支判平 10・3・6 判時 1660 号
　112 頁 ···························· *57*
東京地決平 12・1・27 金判 1120 号 58 頁
　〔百選 5 版 22 事件〕 ················ *246*
大阪地決平 13・7・19 金法 1636 号 58 頁··· *216*
大阪地決平 13・7・19 判時 1762 号 148 頁
　〔百選 5 版 62 事件〕 ················ *215*
東京地判平 14・8・26 金法 1689 号 49 頁
　······························· *200*
東京地判平 15・12・22 判タ 1141 号 279 頁
　························· *119, 215, 216,*
東京地判平 16・2・27 金法 1772 号 92 頁
　······························· *186*
東京地判平 16・6・10 判タ 1185 号 315 頁
　······························· *216*
東京地判平 17・6・10 判タ 1212 号 127 頁
　······························· *226*
東京地判平 17・8・29 判タ 1206 号 79 頁
　······························· *199*
東京地判平 18・1・30 判タ 1225 号 312 頁
　······························· *230*
大阪地判平 20・10・31 判時 2039 号 51 頁
　〔百選 5 版 21 事件〕 ················ *170*
大阪地判平 21・1・29 判時 2037 号 74 頁
　〔百選 5 版 77 ①事件〕 ··········· *77, 215*
東京地判平 21・11・10 判タ 1320 号 275 頁
　〔百選 5 版 67 事件〕 ················ *130*

319

条 文 索 引

◆ か 行 ◆

外国倒産承認援助規則
41 条 ···································· 305

外国倒産承認援助法
4 条 ····································· 304
5 条 ····································· 304
17 条 ···································· 303
17 条 1 項 ····························· 304
21 条 ···································· 304
22 条 ···································· 304
25 条 ···································· 304
26 条 ···································· 304
27 条 ···································· 304
28 条 ···································· 304
31 条 ···································· 304
32 条 ···································· 304
56 条 ···································· 304
57 条 ···································· 305
59 条 1 項 ····························· 305
60 条 1 項 ····························· 305

会社更生法
3 条 ······························ 302, 306
4 条 ····································· 303
24 条 1 項 1 号 ····· 39, 150, 290, 296
32 条 1 項 ····························· 302
41 条 2 項 ····························· 188
48 条 1 項 ······················ 128, 136
50 条 ···························· 39, 150, 290, 296
50 条 1 項 ······················ 150, 290
50 条 9 項 1 号 ······················ 296
61 条 3 項 ····························· 218
95 条 1 項 ····························· 241
98 条 ······························ 294, 296
104 条 ·································· 121
137 条 ·································· 306
133 条 ······························ 198, 202
168 条 1 項 ···························· 10
168 条 5 項 ···························· 253
208 条 ·························· 39, 150, 290, 296
240 条 ·································· 267
242 条 ·································· 305

243 条 ·································· 306
245 条 ·································· 306
246 条 1 項 ···························· 296
246 条 2 項 ···························· 296
249 条 ·································· 292
250 条 ·································· 292
251 条 1 項 ···························· 291
251 条 3 項 ···························· 291
252 条 ·································· 291
254 条 1 項 ···························· 293
254 条 2 項 ···························· 294
254 条 3 項 ···························· 293
254 条 4 項 ···························· 294
254 条 6 項 ······················ 139, 292

会社法
36 条 3 項 ····························· 61
104 条 ··································· 61
120 条 4 項 ···························· 106
208 条 3 号 ···························· 234
208 条 5 項 ···························· 61
281 条 3 号 ···························· 234
309 条 2 項 11 号 ···················· 208
330 条 ······························ 45, 83
331 条 ··································· 83
349 条 4 項 ···························· 180
362 条 2 項 ···························· 180
423 条 ·································· 106
467 条 1 項 1 号 ···················· 208
467 条 1 項 2 号 ···················· 208
478 条 2 項 ···························· 151
510 条 ···································· 9
512 条 ··································· 39
515 条 ··································· 39
576 条 ··································· 61
580 条 1 項 ···························· 61
580 条 2 項 ···························· 61
847 条 ······························ 86, 246

仮登記担保法
2 条 1 項 ····························· 120
3 条 2 項 ····························· 120
5 条 ···································· 120
9 条 1 項 ····························· 120

条 文 索 引

9条3項	227
15条	120
19条1項	120

憲　法
21条2項	49
22条1項	49
29条1項	157

小切手法
43条	58

◆　さ　行　◆

借地借家法
5条	76
6条	76
28条	76

商　法
31条	115, 123
515条	114
521条	79, 115, 123
525条	82, 123
529条	82
552条2項	110, 111
557条	115, 123
558条	123
562条	115, 123
582条	111
589条	123
753条	123

◆　た　行　◆

手形法
17条	22
44条3項	99
47条	58
53条1項2号	99
77条	58
77条1項1号	22
77条1項4号	58, 99

特許法
99条	78

◆　は　行　◆

破産規則
8条1項	30
13条	29
17条	45

19条	45
19条2項	70
23条1項	17
25条	139, 141
35条	63
37条	63
57条	122
57条2項	122

破産法
1条	26
2条3項	102
2条4項	25
2条5項	51, 73, 119
2条6項	24
2条7項	136, 139
2条9項	80, 111, 113, 115, 117, 119, 143
2条10項	113
2条11項	36, 178
3条	35, 302, 306
4条1項	303
5条	29, 30
5条1項	15
6条	30
7条	30, 171
8条	45, 162
13条	32, 35, 45, 63
15条	45
15条1項	28, 36, 45, 154, 178
15条2項	37
16条	38, 178
17条	306
18条1項	28
18条2項	29
19条	28
19条3項	29
19条4項	29
19条5項	34
20条1項	29
22条1項	30, 31
23条1項	31
24条1項	40, 42
25条	40
25条1項	184
27条	41
28条	41
29条	32

321

条 文 索 引

30条‥‥‥‥‥‥‥‥‥‥‥‥‥‥‥‥‥‥‥‥‥‥‥‥‥‥‥‥‥‥ *39, 45*
30条1項‥‥‥‥‥‥‥‥‥‥‥‥‥‥‥‥‥‥‥‥‥‥‥‥‥‥‥‥ *28*
30条1項1号‥‥‥‥‥‥‥‥‥‥‥‥‥‥‥‥‥‥‥‥‥‥‥‥ *30*
30条2項‥‥‥‥‥‥‥‥‥‥‥‥‥‥‥‥‥‥‥‥‥‥‥‥‥‥ *188*
31条‥‥‥‥‥‥‥‥‥‥‥‥‥‥‥‥‥‥‥‥‥‥‥‥‥‥‥‥‥‥ *45, 46*
31条1項‥‥‥‥‥‥‥‥‥‥‥‥‥‥‥‥‥‥‥‥‥‥‥‥‥‥‥‥ *17*
31条1項1号‥‥‥‥‥‥‥‥‥‥‥‥‥‥‥‥‥‥‥‥‥‥‥‥ *62*
31条3項‥‥‥‥‥‥‥‥‥‥‥‥‥‥‥‥‥‥‥‥‥‥‥‥‥‥‥‥ *62*
31条4項‥‥‥‥‥‥‥‥‥‥‥‥‥‥‥‥‥‥‥‥‥‥‥‥‥‥‥‥ *23*
31条5項‥‥‥‥‥‥‥‥‥‥‥‥‥‥‥‥‥‥‥‥‥‥‥‥‥‥‥‥ *23*
32条‥‥‥‥‥‥‥‥‥‥‥‥‥‥‥‥‥‥‥‥‥‥‥‥‥ *17, 46, 188*
33条‥‥‥‥‥‥‥‥‥‥‥‥‥‥‥‥‥‥‥‥‥‥‥‥‥‥‥‥‥‥ *45*
34条‥‥‥‥‥‥‥‥‥‥‥‥‥‥‥‥‥‥‥‥‥‥‥ *73, 107, 204*
34条1項‥‥‥‥‥‥‥‥‥‥‥‥‥‥‥‥‥‥‥‥ *53, 66, 302*
34条2項‥‥‥‥‥‥‥‥‥‥‥‥‥‥‥‥‥‥‥‥‥‥‥‥‥‥‥‥ *67*
34条3項‥‥‥‥‥‥‥‥‥‥‥‥‥‥‥‥‥‥‥‥‥ *67, 68, 204*
34条3項2号‥‥‥‥‥‥‥‥‥‥‥‥‥‥‥‥‥‥‥‥‥‥‥‥ *79*
34条4項‥‥‥‥‥‥‥‥‥‥‥‥‥‥‥‥‥ *67, 68, 82, 204*
35条‥‥‥‥‥‥‥‥‥‥‥‥‥‥‥‥‥‥‥‥‥‥‥‥‥‥‥‥‥‥ *47, 83*
37条‥‥‥‥‥‥‥‥‥‥‥‥‥‥‥‥‥‥‥‥‥‥‥‥‥‥‥‥‥‥ *25, 49*
38条‥‥‥‥‥‥‥‥‥‥‥‥‥‥‥‥‥‥‥‥‥‥‥‥‥‥‥‥‥‥ *44, 49*
39条‥‥‥‥‥‥‥‥‥‥‥‥‥‥‥‥‥‥‥‥‥‥‥‥‥‥‥ *49, 150*
40条‥‥‥‥‥‥‥‥‥‥‥‥‥‥‥‥‥‥‥‥‥‥‥‥‥‥‥‥‥‥ *25, 48*
41条‥‥‥‥‥‥‥‥‥‥‥‥‥‥‥‥‥‥‥‥‥‥‥‥‥‥‥‥‥‥‥ *48*
42条‥‥‥‥‥‥‥‥‥‥‥‥‥‥‥‥ *40, 47, 86, 87, 221*
42条1項‥‥‥‥‥‥‥‥‥‥‥‥‥‥‥‥‥‥‥‥‥‥‥ *86, 201*
42条2項‥‥‥‥‥‥‥‥‥‥‥‥‥‥‥‥‥‥‥‥‥‥‥‥ *86, 87*
42条4項‥‥‥‥‥‥‥‥‥‥‥‥‥‥‥‥‥‥‥‥‥‥‥‥‥‥ *138*
43条‥‥‥‥‥‥‥‥‥‥‥‥‥‥‥‥‥‥‥‥‥‥‥‥‥‥‥‥‥‥ *47, 87*
44条‥‥‥‥‥‥‥‥‥‥‥‥‥‥‥‥‥‥‥‥‥‥‥ *48, 88, 87*
44条1項‥‥‥‥‥‥‥‥‥‥‥‥‥‥‥‥‥‥ *48, 86, 295*
44条2項‥‥‥‥‥‥‥‥‥‥‥‥‥‥‥‥‥‥‥‥‥‥‥‥‥‥‥‥ *86*
44条3項‥‥‥‥‥‥‥‥‥‥‥‥‥‥‥‥‥‥‥‥‥‥‥ *85, 138*
44条4項‥‥‥‥‥‥‥‥‥‥‥‥‥‥‥‥‥‥‥‥‥‥‥‥‥‥ *153*
44条5項‥‥‥‥‥‥‥‥‥‥‥‥‥‥‥‥‥‥‥‥‥‥‥‥‥‥ *153*
45条‥‥‥‥‥‥‥‥‥‥‥‥‥‥‥‥‥‥‥‥‥‥ *48, 86, 153*
46条‥‥‥‥‥‥‥‥‥‥‥‥‥‥‥‥‥‥‥‥‥‥ *48, 88, 138*
47条‥‥‥‥‥‥‥‥‥‥‥‥‥‥‥‥‥‥‥‥‥‥‥‥‥‥‥‥‥‥ *47*
47条1項‥‥‥‥‥‥‥‥‥‥‥‥‥‥‥‥‥‥‥‥‥‥‥‥‥‥‥‥ *70*
47条2項‥‥‥‥‥‥‥‥‥‥‥‥‥‥‥‥‥‥‥‥‥‥‥‥‥‥‥‥ *70*
48条‥‥‥‥‥‥‥‥‥‥‥‥‥‥‥‥‥‥‥‥‥‥‥‥‥‥‥‥‥‥ *47*
48条1項‥‥‥‥‥‥‥‥‥‥‥‥‥‥‥‥‥‥‥‥‥‥‥‥‥‥‥‥ *71*
49条‥‥‥‥‥‥‥‥‥‥‥‥‥‥‥‥‥‥‥‥‥‥‥‥‥‥‥‥‥‥ *47*
49条1項但書‥‥‥‥‥‥‥‥‥‥‥‥‥‥‥‥‥‥‥‥‥‥‥‥ *71*
49条2項‥‥‥‥‥‥‥‥‥‥‥‥‥‥‥‥‥‥‥‥‥‥‥‥‥‥‥‥ *72*
50条‥‥‥‥‥‥‥‥‥‥‥‥‥‥‥‥‥‥‥‥‥‥‥‥‥‥‥‥‥‥ *47*

50条1項‥‥‥‥‥‥‥‥‥‥‥‥‥‥‥‥‥‥‥‥‥‥‥ *72, 112*
50条2項‥‥‥‥‥‥‥‥‥‥‥‥‥‥‥‥‥‥‥‥‥‥‥ *72, 112*
51条‥‥‥‥‥‥‥‥‥‥‥‥‥‥‥‥‥‥‥‥‥‥‥‥‥‥‥‥‥‥ *72*
52条1項‥‥‥‥‥‥‥‥‥‥‥‥‥‥‥‥‥‥‥‥‥‥‥‥‥‥‥‥ *84*
53条‥‥‥‥‥‥‥‥‥‥‥‥‥‥ *77, 78, 117, 118, 156, 212*
53条1項‥‥‥‥‥‥‥‥‥‥‥‥‥‥‥‥‥‥‥‥‥‥ *73, 213*
54条‥‥‥‥‥‥‥‥‥‥‥‥‥‥‥‥‥‥‥‥‥‥‥‥‥‥‥‥‥‥ *74*
54条1項‥‥‥‥‥‥‥‥‥‥‥‥‥‥‥‥‥‥‥‥‥‥ *74, 215*
54条2項‥‥‥‥‥‥‥‥‥‥‥‥‥‥‥‥‥‥‥ *74, 81, 217*
54条2項後段‥‥‥‥‥‥‥‥‥‥‥‥‥‥‥‥‥‥‥‥‥‥ *138*
55条‥‥‥‥‥‥‥‥‥‥‥‥‥‥‥‥‥‥‥‥‥‥‥‥ *155, 213*
55条1項‥‥‥‥‥‥‥‥‥‥‥‥‥‥‥‥‥‥‥‥‥‥ *75, 155*
55条2項‥‥‥‥‥‥‥‥‥‥‥‥‥‥‥‥‥‥‥‥‥‥‥‥‥‥‥‥ *75*
55条3項‥‥‥‥‥‥‥‥‥‥‥‥‥‥‥‥‥‥‥‥‥‥‥‥‥‥‥‥ *75*
56条‥‥‥‥‥‥‥‥‥‥‥‥‥‥‥‥‥‥‥‥‥‥‥‥ *78, 214*
56条1項‥‥‥‥‥‥‥‥‥‥‥‥‥‥‥‥‥‥‥‥‥‥‥‥‥‥‥‥ *77*
56条2項‥‥‥‥‥‥‥‥‥‥‥‥‥‥‥‥‥‥‥‥‥‥‥‥‥‥‥‥ *77*
57条‥‥‥‥‥‥‥‥‥‥‥‥‥‥‥‥‥‥‥‥‥‥‥‥‥‥‥‥‥‥ *83*
58条‥‥‥‥‥‥‥‥‥‥‥‥‥‥‥‥‥‥‥‥‥‥‥‥ *82, 218*
59条‥‥‥‥‥‥‥‥‥‥‥‥‥‥‥‥‥‥‥‥‥‥‥‥ *82, 218*
60条‥‥‥‥‥‥‥‥‥‥‥‥‥‥‥‥‥‥‥‥‥‥‥‥‥‥‥‥‥‥ *53*
60条1項‥‥‥‥‥‥‥‥‥‥‥‥‥‥‥‥‥‥‥‥‥‥‥‥‥‥‥‥ *72*
60条2項‥‥‥‥‥‥‥‥‥‥‥‥‥‥‥‥‥‥‥‥‥‥‥‥‥‥‥‥ *73*
61条‥‥‥‥‥‥‥‥‥‥‥‥‥‥‥‥‥‥‥‥‥‥‥‥‥‥‥‥‥‥ *85*
62条‥‥‥‥‥‥‥‥‥‥‥‥‥‥‥‥‥ *66, 108, 110, 117*
63条1項‥‥‥‥‥‥‥‥‥‥‥‥‥‥‥‥‥‥ *110, 111, 224*
63条3項‥‥‥‥‥‥‥‥‥‥‥‥‥‥‥‥‥‥‥‥‥ *111, 225*
64条‥‥‥‥‥‥‥‥‥‥‥‥‥‥‥‥‥‥‥‥‥‥‥ *111, 225*
64条2項‥‥‥‥‥‥‥‥‥‥‥‥‥‥‥‥‥‥‥‥‥‥‥‥‥‥ *112*
65条1項‥‥‥‥‥‥‥‥‥‥‥‥‥‥ *80, 87, 113, 143, 228*
66条‥‥‥‥‥‥‥‥‥‥‥‥‥‥‥‥‥‥‥‥‥‥‥‥‥‥‥‥‥‥ *80*
66条1項‥‥‥‥‥‥‥‥‥‥‥‥‥‥‥‥‥‥‥‥‥ *113, 115*
66条2項‥‥‥‥‥‥‥‥‥‥‥‥‥‥‥‥‥‥‥‥‥ *113, 115*
66条3項‥‥‥‥‥‥‥‥‥‥‥‥‥‥‥‥‥‥‥‥‥ *113, 115*
67条‥‥‥‥‥‥‥‥‥‥‥‥‥‥‥‥‥‥‥‥‥‥‥‥‥‥‥‥‥‥ *78*
67条1項‥‥‥‥‥‥‥‥‥‥‥‥‥‥‥‥‥‥ *125, 127, 135*
67条2項‥‥‥‥‥‥‥‥‥‥‥‥‥‥‥‥‥‥‥‥‥ *126, 127*
68条1項‥‥‥‥‥‥‥‥‥‥‥‥‥‥‥‥‥‥‥‥‥‥‥‥‥‥ *127*
68条2項‥‥‥‥‥‥‥‥‥‥‥‥‥‥‥‥‥‥‥‥‥‥‥‥‥‥ *126*
69条‥‥‥‥‥‥‥‥‥‥‥‥‥‥‥‥‥‥‥‥‥‥‥ *54, 127*
70条‥‥‥‥‥‥‥‥‥‥‥‥‥‥‥‥‥‥‥‥‥‥‥‥‥‥‥‥‥‥ *54*
70条前段‥‥‥‥‥‥‥‥‥‥‥‥‥‥‥‥‥‥‥‥‥‥‥‥‥‥ *127*
70条後段‥‥‥‥‥‥‥‥‥‥‥‥‥‥‥‥‥‥‥‥‥ *78, 128*
71条‥‥‥‥‥‥‥‥‥‥‥‥‥‥‥‥‥‥‥‥‥‥‥‥‥‥‥‥‥‥ *235*
71条1項1号‥‥‥‥‥‥‥‥‥‥‥‥‥‥‥‥‥‥‥‥‥‥‥‥ *129*
71条1項2号‥‥‥‥‥‥‥‥‥‥‥‥‥‥‥ *129, 131, 133*

条 文 索 引

71条1項3号‥‥‥‥‥‥‥‥‥	*130, 133*
71条1項4号‥‥‥‥‥‥‥‥‥	*130, 133*
71条2項1号‥‥‥‥‥‥‥‥‥	*130*
71条2項2号‥‥‥‥‥‥‥‥‥	*131*
71条2項3号‥‥‥‥‥‥‥‥‥	*131*
72条‥‥‥‥‥‥‥‥‥‥‥‥	*236*
72条1項1号‥‥‥‥‥‥‥‥‥	*132*
72条1項2号‥‥‥‥‥‥‥‥‥	*132, 136*
72条1項3号‥‥‥‥‥‥‥‥‥	*132*
72条1項4号‥‥‥‥‥‥‥‥‥	*133, 136*
72条2項1号‥‥‥‥‥‥‥‥‥	*133*
72条2項2号‥‥‥‥‥‥‥‥‥	*133*
72条2項3号‥‥‥‥‥‥‥‥‥	*133*
72条2項4号‥‥‥‥‥‥‥‥‥	*133*
74条‥‥‥‥‥‥‥‥‥‥‥‥	*17, 22*
75条2項‥‥‥‥‥‥‥‥‥‥‥	*18*
78条‥‥‥‥‥‥‥‥‥‥‥‥	*25, 46*
78条1項‥‥‥ *27, 46, 70, 73, 143, 173*
78条2項‥‥‥‥‥‥‥‥‥‥‥	*141, 143*
78条2項8号‥‥‥‥‥‥‥‥‥	*144*
78条2項10号‥‥‥‥‥‥‥‥‥	*102*
78条2項13号‥‥‥‥‥‥‥‥‥	*110, 139*
78条2項14号‥‥‥‥‥‥‥‥‥	*114*
78条3項‥‥‥‥‥‥‥‥‥‥‥	*114, 141*
78条3項1号‥‥‥‥‥‥‥‥‥	*110, 139*
78条4項‥‥‥‥‥‥‥‥‥‥‥	*142*
78条5項‥‥‥‥‥‥‥‥‥‥‥	*142*
78条6項‥‥‥‥‥‥‥‥‥‥‥	*142*
79条‥‥‥‥‥‥‥‥‥‥‥‥	*18, 66, 107*
80条‥‥‥‥‥‥‥‥‥‥‥‥	*18, 47, 85*
81条‥‥‥‥‥‥‥‥‥‥‥‥	*25, 49*
82条‥‥‥‥‥‥‥‥‥‥‥‥	*49*
83条1項‥‥‥‥‥‥‥‥‥‥‥	*48*
85条‥‥‥‥‥‥‥‥‥‥‥‥	*18, 69*
88条‥‥‥‥‥‥‥‥‥‥‥‥	*18, 149*
88条1項‥‥‥‥‥‥‥‥‥‥‥	*153*
89条4項‥‥‥‥‥‥‥‥‥‥‥	*23*
90条‥‥‥‥‥‥‥‥‥‥‥‥	*150*
90条1項‥‥‥‥‥‥‥‥‥‥‥	*18*
90条2項‥‥‥‥‥‥‥‥‥‥‥	*139, 153*
91条‥‥‥‥‥‥‥‥‥‥‥‥	*22, 42*
93条‥‥‥‥‥‥‥‥‥‥‥‥	*22, 43*
96条1項‥‥‥‥‥‥‥‥‥‥‥	*22*
97条‥‥‥‥‥‥‥‥‥‥‥‥	*56*
97条1号‥‥‥‥‥‥‥‥‥‥‥	*54*
97条2号‥‥‥‥‥‥‥‥‥‥‥	*54*

97条3号‥‥‥‥‥‥‥‥‥‥‥	*54*
97条7号‥‥‥‥‥‥‥‥‥‥‥	*53*
98条‥‥‥‥‥‥‥‥‥‥‥‥	*79, 197*
98条1項‥‥‥ *52, 55, 87, 113, 115, 191*
98条2項‥‥‥‥‥‥‥‥‥‥‥	*55*
98条3項‥‥‥‥‥‥‥‥‥‥‥	*55*
99条1項‥‥‥‥‥‥‥‥‥‥‥	*56*
99条2項‥‥‥‥‥‥‥‥‥‥‥	*57*
100条‥‥‥‥‥‥‥‥‥‥	*24, 50, 51*
100条1項‥‥‥‥ *56, 62, 73, 86, 87*
101条‥‥‥‥‥‥‥‥‥‥‥‥	*50, 51*
101条1項‥‥‥‥‥‥‥‥‥‥‥	*56, 79*
102条‥‥‥‥‥‥‥‥‥‥‥‥	*125*
103条‥‥‥‥‥‥‥‥‥‥‥‥	*50*
103条2項‥‥‥‥‥‥‥‥‥	*24, 52, 54*
103条3項‥‥‥‥‥‥‥‥‥	*24, 54, 126*
103条4項‥‥‥‥‥‥‥‥‥	*24, 53, 54*
104条1項‥‥‥‥‥‥‥‥‥‥‥	*58*
104条2項‥‥‥‥‥‥‥‥‥‥‥	*58*
104条3項‥‥‥‥‥‥‥‥‥‥‥	*59*
104条3項但書‥‥‥‥‥‥‥‥‥	*60*
104条4項‥‥‥‥‥‥‥‥‥‥	*60, 61*
105条‥‥‥‥‥‥‥‥‥‥‥	*59, 61*
106条‥‥‥‥‥‥‥‥‥‥‥‥	*61*
107条‥‥‥‥‥‥‥‥‥‥‥‥	*61*
108条1項‥‥‥‥‥‥‥	*114, 117, 119*
108条2項‥‥‥‥‥‥‥‥‥‥‥	*115*
109条‥‥‥‥‥‥‥‥‥‥‥‥	*306*
110条‥‥‥‥‥‥‥‥‥‥‥‥	*24*
111条‥‥‥‥‥‥‥‥‥‥‥	*24, 114*
111条1項‥‥‥‥‥‥‥‥‥‥‥	*62*
112条1項‥‥‥‥‥‥‥‥‥‥‥	*62*
112条4項‥‥‥‥‥‥‥‥‥‥‥	*63*
113条‥‥‥‥‥‥‥‥‥‥‥‥	*63*
115条‥‥‥‥‥‥‥‥‥‥‥‥	*63*
116条1項‥‥‥‥‥‥‥‥‥‥‥	*63*
116条2項‥‥‥‥‥‥‥‥‥‥‥	*64*
118条‥‥‥‥‥‥‥‥‥‥‥‥	*24*
119条‥‥‥‥‥‥‥‥‥‥‥‥	*62*
121条‥‥‥‥‥‥‥‥‥‥‥‥	*25*
122条‥‥‥‥‥‥‥‥‥‥‥‥	*62*
124条‥‥‥‥‥‥‥‥‥‥‥‥	*64*
124条1項‥‥‥‥‥‥‥‥‥‥	*24, 51*
125条‥‥‥‥‥‥‥‥‥‥‥	*64, 65*
126条‥‥‥‥‥‥‥‥‥‥‥‥	*64*
127条1項‥‥‥‥‥‥‥‥‥	*64, 295*

323

条文索引

129条2項 ……… 65
132条 ……… 138
136条1項但書 ……… 23
138条 ……… 24
142条1項 ……… 57
144条1項 ……… 23
148条1項1号 ……… 137
148条1項2号 ……… 137
148条1項3号 ……… 53, 138, 197
148条1項4号 ……… 112, 138
148条1項5号 ……… 83, 112, 138
148条1項6号 ……… 83, 138
148条1項7号 ……… 74, 75, 77, 138
148条1項8号 ……… 76, 138
148条2項 ……… 138
148条4項 ……… 138
149条 ……… 53, 56, 79, 138
150条1項 ……… 138
150条2項 ……… 138
150条3項 ……… 138
150条4項 ……… 138
150条5項 ……… 138
151条 ……… 136, 139
152条 ……… 139, 198, 202
152条1項 ……… 74, 139
152条2項 ……… 138, 139
154条 ……… 114
160条 ……… 89
160条1項 ……… 91
160条1項1号 ……… 92, 93, 238
160条1項2号 ……… 92, 93, 238
160条2項 ……… 92
160条3項 ……… 93, 238
161条 ……… 94, 99, 238
161条1項 ……… 94, 95, 238
161条2項 ……… 95
162条 ……… 89, 96, 239
162条1項 ……… 97
162条1項1号 ……… 97
162条1項2号 ……… 96, 97
162条1項柱書かっこ書 ……… 98
162条2項 ……… 98
162条3項 ……… 92, 97
163条1項 ……… 99
163条2項 ……… 99
164条 ……… 99, 100

165条 ……… 100
166条 ……… 92, 97
166条かっこ書 ……… 94
167条1項 ……… 102, 103, 244
167条2項 ……… 104, 244
168条 ……… 244
168条1項 ……… 104, 138
168条2項2号 ……… 53
169条 ……… 104, 244
170条 ……… 43, 101
170条1項 ……… 101
170条2項 ……… 104
171条 ……… 43, 187, 244
172条 ……… 43
173条 ……… 101
173条1項 ……… 102, 105, 110, 241
173条2項 ……… 102
174条 ……… 103
175条 ……… 103
176条 ……… 103
177条 ……… 106
178条 ……… 106, 244
179条1項 ……… 106
179条2項 ……… 106
179条3項 ……… 106
180条 ……… 106, 244
180条1項 ……… 107
180条4項 ……… 107
181条 ……… 107
181条1項 ……… 143
184条 ……… 113, 150
184条2項 ……… 113, 120, 142, 143, 144
184条3項 ……… 120
184条4項 ……… 114, 120, 142
185条 ……… 114, 120
185条1項 ……… 143
185条2項 ……… 143
185条3項 ……… 143
186条 ……… 230
186条1項 ……… 122
186条2項 ……… 122
186条3項 ……… 122
187条1項 ……… 122
188条1項 ……… 122
188条2項 ……… 122
188条3項 ……… 122

条文索引

189 条 1 項 ……… *123*	221 条 ……… *148, 149, 150, 153, 267*
189 条 4 項 ……… *123*	221 条 2 項 ……… *64*
190 条 ……… *123*	222 条 ……… *33, 105*
192 条 ……… *123, 124*	223 条 ……… *38*
194 条 1 項 4 号 ……… *57*	224 条 1 項 ……… *28*
194 条 2 項 ……… *55*	229 条 1 項 ……… *66*
195 条 1 項 ……… *147*	232 条 2 項 ……… *33*
195 条 2 項 ……… *145*	234 条 ……… *105*
196 条 1 項 ……… *66, 146*	235 条 1 項 ……… *105*
198 条 1 項 ……… *146*	244 条の 2 ……… *33*
198 条 2 項 ……… *54, 147*	244 条の 3 ……… *38*
198 条 3 項 ……… *115, 147*	244 条の 4 第 1 項 ……… *28, 34*
200 条 1 項 ……… *24, 146*	245 条 ……… *305*
201 条 1 項 ……… *148*	247 条 ……… *306*
201 条 2 項 ……… *127*	248 条 ……… *25, 158*
201 条 3 項 ……… *127*	248 条 1 項 ……… *151*
201 条 4 項 ……… *306*	248 条 4 項 ……… *157*
202 条 ……… *148*	248 条 6 項 ……… *153*
203 条 ……… *139, 146*	249 条 1 項 ……… *152, 160*
204 条 ……… *148*	249 条 2 項 ……… *160*
204 条 1 項 ……… *145*	249 条 3 項 ……… *160*
206 条 ……… *148*	252 条 1 項 ……… *48, 159*
207 条 ……… *148*	252 条 1 項 10 号イ ……… *287*
208 条 ……… *148*	252 条 2 項 ……… *159*
208 条 1 項 ……… *145*	253 条 ……… *25*
209 条 1 項 ……… *145, 146*	253 条 1 項 ……… *155, 160, 161*
209 条 2 項 ……… *145*	253 条 2 項 ……… *160, 161*
209 条 3 項 ……… *145, 146*	253 条 3 項 ……… *161*
210 条 1 項 ……… *114, 146*	254 条 ……… *162*
210 条 2 項 ……… *146*	255 条 1 項 ……… *162*
212 条 1 項 ……… *54*	255 条 1 項 1 号 ……… *161*
214 条 ……… *115*	256 条 1 項 ……… *151, 152, 162*
214 条 1 項 3 号 ……… *115*	257 条 ……… *46*
214 条 1 項 4 号 ……… *54*	258 条 ……… *46*
214 条 1 項 5 号 ……… *54*	260 条 1 項 ……… *104*
214 条 3 項 ……… *115*	262 条 ……… *104*
214 条 4 項 ……… *147*	265 条 ……… *163*
215 条 ……… *149*	266 条 ……… *164*
216 条 ……… *151*	267 条 ……… *164*
217 条 ……… *152*	268 条 ……… *164*
217 条 2 項 ……… *23*	269 条 ……… *48, 164*
217 条 8 項 ……… *153*	270 条 ……… *164*
218 条 1 項 ……… *152*	271 条 ……… *164*
218 条 5 項 ……… *153*	272 条 ……… *164*
219 条 ……… *153*	273 条 2 項 ……… *164*
220 条 1 項 ……… *148, 149, 150*	274 条 2 項 ……… *164*

条文索引

275条 ……………………… *164*

不動産登記法
　　105条1号 ………………… *71*
　　105条2号 ………………… *72*

保険法
　　2条1号 …………………… *81*
　　31条 ……………………… *81*
　　59条1項 ………………… *81*
　　88条1項 ………………… *81*
　　92条4号 ………………… *81*
　　96条1項 ………………… *81*
　　96条2項 ………………… *81*

◆ ま 行 ◆

民事再生規則
　　2条1項 ……………… *180, 274*
　　12条 …………………… *180*
　　12条1項 ……………… *180*
　　13条 …………………… *180*
　　13条1項 ……………… *180*
　　16条1項 ……………… *181*
　　17条 …………………… *188*
　　31条 …………………… *195*
　　32条 …………………… *195*
　　52条 …………………… *173*
　　56条1項 ……………… *205*
　　56条2項 ……………… *206*
　　61条 …………………… *173*
　　63条 …………………… *207*
　　64条 …………………… *207*
　　70条 …………………… *232*
　　71条 …………………… *232*
　　83条 …………………… *198, 253*
　　84条1項 ……………… *258*
　　84条3項 ……………… *258*
　　94条4項 ……………… *270*
　　95条 …………………… *274*
　　98条 …………………… *277*
　　139条 ………………… *288*
　　139条1項 …………… *288*
　　243条 ………………… *289*

民事再生法
　　1条 ……………………… *167*
　　2条3号 ………………… *249*
　　2条4号 ………………… *249*
　　3条 ……………… *177, 302, 306*

4条1項 ……………………… *302*
5条 ………………………… *171*
6条 …………………… *171, 247*
7条 ………………………… *171*
12条1項1号 ……………… *204*
18条 ………………… *177, 180*
21条 ………………… *178, 180*
21条1項 …………… *178, 179*
21条2項 …………… *179, 180*
22条 ……………………… *179*
23条1項 …………… *29, 181*
23条2項 ………………… *181*
24条の2 ………………… *181*
24条1項 ………………… *181*
25条 ……………………… *179*
25条1号 ………………… *181*
26条 ………………… *39, 184*
26条1項 ………………… *183*
26条1項1号 …………… *290*
27条 ………………… *184, 185*
28条1項 ………………… *185*
29条1項 ………………… *185*
30条 ……………………… *185*
31条1項 …………… *186, 187*
32条 ……………………… *182*
33条 ……………………… *188*
33条2項 ………………… *183*
34条 ……………………… *188*
35条 ……………………… *188*
35条4項 ………………… *192*
36条 ……………………… *188*
38条1項 …… *29, 167, 169, 181, 188, 302*
38条2項 …………… *169, 210*
39条 ………………… *39, 189, 190*
39条1項 … *150, 178, 190, 198, 221, 290, 291*
39条2項 …………… *190, 222*
39条3項 ………………… *200*
40条 ……………………… *190*
40条の2 ………………… *220*
40条の2第1項 ………… *190*
40条1項 ………………… *219*
40条3項 ………………… *220*
41条 ……………………… *210*
41条1項 …………… *188, 224*
41条2項 ………………… *188*
42条1項 ………………… *207*

326

条文索引

43 条··········208, 209
44 条··········211
44 条 1 項··········189
45 条··········170, 210, 211
46 条··········212
47 条··········211, 212
49 条··········213, 215, 212, 214, 216, 218
49 条 1 項··········213
49 条 2 項··········213
49 条 3 項··········218
49 条 4 項··········200, 216
49 条 5 項··········200, 213, 215, 217
50 条··········200, 213, 217
50 条 3 項··········217
51 条··········200, 214, 218
52 条 1 項··········222
52 条 2 項··········224, 225
53 条··········186, 226
53 条 1 項··········169, 224, 226
53 条 2 項··········169, 226, 228
54 条··········187, 210
54 条 1 項··········171, 189, 240
54 条 2 項··········172
56 条··········200, 240
56 条 1 項··········240
56 条 2 項··········241
60 条··········172, 268
62 条··········172, 187
64 条··········172
64 条 1 項··········172, 189
66 条··········173, 189
67 条··········221
67 条 5 項··········200
68 条··········221
68 条 2 項··········243, 272, 278, 294, 295
68 条 3 項··········243, 272, 278, 294, 295
76 条··········212
76 条 1 項··········210
79 条 1 項··········173, 187
81 条 1 項··········173
84 条 1 項··········191, 213, 215
84 条 2 項··········251
85 条 1 項···168, 178, 189, 191, 192, 210, 211
85 条 2 項··········193
85 条 5 項··········194, 226
86 条··········189, 211

86 条 2 項··········192
87 条 1 項··········193
87 条 2 項··········251
87 条 3 項··········192, 260
88 条··········192, 228, 229
89 条··········306
89 条 3 項··········260
90 条··········174
92 条··········214
92 条 1 項··········128, 136, 233, 234, 237
92 条 2 項··········214, 234
92 条 3 項··········214, 234
93 条··········234
93 条 1 項··········190
93 条 1 項 1 号··········235
93 条 1 項 2 号··········235
93 条 1 項 3 号··········235
93 条 1 項 4 号··········236
93 条 2 項··········236
93 条 2 項 1 号··········236
93 条 2 項 2 号··········236
93 条 2 項 3 号··········236
93 条の 2··········234
93 条の 2 第 1 項 1 号··········236
93 条の 2 第 1 項 2 号··········236
93 条の 2 第 1 項 3 号··········237
93 条の 2 第 2 項··········237
94 条··········228
94 条 1 項··········234
100 条··········195
101 条 3 項··········195, 260
104 条 1 項··········195, 229, 260
105 条··········195, 219
106 条··········195
106 条 1 項··········219
107 条··········195
107 条 1 項··········220, 295
109 条 2 項··········220, 295
112 条··········200
112 条の 2 第 1 項··········294
112 条の 2 第 2 項··········294
112 条の 2 第 4 項··········295
112 条の 2 第 5 項··········295
113 条··········220
114 条··········173
115 条··········173

327

条 文 索 引

116条	*173*
117条	*173*
118条の2	*174*
118条の3	*174*
118条2項	*174*
119条	*199*
119条2号	*215*
119条6号	*215*
120条	*200, 201*
120条の2	*200*
121条1項	*198, 201*
121条2項	*198, 201*
121条3項	*198, 202*
121条4項	*198*
121条5項	*198*
121条6項	*198*
122条	*191*
122条1項	*169, 217*
122条2項	*169, 197, 217*
122条4項	*198*
123条1項	*202*
123条2項	*203*
123条3項	*203*
124条1項	*205, 206*
124条3項	*205*
126条1項	*206*
127条1項	*238*
127条2項	*238*
127条3項	*238*
127条の2	*238*
127条の3第1項	*238*
127条の3第1項1号	*238, 239*
127条の3第1項2号	*238, 239*
128条	*239*
128条3項	*239*
129条	*239*
130条	*239*
132条1項	*244*
132条の2	*244*
133条	*244*
134条	*239*
134条の2	*187, 244*
135条1項	*170, 240, 241*
135条3項	*241*
136条5項	*272, 274, 294*
137条6項	*272, 278, 294*

137条7項	*272, 294*
138条1項	*241, 242*
138条2項	*242*
138条3項	*242*
138条4項	*242*
139条	*244, 294*
140条	*243*
140条1項	*200*
141条1項	*243*
141条2項	*243*
142条1項	*245, 247*
143条	*244*
143条1項	*245*
143条2項	*245*
143条6項	*274, 278, 295*
144条1項	*246*
144条2項	*245*
144条3項	*246*
145条	*244*
145条1項	*245, 247*
145条2項	*247*
146条6項	*278, 295*
147条	*246*
148条	*121, 230, 232*
148条4項	*231*
149条1項	*231*
151条4項	*200*
152条	*232*
154条1項1号	*191, 250*
154条1項2号	*198, 253*
154条1項3号	*253*
154条2項	*254*
154条3項	*256*
154条4項	*256*
155条1項	*169*
155条1項本文	*250*
155条1項但書	*251*
155条2項	*192, 262*
155条3項	*253*
155条4項	*253*
156条	*191, 250, 258*
157条1項	*228, 250, 255*
157条2項	*250, 255*
158条	*254*
159条	*250, 254*
160条1項	*228, 250, 255*

条 文 索 引

160 条 2 項	229, 256	185 条 1 項	267, 275
163 条 1 項	257, 258	185 条 2 項	267, 275, 278
163 条 2 項	257	186 条 1 項	268
163 条 3 項	258	186 条 2 項	268
164 条 1 項	258	187 条	269
164 条 2 項	258	187 条 1 項	269, 270
165 条 2 項	229, 257	187 条 2 項	270
167 条	259	187 条 3 項	271
169 条の 2 第 1 項	260	188 条 1 項	269, 271
169 条 1 項	259	188 条 2 項	271
169 条 2 項	259, 261	188 条 3 項	269, 271
170 条	229	188 条 4 項	271, 274
170 条 1 項	260	189 条	274, 275
170 条 2 項 1 号	260	189 条 1 項 1 号	272
171 条 1 項	260	189 条 1 項 2 号	269, 272
172 条 2 項	262	189 条 1 項 3 号	273
172 条の 2 第 1 項	261	189 条 3 項	273
172 条の 3 第 1 項	262	189 条 7 項	275
172 条の 3 第 2 項	192, 263, 265	189 条 8 項	274, 275
172 条の 3 第 3 項	263	191 条	286, 276
172 条の 4	263	192 条	287, 276
172 条の 5	263	193 条	277
173 条	264	193 条 1 項	287
174 条 1 項	264	194 条	277
174 条 1 項 4 号	169	194 条 1 項	269
174 条 2 項	257, 264	195 条 6 項	278
174 条 3 項	265	195 条 7 項	278
174 条の 2 第 1 項	265	196 条	281
175 条	265, 287	198 条	281
176 条	259, 266, 287	199 条	281, 282, 305
177 条 1 項	266	199 条 1 項	281
177 条 2 項	266	199 条 2 項	282
178 条	195, 266	199 条 3 項	282
179 条 1 項	266	199 条 4 項	282
180 条 1 項	266	200 条 1 項	283
180 条 2 項	267	201 条 1 項	283
180 条 3 項	267	202 条	283
181 条 1 項 3 号	195	203 条	266
181 条 2 項	196	203 条 1 項	283
182 条	193	204 条 1 項	283
183 条の 2 第 1 項	256	207 条	305
183 条 1 項	256	208 条	179, 306
183 条 2 項	256	209 条 1 項	179
183 条 4 項	256	209 条 3 項	257
183 条の 2 第 1 項	256	211 条	175
184 条	39, 150, 290, 291	211 条 1 項	179

条 文 索 引

213 条 5 項	220	252 条 4 項	294
215 条	258	252 条 5 項	197, 293
216 条	267	252 条 6 項	139, 197, 292
217 条	175	253 条 1 項	292
219 条	258	253 条 7 項	292
219 条 2 項	220	254 条	278, 294
220 条	267	**民事執行法**	
221 条	176	10 条	86
221 条 1 項	284	11 条	86
221 条 2 項	284	20 条	35
221 条 7 項	284	28 条	32
223 条	284	29 条	32
226 条	285	35 条	32
227 条	285	40 条 1 項	242
228 条	285	40 条 2 項	242
229 条 2 項	253, 284, 286	40 条 3 項	242
230 条	285	43 条	242
231 条	285	47 条	242
232 条	286	47 条 2 項	242
233 条	286	47 条 3 項	242
234 条	287, 289	52 条	242
235 条	287, 289	60 条 3 項	205
236 条	287	115 条 1 項 2 号	242
237 条	287	142 条	242, 247
238 条	220, 284, 286	152 条 2 項	79
239 条	176, 288	171 条	52
239 条 1 項	179	180 条	87, 143
239 条 5 項 2 号ロ	287	181 条	113
240 条	288	195 条	142
241 条 2 項 7 号	218	253 条	45
242 条	288	**民事訴訟法**	
244 条	253, 289	28 条	32, 177
245 条	220	29 条	32, 35, 177
246 条 1 項	295	61 条	85
246 条 2 項	295	40 条	242
248 条	292	47 条 4 項	242
249 条	274	87 条 1 項	103
249 条 1 項	291	115 条 1 項 2 号	242
249 条 2 項	291	121 条	63
250 条	274	133 条 2 項	102
250 条 1 項	291	137 条	180
250 条 2 項	291	142 条	242, 247
251 条 1 項	274	253 条	103
252 条 1 項	293	253 条 1 項 3 号	106
252 条 2 項	294	255 条	103
252 条 3 項	293	**民 法**	

条 文 索 引

3条	32, 177
33条	177
94条2項	21, 170
96条3項	21, 170
177条	20, 21, 170
197条	108
200条	108, 223
295条	108, 226
302条	108, 109
306条	52, 55, 56
306条2号	79, 217
308条	56, 79, 217
311条5号	111
321条	111
325条2号	217
327条	80, 217
329条1項	55
344条	109
352条	109
353条	109
354条	113
366条1項	113
414条1項	52
423条	86, 220
424条	86, 88, 220
427条	58
430条	58
436条	58
442条	59
452条	59
453条	59
458条	58
459条	59
460条1号	59
467条2項	20
505条	125, 126, 128
506条2項	237
509条	125, 128, 234
510条	125, 128, 234

542条1項4号	82
545条	74
545条1項但書	21, 74, 170
587条の2第3項	84
623条	78
627条	217
627条1項	79
631条	79
632条	79
641条	81
642条	79
642条2項	80
643条	83
647条	106
653条	45
653条2号	83
654条	83
655条	83
667条	82
679条2号	82
681条	83
685条	35
688条	35
758条2項	85
758条3項	84
824条	85
835条	85
877条	52
922条	33
941条	33
948条	33
950条	33

◆ ら 行 ◆

労働基準法

19条	217
20条	217
20条1項	79

〈著者紹介〉

三上威彦（みかみ・たけひこ）

1952年　広島県広島市生まれ
1975年　慶應義塾大学法学部卒業
1978年　同大学院法学研究科修士課程修了
1981年　同博士課程単位取得退学
1978年　大月市立短期大学助手
1981年　大月市立短期大学専任講師
1983年　横浜市立大学助教授
1994年　横浜市立大学教授
2004年　慶應義塾大学大学院法務研究科(法科大学院)教授（現在に至る）
1984年　法学博士（慶應義塾大学）
2009年　名誉法学博士（ザールラント大学・ドイツ）
1990年〜1991年　フライブルク大学(ドイツ)客員研究員

〈主要著作〉

『倒産法』(信山社・2017年)
『ドイツ倒産法改正の軌跡』(成文堂・1995年)
石川明＝三上威彦編著『破産法・民事再生法』(青林書院・2003年)
石川明＝三上威彦編著『比較裁判外紛争解決制度』(慶應義塾大学出版会・1997年)

〈概説〉倒産法

2018(平成30)年 3 月 30 日　第 1 版第 1 刷発行

著　者　三　上　威　彦
発行者　今井 貴 稲葉文子
発行所　　株式会社 信山社
〒113-0033　東京都文京区本郷 6-2-9-102
Tel 03-3818-1019　Fax 03-3818-0344
info@shinzansha.co.jp
笠間才木支店　〒309-1600 茨城県笠間市才木 515-3
笠間来栖支店　〒309-1625 茨城県笠間市来栖 2345-1
Tel 0296-71-0215　Fax 0296-72-5410
出版契約 2018-7010-5-01011　Printed in Japan

©三上威彦，2018 印刷・製本／亜細亜印刷・渋谷文泉閣
ISBN978-4-7972-7010-5 C3332．P 344/327.355 c104
7010-01011：012-030-010《禁断複写》

JCOPY 〈(社)出版者著作権管理機構 委託出版物〉

本書の無断複写は著作権法上での例外を除き禁じられています。複写される場合は、
そのつど事前に、(社)出版者著作権管理機構(電話 03-3513-6969，FAX03-3513-6979，
e-mail:info@jcopy.or.jp) の許諾を得てください。また、本書を代行業者等の第三者に
依頼してスキャニング等の行為によりデジタル化することは、個人の家庭内利用で
あっても、一切認められておりません。

倒 産 法
三上威彦
■ 本書の次のステップに！ ■

法学六法
《編集代表》池田真朗・宮島司・安冨潔
三上威彦・三木浩一・小山剛・北澤安紀
■ 薄型で持ち運びしやすく、日々の学習に最適 ■

民事手続法の現代的機能
石川明・三木浩一 編
■ 現代に生起する多様な問題への多角的考察 ■

―― 信山社 ――